伝大久保石見守長安坐像
（木像・新潟県佐渡市 大安寺蔵）

印判（A型）

花押（Ⅱ型）

石見銀山の城上神社にある、長安が寄進したと伝わる南蛮風頭巾
（島根県大田市 城上神社蔵、石見銀山資料館写真提供）

石見銀山の大久保間歩（坑道）
（島根県大田市、石見銀山世界遺産センター写真提供）

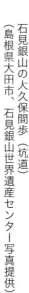

石見銀山の大安寺跡にある長安の墓（右）と紀功碑（左）（島根県大田市大森町、石見銀山世界遺産センター写真提供）

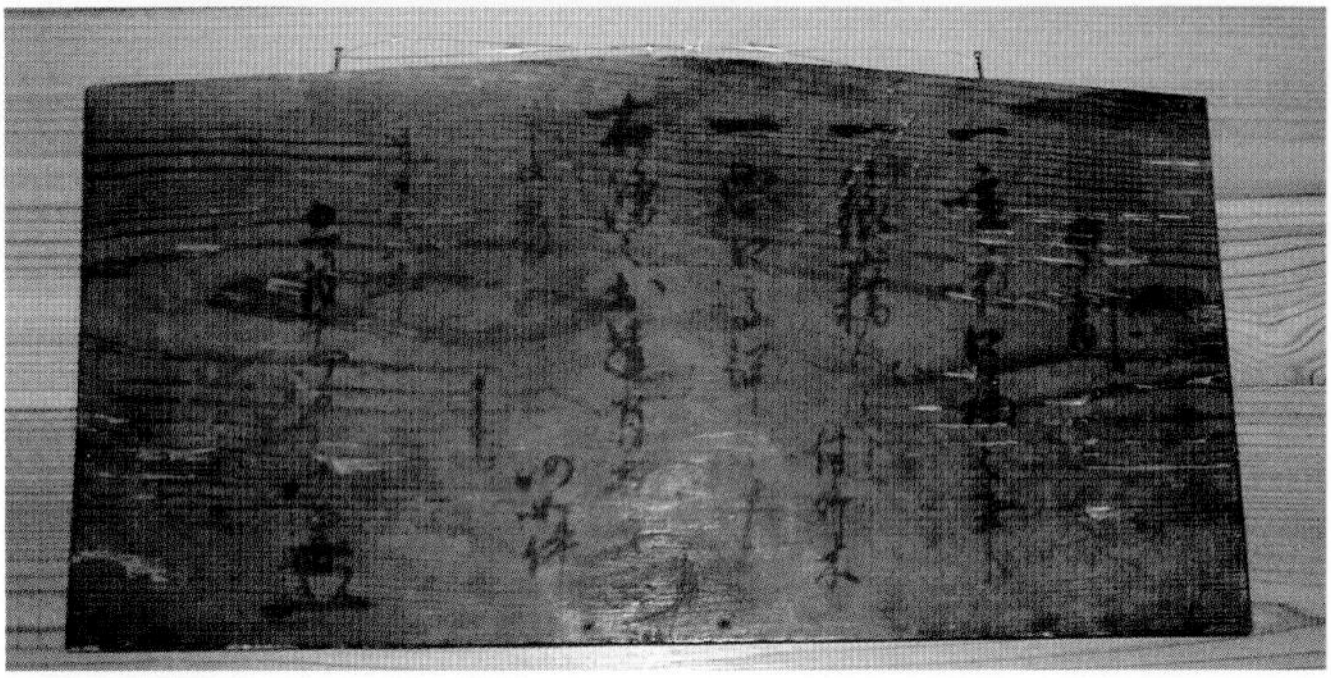

慶長６年（1601年）５月、石見国温泉津宛の大久保長安の制札
（島根県大田市温泉津町恵珖寺蔵、石見銀山資料館写真提供）

慶長11年（1606年）、長安奉納の釣灯籠
（奈良県奈良市 春日大社蔵、鈴木泰氏撮影）

佐渡金山のシンボル「道遊の割戸」
（新潟県佐渡市相川町、佐渡を世界遺産にする会写真提供）

佐渡の大安寺にある長安の逆修塔
（新潟県佐渡市相川町、佐渡を世界遺産にする会写真提供）

大久保長安再建の松前神社に奉納されている三十六歌仙の「伊勢」の扁額
（新潟県佐渡市松ケ崎　松前《まつざき》神社蔵、鈴木泰氏撮影）

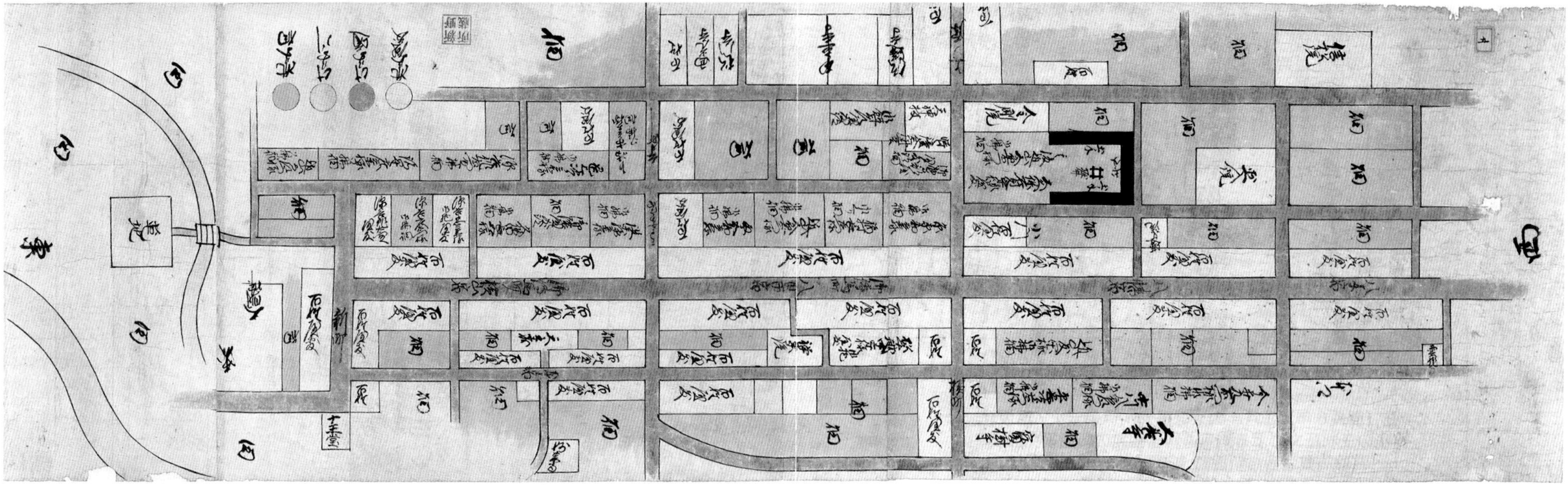
八王子十五宿絵図（新野家文書）（八王子市郷土資料館所蔵）

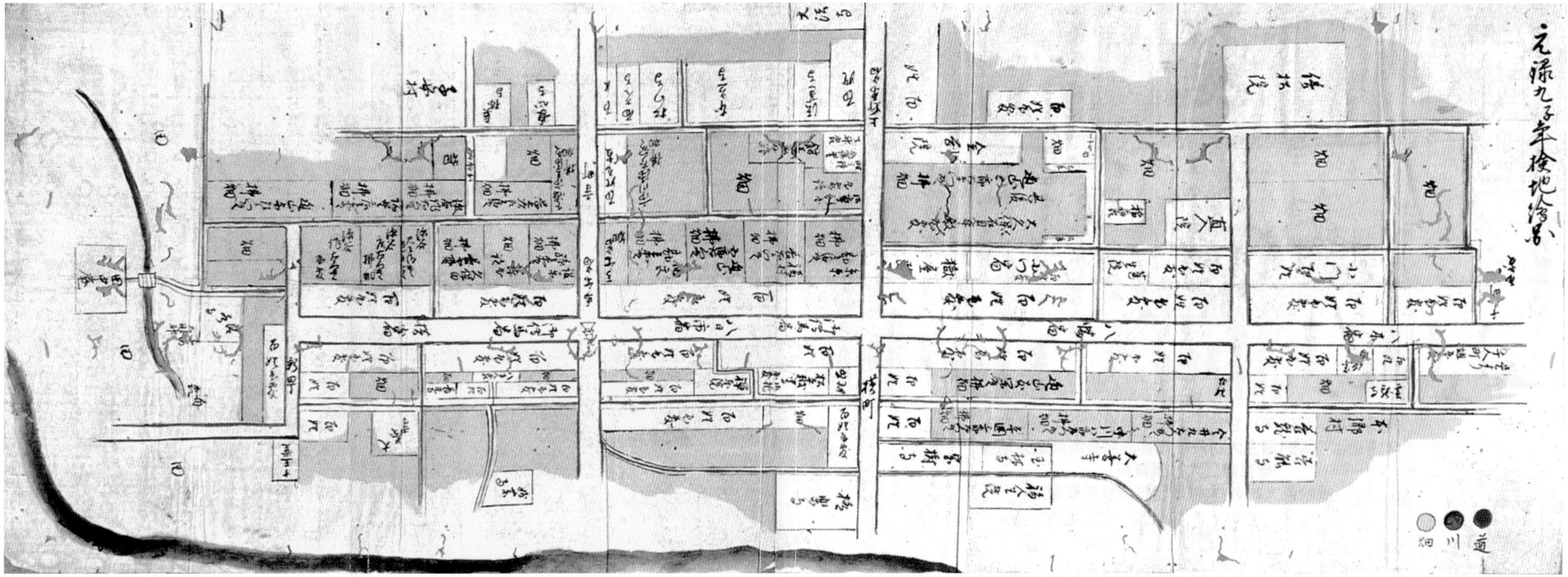

元禄9年検地絵図（成内家文書）（早稲田大学図書館所蔵）

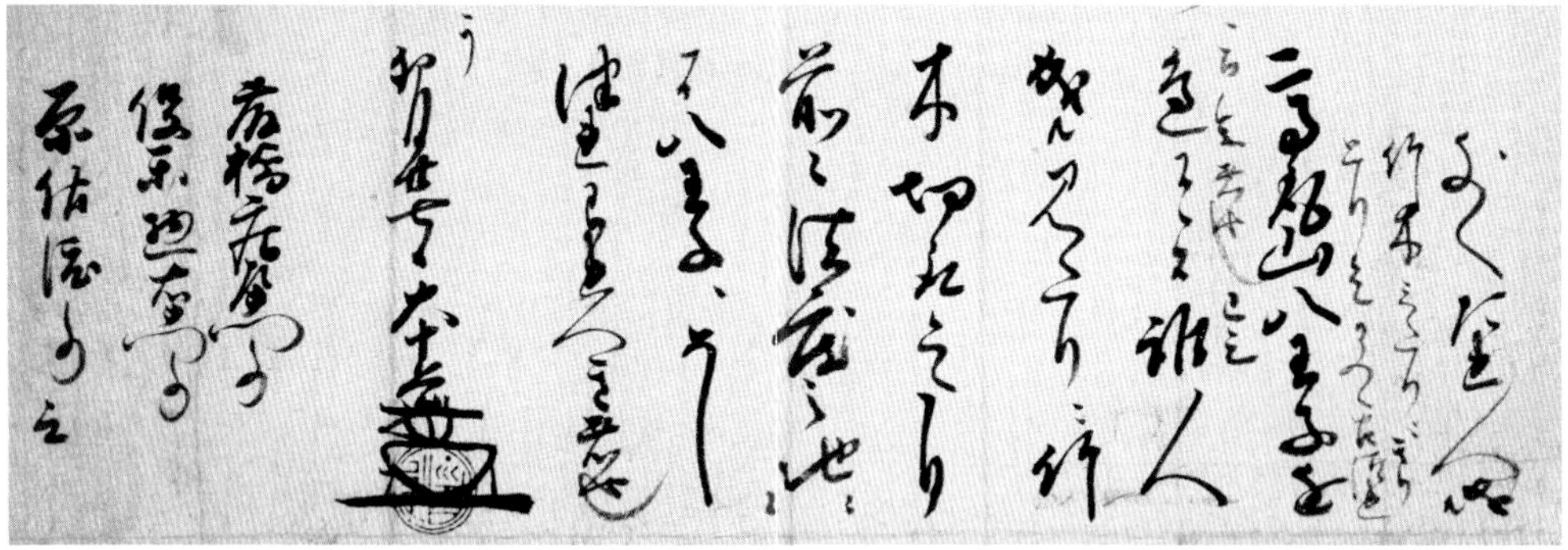

卯（天正19年）４月、高尾山薬王院宛の大久保長安の制札
（八王子市高尾町 高尾山薬王院所蔵、八王子市郷土資料館写真提供）

未（天正19年）12月、大久保長安・伊奈忠次・彦坂元正・長谷川長綱の代官頭４人による山王宛連署文書
（川崎市中原区 丸子山王日枝神社所蔵、川崎市教育委員会写真提供）

定本 大久保石見守長安 ◎目次

はじめに …… 4

第一章 大久保長安の出自と甲斐・五か国時代 …… 9
一、大久保長安の出自 9／二、甲斐時代 12／三、五か国時代 14

第二章 関東領有時代 …… 24
一、八王子陣屋の形成 26／二、関東領国支配と検地・知行割渡（知行書立） 41／三、新田開発 53／四、上野国直轄領支配 55／五、代官頭の合議制の確立 59

第三章 関ヶ原合戦後の徳川領国と支配 …… 64
一、関ヶ原合戦と長安 64／二、関ヶ原合戦後の政治体制 69／三、新領国における諸政策と三判証文 71

第四章 徳川氏の新領国支配 …… 80
一、甲斐支配 80／二、美濃支配 86／三、大和支配 92

第五章 徳川氏の畿内とその周辺諸国及び西国諸国の支配 …… 104
一、畿内とその周辺諸国の都市支配の概要 104／二、豊臣公儀下の畿内と周辺諸国および西国諸国の支配 109

第六章 長安の金銀山と山林の支配 …… 127
一、金銀山支配（石見・佐渡・伊豆） 127／二、山林支配（木曽・伊那・吉野） 179

第七章 交通伝馬政策 …… 190
一、東海道の伝馬・駄賃法令 192／二、中山道の伝馬・駄賃法令 198／三、奥州道・甲州道の伝馬法令 208／四、一里塚の設置 212

第八章　徳川公儀政権の成立……214
一、徳川公儀政権下の畿内とその周辺諸国支配　214／二、江戸築城と長安の江戸屋敷　234／三、親藩大名と長安　237／四、河川開削と経済政策　248
第九章　大御所政権下の年寄衆……254
一、駿府城と名古屋城の築城　257／二、知行政策　267／三、寺社政策　274／四、代官支配・年貢勘定　277／五、交通伝馬政策　282／六、経済政策と貨幣政策　285／七、化粧料割渡　290／八、人身売買の禁止　294／九、岡本大八事件　295
第十章　長安支配の幕領と年貢勘定の決算……299
第十一章　長安「処断」の再評価……305
一、大久保長安の死去前後　305／二、長安「処断」の検証と再評価　311
第十二章　長安一族と姻戚・家臣の処断……315
一、長安の姻戚関係　315／二、長安の子供たちの活動と姻戚関係　315／三、長安の連座者たち　326／四、近世後期における諸記録および紀功碑と長安の評価　336
むすびに……343
大久保長安の花押と印判……350
主要引用著書・論文および参考文献……352
大久保長安年譜……356
あとがき……363

※表紙図「江戸始図」（松江歴史館所蔵）　※本文中の写真は筆者撮影

はじめに

大久保長安は徳川幕府の成立以前の豊臣公儀政権下、五か国時代から関東大名の時代をへて、幕府成立以後にかけて幕府の代官頭として伊奈忠次・彦坂元正・長谷川長綱らとともに、徳川幕府の蔵入地（幕領）の支配にあたり、幕府の財政的基盤を支えた。その功績は農民支配や各地の検地、土木治水、新田開発、信濃木曽谷・伊那谷、大和吉野などの山林支配、佐渡・石見・伊豆・甲斐など鉱山の開発・経営、町立・市立、五街道、中でも東海道や中山道などを中心とする交通伝馬制度の確立、一里塚の設置など様々な政策を行い徳川幕府成立期の基盤を支える役割を果たした。慶長十年（一六〇五）四月、徳川家康が将軍職をその子秀忠に継がせ、大御所となり、その後駿府（今の静岡市）に移ると、江戸の将軍秀忠が主として幕府の職制の整備や関東領国の基盤整備に当たったのに対し、家康は大御所として幕府による全国支配の基盤を固めるために、側近の年寄衆や奉行衆を駆使して、全国的な諸政策を行うとともに諸法令を発している。この体制は二元政治と呼ばれるが、大久保長安は慶長十年以降大御所家康の下にあり、その後の駿府政権下でも代官頭の職務を行いつつ、駿府年寄衆として家康を補佐して全国支配の基盤を固めるため諸政策に関与している。このように幅広く活動した大久保長安の功績についてそれぞれの分野における先学の研究成果を踏まえつつ、新しい視点からその功績を研究し、その歴史的評価をする。従来長安は徳川幕府の成立に多大な貢献をしたにも拘わらず、慶長十八年（一六一三）四月二十五日、中風により六九歳で死去した直後に、「不正財物隠匿」や「権力闘争」、その他の疑惑などにより処断され、彼の子供たちもすべて処断され、家は断絶させられたことを以って、今なお一般には「処断」された人物と見做されている場合が多い。しかしこれまで述べたように長安は徳川幕府成立期に多大な功績をあげているのであり、「処断」されたとはいえ、歴史的にはこの功績に対しては正しく評価すべきであると考える。同時に大久保長安の「処断」についても歴史的に再度見直し、正しい評価を下すことを本書の目的とするものである。

まずここでは、代官頭大久保長安の多様な分野における功績についての研究史を整理する。大久保長安の功績については村上直氏をはじめ古くから多数の研究成果があるので、本書では近年における大久保長安に関する主要な論文・著書などを中心に見ていく。まず村上氏の研究成果については枚挙にいとまがないが、近年刊行された『代官頭大久保長安の研究』（揺籃社、二〇一三年）に村上氏の主要な論考が収録されている。この著書の主な研究成果について見ると、「武田蔵前衆について」、「大久保石見守長安と猿楽衆」、「大久保石見守長安と甲斐」など長安の出自と甲斐国時代の功績に関するもの、ついで「江戸時代初期の代官――特に伊奈・大久保・彦坂を中心に――」、「幕府創業期における奉行衆――大久保石見守を中心に――」など長安の代官頭としての在地支配についてのもの、「近世初期における石見銀山の支配――大久保石見守長安を中心に――」、「近世初期佐渡鉱山の支配について――特に大久保石見守長安を中心に――」など石見・佐渡鉱山の支配と経営についてのもの、最後に「大久保石見守長安の研究覚書」、「幕府権力と大久保長安」など長安の初期江戸幕府に果たした役割、功績について歴史的評価を行ったものなどである。このように大久保長安の多様な功績や役割について幅広く研究されており、当該分野の研究の必読書となっている。なお江戸幕府初期における有力代官を代官頭として歴史的位置づけを行ったのは村上氏であり、「代官頭」の用語は今日の歴史学会において定着している。しかし村上氏の大久保長安についての研究では、関ヶ原合戦後における畿内とその周辺諸国の支配における長安の役割、さらに慶長十年以降における家康の大御所政治下における年寄衆として全国支配に果たした役割などについての研究は長安の発給文書の発掘、採集が進んでいなかったため、あまり触れられていない。

ついで北島正元氏の『江戸幕府の権力構造』（岩波書店、一九六四年）では、家康の江戸幕府成立期について全国的に展開した幕府領やその支配にあたった代官についての研究の中で、大久保長安や伊奈忠次ら代官頭の権限と役割について広く考察されている。この分野では著者も「徳川幕府成立期における代官頭の歴史的役割――大久保長安と伊奈忠次を中心に――」（『地方史研究』一九八号、一九八五年）において長安の検地、新田開発、土木治水などにおける功績のほか、慶長十年以降大久保長安は大御所家康の駿府政権下において年寄衆となり、伊奈忠次は将軍秀忠の江戸政権下において年寄衆に近い立場になって徳川政権の確立に果たした役割についても論述している。

このほか代官としての役割と配下の代官・下代などについては先の村上氏の論文のほか、曽根勇二「片桐且元と大久保長安系の代官について――『初期徳川政権』の実態把握――」（『日本歴史』五〇九号、一九九〇年）は長安配下の代官・下代のほかに奉行など長安と関係が深い者たちについて「大久保長安系の代官」と位置づけ、特に畿内とその周辺諸国における長安の支配、政策と関係づけてまとめている。

鉱山史については、先行研究として小葉田淳氏の『日本鉱山史の研究』（岩波書店、一九六八年）があり、全国の鉱山について広くそれぞれの歴史的過程について網羅されている。長安を中心とした佐渡や石見などの鉱山研究では、まず佐渡鉱山については先の村上論文もあるが、近年では田中圭一氏の『佐渡金銀山の史的研究』（刀水書房、一九八六年）に集大成されている。田中氏は佐渡鉱山における大久保長安の経営法や灰吹法から水銀流し（アマルガム法）による精錬法の進化、さらに鉱山の技術者、経営者などを、長安が支配する佐渡、石見、伊豆などの鉱山へ相互に派遣しあい、技術や経営などの交流を図っていることを明らかにしている。石見鉱山についてもやはり先の村上論文があるが、近年では仲野義文氏「近世初期における石見銀山役人宗岡氏の動向と活躍について」（『石見銀山の社会と経済――石見銀山歴史文献調査論集――』ハーベスト出版、二〇一七年）は長安の下で石見・佐渡鉱山の経営に大きく関与していた宗岡弥右衛門（のち佐渡）の多数の新出文書を基に、長安との書簡のやり取りや両鉱山に関係の深い人物との書簡や覚など、多くの史料を紹介しつつ論じている。さらに同氏『銀山社会の解明―近世石見銀山の経営と社会』（清文堂出版、二〇〇九年）も注目すべきものである。また長安が支配した佐渡・石見の鉱山において積極的に推進した鉱山間の人的、技術的交流については田中圭一氏も前掲書において述べられているところであるが、これに間宮直元が支配した生野銀山も含めた幕府直轄鉱山間の技術者の交流については近年土谷紘子氏が「徳川政権の成立と金銀山――鉱山間における移動と交流から――」（『弘前大学國史研究』一一三号、二〇〇二年）において、より幅広い視点から論述されている。

近世の山林支配については所三男氏「大久保石見守長安と信濃」（『地方史研究論叢』一九五四年、のち同氏『近世林業史の研究』に所収、吉川弘文館、一九八〇年）が最も広く考察した研究である。特に長安が関与した信濃国木曽谷・伊那谷における山林支配について深く考察したものである。これに加えて江戸城や駿府城等の構築、その他の建設において木曽谷、伊那谷の木材、さらに大和吉野の木材等の集積、活用過程について本書では具体的な考察をしていく。

つぎに関ヶ原合戦後新たに徳川領となり、幕領が設定された三河、遠江、信濃、甲斐、伊勢および近江や大和など畿内とその周辺国も含めた国々における徳川直轄領の支配にあたった長安の活動については、曽根氏前掲書があり、特に畿内とその周辺国における知行地や寺社領の割渡には徳川系の奉行や代官のほかに豊臣政権の奉行衆の片桐且元や小出秀政などが関与していることを明らかにしている。また大和における長安の活動については大宮守友氏『近世の畿内と奈良奉行』（清文堂出版、二〇〇九年）があり、長安の大和寺社との関係を明らかにしている。

慶長十八年長安の死後「処断」された事件の理由についての研究は村上氏や所三男氏の前掲書によってまとめられているが、村上氏はそれ以前の長安の「処断」に関する先学の研究を総括された上で、不正蓄財、さらに長安がキリシタンから西洋の進んだアマルガム法を伝えられて、彼の支配する鉱山の生産を増大させたこと、またその技術の導入を通してキリシタンとの結びつきを強め将軍家打倒を画策したこと（この説はまた池田輝政など西国の豊臣系諸大名と結びついて幕府転覆を謀ったともいわれる）、創業期における幕閣内部での政治的対立などを原因としている。これに対し拙稿「大久保長安『処断』の再評価とその一族」（和泉清司編『近世・近代における歴史的諸相』創英社、二〇一五年）では村上氏の総括に加え、長安の死去前後の家康の対応を克明に明らかにしつつ、代官頭らの年貢請負制による一定量の収入が代官頭の手元に残り、それによって配下に多数の代官や下代らを抱えて多方面での活動を行うことができたことなどを新たに提示している。さらに長安が死去する四日前の慶長十八年四月二十一日付で藤堂高虎に宛てた、長安の遺言状ともいえる「覚」は、大野瑞男氏が「大久保長安の遺書」（『日本歴史』四七二号、一九八七年）において紹介されたもので、長安が支配していた幕領や鉱山・山林などにおける年貢勘定についてまとめたものである。この史料では長安が最晩年に支配した地域（関東・伊豆・佐渡・甲斐・信濃・近江・大和・石見）における幕領や鉱山（石見・佐渡・伊豆)、山林(木曽谷・伊那谷)など、各地における年貢勘定と長安死後の勘定責任者が記載されており、長安の支配地域の広大さと支配形態が明らかになり、長安研究のみならず、近世初期の幕領全体の様子が明確になった。ついで大野氏は「大久保長安の新史料――『戸田藤左衛門所蔵文書写』について」(『東洋大学文学部紀要』四一号、一九八八年)を発表され、長安と長安の家老格代官である戸田藤左衛門隆重とのやり取りの書簡を多数紹介され、長安研究により大きく寄与している。さらに杣田善雄氏「大久保長安の居所と行動」(藤井譲治編『近世前期政治的主要人物の居所と行動』京都大学人文科学研究所、一九九四年)では長安の関係文書を年代検討をしつつ、長安の行動について詳細に明らかにしており、長安の東奔西走する活動状況を知る上で重要な史料となっている。

以上のように長安に関係する近年の様々な論文や著書を踏まえ、これに著者が『徳川幕府成立過程の基礎的研究』(文献出版、一九九五年)にまとめた長安の研究成果、および拙編著『江戸幕府代官頭文書集成』(文献出版、一九九九年)に収録した多数の長安に関する史料などを踏まえて、本書では改めて大久保長安の全体的な活動内容と功績について現在の研究水準にもとづいて考察し、まとめるとともに、大久保長安「処断」の理由について、従来から主要な説とされてきた金銀・財物などの「不正隠匿」説をはじめとする諸説について再検討を試み「処断」の再評価を行うとともに、これまで考察されることが少なかった、長安の「処断」によって長安の一族および連座した姻戚関係者がどうなったかを詳しく考察し、かつ長安「処断」との関わりについても考察するものである。さらに近世後期において各地で長安の功績が見直され顕彰碑の建立が行われたり、近世後期に編纂された幕府の『寛政重修諸家譜』、『新編武蔵風土記稿』などの資料を検討し、長安の功績が見直されている実態についても明らかにしたい。

本書はこのように幅広い視点から考察することによって、大久保長安の功績についての再評価を試みるものである。さらには徳川幕府成立期の研究を深化させるものである。

なお本文中で引用および参考とした著書、論文、史料等の記載については簡略化し、その詳細な情報については本書の最後に列挙してあるので、そちらを参照されたい。

第一章　大久保長安の出自と甲斐・五か国時代

一、大久保長安の出自

大久保長安は天文十四年（一五四五）に生まれ、初め藤十郎、のち十兵衛を通称名とし、慶長八年（一六〇三）七月以降は石見守に叙任された。そして慶長十八年四月二十五日、六十九歳で死去した。

大久保長安の出身・出自については村上直氏の研究（『代官頭大久保長安の研究』）に詳細に記述されているので、これを参考にしつつ簡略にまとめると、長安の出身は『徳川異本三川記』『石見国名跡考』などによると、大和国とも南都ともしている。『中臣祐範記』第一によると奈良の高畑に久しく居住したとある。また『久国談話』では和泉国、『中川市郎兵衛留書』では肥前国ともいわれるという。さらに出自は金春宗家蔵『大蔵大夫家系図』のなかの「金春正統幷大蔵系図」（抜粋）（村上直『代官頭大久保長安の研究』より引用）にも出ている。

金春式部太夫　秦　氏信――秦　信喜――――――秦　信安――秦　信重――秦　長安――秦　氏紀
法名禅竹

大蔵太夫（信喜）
十郎
元祖　相妙道知

大蔵太夫（信安）
十郎
入道道入

大蔵太夫（信重）
新蔵
法名道尊

大蔵太夫（長安）
藤十郎
法名長覚

大蔵太夫（氏紀）
庄左衛門
入道休岸

これによれば長安は金春座猿楽の傍系、猿楽師大蔵大夫家の歴代の中に、新蔵信重の子としているが、信重は長安の兄で武田家の重臣土屋右衛門尉（直村）から土屋姓を賜い、土屋新之丞と改め、天正三年（一五七五）の長篠の戦いで戦死した人物であるため、信重と長安は親子ではない。おそらく長安の父は信安であろう。そして弟の長安が信重の跡を継いだものと考えられる。さらに「能楽諸家系譜」（『能楽全書』第二巻）の「大蔵庄左衛門家」系図中の歴代（抜粋）では、

大蔵庄左衛門家（シテ方金春流別家）

氏信二男
信喜──信安──信重──長安══氏紀
十郎　十郎　新蔵　藤十郎　介六郎
道加　道入　道尊　大久保石見守　庄左衛門
天正三没　慶長十八年没　養子（八郎安照三男）
法広院殿一的長覚大居士　寛文五没

と大蔵庄左衛門家は初代信喜が宗家二代目金春氏信の次男であり、別家して大蔵庄左衛門家を興した。その三代目大蔵新蔵信重の子として長安がいる。この点は先の『大蔵大夫家系図』と同様に、新蔵信重は法名も道尊で同一人であり、信重は長安の兄であるから、長安は信重の子ではない点は同じである。したがって後述のように兄信重が武田信玄に仕え、武士となり土屋直村から土屋姓を与えられ、土屋信重となった。長安はこの時信重の跡を継いで大蔵庄左衛門家四代目となったものと思われる。そして天正三年兄信重が戦死すると、その後長安も武士として武田家に仕えることになり、同じく土屋直村から土屋姓を与えられ、土屋藤十郎長安と称したため、大蔵庄左衛門家は一時断絶したことになる。このため大蔵庄左衛門家の跡式は五代目宗家金春安照（禅曲）の子の氏紀が長安の跡を継いで、五代目大蔵大夫庄左衛門となった。そのことは「能楽諸家系譜」（『能楽全書』第二巻）「金春家」系図の五代宗家金春安照（禅曲）の子、

氏紀の項に「右大蔵庄左衛門、大久保石見守ニ被仰付候ニ付、座ヲ出候時ノ養子也」とある。

さらに金春宗家蔵『大蔵大夫相伝次第』（抜粋）（村上直『代官頭大久保長安の研究』より）の「相伝次第」から大蔵庄左衛門家の歴代について抜き出すと、初代大蔵大夫（庄左衛門家）は金春式部太夫禅竹（氏信）の三男で大蔵十郎といって播磨に居住したという。時の公方から大蔵大夫にされた。十郎は法名を道加というが、これは「大蔵庄左衛門家」系図では信喜にあたる。その子も十郎といい法名を道入といい、これが「大蔵庄左衛門家」系図では信安にあたる。この二代は名人であった。信安の子を大蔵新蔵といい、三代大蔵大夫となったが、のちに能をやめ、信玄に仕え武士となり、信玄の意向により土屋右衛門尉より名字を与えられ、土屋新之丞と改め、知行も三〇〇〇石を拝領した。法名は道尊といい、これは「大蔵庄左衛門家」系図の信重にあたる。信重の子（弟）を大蔵藤十郎といい家康に仕えた。これがのちの大久保石見守である。これは「大蔵庄左衛門家」系図では長安にあたる。長安は早くから家を出て家康に仕え武士となったため、大蔵大夫の名跡がなくなったので、長安が家康に相談したところ、昔より金春と大蔵は惣領筋の家で、金春家が絶えた時には、大蔵家より継ぎ、大蔵家が絶えた時には、金春家から継ぐ習わしであるので、金春太夫禅曲（安照）の子を養子に入れ、大蔵大夫を継がせたいと長安からお願いし、家康の上意で、禅曲の三男に継がせて大蔵大夫としたという。これは「大蔵庄左衛門家」系図では氏紀にあたり、大蔵庄左衛門を名乗っている。この「相伝次第」では長安は大蔵大夫家を継いでおらず、したがって大蔵大夫家の四代目は氏紀とされている。しかし氏紀が大蔵大夫家を継いだのは慶長十年以前であり、この間、大蔵庄左衛門家は絶えていたことになり、氏紀が再興させたことになる。さらに『舞曲拾葉集』にも「大蔵大夫は甲州に身をよせあり、家絶果て候に付き、金春の末の子に大蔵を名乗らせ、大蔵大夫となせしと聞く」とある。これは大蔵大夫信安が永禄九年（一五六六）には招かれて甲斐国において武田氏に猿楽衆として仕えており、その後長安は兄新之丞とともに士分として仕えたため、猿楽師大蔵大夫家を「断絶」またはは「家絶果て」させないよう、長安の跡を金春禅曲（安照）の三男、氏紀に継がせたものである。氏紀の項には前述のように「右大蔵庄左衛門、大久保石見守ニ被仰付候ニ付、座ヲ出候時ノ養子也」とある。なお氏紀が長安の名跡を継いだのは慶長十年以前という。

さて武田氏に仕えた長安は、前述のように兄とともに武田氏の重臣土屋直村から土屋姓を賜い士分となり、土屋藤十郎と名乗り、武田蔵前衆として農政や土木治水、鉱山開発など代官的役割を果たしている。長安が猿楽衆から士分に取り立てられた経緯は『武徳編年集成』上巻（名著出版）によれば、

大蔵大夫ハ、武田信玄カ猿楽タリシ、然ニ其子兄弟、無雙ノ利口ヲ以テ、信玄二人トモ取立、土屋直村か苗字ヲ授ケ、兄ハ新之丞、弟ハ藤十郎長安と称ス、

とあり、信玄に気に入られて土屋直村の与力とされて、二人とも土屋姓を与えられたという。しかし『甲斐国志』によると「兄新之丞ハ土屋直村か名字を与へ、改土屋新蔵、長篠ニテ戦死、弟大蔵藤十郎ハ御入ノ時云々」とあり、初め土屋姓を授けられたのは兄新之丞だけで、長安はまだ大蔵姓で家康の「御入」、すなわち天正十年（一五八二）の甲斐入国の時に与えられたものという。

以上のように長安の大蔵流能楽師出身という説も様々な史料があり、明確に断定することはできない。なお長安の前名とされる信安については『石見国名跡考』に「大久保長安は初名を信安と云ひ」とあり、石見国大森町の大安寺跡にある寛政六年（一七九四）十一月、石見代官である菅谷長昌撰による「大久保長安」の碑文には「公諱長安、初名信安」とあることによるが、家康に仕えて以降の名は長安である。なおも信安が長安の前名であるとすると、祖父の名前も信安であるので、その名前を継いだものと思われる。

二、甲斐時代

武田氏時代の甲斐における長安の動向については史料的な限界から必ずしも全容が判明はしていないが、限られた史料から考察する。長安は武田蔵前衆として農政（地方支配）や年貢諸役・司法・土木治水・新田開発・鉱山開発など多方面にわたり甲斐の領国経営を支えていた。蔵前衆とは「武田ノ時平代官ハ在住ノ諸士ヨリ二村三村以上兼役セシ趣ナ

レハ、多人数ナリ、頭役ノ人庁所ニ並居テ政事ヲ沙汰セシト云」と在地の給人の中から任命し、二、三村以上を支配させたという。その内容は蔵入地を中心に農政（地方支配）や年貢諸役・土木治水・鉱山開発など多方面にわたり甲斐の領国経営を支えたという。彼らは代官的役割を行う一方、鉱山の経営にもあたるという存在であった。この蔵前衆は少なくとも三十五人ほどが知られており、諸書により異同があるが、この中には大久保十兵衛長安のほか、雨宮二（次）郎右衛門・小宮山民部（民部之丞）（宣正）・大野主水（元貞）・窪田源五郎（正成）・石原新左衛門・平岡岡右衛門（千道）・岩波七郎右衛門（道能）・中川雅楽（介）・秋山甚左衛門（汝舟）・山下内記介・諸星簡十郎・小宮山源之丞・鷹野喜兵衛（了喜か）・丸山簡十（七）郎・原田織部（介）・田辺庄右衛門・田辺佐左衛門（忠村）・板喜（伊丹喜之助康勝）・営富斎・古屋道忠・古屋兵部・伊奈宗普・諏訪晴芳らの名前が含まれている。中でも長安は武田蔵前衆として次第に頭角を現していった。

武田氏時代の鉱山には黒川金山（甲州市）や湯之奥金山（身延町）、黒桂金山、保金山などがあり、武田氏の財政を潤していた。中でも鶏冠山麓の黒川金山は長安や田辺佐左衛門（忠村）らが経営にあたり、多くの金掘人が集まって来て「黒川千軒」といわれる程に盛況を極めたという。同様に湯之奥金山でも中心地中山村で「中山千軒」といわれる程の盛況だったという。このため武田氏は黒川金山衆の田辺四郎左衛門らに諸役免除の特権を与えている。なお天正十八年（一五九〇）までの甲州の金山からの甲州金は三〇万両に達したといわれる（北島正元『江戸幕府の権力構造』）。そして天正十年三月、武田氏滅亡後、長安ら蔵前衆は徳川家康に仕え、代官として甲斐国の地方支配や金山経営にあたることになるが、家康に仕えるようになった経緯は『古老茶話』（『日本随筆大成』第一期一一）（抜粋）によれば、

天正十壬午年甲州御入国之節、日下部兵右衛門定好に拠って神君へ御目見へ仕候、然処定好所持仕候足利家室町御所営作の図并細川物数寄の図にて作り置し、定好が桑木作りの風呂を、藤十郎申立て、神君に御見物成させ候、是より御意に入、此藤十郎を大久保忠隣に御預け被成、大久保を名乗らせられ（下略）

とあり、天正十年九月、家康が甲斐に来て日下部定好の屋敷に滞在している時に、信玄がかねがね秘蔵していた足利家

御所造営図と細川氏の伝える風流な風呂の絵図をもとにして、長安が桑木風呂を作るなど仮の館を造営したのが家康の御感にかない、そして日下部定好を介して家康に仕えることになったという。なおこれらの建築については『朝野旧聞裒稿』（汲古書院）や『慶長年録』（国立公文書館所蔵）などでも同じような内容を記載している。そして『武徳編年集成』では大久保相州（忠隣）へ預け、大久保の姓を与えて幕下に仕えることを許したという。これらは長安が建築技術の面でも才能があったことを示している。また『甲斐国志』（「甲州金」の項）によれば、「其ノ頃（天正十年か）武田家ノ申楽ニ、大蔵藤十郎ナル者神祖（家康）ヘ召シ出サレ、金砿ノコトヲ申シ立テ、大イニ君寵ヲ蒙り、大久保十兵衛ト改名」とあり、長安が武田領内の金山のことを伝えたので、甲斐国内の金山について関心があった家康は大いに喜んで召抱えたという。

三、五か国時代

天正十年（一五八二）三月、織田・徳川連合軍は武田勝頼を滅ぼし、甲斐には信長の家臣河尻秀隆が封ぜられたが、同年六月信長が本能寺の変で討たれると、河尻秀隆は甲斐の一揆衆に殺された。このため家康は北条氏を排除しつつ甲斐を領国化し、さらに南信濃・遠江・駿河も領国化して本貫地三河も含め、五か国を領有する豊臣政権下、最大の大名となった。甲斐の経営では家康は旧来の武田氏の支配組織である両職―公事奉行―勘定奉行―蔵前衆（代官）という体制を踏襲し、その上に家康の老臣平岩親吉を甲府に甲斐郡代としておいて、両職以下には家康の奉行衆成瀬正一・日下部定好らを任命している。大久保長安も含め蔵前衆には旧武田蔵前衆の多くがそのまま登用されている。長安については「甲州版図に入けるより長安宮仕しけるが。才幹ありて賦税会計のことに精しかりしかば。日を追て其方に登用せられ」（『当代記』）たという。この蔵前衆の中には前述のように大久保長安のほか、雨宮二一（次）郎右衛門・小宮山民部宣正・大野主水元貞・窪田源五郎正成・石原新左衛門・平岡岡右衛門千道・岩波七郎右衛門道能・中川雅楽（介）・秋山汝舟・山下内記介・諸星簡十郎・小宮山源之丞・鷹野喜兵衛（了喜か）・丸山簡十（七）郎・原田織部（介）・田辺庄右衛門・田辺佐左衛門忠村・伊丹喜之助康勝・宮富斎・古屋道忠・古屋兵部・伊奈宗普・諏訪晴芳ら、のちに長安配下の代官として活躍する者たちが多く含まれている。徳川氏の支配下になってから長安は武田蔵前衆（代官）の中でも次第に頭角を現し、民政はもとより年貢徴収、土木治水などの地方支配や武田氏以来の黒川金山などの諸鉱山経営、甲斐に知行地を持つ徳川家臣団からの地頭役の徴収、知行宛行、寺社支配などにあたっている。中でも甲斐の金山を始め領国内の鉱山経営には家康も大きな期待をしており、天正十年十一月には、

一　分国中、山金・河金・柴原諸役免許之事
一　分国中、在留之所、棟別諸役免許之事、但金堀共之外除之
　付　譜代之者、何方在之共、除前々可返事
一　信州并木曽金場、如前々可掘事
右条々、不可在相違者也、仍如件
　天正十年　　　　　　　　　　　　　　　　　大久保新十郎
　　十一月廿八日　　　　　　　　　　　　　　　奉之
　　　　　　　　金掘共等
　　　　　　　　（大石為一家所蔵文書　宮本勉編『史料編年井川村史』第一巻）

と各地の鉱山に山金・河金・柴原諸役免許、および在留之所、棟別諸役免許を行う一方、信州・木曽の鉱山でも前々のように金掘を行うことを命じている。

これを受けて翌十一年四月には、

於金山黄金出来候間、一月ニ馬壱疋分諸役令免許之旨、所任先證文不可有相違之状、如件
　天正十一年　　　　　　　　　　　　　成瀬吉右衛門尉
　　　　　　　　　　　　　　　　　　　　　奉之
　卯月廿一日　　　　　　　　　　　　　日下部兵右衛門尉

黒川金山衆　（田辺佐苗家文書『甲州古文書』第一巻）

と甲斐の両職の成瀬正一と日下部定好から甲斐の黒川金山の金掘衆に対し、金山が盛況なので一と月に馬一疋分の諸役を免除する旨、先の証文に任せて相違ないことを伝えている。これらの金山で産出した金は判金などに打たれて家康の下に集められており、天正十八年（一五九〇）に関東に移るまで甲斐より産出した甲州金は三〇万両に達したといわれる（北島正元前掲書）。

長安が五か国時代において史料上名前が現れるのは、天正十五年十月が初見であり、甲斐に知行地を与えられていた徳川家臣（給人）たちに対し年貢高を基準とした五十分一役を賦課したもので、翌十六年の二年間、徳川氏の蔵入地（直轄領）の財源強化のための措置として実施された。これらの徴収は蔵前衆が行っている。この五十分一役とは室町幕府の公役賦課体制を淵源とする制度で、武田氏も採用したもので、家康も地頭に対する知行役として五十分一役を採用している。なお五十分一役については村上直・本多隆成・谷口央氏など諸氏の論述があり、それらについて鈴木将典氏が検討をされているので（「『五十分一役』の再検討」『戦国史研究』五一号）、逐一の検討はせず、ここでは谷口央説（谷口央「家康の上洛と徳川権力――五十分一役の理解を通じて――」『日本史研究』四七九号）を基にして考察する。この役は貫文で表記されているが、実際の納入は籾で行われ、年貢高を基準にして賦課された。籾一俵（二斗入）は銭二百文である。天正十五年の給人五味太郎左衛門尉の場合は、

面付五十分一之積弐百文、為地頭役早々可有進納候、過来月廿日者、可有切銭者也

亥（天正十五年）十月廿四日　　大　十　兵（黒印）

石　新（黒印）

小　民（黒印）

五味太郎左衛門尉殿

（裏書）

「右弐百文分ニ籾壱俵納相済申候
丁亥十一月八日　(朱印)」
(乙骨由緒書『諏訪史料叢書』巻三十)

と給人五味太郎左衛門尉に対し長安、石原新左衛門、小宮山民部ら三名が連署で地頭役として知行分の五十分の一にあたる二〇〇文の納入を命じたものであり、この請取りとして裏書に家康の朱印を押している。五味太郎左衛門尉の場合は天正十年十月十二日に家康より、甲斐国塚河郷四貫五〇〇文、村山之内五貫五〇〇文の合計一〇貫文の知行安堵状(『譜牒余録』下巻)が与えられていたので、この五十分の一にあたる二パーセントは銭二〇〇文にあたり、これが籾に換算されて籾一俵が納められたのである。

また寺社に対しても同様に地頭役を課しており、大石和筋一宮の慈眼寺に対して、

一之宮之
弐百拾四文　慈眼寺
右面付五十分一之積、為地頭役早々御蔵へ進納可有之由、、堅可被相触者也、来月廿日可有切銭候、
大十兵(黒印)
十月廿九日　小民(黒印)
雨次(黒印)
(裏書)
「右弐百拾四文分ニ籾壱俵五升四合納相済者也
丁亥(天正十五年)十一月五日　(朱印)」
(慈眼寺文書『山梨県史』通史編二　中世)

と慈眼寺は『山梨県史通史編二　中世』によれば、天正十一年四月二十日付で家康から一〇貫七〇〇文の寺領を認められており、この寺領高に対し負担すべき五十分一役は二パーセントにあたる二〇四文となる。これを二十日以内に徳川氏の御蔵に納入することが命じられ、納入後家康の朱印をもって皆済状にかえている。これを長安と小宮山民部・雨宮

次郎左衛門ら三人の代官連署で命じており、これが十一月五日に納められた時に、家康が皆済の裏書きをして朱印を押しているのである。

このほかにも十月廿四日には、三科次太夫に地頭役として知行の五十分の一にあたる二一二文を徴収（長安・大野主水・石原新左衛門）、保科喜右衛門尉（正治）に地頭役一一五文（長安・雨宮・小宮山・石原）、中込次郎左衛門に地頭役一一五文（長安・雨宮・小宮山・伊丹）などがみられる。十月廿五日には萩原源五左衛門尉に地頭役六百五十文（長安・大野・石原）など、翌天正十六年十月十六日には保科喜右衛門尉（正治）に前年同様地頭役三〇六文（長安・小宮山・雨宮・板喜〈伊丹喜之助〉）、十月十七日には萩原源五左衛門尉に前年同様地頭役六五〇文（長安・石原・板喜）、田中兵部丞に一九〇文（長安・石原八左衛門・大野・板喜）、五味太郎左衛門に前年同様二百文（長安・小宮山・雨宮・板喜）、中込次郎左衛門に前年同様一一五文（長安・小宮山・大野・板喜）などが見られ、多くの蔵前衆出身の代官が関わっている。このほか天正十六年十月廿八日には北山筋西山郷の慈照寺に対し代官役五十分一として一三八文を徴収（長安・大野・石原）しており、寺院からも徴収している。

このような五十分一役は前述のように徳川氏においては天正十五年、十六年の二年間実施されたが、豊臣秀吉の天下統一のための関東惣無事令が天正十六年に出されたことを受けて矛先は関東や東北に向けられたため、徳川氏は天正十七年にはそれに備えて戦時体制をとり、『当代記』（続群書類従完成会）の天正十七年正月の条にみえるように、

此年、三遠州駿信甲、自家康公縄打、去年諸給人之知行成物の内、五十分一を被召上、五千俵の成物にて百俵也、其成物高を以て、被充行本主（下略）

と給人に対し彼らの軍役を補充、強化するため五十分一役分を還付しているのである。

また天正十七年になると、五か国の経営が順調に進んだため、家康は新政策を打ち出している。まず天正十七年二月から翌十八年正月にかけて前出史料のように甲斐を含む五か国における総検地を実施している。『当代記』天正十七年の条に「伊奈熊蔵家次仰を奉つりて三河・遠江・駿河・甲斐の国を検地す」とあるように伊奈忠次が検地惣奉行となっ

て中心的な役割を果たしているが、甲斐国の総検地については「天正十七丑己年、伊奈熊蔵家次本州九筋ノ検地アリ、河内領、都留郡除之」（『甲斐国志』巻之百、人物部第九）とあるように、信玄の一族で織田氏に味方したため領地を安堵されていた穴山梅雪領である甲斐国河内領と都留郡を除く国中の検地を実施しており、おおむね天正十七年二月から十月頃にかけて実施されたという。この甲斐検地は伊奈熊蔵忠次の名前から「熊蔵縄」といわれている。甲斐検地にあたっては、長安など蔵前衆は忠次を補佐して働いている。また甲斐国検地では、のちの慶長六年（一六〇一）の代官平岡宗寿（道成）から玄乗坊へ宛てた定によれば（抜粋）、

南八代常林寺者、身延山末寺と申ながら壱郷壱ケ寺ニ熊蔵殿時も被仰置候間、今度も御縄高之外ニ被成、六畝廿歩之屋敷所被為付置者也

（「常林寺文書」『新編甲州古文書』第二巻）

と熊蔵殿時、つまり五か国総検地の時に忠次は一郷に一か寺ずつしか寺社領の除地（年貢免除地）を認めず、厳しく検地を実施していることが窺え、この方針は忠次の検地方針としてのちの検地にも見られるところから、この方式はその一部であったであろう。またこの検地に対して大蔵左衛門という者が反旗を翻したので、家康は伊奈忠次と寺田泰吉に対し、その討伐を命じたところ、伊奈忠次一人で成敗したという（「大河内家史料」豊橋市立美術博物館）。さらに甲斐の総検地では、史料的にはまず検地にあたり天正十八年四月廿五日付で検地奉行の伊奈忠次が甲斐の九筋に対し、

起請文

当年田地何れも被入精、散田被仕一札有之候上、壱札之表すこしも違候ハぬように、一札之表ニかりわけとのり（載）候分者かり分ニ成共、ついはうになり共少損免被引候て年貢ニなり共いつれも百姓衆のそミのことくに可申付候、不限御蔵入諸給人共ニ九筋之内かやうニやくそく申候上者、御脇衆へも御異見可申候、年貢めへり候とて難渋之地頭衆へハ御蔵前をいたし候てなりとも申合候、首尾ひかへ申間敷候、いよ〳〵精ヲ入田地工（耕）作可被申候、其上其方より首尾ちかい候衆をはとくにはたものニあけ候欤、郷中をはらい可申候之間、其分油断被申ましく候、右分違候ハヽ日本国中大小神祇御はつ（罰）をかうむり、むけん（無限）にたさい（堕罪）いたすへき者也、

仍起請文如件　　　　　（一蓮寺文書『新編甲州古文書』第一巻）

のような起請文を出している。九筋とは大石和筋以下九つの筋に分けた領域編成単位であり、『山梨県史通史編二　中世』によれば、これは史料的には天正十七年の伊奈家次（のち忠次）による寺社領証文や知行書立が最も早いものであり、伊奈忠次による天正検地の実施と相前後する頃に、九筋が成立したと考えられる。そしてこれは一六世紀末から一七世紀末まで顕著に使用された地域単位であるという。この史料は干支などに検討すべき点もあるが、甲斐国の総検地にあたり田地の耕作、損面引、九筋の蔵入地・給人（地頭）地に限らず約束すること、年貢が少ない地頭に対しては蔵前から補填するのでいよいよ精を入れ耕作にあたること、しかしそのようにしない者は旗ものにあげるか、郷中払いとするので油断なくすること、この約束をもし違えた時には日本国中大小の神の罰を受け、無限に堕罪しても異義がないとしており、内容的にはおおむね許容できるものであろう。このような起請文を甲斐国中に発して検地を実施している。この五か国惣検地の結果、徳川氏はそれまでの貫高制から俵高制へ全面的に切替えて、それに基づいて家臣団への知行宛行や寺社への所領宛行などを改めて俵高で発給している。

このような徳川氏の検地の意義についてまとめると、まず第一にそれぞれ歴史的、個別的にも異なる地域性を有する五か国の田畠の面積を統一基準によって掌握するためであった。またこの五か国総検地の結果、徳川氏はこの時期の豊臣政権が求めたような石高制に移行しなかったのである。石高制とは米や雑穀、その他の生産物を米を基準に、例えば、米一石あたり大豆何石というように換算基準を設定してすべてのものを米で表記する制度で、原則として田畑の生産高を基準とするものであった。しかしこれは畿内とその周辺諸国のような先進的地域で実施された基準であり、それ以外の地域では主に貫高制であった。この貫高制とは諸説あるが、おおむね年貢と夫役の賦課基準であり、知行宛行の基準でもあった。東海・中部地域に立地する徳川五か国では従来基本的に貫高制であったが、それを俵高制に切り替えていった。この俵高制にも諸説あるものの、おおむね貫高制などと同じように年貢収取基準や軍役賦課基準、知行給付基準などとして俵高を用いるものであった。徳川氏は東海地方の生産性の低い地域と年貢としての米の流通市場が成立していない地域性にあわせ、生産高を基準とした石高制の採用までに至らず、従来の貫高制を廃し、俵高制を採用したのである。貫高と俵高との基準は貫高一貫文に籾四俵あたりの俵数を使用することと定めた（『甲斐国志』国法部）。いずれにしろこの総検地により徳川氏はそれまでの戦国大名的体質から近世的大名へと脱却したといわれる。さらに前述のように豊臣政権が畿内以西を掌握して、次なる関東・東北地方への統一戦争が迫ってきたため、その最前線に位置づけられる徳川領国、すなわち五か国の生産高と郷村や人民の掌握が喫緊の課題とされたていたのである。

この検地と並行して天正十七年七月あたりから翌十八年二月にかけて信濃を除く四か国に伊奈忠次や検地奉行らによって各郷村に七か条の郷中定書を発給し、寺社に対しても寺社領定書を発給している。甲斐でも九月頃から十一月にかけて「毎村七箇条ノ定書を出ス、伊奈及原田佐左衛門・寺田右京亮三人奉行、但し七ケ条掟ニ東郡ハ寺田右京亮、西郡ハ原田佐左衛門種雄ト記セリ」（『甲斐国志』巻之百、人物部第九）と伊奈忠次のほかに寺田泰吉・原田種雄ら（このほか酒井重勝もいる）が発給しているが、長安は発給できる立場ではなかった。この七か条の郷中定書では地頭（給人）による年貢徴収の納入規定（五里以内の地頭所までの年貢送付）、百姓の陣夫と馬の徴発（俵高二百俵につき一人一疋）と荷積での下方枡の採用、百姓屋敷の年貢規定、地頭・代官の百姓使役の制限、四分一夫役の納入、自然災害時の年貢の免除規定、竹藪所持者からの給人への上納規定など、徳川氏の五か国に対する新しい統一的な支配政策を打ち出している。なお下方枡とは今川氏が駿河・遠江において標準枡の一つとして採用していた地域枡であるが、徳川氏も俵高制の基準枡として採用している。しかし甲斐においては甲斐の地域枡である甲州枡を採用していたという。

ついで前述の検地終了後の五か国における家臣団への知行宛行や寺社への所領宛行では五か国総検地の責任者の伊奈忠次のほか長谷川長綱・松下伊長・内記内記介ら三河・遠江・駿河出身の代官たちが担当しているのであるが、甲斐においては武田氏旧臣から徳川家家臣となった武川衆への知行地を総検地後、徳川譜代で甲斐の両職である成瀬正一・日下部定好に長安が連署して宛行っている。天正十八年二月の武川衆への知行宛行では、

武川衆御重恩相渡申候分

一　四百七拾八俵壱斗四升三合七夕三才　　山高郷
一　弐百弐拾四俵壱斗弐升八合　　三吹郷
一　百五拾壱俵六升四夕五才　　牧原郷
（中　略）
弐千九百六拾俵
右分丑之年貢相渡之間、如御書付御加恩之衆可有配当候、但地方儀者重而伊熊書付あるへく候、以上
（天正十八年）
寅正月廿七日　　成吉右印判
大十兵印判
日下兵印判
米蔵主計殿
折井市左衛門殿
（「御庫本古文書纂」一）

のように武川衆へ二九六〇俵を与え、各々へ配分するよう頭役の米蔵（米倉）忠継と折井次昌宛に発給している。この末尾には「但地方儀者重而伊熊書付あるへく候」とある。翌正月廿八日には同じく成瀬・日下部・長安の連署で武川衆の頭役の折井次昌・米倉忠継両名には四〇〇俵ずつ与えられているが、この末尾にも「但地方儀者伊熊御手形可進候」とあり、五か国総検地の責任者である伊奈熊蔵忠次の書付（手形）を与えるとしているのであり、地方の支配の決定権は最終的には伊奈忠次にあり、甲斐の両職・代官たちより上位にあったものと思われる。その一方でこの段階では長安は甲斐のみの代官であったが、徳川譜代の成瀬正一・日下部定好らの甲斐の奉行衆（両職）と同列の地位に上昇していたと思われる。さらに甲斐における寺社領の所領書立でも伊奈忠次が中心になって行っている。例えば八代郡の薬王寺に対しては天正十七年十二月に、

薬王寺領之事并脇坊配当之儀、如前々たるへし、雖然本房へ少も無沙汰候ハヽ、寺中可有追放者也、仍如件

天正十七己丑年　　　伊奈熊蔵　（花押）
十二月六日　　　大窪十兵衛（花押）
薬王子（寺）

（「薬王寺文書」東京大学史料編纂所影写本）

と伊奈忠次と長安の連署によって薬王寺の本坊・脇坊の配当を前々のようにすること、脇坊で本坊へ無沙汰をした者は寺から追放することを伝えている。

このほか天正十八年三月二日、甲斐の肌吉紙漉の者に与えた定書では、

肌吉小奉書御本手本紙也、二紙成吉・日下兵・大十兵持参也ト記シ四奉行名印あり、拠之按スレハ六人ノ者郷士ニテ紙ノ役ヲ兼ネタル趣ナリ

（『甲斐国志』巻之百十五「士庶部」第十四「村松新右衛門」項）

と成瀬正一と日下部定好とともに長安が連署して紙漉役などを六人の郷士に認可し、紙漉役を命じている。

このように甲斐のいわば徳川領国化には伊奈忠次の関与が大きかったが、その一方で長安ら蔵前衆出身代官も地方支配・年貢徴収・鉱山経営等にあたって徳川領国化に関与していたのである。そのなかでも長安は地方巧者としての才能のみならず、前述のように寺社領宛行や武川衆など武田旧臣への知行宛行、紙漉役など多方面にわたって連署に加わっていることは長安が五か国時代の最終段階で蔵前衆出身代官の中でも次第に頭角を現してきて、他の蔵前衆の頭役的地位に上昇し、成瀬正一・日下部定好・伊奈忠次ら徳川譜代と連署できる地位になったことを示しているものと思われる。このような才能が次第に家康によって評価されるようになり、関東入国後長安は伊奈忠次と肩を並べる代官頭になっていったのである。なお長安は天正十八年七月の小田原の北条氏攻めでは、武将のような役割ではなく、兵粮米や武器・弾薬などを後方から運送する小荷駄奉行を、伊奈忠次らと勤めている。

第二章　関東領有時代

天正十八年（一五九〇）八月、徳川家康は関東に入国した。この時の徳川領国は武蔵・下総・上総・相模・上野（但し吾妻・利根郡は真田領）、下野（但し寒川郡のみ）と伊豆全部の二四〇万石余である。このほかに以前に豊臣秀吉から在京賄料として近江に九万石余、伊勢・遠江・駿河等で二万石余が与えられており、これらを合わせ合計約二五二万石であった。入国後、家康は領内の上野国箕輪に井伊氏（のち高崎）、同館林に榊原氏、上総国大多喜に本多氏など四十人にのぼる一万石以上の上級家臣を要地に配置する一方、少禄の家臣たちは江戸周辺に配置した。これらの間に一〇〇万石余といわれる直轄領を配置している。また関東入国後、家康はまず小田原攻めで荒廃した関東領国の農村復興と、関東領国の生産高の掌握のための惣検地と地方支配などを行った。この関東領国の地方支配、特に直轄領においては家康の側近本多正信の指揮の下に関東総奉行の内藤清成・青山忠成がおり、さらにその下に代官頭が位置づけられ、代官頭を中心に多くの代官たちが農村復興や検地、新田開発、土木治水、町立などを行っている。代官頭の大久保長安・伊奈忠次・彦坂元正・長谷川長綱らは配下に多くの代官や下代たちを統括していた。

これら地方支配の中心となった代官頭たちはどれ程の知行高を与えられたであろうか。伊奈忠次については『寛政譜』第十五に「武蔵国小室・鴻巣等の内に於いて一万石（あるいは一万三〇〇〇石とも）の地を賜ひ」とあり、足立郡小室郷や鴻巣郷において一万石を与えられている。彦坂元正は天正廿年二月朔日付で、

相模国東郡之内参百三十石、并武州小机之内六百七拾石、下総国葛飾郡内千石、後弐千石、山川等事右出置訖、永可令知行者也、仍如件

天正廿年二月朔日　（家康朱印）

彦坂小刑部殿

（『思文閣古書資料目録』第一四〇号）（徳川義宣『新修徳川家康文書の研究』第二輯）

と家康から正式な朱印状によって、相模・武蔵・下総の内で二〇〇〇石が与えられている。

大久保長安については現在のところ明確な一次史料はみられないが、後述のように『武徳編年集成』によれば、慶長十八年（一五九〇）四月、長安が死去した後に、運上勘定のうち佐渡については嫡子藤十郎らに命じたところ、佐渡は長安が賜ったもので、そのつもりで領有してた旨を言上している。ところが家康は大いに怒り、長安に与えた領地は関東で八〇〇〇石であり、そのほかに墨付（知行宛行状）はないといっているところから、長安の入国時の知行高は八〇〇〇石であったかもしれない。長谷川長綱については史料的に確認することはできないが、恐らく彦坂並みであったかもしれない。したがって伊奈忠次がもっとも多い知行高であり、前述のように多数いた徳川家臣団の中で一万石以上を与えられた家臣は四十人ほどであったが、伊奈忠次はこの上位四十人の中にいたのである。また大久保長安についてはその後佐渡で二万石（『佐渡年代記』）とか石見で二万石（「宗岡長蔵由緒書」宗岡家旧蔵文書）とかいわれるが、金銀山開発の功績で知行高が多くなっている可能性がある。

さて彼らの陣屋であるが、大久保長安は武蔵国多摩郡八王子（八王子市）、伊奈忠次は武蔵国足立郡小室（埼玉県伊奈町）、彦坂元正は相模国鎌倉郡岡津（横浜市）、長谷川長綱は相模国三浦郡浦賀（横須賀市）などの要地を拠点とし、このほかにも代官頭配下の代官たちの拠点とする陣屋が各地に置かれた。長安は武蔵国多摩郡山の根筋九万石〔これはのちの史料では八王子地域・三田領（青梅市域）・加治領（飯能市域）・高麗領（日高市域）・毛呂領（毛呂山町域）等に当る〕（『大久保長安と八王子』八王子市郷土資料館）を支配したので、この地域では八王子陣屋のほかに三田領には森下（青梅市）（後述）、加治領・高麗郷には高麗本郷（日高市）（慶長二年、栗坪へ）と中山（飯能市）（同上史料）、比企郡玉川、さらに上野国山田郡桐生新町（桐生市）（後述）、下総国香取郡小見川（香取市）、同郡笹川（同）などの陣屋があった。伊奈忠次は小室陣屋のほかに武蔵では足立郡土屋（さいたま市）、比企郡上大屋敷（川島町）、相模では大住郡中原（平塚市）などに陣屋があった。これらにそれぞれの配下の代官や下代を配置して関東各地の地方支配にあたっている。伊奈忠次の下代たちは検地、年貢割付、土木治水、新田開発、知行書立などに活躍しており、その総数は彼の生涯で延べ二一〇人余になる（拙編著『伊奈忠次文書集成』文献出版）。

また天正十九年の惣検地の上で徳川家臣団に知行地を宛行っているほか、寺社に対しても所領の割渡しを行って寺社の懐柔と統制を行っている。長安の検地では武蔵や下総・上総などで検地を行っている。特に天正十九年以降、武蔵では多摩・入間・比企・秩父郡など、下総では香取郡、上総では夷隅郡などで今日、長安配下の手代代官や下代の行った多くの検地帳が残されている。さらに新田開発では下総と常陸との間の霞ヶ浦に接する利根川の下流域の水郷地帯の開発を配下の吉田佐太郎に命じて行い、香取十六島と呼ばれる地域を干拓して新田としている。

その後、文禄元年（一五九二）には本多正信・青山忠成・内藤清成とともに長安は所務奉行に任命されている（「篠山藩青山家譜」）。所務奉行とは関東農村の支配や年貢収取などの財政を担当するものであった。この所務奉行と代官頭、それに関東惣奉行との関係は相互に職務を分担・補完しつつ関東領国の支配にあたっていた。

一、八王子陣屋の形成

大久保長安は関東入国後、武蔵国多摩郡の北条氏照の城であった八王子城を廃して、新たに八王子盆地の中央に旧甲州街道を移して新しい甲州街道を設定し、その中心に八幡・八日市・横山の三宿を宿場町・町人屋敷とし、新しい八王子の町場の構築（町立）を開始した。「八王子宿越覚」（「横川家文書」）によれば八王子宿の建設は北条浪人の長田作左衛門によって行われたとし、『八王子根元記』（粟沢家文書）では長田（川島）作左衛門が行ったとしているが、町場の建設では鈴木泰氏が指摘するように大規模な土木工事や測量など高度な技術力が必要で、このために多数の配下の者が必要とされるため、これは一介の浪人の力でなしえることではなく、長安とその支配下の技術者集団の関与がなければ成し得なかったものと思われる（鈴木泰「「江戸時代の浅川治水と八王子のまちづくり」『水資源・環境研究』二七巻二号）、樋口豊治『市民のための八王子の歴史』有峰書店新社）。

これについて『新八王子市史』通史編3近世（上）では、天正十八年七月五日付で後北条氏の八王子城を攻略した前田利家から長田作左衛門元重宛に出された黒印状では、

当所三宿之町人呼出、如先々本屋敷ニ有付、市以下商売人仕候様ニ可申触者也

天正十八年七月五日　　利家御黒印

長田作左衛門殿

（「内野文書」『新編武蔵風土記稿』第五巻）

と長田元重に「当所三宿」の「町人」を呼び出させ、以前のように「本屋敷」に住み着かせて（還住させて）、市以下の商売をさせるよう広く伝えることを命じている。この「当所」とは『新編武蔵風土記稿』の記述を引用しつつ、七月五日の日付から考えて、北条氏照の居城であった八王子城下（元八王子）の市立であり、「三宿」とはそこにあった八幡・八日市・横山の三宿のこととしている。したがって近世の八王子宿の町立は鈴木氏がいわれるように長安のような強力な組織力を持った者が行ったと考えられる。初期直轄領支配において東国では畿内のように経済的に発展している都市はなく、年貢米の売却地が少なかったため、幕府は積極的に町場の建設を行い、町立・市立をして年貢の地払いや山間部と平地の商品流通を図ったのである。また八王子においては単に町場や宿場を建設することにとどまらず、後述のように町場の西側や北側を流れる浅川や南浅川の洪水を防がなければ、いくら町場を建設しても絶えず洪水の被害を受けることになるので、この河川の流路変更や大規模な堤防（土手）の構築が絶対的に不可欠であった。この構築も大規模な技術集団による構築技術が必要であり、これまた長安配下の技術集団に拠らなければ成し得なかったことであろう（鈴木氏前掲論文）。具体的な八王子の町造りについてみると、天正十八年以降、町の建設と周辺の検地が並行して行われ、「八王子宿越覚」によれば、天正十八年から二十年までに元八王子から横山・八日市・八幡宿への一一三人の移住が行われ、延長一里（四キロメートル）におよぶ町並みが形成されて、町の西側の甲州口、小仏峠に近い、のちの千人町といわれる場所には小人頭（のちの千人同心頭）・小人衆（千人同心）ら武田旧臣二五七人と、募集した浪人二五〇人の合計五〇〇人（慶長五年、千人に）の屋敷を配置して軍事上の拠点とした。千人同心の記録に拠れば、文禄二

年までに千人頭の拝領地への移転が終わっている。そのほか南北の道路の出入口付近に寺社などを旧八王子城下から移転させている。さらに長安は八王子の町を地子免除（無年貢地）としている。これらの寺社の由緒・縁起や地誌類には長安が関わりを持つ寺社がある。例えば現富士森公園内の浅間神社は長安の勧請とされ、また興林寺には長安が寄進した石灯籠があるという。さらに甲州街道の東の入口の新町と、千人町西端の街道を枡形にして防御施設とした（「八王子千人同心の成立」『江戸幕府八王子千人同心　増補改訂』雄山閣出版）。

この短期間に治水事業と町割り、道路整備、そして検地を実施し、それまで集落がなかった浅川右岸の沖積低地に延長一里、幅七丁を超える町場と自分の代官陣屋を構築したという。長安は町造りと千人同心の支配を通して八王子を拠点に甲州街道と小仏峠の守備を行っている。その後、町並みも順次拡大して横山・八日市・小門・八幡・八木・本郷・久保・嶌之坊・上野原・馬乗・子安・新町・寺町・横町・本宿の一五宿が成立した。このうち横山・八日市両宿は本宿として伝馬役を隔月で勤め、他の一三宿は本宿の伝馬役を助ける加宿とされている。さらに後述のように、初めは少数であったが、長安配下の代官たちの屋敷も次第に各宿の中に建設され、のちには「関東十八代官」と呼ばれる多数の代官たちが屋敷を構えている。このように多数の代官が一つの町に集住したのは江戸を除けば八王子だけである。その八王子の町の構成は、元禄年間の八王子町の絵図ではあるが、おおよその形態がわかる（この段階では長安陣屋や代官屋敷は「御払畑」となり、その跡地として記載されている）。

これによれば、八王子宿の中心あたり、のちの小門宿に長安の陣屋（石見屋敷）を置いた（口絵参照）。長安の陣屋は文政

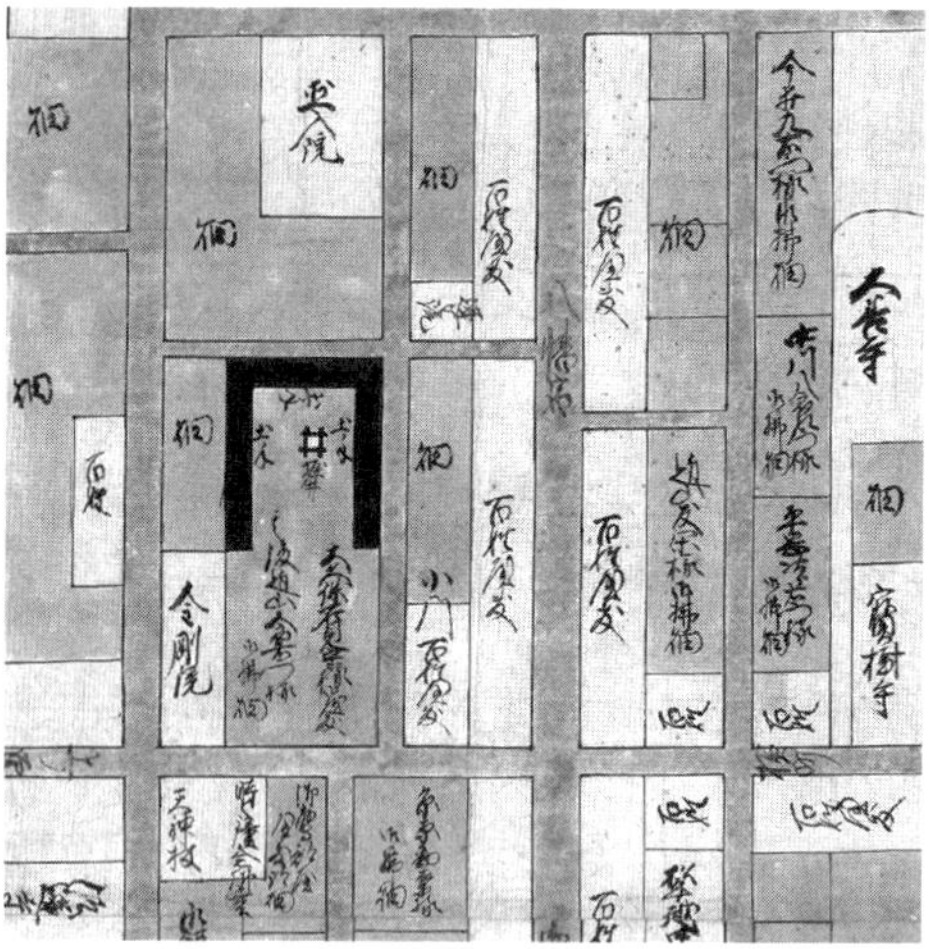

八王子十五宿絵図
（長安の陣屋部分拡大）
（新野家文書、八王子市郷土資料館所蔵）

三年（一八二〇）に八王子千人同心組頭植田孟縉が著した『武蔵名勝図会』の「大久保岩見守陣屋跡」の項によれば、「八幡宿と八日市宿の間の上野原村へ行く大路の西側にて、小門宿へ通る大路の角にあり。元禄十五年（一七〇二）のころまでは西南北の三方に土手ありて、内に井戸などもありしが、北の方の小門宿道付きの土手は切り崩し、西南は近き頃までもありけるが近年みな切り崩して、西の隅の土手の上に稲荷の小祠あるゆえ、そこばかりを切り崩したり、惣土手の高さは一丈程なり。（下略）」とあり、また『新編武蔵風土記稿』第五巻によれば「元禄年中の図を閲するに、陣屋の中央より西南北の三方に土手あり。いつの頃か北の方なる土手を取崩せしが、十年前にはまた南の土手をも穿ちとり、その後、また西の方なる土手をも取崩し、唯土手上の稲荷社の所のみ古い形譤に二間四方許のこせり」と記載されている。両者は後半部分はおおむね同じ内容である。

これらから見ると長安の陣屋は、元禄十五年（一七〇二）までは、南西北の三方には土手が築かれているが、北側の小門宿道に面した土手は切り崩されているという。これからみると内部構造は不明だが、元々は陣屋の四方は高さ一丈程の土手によって囲われていたことがわかる。そして西の隅の土手の上には稲荷があった。この稲荷は現在も残る産千代稲荷であろう。またこの陣屋の東方、甲州街道を挟んで横山・八日市・八幡三宿の南北の裏側に長安配下の代官たちの屋敷が配されている。彼らは一斉に住んだのではなく順次移ってきており、移住年代が判明する者では、八王子宿成立直後には岡上次郎兵衛・下島市兵衛・近山五郎右衛門・同与右衛門・平岡七之助・諸星庄兵衛・糸原勘兵衛・竹本権兵衛ら、慶長元年に市川孫右衛門、同二年に深谷喜右衛門、同九年に今井九右衛門、家康の時代に設楽権兵衛らが移ってきており、それ以降も順次移ってきたという（村上直「江戸初期時代の代官」）。これら代官が住んだ場所は最終的には、陣屋前の道路の両側に糸原勘兵衛・福村長兵衛・近山五郎右衛門・雨宮勘兵衛・設楽孫兵衛・窪田長五郎・岡上次郎兵衛・諸星庄兵衛・近山与左衛門らの屋敷、陣屋の北側には今井九右衛門・中川八郎左衛門・設楽権兵衛・平岡次郎右衛門・近山友閑（与左衛門か）らの名前がみられる。このほか村方にも下島市兵衛・高室四郎左衛門・深谷喜右衛門・竹本権右衛門・小宮山清四郎・市川孫右衛門・青柳内匠らの屋敷があった。彼らの出自についてみると、判明する者では武田旧臣は諸星・平岡・近山・今井・下島・竹本・近山・小宮山・窪田・雨宮・高室ら、後北条旧臣は岡上・設楽・深谷・市川・糸原ら、徳川旧臣は福村長右衛門がいる。

このように周辺にそれぞれ屋敷をおいて長安の支配を助けていたが、一つの町に多数の代官が陣屋を置くのは大変珍しい形態である。八王子周辺での長安の支配地は山の根筋九万石であり、この支配は八王子に居住した代官たちによって行われていたものと思われる。さらに八王子に多くの人々が集まり居住するようになると、治安の問題が生じてきたため、『新編武蔵風土記稿』によれば、「大久保石見守惣奉行として、小門宿に住し、町中に番屋をかまへ、籠獄を置て非違をいましめけり、茲に当所は新宿にて、町人もわづかに居をなし始なれば、近郷の落武者或野武士の類多くあつまり住むけるにぞ。ややもすれば騒乱に及しゆへ、命ありて関東の御代官を多く此辺に居住せしめられ、長安是を指揮せり」とあり、先の代官を多く集めた理由の一つが町の治安を維持する目的にあったことが窺える。また八王子には前述のように旧武田家臣からなる千人同心を配置し、徳川領国の西境・小仏峠の警備にあたらせ、彼らを長安が統括した。彼らの知行については天正十九年（一五九一）正月長安より、

一　御飛脚ニ預け申候、仍而知行之場所御縄之上、先日望之所を以可被下候由御意候事

一　各御出仕之所も相定申候事

一　同心衆御ふち之儀、先一人ふちつゝ、五百人ニ弐百五十俵つゝ、原佐へ我等手形を以、月別ニ相渡候由御意候事

一　棟別之儀者、御縄之上可被仰付由、御意被成候事

右いづれも念を入申上候条、可安御心候、恐々謹言

（天正十九年）
正月十九日　　　大　十兵判

江戸ゟ

九人頭衆

（『江戸幕府八王子千人同心　増補改訂』）

と知行場所を、検地の上で望みの場所を家康の御意により与える、出仕の場所も定める、同心衆の扶持は五〇〇人に二五〇俵ずつ長安配下の代官原佐渡を通して月別に渡す、棟別も検地の上申付けるなどとしている。ついで同十九年七月には、

知行書立

一　三百五十四石七斗九升八合　屋ふの郷
一　百八十三石八斗三升七合　本宿西北通
一　四百六十壱石三斗六升五合　府中内ニ而
合千石者

右為同心給内手作分ニ相渡し、重而励之可申候也

（天正十九年）
卯七月廿一日　大久保十兵衛（花押）

十人頭衆

（鈴木龍二編『桑都日記』続編巻之四）

と十人の同心頭宛に同心給の内手作分として武蔵国多摩郡内で知行地一〇〇〇石を与えている。さらに文禄二年（一五九三）八月には小人頭（千人同心頭）に対して、

山根筋中野郷替り上総内にて諸郷村書立

一　弐百九十六石六斗八升九合　北子安郷
一　九十石弐斗五升七合　高原郷
一　四十九石九斗三升壱合　台　郷
一　五十三石七斗弐升　作木郷
一　三十九石壱斗壱升　大寺内
合五百弐拾九石七斗九合

右分為御知行相渡候可有所務者也、仍如件

巳八月廿一日　　伊奈熊蔵（黒印・花押）

大久保十兵衛（黒印・花押）

甲州

御小人頭衆

（八王子市　大野聖二家文書）

のように小人頭十人の知行分のうち多摩郡中野郷の替地として上総国の内で五二九石余を割渡している。このほか天正十九年四月には、

尚々たれ人成共、竹木みたりニきりとり候ハヽ、早々召しつれ可被参者也、已上

高尾山八王子近辺に候間、誰人成共見たりニ竹木切取候ハヽ、自前々法度之地ニ候間、八王子めしつれられへき者也

（天正十九年）
う卯月廿七日　　大　十兵（黒印・花押）

藤橋庄左衛門との

設楽惣左衛門との

原　佐　渡との　参

（八王子市　薬王院文書）

と長安配下の代官・下代の藤橋・設楽・原らをして八王子の古刹薬王院に対し、竹木伐採禁止の制札（口絵参照）を出して寺社の安堵と保護を行っている。

（一）浅川の治水と石見土手

浅川の治水については鈴木泰氏の詳細な研究成果（鈴木氏前掲論文）があるので、この研究を参考にしつつ考察する。前述の『八王子根元記』によれば、「新町、島之坊宿土手之儀者大久保石見守殿入候節ニ洪水ニ而当宿大水入、家

居当流レ申に付、石見守殿ヨリ被仰付、新町ニハ土手之上藪ニ致候」とある。島之坊宿は宿の最西端で南浅川に面し、新町は最東端で浅川に面した場所を指しているので、宿の西から東までの土手が大久保長安によって作られたと認識されていたのである。また前掲の『武蔵名勝図会』（抜粋）ではさらに詳しく記載されており、

八王子城陥りし後に、城下町の亡民を今の八王子町へ引移されし後も、洪水またも島之坊宿辺より市中に流れ入らんとせしかば、石見守下知を伝えて、由井領・小宮領・日野領の村々へ課せしめて町囲いの長堤を築けり、新地と千人町の堺なる地蔵堂の脇より千人町裏通り、馬場地の南付の土手へつづき、宗格院脇より島の坊の限りへ出で、本郷多賀神社の裏通りより、同村田圃の辺まで、上は坤の方より艮の方へ凡そ長さ十四・五町、敷三間、高さ七尺ばかりなり（下略）

と、長安が下知して多摩郡の由井領・小宮領・日野領の村民を動員して八王子の町囲いの長堤を構築したとしている。その堤の規模は、十四・五町（約一・六キロメートル）、敷三間（五・五メートル）、高さ七尺（二・三メートル）ばかりという。この石見土手の規模は文政年間頃のものと思われるが、千人同心組頭の記録であるところから、そのままではないものの、おおよそ同じような規模であった可能性が考えられる。

南浅川の石見土手は、南浅川右岸の千人町付近に町囲い土手（連続堤防）を築いたが、江戸中期の絵図によると所々で堤防が切れていて霞堤を形成していた。この霞堤は絵図では「川除」として記載されているが、南浅川に並行して不連続に続いている。つまり、南浅川の瀬替えの折に、浅川の合流点まで南浅川右岸に沿って不連続の霞堤を構築し、さらに内側の町場に沿って連続の土手（石見土手）を構築して、南浅川の氾濫時に霞堤内部に流水を導入して遊水池としたのである。さらに江戸中期の絵図によると、町囲いの土手（石見土手）の内側に沿って千人同心屋敷が描かれているのである。南浅川は現在の浅川との合流点より三〇〇～四〇〇メートル程下流を流れていたといわれ、川が洪水を起こすと千人町へ被害をもたらしていた。このため長安は南浅川を現在の水無瀬橋付近から直線に流路を開鑿して浅川に直角にぶつかるように瀬替えをしている。両川が合流する所は向かい側に川口村から続く台地（通称川口丘陵）があり、

その下の浅川との間に遊水池を確保して、洪水時にはここに溢水が滞留するようにしたのであった。この治水方式は武田信玄による釜無川に御勅使川を直角に合流させた甲州流治水方式に酷似しており、長安も八王子においてこの方式を用いたものと思われる。また南浅川が浅川に合流する地点まで右に沿って不連続の霞堤を構築し、さらに町場に沿って連続の土手（石見土手）を構築して、南浅川の氾濫時には流水を両者の間に導入して遊水池としたのである。その上南浅川が直角に合流した地点の下流部にある、浅川沿いの極楽寺裏から新町までにも、一連の堤防が構築されたという。これらの堤防の構築には前述のように周辺の由井領や小宮領のほか、日野領の村々からも労役として人足が駆り出されたという。これらの堤防によって、八王子町の水害を防いだのである。

石見土手（八王子市・宗格院境内）

またこの堤防工事によって守られた南浅川右岸には新しく小人衆（同心衆）の屋敷が作られ、初めは五〇〇人ほどであったが、のちに千人になったので千人町と呼ばれるようになった。ただ、実際は千人頭の一〇家の屋敷があったので千人町と名付けられたという。なお霞堤は現在一部が残存し、また町囲い堤である石見土手も南浅川に面した宗格院の境内に一部が残されている。

慶長五年（一六〇〇）の関ヶ原合戦後、徳川氏の領国は後述のように関東以外にも拡大し、石見・生野・佐渡の金銀山と佐渡島や石見、さらに生野銀山周辺の直轄領が支配下に入った。また大和や美濃・信濃・近江などの直轄領や奈良・岐阜・大津などの都市も支配下に入った（後述）。このように長安の支配地は関東以外にも拡大していき、特に石見・佐渡・伊豆の金銀山の支配や美濃・大和・近江などの畿内とその周辺諸国でも活躍するようになって、各地に陣屋を設置して江戸や駿府などとの間を絶えず往来し、多忙を極めていた。しかし関東での支配拠点は引き続き江戸屋敷と八王子陣屋が中心であった。関ヶ原合戦後で長安が八王子に来たのは少なくとも三回ほどと思われる（藤井譲治編『近世前期政治的主要人物の居所と行動』）。また八王子の支配地も前代同様、山の根筋九万石が中心であった。慶長七年（一六〇二）には八王子の長安の陣屋が火災で焼失したので、同年十月に八王子の高乗寺に対し、長安配下の大野尊吉ら代官たちから、

態令啓上候、仍御無心之申事ニ候へ共、松木歟雑木壱本申請度候、石見屋敷火事出来俄作之事折角仕候、何方ニも雑木成共一切無之候間、不残料簡申入候、依之尊意山取　遣し可申候、壱本申請候、三間之引物ニ候、雑木可申請候、恐惶敬白

（慶長七年）十月十四日　大野八右尊吉（花押）
田辺庄右□□（衛門）（花押）
諸星藤兵忠富（花押）

高乗寺侍衆閣下　（八王子市　高乗寺文書）

のように焼失した陣屋の再建のため、長安配下の代官大野尊吉・田辺庄右衛門・諸星忠富（盛次）らから高乗寺に対し、松の木か雑木を一本、三間の木を工面してほしい旨依頼している。これに対して寺伝では、七尺（二一二センチメートル）周りの欅一本、八尺五寸（二五七センチメートル）周りの桜の木一本、杉の丸太十六本の合計十九本を進呈したという。

さらに慶長十年から江戸城の本格的な築城工事が始まると、長安も木材調達などで参画した。同十一年十一月には幕府の年寄衆大久保相模守忠隣と本多佐渡守正信の連署で長安に対し、

今度江戸御城御作事、御用白土武州上成木村・北小曽木村山根より取寄候、御急之事ニ候間、其方御代官所三田領・加治領・御領・私領道中筋より助馬出之、無滞石灰附送候様可申付候、駄賃・口附・服忌有之者ハ、堅ク出シ不申候様、可申付候、以上

午（慶長十一年）

十一月

大　相模守印

本　佐渡守印

大久保石見守殿

上成木村

北小曽木村

前書之通、可相心得者也

大　石　見

（武蔵国八王子住佐藤助十郎所蔵文書『朝野旧聞裒藁』）

と江戸城普請用の石灰（壁用漆喰）の調達と江戸への運送を命じられたので、長安はこの写しを支配地である多摩郡上成木村・北小曽木村に渡し、両村から産出する漆喰壁に使用する白土・石灰（御用白土）を至急江戸へ送るべく、長安支配の代官所の三田領・加治領、そして御領・私領を問わず江戸までの道中で助馬を出して滞りなく送ることを命じている。そしてこの白土・石灰を江戸へ輸送する街道の中継の宿として機能させるため、青梅新町の町立を行った。これらの白土・石灰は八王子石灰と呼ばれ、『常右衞門様用書』（八王子市　木崎文書）によれば、この後も慶長十二年の駿府城普請、同十三年の大坂城普請、同十五年の名古屋城普請などにも利用されているという。

八王子陣屋に長安が来た回数は、関東領有時代には当然のことながら江戸と八王子が支配拠点となっていたので、しばしば往来していたことはいうまでもないが、関ヶ原合戦後においては、長安の支配地域が関東以外、全国に点在したので、伏見や駿府などを拠点としていた。それでも八王子には前述のように少なくとも三回程は来ていると思われ、慶長十二年三月二日付の長安から戸田隆重宛の書状（「戸田藤左衛門所蔵之書写」）（抜粋）によれば、

一昨晦日ニ　上様江戸御立候、我等も即よこ山まで参候、上様小田原御立候時分ここもとをたち可参候間、可有其心得事、日限ハかさねて以飛脚可申候（下略）

と上様（家康）が駿府城に移住するため江戸を出立するので、長安も横山に来て滞在し、家康が小田原城を出立する時分に合わせて横山を出立するので、その心得でいること、そして駿府に到着する日にちは追って飛脚をもって知らせる、としている。戸田隆重は長安の家老的代官で、恐らく駿府に前乗りして待ち受けているものと思われる。その翌日の三月三日付、同じく長安より戸田宛の書状（同上文書）（抜粋）でも「甲州より昨二日之日付ニて三日ニ横山へ参候」とあり、三月三日に横山に到着したことがわかる。さらに三月五日付長安から戸田宛の書状（同上文書）（抜粋）では「上様小田原迄被成御立候て、我等も横山を出て参候」と、家康が小田原に出立するので、自分もそれに従うため横山を出立するとしている。従って横山には二、三日しか滞在していなかったことが窺える。ついで慶長十七年七月十四日付の長安から戸田宛の書状（同上文書）（抜粋）では、

我等も先日其表より甲州へ参候うちに、殊外日にてられ候而、散々淋病わつらひ此中ハ弥いたミ申候間、于今よこ山に逗留候而養生候、少よく候間一両日中に此地を出候而其許へ可参候事（下略）

と甲州から横山に到着したものの、淋病を患ってますます痛みが増したので、今も横山に逗留して養生していたが、少し良くなったので一両日中には横山を出立する、としている。ここでは病を得ても政務に多忙であるため、なかなかゆっくりと休めない状況が窺える。

このように多忙な中、八王子横山に立ち寄っており、横山でどのような仕事をしたのかは不明であるが、滞在もしている。これらのことから長安にとって横山の陣屋は、関ヶ原合戦を経た後も、関東統治上、なお重要性を持っていたことを示していよう。

（二）青梅森下陣屋と青梅の開発

長安の八王子の支配地のうち青梅には新たに森下陣屋を置き、前述の上成木村などで産出する石灰を江戸へ輸送するための中継地とした。そしてその代官には配下の代官大野善八郎元継と鈴木孫左衛門を任命し、多摩郡の奥地、多摩川

の上流部の村々の支配にあたらせた。同時に配下の高室金兵衛（四郎左衛門）昌重には周辺の開発を行わせた。これをうけて高室は諸岡村の名主で北条氏の被官であった吉野織部之助に開発を命じている。吉野織部之助は慶長十六年（一六一一）二月に、

以書付奉伺候

一　武州多摩郡三田領杣之保野上之郷武蔵野に家建、新田一村取立申度候、被仰付候而、出精可仕候、依而奉窺候、

以上

慶長十六年亥二月　　吉野織部之助

御代官様

（「仁君開村記」青梅市　吉野家文書、以下所蔵同じにつき略す）

と三田領杣之保野上之郷の武蔵野に家を建て、周辺の新田開発を願い出ている。高室昌重は直ちに許可したので、織部之助は早速近隣村々から出百姓を募った。しかしすぐには集まらなかった。織部之助の手記「仁君開村記」（吉野家文書）によると、村の位置は野上郷に近接した地点とし、野上郷の東、羽村の西北の原野に東西十八町余（約一九八〇メートル）、南北十一町余（一二〇〇メートル）の地域を定めて開拓を開始した。織部之助の狙いは単なる新田開発ではなく、新町として街道を引いて市を立てるとともに、宿場として町立する計画であったという。

このような新町の町立は長安の得意とするところであるので、あるいは長安・高室の構想と合致するため、速やかな許可とその後の援助を受けられたものと考えられる。屋敷割は街道の東西に五町ほどの両側を宿にして、北側に三十三軒、南側に三十三軒を配置している。一軒分は狭いものの、市を立てたいとの望みがあるため、このようにしている。さらに南北屋敷の外側には土手を巡らせているという。しかし村形はおおむね完成したものの畑地の開墾は出百姓が集まらなかったため、慶長十八年二月、幕府へ願を出している。それによれば、

一去亥年中奉窺候新田出百姓無御座候、尤今以井穿不申候間、井穿人馬近村ゟ出申候様ニ以御威光為御触被遊可被下候、以上

慶長十八年丑二月　　　　　　　　吉野織部之助

御代官様

（『仁君開村記』）

のように慶長十一年、開発のために出百姓が来ないのは井戸が穿たれていないので用水や飲料が確保できないためであるので、井戸を穿つための人馬を近村から出してくれるよう、御威光をもって御触を出してほしいと願い出ている。これを受けて代官高室昌重は早速次のような御触を村方に出している。

此度西武蔵野ニ吉野織部之助致頭取、新田取立候間、二男三男有之者ハ出之、百姓相勤可申候、但井穿人馬織部之助差図次第可出候、若於滞可為越度者也

丑二月　　　　　高室金兵衛　印

青梅村　　藤橋村

黒沢村　　谷野村

成木村　　木ノ下村

北小曽木村　　塩井村

上諸岡村

根ケ布村

西分村

乗願寺村

村々名主・年寄

（『仁君開村記』）

と青梅以下近隣の村々に対し、新田への次男、三男の出百姓と、井戸を穿つための人馬の提供を命じている。それでもなかなか開発が進展しないため、織部之助は翌十九年十一月には、

此度武蔵野に新田取立候、各方望之場所切被開候ハヽ、当年より三年無年貢に而、此其後者出作百姓可被勤候、此

状村継能御廻頼候、以上

（慶長十九年）寅十一月　　　　　　吉野織部之助

村々御百姓中

（『仁君開村記』）

のように、新町に出作した百姓は開墾後三年間の無年貢（鍬下年季）とする旨を周辺村々に触れている。このように織部之助が三年間の鍬下年季などを決定できたことも、先の長安・高室の計画に合致していたから許可されたものであろう。このようにしてその後、新町村は発展していった。

このほかでも長安は武蔵の支配地に対して様々な関わりを持っていたようである。支配地の山の根筋にある多摩郡小宮領平井郷の農民が慶長四年四月、冷雨が降り、その影響で村永高一一六貫五〇〇文の五三パーセントにあたる六一貫五〇〇文が不作となり、百姓たちが退転するなど生活の困窮を八王子の長安に訴えたところ、長安は検見のため自ら平井郷に赴き、百姓を召し出して荒地の開発を条件に北条氏の滅亡以来衰退していた平井郷の市の開設を認めた。この市の開設は隣の伊奈郷と市日を分ける形で再興させたという。ただ、伊奈郷は市日を分けるにあたり渋ったため、長安は平井郷は絹紬の売買ばかりを行うこととし、伊奈郷の市には従来通り炭木の売買をするよう命じたという（『日の出町史』上巻）。なお、再興された市は従来の場所ではなく、江戸の発展との関係から江戸への道沿いに開かれたという（『新編武蔵風土記稿』第五巻）。このほか伊奈郷は、長安の命で江戸城普請の時に先の上成木村の石灰と同様に、天守の銅瓦の鋳造御用を請負ったり、石材なども出している。さらに慶長九年（一六〇四）には、多摩郡大久野村の神明社の棟札に長安配下の福村長右衛門（政直）の名前があることから、長安の命で建立したものと思われる。同じく慶長十、十一年に長安は、多摩郡の御嶽神社の社殿の造営奉行を勤め、完成後太刀や釣灯籠を寄進している。さらに慶長十五年には武蔵国惣社である六所宮（大国魂神社）の造営奉行として境内の社殿・楼門・鳥居などの殿舎を造営し、完成後釣灯籠を寄進している。このような社殿造営においても、少なくとも一度や二度は現地に赴いており、この折に八王子に立ち寄っていた可能性は考えられるところである（もちろん江戸から赴いたことも考えられるが）。

二、関東領国支配と検地・知行割渡（知行書立）

天正十八年（一五九〇）八月、家康は関東領国に入封したが、関東領国は二四〇石余であった。このうち一万石以上の大身の家臣四十人は、一二万石を領した井伊直政が上野国箕輪（のち高崎）、一〇万石の榊原康政が同じく上野館林に、一〇万石の本多忠勝が上総国大多喜など、それぞれ周辺の有力大名への備えとして関東領国の要地に配置され、それ以下の大身もそれぞれ領内の要地に配置された。この家臣たちへの知行地は本来ならば惣検地後に与えられるのであるが、入国直後の天正十八年段階では領国惣検地は行えなかったため、家臣団の給地と軍役負担のために、とりあえず仮の知行地を与えた。この知行地の割渡は榊原康政の指揮の下、大久保長安や伊奈忠次らの代官頭が、後述のように各々の専管国としている国において検地の実施や知行書立の発給などを分担して行った。例えば、武蔵国の大半を専管していた伊奈忠次の場合は武蔵国内で知行地を与えられた松平（深溝）家忠に対して、

　　御知行書立

一 上川上　一 こいつか《肥塚》　一 かきぬま《柿沼》　一 須戸　一 西条

一 ゑなみ《江波》　一 八くち《口》　一 おそね《小曽根》　一 しほう寺村《四方》

　　合壱万石（黒印）　右之拾《ママ》ケ村

右之分百姓前能々御穿鑿候て、御所務可有候、来年御縄打之上不足候ハヽ足可申候、あまり候ハヽ、御返し可被成者也、仍如件

　天正十八年庚寅年

　　九月七日　伊奈熊蔵（黒印・花押）

　　　松平又八殿《家忠》

（島原市　本光寺所蔵、以下所蔵同じにつき省略）

のように埼玉・幡羅・大里郡内十か村（十か村としているが、実際には九か村）で、一万石の仮の知行書立を発給して

いる。伊奈忠次は牧野康成に対しても五〇〇〇石の仮の知行書立を発給している。

同様に下総国を専管していた大久保長安の場合は、下総国内に知行地を与えられた松平（五井）伊昌に対して、

御知行之郷村

すミ（墨）郷　ふっそう（古沢カ）村　馬橋村　上勝田郷　別所郷

高松郷　ひちかい（文違）村　久濃村　伊篠村

以上九ケ所

弐千石之分可渡遣由　御意候間、先々右之分可有御所務候、御縄入候上、たり候ハすハ、たし可進候、若あまり候者可有御返候、以上

寅（天正十八年）　原田佐左衛門（種雄）　書判・印判

十月九日　大久保十兵衛　書判・印判

松平弥三良（伊昌）殿

（東京都目黒区　五井家文書）

のように、大久保長安と有力代官原田佐左衛門種雄の連署で香取郡等九か村、二〇〇〇石の仮の知行書立を発給している。これらの仮知行書立ではその後の総検地を行った上で、もしこの知行高で足りない時には足し、あまった時には返すことを明記しているのである。

これに対し、関東領国の直轄領はおよそ一〇〇万石とも一二〇万石ともいわれるが、その支配は代官頭といわれる大久保長安・伊奈忠次・彦坂元正・長谷川長綱の四人による直轄領支配が中心となり、多くの代官たちを統率して支配に当たった。このほかにも島田重次・神谷重勝・小泉吉次らの有力代官がいた。

家康が関東領国に移ると、真っ先に取るべき政策は、惣検地によって領国全体の生産力と農民を掌握し、さらに家臣団に知行地を与えて経済基盤をもたらすことで、豊臣政権から絶えず賦課される様々な軍役や夫役賦課に対応するためであった。このため大身の家臣は自分で検地を行い、小身の家臣領及び直轄領は代官頭を中心に多くの代官を駆使して

検地を行っている。検地は入国直後の天正十八年に一部実施している地域もあるが、残存する検地帳や記録類からは数が少ないため、集中的に行われたかは検討の余地がある。したがって翌十九年から二十年にかけて本格的に実施されたとみるべきである。この天正検地では徳川氏は五か国時代とは異なり、太閤検地に準拠して生産高を基準とする石高制検地に切り替えている。しかし一方で関東の山間部では米の生産がないこともあり、山地で生産する物資を貫文で表示する永楽銭（のちには鐚銭）に換算して、年貢として永高で支払う体制を採用している。この点は徳川氏の独自の検地仕法であった。この検地にあたっては代官頭たちは担当国をそれぞれ分担して行ったようで、下総・上総は大久保長安が中心に、武蔵は長安が多摩郡・比企郡・高麗郡などを行った以外は伊奈忠次、相模は三浦郡を長谷川長綱、それ以外は彦坂元正、伊豆は彦坂元正、上野は利根・吾妻の北二郡が真田領であるので、これを除き桐生領は大久保長安が、それ以外は伊奈忠次が行うなど、それぞれ分担している。長安の担当した武蔵多摩郡や比企郡では多東郡経久郷（府中市）が天正十八年九月に行われているが、翌十九年からが圧倒的に多い。同十九年四月には多西郡石川郷（八王子市）、同二十年二月比企郡慈光寺村（ときがわ町）が行われている（拙稿「近世初期武蔵における検地について」『史潮』新九号）。ついで文禄・慶長期にも検地は行われており、文禄年間に長安が行った検地は武蔵では多摩・秩父・都筑・橘樹郡などで、多摩郡では文禄三年（一五九四）三月に坂浜郷・常久郷・喜多見郷・豊田郷・学東村・関戸郷・和田郷など、秩父郡では渡瀬郷・野巻村、都筑郡では片平村・茅ヶ崎村・山田郷・勝田郷、橘樹郡では作延郷・泉沢寺などで実施したことが判明している。この文禄検地では山間部の村々を中心に年貢高を基準とする貫文表記による永高制である。このような伊奈忠次の検地は「備前検地」と呼ばれている。

さらに武蔵では慶長二、三年（一五九七、八）にも集中的に行われ、長安は同二年には比企郡日影村・慈孝寺、入西郡小杉村・滝野入村・山本坊、高麗郡新堀郷・清流村・高麗本郷・梅原村・上直竹村、秩父郡下吾野郷など、同三年には多摩郡森野郷・金森郷・鶴間郷・能ヶ谷郷・連光寺郷・丹三郎村・桧原村、高麗郡小岩井郷・長田村・大川原村・日影和田村などで行っており、これらの地域は山間部が多いため、永高制検地であった。そのほか長安は慶長四年、七年、十四年にも単発的に行っている。このような大久保長安の検地は「石見検地」、または「大久保縄」と呼ばれている。

天正十九年の惣検地後、武蔵の大半を専管としていた伊奈忠次は同十九年の検地を受けて、先の松平家忠に対して、

御知行書立

一 四千七百弐拾四石三斗壱升　新郷下新郷荒木別所共ニ

一 三千三百卌三石五斗六升　須賀村

一 九百四拾三石三斗壱升　いぬつか村にし新井共

一 三百拾七石三斗六升　下中条村

一 六百八拾壱石弐斗六升　酒牧之郷内ニ而

都合壱万石者（黒印）

右之分　御黒印御頂戴迄、此手形以御仕置可被成者也、仍如件

天正十九年辛卯年　伊奈熊蔵

六月六日　忠次（黒印・花押）

松平又八《（家忠）》殿

（本光寺所蔵）

のように、先の天正十八年の村々と宛行の場所は異なるが、埼玉・幡羅郡内九か村、一万石の知行書立を正式に与えている。そしてこれは家康からの正式な知行宛行状（黒印状）をもらうまでこの手形で仕置するようにとしている。しかし実際には家康から知行宛行状は出されていないので、この手形が実質的に宛行状の役割をしていた。

同様に後述のように大久保長安が専管としていた下総や上総では、長安の検地は天正十九年正月から始まり、翌二十年にかけて両総全域に検地を実施している。同時にこの天正検地はそれまでの貫高制を廃止し、関東領国に石高制を成立させる役割を担っていた。ただ前述のように上総国夷隅郡の直轄領の一部山間地域では文禄年間に永高制による検地

が行われているが、これは畑作中心の村々であるためである。同時に年貢収納は原則として金納制がとられている。この天正検地では代官頭大久保長安配下の吉田佐太郎・樋口又兵衛家次・浅井雁兵衛道多・清田甚兵衛・青柳内匠信正らや、奉行原田種雄配下と思われる安方刑部・岩瀬三郎次郎、さらに代官頭伊奈忠次配下の中野七蔵重吉・牛田杢右衛門らの代官や下代が、小知行主の領地や寺社領等まで公私領をこえて検地を一斉に行っている。

下総の天正検地は天正十九年二月から翌二十年九月にかけて、吉田佐太郎・原大炊助・清田甚兵衛・田辺十郎左衛門・青柳内匠信正・樋口又兵衛家次・浅井雁兵衛道多・高室喜右衛門・竹村甚右衛門・山下内記・太田宮内丞など、原田佐左衛門種雄配下の安方刑部左衛門・岩瀬三郎次郎などの代官や下代が動員されている。なかでも吉田佐太郎は自らの下代たちも動員して検地にあたっている（川名登『戦国近世変革期の研究』岩田書院）。天正二十年三月二十八日付の匝瑳郡松山権現の神領検地帳は検地結果を受けて、長安配下の検地役人高室喜右衛門・竹村甚右衛門から神主に対して神領分を書き出した検地帳であり、「田畠屋敷合弐町壱反四畝弐拾八歩半　分米拾石四合」（「松山神社文書」『海上町史』史料編Ⅰ）が渡されている。文禄三年検地でも、長安配下の山下内記などが検地にあたっているが、この検地は天正検地で未実施の地域の補充検地であったと思われる。

上総では天正十九年正月から同二十年十一月にかけて、長安を検地奉行として配下の竹川監物信経・青柳内匠信正・大野八右衛門尊吉・田辺十郎左衛門・樋口又兵衛家次・小宮山八左衛門・角田将監など多数の代官・下代を駆使して実施している（川名氏前掲書）。

同十九年九月九日付「上総国望陀郡谷中之郷御水帳」は長安の検地であり、帳末に検地役人として後述の上野国桐生の町立をした大野八右衛門尊吉の名前がある。さらに天正十九年十一月には夷隅郡西畑郷の検地にあたり、長安配下の青木勘左衛門豊定、窪田助十郎忠知ら七人の代官から西畑郷百姓宛の手形では、

今度就御縄打西畑之郷寅之一はい（倍）ニ御請納被申上候上ハ、自今以後御年貢無沙汰なく可被致弁済候、夫免諸役銭御そたんにおいてハ、今度之御請納被申候内、高辻被為引可被下候由、大十兵様へ可申候、為其手形、仍如件

天正十九年辛卯　　　　青　勘印
霜月十八日　　　（以下六人略）
にしのはた
百姓中
（大多喜町　君塚家文書）

と検地の上、年貢を従来の二倍納めること、その代わり夫免諸役銭は高辻から引く（免除か）ことを長安から申し伝えられたことを伝達している。

これらの検地結果を受けて代官頭たちは家臣団への知行割渡を実施している。前述のように下総でも長安と原田が天正十八年に仮の知行地を下総の家臣たちへ与えているが、翌十九年に正式な知行書立を家臣たちに発給している。この時の知行書立は天正十九年十二月二日付、長安と原田種雄との連署で中村新三郎に対し、

相渡申御知行分之事
一弐百石者　　川口郷之内
右自当納可有御所務候、御朱印重而相調可進候者也、仍如件
（天正十九年）卯十二月二日　　大十兵衛（刻印・花押）
原佐左
中村新三郎殿
（山梨県立博物館所蔵文書）

のように匝瑳郡川口郷（旭市）の内で二〇〇石の知行書立を出している。この史料で長安は御朱印はのちに調えて進上するとしている。ついで天正十九年正月に武蔵国忍領で一万石の知行地を宛行われていた松平（深溝）家忠が、天正二十年正月に下総国香取郡内に転封された時の知行書立では、

御知行書立
一千五百四拾壱石三斗九升八合　　上代之郷

一千八百壱石三斗六升弐合　田部之郷
一九拾五石六斗七合　宮本之郷
一四百弐拾三石弐斗壱升八合　仁良郷
一弐百五石壱斗九升壱合　桜井郷
一百卅壱石八斗五升弐合　富川之郷
一三百四拾石五斗弐升八合　青馬郷
一百五拾壱石壱斗五合　高野郷
一弐百五拾弐石四斗弐升七合　麻野郷
一五拾七石四斗四升六合　小高郷
合五千石
右分為御知行相渡申候、御朱印重而可被御申請候者也
（天正二十年）
辰　原田佐左衛門（黒印・花押）
正月廿五日　大久保十兵衛（黒印・花押）
松平又八郎（家康）殿
（本光寺所蔵）

のように香取郡上代郷（香取市）周辺において一〇か郷、五〇〇〇石分の知行書立が下総や上総を専管地域とした長安と原田の連署によって発給されている。残りの五〇〇〇石分の知行書立は同年三月四日になって長安と伊奈忠次・彦坂元正の三人の代官頭によって、一部下総国内分（九〇〇〇石余）もあるが、大半は上総国長柄郡本中上郷（長柄町）内と同国東金領、土気領で発給されている。

さらに上総でも天正十九年の検地後、長安と原田の連署で、
渡申御重恩之事　（望陀郡）

一　千七百卅五石弐斗九升五合　　横田之郷
一　百九拾七石七斗九升五合　　山中之郷
一　百六拾六石九斗壱升　　根岸之郷
　　合弐千百石者
右何茂三百石宛之御重恩ニ候、其積ヲ以御配当可被成候、御朱印者重而可被御申請候、
以上
　　　　　　　　　　　　大久保十兵衛
卯（天正十九年）七月吉日　　原田佐左衛門
　　　　曽根孫太夫殿
　　　　久世三四郎殿
　　　　（以下五人略）
（『武徳編年集成』巻四）

のように旧横須賀衆（大須賀忠政家臣）の曽根孫太夫以下七人の旗本に対し、上総国望陀郡内で各三〇〇石ずつ合計二一〇〇石の知行地を与えて、のちに家康の知行朱印状が出されるとしている。このほかにも上総で内藤織部や岩手信政らにも発給している。

また直轄領も両総地域に設定されており、そのうち主なものは下総では香取郡東部を中心に小見川陣屋に吉田佐太郎（支配高五〇〇〇石）、府馬陣屋に三宅辰之助（岩木）（同五〇〇〇石）、笹川陣屋に清彦三郎（同三五〇〇石）、ほかに原大炊助支配地（同二五〇〇石、陣屋不明）などがあり、長安配下の代官たちに支配にあたらせた。上総では匝瑳郡八日市場領に直轄領が設定されており、その代官に在地から井田因幡守（胤定）を任命している。天正二十年九月に井田が前年の直轄領の年貢勘定を長安に提出した折の「八日市場領の内卯之御蔵入勘定事」（抜粋）によれば、

一　四百七石八斗六合者　　米納

一　弐貫弐百文　　永楽納
　　右之内
四十石七斗八升者　　米内十分一引
弐百弐十文　　永楽之内十分一引
残而三百六十七石弐升六合　　米定納
　此俵千四十八俵弐斗弐升六合者　京判三斗五升入也
同　壱貫九百八十文　　永楽定納
（中　略）
壬辰（天正二十年）　　藤田又右衛門（黒印・花押）
　九月廿七日　　勘定　　岡　左兵衛（黒印・花押）
　　　　飯島半次（黒印・花押）
　　井田因幡守（胤定）殿
（『八日市場市史』上巻）

と長安配下の藤田又右衛門らが井田胤定の提出した年貢勘定について査定しているのである。この勘定の中の省略部分には多古領主（一万石）の保科甚四郎（正直）に対し、夫丸（軍夫）の扶持米として一二〇俵が渡されていたり、諸支出を差し引いた残りの四四一俵余が関宿領主（二万石）の松平康元の下に城米として送られている。その運送のため、八日市場から印旛沼岸の公津湊までの駄賃、公津湊から常陸川を遡上して関宿に送るまでの船賃が含まれている。このほか井田の八日市場の御蔵に留置分として三七二俵余がある。なお、このような天正年間の年貢勘定記録は徳川領では極めて珍しいものである。

このほか上総では東金城を番城として本多正信が預かり、ここに彼の配下で三河出身の高橋衆七十騎を駐屯させ、警護にあたらせる一方、東金領を直轄領として有力代官島田重次が支配にあたっている。そしてこれら両総地域の直轄領の総支配には大久保長安と原田種雄があたっているのである。また寺社の所領も、入封直後の天正十八年十一月には千葉郡生実の有力寺院大巌寺に対し、

生実大巌寺領事　（千葉郡）

一　七貫五百五文　　生実之内
一　四貫百文　　千葉之内
一　壱貫百九十五文　　かも之内
一　五百文　　同所かやば
一　五貫文　　森之内屋敷分

右前々御所務之由ニ而、任證文書出申者也

(天正十八年)
寅

十一月四日　　大十兵衛（黒印・花押）
原さ左衛門尉（黒印・花押）

生実之内
大巌寺

（千葉市　大巌寺文書）

と生実（千葉市）周辺で、長安と原田の連署で寺側からの差出証文に基づいて一八貫三〇〇文の寺領を割渡を行っているが、翌十九年、検地の結果、寺領一〇〇石が与えられている。さらに同年極月には香取郡笹川村（東庄町）の西光寺に対し、

尚々よき様ニ御積候て御渡可被成候、以上

西光寺御寺領弐拾石被進之候、右分御縄の上之積を以、門前之近辺ニて御渡可被成候、

恐々謹言

(天正十九年)
卯　　原田佐左衛門（黒印・花押）
大久保十兵衛（黒印・花押）

極月廿六日　　　　自江戸

浅雁兵衛（浅井道多）御宿所

（八日市場市　西光寺文書）

のように、長安と原田が検地の上、西光寺に寺領二〇石を、寺の近辺で与えることを配下の代官浅井雁兵衛道多に命じている。これを受けて浅井道多は同月廿八日に、

下総国匝瑳郡南条庄米倉郷西光寺領之事

藺田壱畝歩　分米一斗六升　　ぬいの助

筆数四拾三有、以下略記す

田畠屋敷合弐町三反八畝六歩　分米合弐拾石

米倉之合西光寺

天正拾九年辛卯年十二月廿八日　　浅井雁兵衛　花押

（西光寺文書）

と、これは写本であるため全筆は略されているが、検地帳から書き抜いて西光寺へ寺領書立を発給している。また長安は原田とともに海上郡銚子の猿田神社に対しても、天正二十年三月に配下の下代今井吉左衛門や矢崎七郎右衛門を通して三〇石の寺領書立を出している（山来文書『佐原市史』）。

このように長安は、専管する下総・上総において検地・知行書立・寺社領書立のほか、後述の新田開発や塩田開発など、多様な仕事をしているのである。

さらに『家忠日記』（『増補続史料大成』一九）によれば、天正二十年十二月二日には上代領主の松平家忠に対し、本多正信らが朝鮮出兵のための渡船用軍船の舟板の提出を命じているが、その折、「日限ハ大窪十兵衛所より可申来之由候」と大久保長安がその日限を伝える役をしており、同月六日にいたり「江戸大窪十兵衛所より来九日ニかつさ小多喜にて御舟木出候間、早々普請ニ越候へ之由申来候」と、長安が同月九日に上総小多喜にて御舟木を出し、その普請（造船）のために来ることを伝えているなど、長安が下総の触下の役割を果たしており、下総や上総における長安の専管的

支配が多方面にわたって行われていたことが窺える。

このような専管地域以外で代官頭たちの支配が交錯する地域では、天正十九年検地後、共同で知行地の割渡を行っている。例えば武蔵国では、天正二十年三月三日（文禄元年への改元は十二月八日）付の武川衆の肝煎折井次忠・次吉父子への知行書立では、

渡申御知行之事　　　武州

一　五百六石八斗六升八合　　吉田之郷

一　弐百拾九石参斗四升八合之内　　西とミた之郷内ニ而

一　百四拾弐石六斗八合余　　四方田之内

合九百八石八斗弐升五合

右分可有御所務候者也

（天正二十年）辰三月三日　　大久保十兵衛判

伊奈熊蔵判

折井九郎次郎（次忠）殿

折井九郎三郎（次吉）殿

（「御庫本古書纂」一）

のように、長安と伊奈忠次が連署して折井氏に九〇八石の知行書立を発給している。なおこの折井次忠については、次のような事件があった。文禄三年四月十日付の、長安から武蔵忍領主の松平忠吉（家康の四男）の家臣小左（小笠原某か）宛の書状（抜粋）では、

折井九郎治郎（次忠）殿御知行之百姓、忍領へ参有之由被仰候間、様子被為聞被仰付、御返可被下候、返々無相違罷帰候やうに被仰付候て可給候、彼人儀は武川衆物頭被申候間、以来手くミ之百姓参候共、彼方より可被申候

間、其次第様子被為聞御返し頼入候、

（『譜牒余録』後編、巻三十一）

と武川衆の肝煎折井次忠の知行地の百姓が忍領に逃げ込んだので、よく調べて元の知行主の所へお返し願いたいという、いわゆる人返しの依頼をしている。代官頭たちはこのような家臣団の知行地・直轄領を問わず、百姓の管理にも当たっているのである。

三、新田開発

関東領国では入国以来、生産高の上昇を目指して、代官頭を中心に利根川・荒川などの河川の洪水を防ぐための土木治水工事を行いつつ、氾濫原の新田開発に力を注いでいる。特に利根川は大河川であり、利根川の洪水は耕地に甚大な被害を及ぼすため、これを防ぐことにより農村の安定的経営を保護するとともに、江戸の城下町造りにとっても大きな影響を与えることは想像に難くない。よってその土木治水工事は緊急の課題であった。伊奈忠次は文禄三年（一五九四）、利根川の中流の川俣（羽生市）で、ここから南に流れる利根川の本流の会の川の流れを堰き止めて、利根川の本流を東へ流れる浅間川の流路に付け替えている。これにより以後、利根川の本流は忠次の子忠治、その子忠克の代にかけて、現在のように銚子へ流れて太平洋に注ぐことになった。このため、伊奈忠次の会の川の締め切りは利根川東遷の嚆矢となり、会の川の旧流域における新田開発が伊奈忠次によって行われていく。大久保長安も天正十九年（一五九一）以降、利根川中流域の香取の海の干拓と新田開発を行っている。これらは配下の吉田佐太郎を中心に、在地から登用した代官粟飯原左右衛門（保宗）らとともに、

新島被相立候地形者、河内上者新島より切而、下者牛堀河川迄相定候、御豊饒御印判之義者、重而申請可遣候間、
先早々被引立被罷移候、已上

（天正十九年）卯　　粟飯原左右衛門（保宗）印

極月八日　　吉田佐太郎 印

石田主馬允殿

（「新島諸役御免写」『海上町史』史料編Ⅰ）

のように在地土豪の石田主馬允の力を借りつつ、新島など輪中のように高い堤防で囲った島形の新田地を干拓・開墾している。そして翌二十年三月に、

下総国新島新田をこし候上者、年貢之外諸役等御座有間敷候間、右之段可被仰付候、以上

辰（天正二十年）三月八日　大　十兵印

吉田佐太郎殿

（「新島諸役御免写」）

と長安から吉田に対し、新島の新田が起こされた後には年貢以外の諸役は免除することを伝えている。このようにして香取郡内にのちに「水郷十六郷」と呼ばれるような多くの新田地を造成している。下総国行徳領二六か村では江戸湾で塩の生産が行われていたが、この塩田開発は江戸の人口増加とともに盛んに行われた。このため慶長元年（一五九六）には下総国葛飾郡妙典村の治郎右衛門らに対し、

塩浜新開之義、五カ年間諸役有間敷候、其以後者十分一之積ヲ以、御成ケ可致納所候、為後日手形如此、仍如件

慶長元年申正月晦日　吉　佐太郎　書判

妙典村

治郎右衛門

図　書

（「塩浜由来記」『千葉県史料』近世編・下総国下）

と行徳一帯の塩田の開発を奨励し、開発後五年間は諸役免除とし、それ以後は十分一の年貢の徴収権を与えているのである。さらに文禄三年（一五九四）十二月には自分の支配地である武蔵国入間郡において、

右の外居屋敷共ニ遣置候也、以上

西戸之郷永田五反之処出置候間、をこし可被申候、但得御意可申付候、仍如件

大　十兵（花押）

午《文禄三年》十二月廿九日　　　伊　熊（花押）

西戸村山本坊

（さいたま市浦和区　市川尚幸家文書）

のように本山派修験越生の山本坊に対し、長安と伊奈忠次の連署で、家康の御意により西戸郷（毛呂山町）の田五反歩を与えて開発させること、あわせて居屋敷をも除地（年貢免除地）とすることを伝えている。山本坊はこの開発によりそれまでの入間郡黒山（越生町）から西戸郷に移っている。前述のように入間郡は長安の支配地であったが、開発では伊奈忠次も関与していたようである。これは新田開発が農民だけで行われたのではなく、寺社に対しても開発した田畑を寺社領として与えることにより、新田開発と寺社の懐柔・統制をも目指した政策であった。

四、上野国直轄領支配

上野国では入国後、多くの家臣たちの知行地となったため、直轄領は少なかったが、山田・勢多郡にわたる桐生領と甘楽郡の奥地、南牧・西牧地域が大久保長安の支配、南西部の緑野郡の大半は伊奈忠次の支配であった。長安が支配した南牧・西牧地域では、文禄三年（一五九四）に長安の検地（南牧小沢郷・西牧矢川郷・譲原郷）を受け、緑野郡では慶長三年（一五九八）に伊奈忠次の検地（緑野郡山中郷・三波川郷）を受けており、いずれも永高制の検地である。このような信濃との国境一帯を直轄領としたのは、先の八王子町を中心とする山の根筋九万石同様、徳川領国に接する信濃への押さえのためであり、かつ信濃との交通の掌握、さらには山間部における山林資源や漆・綿など、山間部の特産品を掌握する意図があったためである。特に三波川郷では、通常の検地帳とは別に「漆之帳」も作成され、年貢の対象とされている。これに対し、桐生領は「慶長三戊戌年桐生領御改高辻」（新居家文書）によれば、同領四六か村（分村も含めると四八か村）が慶長三年に長安配下の大野八右衛門尊吉、初鹿野加右衛門、岩波七郎左衛門道能らが永高制の検地を行い、二三四三貫文余（石高換算一万一七一五石余）を打ち出している。なお一般に桐生領は五四か村といわれるが、当初は四六か村ないし四八か村であり、その後、五四か村になったものと思われる。いずれにしろこの年貢は金

納と漆・綿などの現物年貢とで納められている。検地を受けて長安配下の代官岩波道能・山下弥兵衛から鳳仙寺に対し、

御朱印右拾石之内より四筆打於子細者初鹿野賀（加）右衛門被申候、仍而同山之境書付遣候、寺中之左右森沢之自水上嶺半分、小鳥屋之上円山迄、牛窪自荒神山・鷲沢・大沢・猫鳥屋迄出、此内以後打開之田地出来候共、守護不入之者也、

慶長三年戌四月八日

大久保丞（十）兵衛手代
岩波七郎左衛門（黒印）
山下弥兵衛（黒印）

鳳仙寺へ

（鳳仙寺文書『桐生市史』上巻）

と、初鹿野加右衛門が検地帳から朱印地一〇石分にあたる四筆分を書き上げるとともに四方の榜示を決めている。さらに新開地への不入（年貢不課役）も謳っている。これにより同領が長安の支配地であったことが裏付けられる。

さらに桐生領や桐生新町の構築については、巻島隆氏（「荒戸村の『新町』成立――桐生新町の起源――」『桐生史苑』五五号）は『桐生市史』上巻に掲げられた天正十一年説（由良氏統治期に成立）、同十九年説（荒戸村百姓衆の町立願）、慶長十年説（大野八右衛門の町立）、同十一年説（今泉村の周田喜右衛門先祖の出店時期など）について出典史料を基に新たに分析されている。ここではその詳細は省くが、氏は従来の『桐生市史』上巻の記述、天正十九年に大野八右衛門尊吉により荒戸村地先に町立（新町）がなされ、慶長十年頃にかけて徐々に街区が拡大したとする通説の見直しを提起している。氏の論説を踏まえつつ桐生新町の形成について述べると、桐生新町の成立は、新町形成の前提となる荒戸村は元亀四年（一五七三）の由良氏統治以降に開墾が進み、徳川氏入国の翌天正十九年（一五九一）に荒戸村の百姓たちが市立を趣旨とした「町立」の願いを徳川氏の代官（大久保長安）に提出。これにもとづいて長安の指示の下、大野八右衛門尊吉がその町立の指揮にあたったものと思われる。これがその後の桐生新町の発展に繋がっていった

のである。大野は新町内に陣屋を構え、慶長三年に大野らによって前述のように桐生領四六か村ないし四八か村の検地が行われた結果、荒戸村は荒戸今泉村・荒戸本宿村・荒戸堤村・荒戸村松村などに分割された。そして近世村落として確定されるとともに、新町は町立（市立）により、これらの村々の交易のための在郷町としての役割を担うとともに、のちには村々への触出しなど、支配のための親郷としての役割も担ったものと思われる。

しかし、いずれにしろ桐生新町は一気に成立したものではなく、順次交易の拡大によって人々が集まって来て大きく発展したものと思われる。桐生新町は当初は荒戸新町と呼ばれたが、のち桐生新町となる。新町は北端に隣接する下久方村の天満宮（桐生天満宮）を基点として、南へ伸びる幅五間の街道の東西両側におよそ間口六間、奥行き四〇間ほどの短冊状の町割りを行い、新町一丁目、二丁目とする町並を形成した。その町並の後ろ側に田畠を配置した。この桐生新町は前述のように桐生領村々の支配拠点として、支配陣屋を町の西側に隣接する丘陵地を切り崩した平地に構築した。陣屋から新町までの直線道路に沿って横町が建設された。桐生新町は日光や川越・八王子などへ通じており、慶長十一年には南の下瀞堀まで町割りを行い三丁目から六丁目が建設されている。こののち足尾銅山が開坑すると、初めの頃は産出銅を江戸へ運ぶ街道（銅山街道）の一部となった。さらに大野尊吉は慶長十五年（一六一〇）九月には、

奉納上州桐生天神御宝殿
為所願如意円満也
干時慶長十五年九月九日奉納
願主　武州横山之住
大野八右衛門尊吉

（「桐生天満宮由緒」）

と桐生天満宮に宝殿を奉納するなど、町の基点である天満宮を保護している。従来はこの天満宮で六斎市が立てられていたとされていたが、この神社もさることながら、むしろ桐生新町の市立は天満宮よりも、三丁目付近にあった市神（牛頭天王社）において六斎市が立てられて、住民と近隣農村との交易の場としたものと思われる。また大野が「武州

横山之住　大野八右衛門尊吉」と八王子陣屋の横山宿の住としていることから、大野は町立以後において桐生に常駐していたわけではなかったようである。

このほか家康は関東領国においても鉱山開発に熱心であり、伊豆の鉱山は彦坂元正があたり、大仁金山などの経営にあたった。また武田氏時代から甲斐の黒川金山などで活動していた武田蔵前衆などの金掘衆らが、天正十八年家康の関東移封に従って関東に移ってきたが、家康はこれらの金掘衆に対し、文禄二年（一五九三）十一月九日付で関東領国内での鉱山開発にあたらせた。金掘衆の一人、田辺土佐守重真に対してのものでは、

一　分国中、山金・川金・芝間共に可掘之事

右本金山・同入金山之者召連、見立次第令掘之、如相定役等可申付之者也、仍如件

文禄二年

十一月九日　（「福徳」朱印）

田辺土佐《重真》

（田辺家資料『山梨県史』資料編五下）

と「本金山・同入金山之者」を召連れて「山金・川金・芝間共」を見立て次第に採掘することを奨励し、定めの役を申しつけるよう命じている。この同年の法令は家康から直接出されたもののほか、ほかにも上野国では、大久保長安が家康の意を受けて上野国南牧羽沢に居住する市川市左衛門（のち五郎兵衛）真親に対して与えた免許状をみると、

一　分国中、山金・川金・芝間共に可掘之事

一　譜代下人何方に雖令居住、当主人に一往相届可召返之事

一　百姓屋敷四壁林之外者、無異儀可令取草木事

右領掌不可有相違者也、仍如件

文禄二年

十二月十六日　　大久保十兵衛尉

奉之
市川市左衛門（真親）
（市川家文書『山梨県史』資料編五上）

のように、市川真親は祖父右馬介真治の代より武田信玄に仕え、武田氏滅亡後は本領上野国に土着した。真治は恐らく武田蔵前衆として鉱山に関与していたであろう。このことを長安は知っていて上野国に土着していた子の真久に関東領国の金山開発を依頼したが、高齢であったためか、その子市左衛門真親が代わって開発を引き受けたのである。したがって関東入国後間もない文禄二年（一五九三）に真親を召出し、上野国での山金・川金・芝間などの採掘を命じ、その労働力として戦乱で逃散していた下人などを召し返す一方、百姓に対しても屋敷林のほかに草木の採集を許可するなどして百姓の協力も得ようとしたものである。真親は南牧砥沢村において砥石山の開発・経営にあたったり、南牧の関所警護の役をしている。その一方で信濃佐久郡において新田開発を行い、五郎兵衛新田や市村新田、三河田新田等を開いている。いずれにしろ家康は関東領国内においても熱心に鉱山開発にあたっていたのである。

五、代官頭の合議制の確立

代官頭による関東領国の直轄領支配では、その後文禄期から慶長初年（関ヶ原合戦まで）になると、大久保長安・伊奈忠次・彦坂元正・長谷川長綱ら代官頭四人ないし三人による連署文書が多く見られるようになる。はじめは代官頭三人の連署によるものが見られる。例えば文禄三年（一五九四）九月廿八日付の下総小見川（香取市）の白意宛の手形では、

かうしの儀、いつかたにおゐても、其方目聞候て、非分なきやうに、御かい可有候、若難渋之衆候ハヽ、此方へ可被申候、触下より断可申候、以上

（文禄三年）午九月廿八日

伊　熊（黒印）
彦小刑（黒印）

（香取市小見川　谷本家文書）

島次兵（黒印）

大十兵（黒印）

白意

と白意に対し、小見川周辺で生産されている柑子（かうし）を買い集め、江戸に上納することを命じたもので、さらに難渋の衆がいた場合には、代官頭の方に申し出れば「触下」より断りを入れるとしている。この「触下」とは下総を専管とする大久保長安のことであろう。長安・伊奈・彦坂の三人に代官島田重次を加えた四人による連署で出されている。同じく十二月二日には文禄元年、下総上代郷に転封された松平家忠にその知行分の内、上総分三二〇〇石を下総に替地する知行書立（島原市　本光寺文書）を、長安・伊奈・彦坂の三人で、さらに文禄四年五月九日には、東海道土山宿に対し、伝馬の飼料代として屋敷年貢のうち三〇石分を免除する手形（滋賀県土山町有文書）、同年八月朔日に高木貞利に対し、上総周准郡内で一〇〇〇石の知行書立（高木文書『岐阜県史』史料編古代中世一）を出しているが、これらはいずれも長安・伊奈・彦坂の三人連署によるものである。

代官頭四人による文書の初見は、今のところ文禄四年六月四日の、前述の下総小見川の柑子（かうし）を江戸へ上納するため、下総国森山（香取市）から江戸浅草まで伝馬一疋の継立を街道の各宿に命じたもので、これは代官頭四人に代官島田重次を加えた五人の手形（香取市小見川町　谷本文書）となっている。ついで同年十二月二十六日には、代官頭四人の連署で武蔵国橘樹郡や都筑郡内の寺社に対し、

いなげの内弐拾石、其為御寺領、神弥五御代官所之時ゟ渡候ニ、御朱印今ニ出不申候間、其内此手形可被為達候、重而御朱印をとり可進之候、以上

未之

極月廿六日

伊　熊（黒印）

長七左（黒印）

大十兵（黒印）

（川崎市上丸子　日枝神社文書）

彦小形（黒印）

山王

これは橘樹郡丸子村（川崎市）の山王（日枝神社）に対してのもので、天正二十年（一五九二）に小机領を支配した有力代官神谷弥五助重勝が検地を行った後に神領二〇石が割り渡されていたが、家康の朱印状が出されていなかったので、この度家康の神領宛行の御朱印を受けた形で長安ら四人の代官頭の連署で「いなげ」（稲毛）（川崎市）のうちで神領二〇石の手形を正式に与えている（口絵参照）。同様の文言で、武蔵国橘樹郡小田中村（川崎市）の仙沢寺宛二〇石（「泉沢寺文書」『川崎市文化財図鑑』所収）、都筑郡王禅寺村（川崎市）大善寺宛三〇石（「王禅寺文書」『新編武州古文書』上巻）のものがある。文禄五年（慶長元年への改元は十月二十七日）正月には毛呂太郎に武蔵で三〇〇石を宛行う知行書立（『記録御用所本古文書』一二七一号）、三月八日には後北条氏旧臣で伊豆の代官だった江川太郎左衛門英長を代官に召し出し、給地分として支配代官所の年貢のうち十分一を与える手形（「江川家由来記」）、十一月二十四日には駿河島田周辺にあった在京賄料二〇〇〇石の代官であった長谷川長盛（長綱兄）に代官得分として島田内で五〇石を宛行う手形（『朝野旧聞裒稿』）、五月二十八日には小笠原長房に武蔵で三五〇石を宛行う知行書立（『記録御用所本古文書』一〇八四号）を出している。さらに六月十日には酒井重治に対し、

足利領小曽根之内

合六百五十五石九斗六升

右之分、為御知行相渡申候、未ノ年より可被成御所務候、仍如件

文禄五年六月十日

伊奈熊蔵 書判

大久保十兵衛 書判

長谷川七左 書判

彦坂小刑部 書判

酒井小太郎（重治）殿

（『戦国遺文　房総編』第四巻）

のように、下野国足利領小曽根の内で六五五石の知行書立を与えている。ついで閏七月十二日、古河公方御料人（喜連川義氏娘・島姫）の知行地について、古河公方家臣の高氏師らへの尋問についての呼出状は、四人に本多正信を加えた五人によるもの（さくら市喜連川　喜連川文書）や、閏七月七日の武蔵国清戸（清瀬市）の欠落郷士の人返し目安状に対して旗本服部正就に返答書の差出を求める手形（『新編武州古文書』上巻）では、四人に本多正信を加えたものなどがある。なおこれらは古河公方や旗本大身を相手にしたものであり、代官の職域を越えたものであるためか年寄衆の本多正信が加判している。十月二日に石切人足の江戸から小田原までの伝馬手形（『改訂新編相州古文書』第一巻）、ついで慶長二年（一五九七）六月十二日に鉛の輸送のため伊豆三島から江戸までの伝馬手形を、代官頭四人と代官松下伊長の五人で（南伊豆町　清水家文書）、同三年二月七日には朝岡八蔵への知行地の替地書立（『南紀徳川史』第六冊）、同じく二月七日と二十三日には高木広正の一族四人に対しての知行書立（高木文書『岐阜県史』史料編古代中世一）、同四年閏三月二十一日には久志本常範に相模で三〇〇石の知行書立（東京都渋谷区　久志本家文書）、同五年七月二十一日には青山忠成の荷物の江戸から小田原までの伝馬継立（四人に板倉勝重を加えた五人）（『改訂新編相州古文書』第一巻）など、知行・伝馬などを中心に様々な文書を出しており、現在までのところ、代官頭四人による連署文書（他の者が加判する場合も含めて）は慶長四年までに一七点が確認されている。

以上のように下総や上総、相模にみられるような代官頭の一国単位の専管的支配は、入封直後の関東領国全体の、支配体制が未確立の段階における過渡的現象であり、文禄年間に入って代官頭の合議に基づく領国全体の支配体制が確立してくると当然消滅した。そして代官頭の合議制の確立を示すものが大久保長安・伊奈忠次・彦坂元正・長谷川長綱の四人ないし三人の代官頭による連署文書である（前述のように、事案の内容によっては年寄衆の本多正信が加わったり、奉行板倉勝重、代官島田重次らが加わったものもある）。この合議制こそが五か国時代以来の個別の領国支配を克服し、徳川領国全体の支配体制を確立しえたのである。しかしこの連署は慶長四年までであり、この体制は後述のように慶長五年の関ヶ原合戦後、家康によって長安・伊奈・彦坂の三判証文による政策遂行の体制が伝えられ、長谷川長綱が脱落したことにより終了している。

付言すると、文禄期の秀吉の朝鮮出兵において、家康も肥前名護屋に出陣しているが、代官頭たちはこれに小荷駄奉行として従軍していた。さらにこの出陣において、前述のように天正二十年十二月二日に下総上代領主の松平家忠に対し、本多正信らが朝鮮出兵のための渡船用軍船の舟板の提出を命じているが、長安が同月九日に上総小多喜にて御舟木を出し、その普請（造船）のために来ることを伝えている。また文禄四年三月には家康の命により、大久保長安は伊奈忠次・彦坂元正とともに京都の聚楽第で秀吉を饗応する時、諸大夫の膳部のことを司っているなど、地方関係以外のことにも広く関与しているのである。

第三章　関ヶ原合戦後の徳川領国と支配

一、関ヶ原合戦と長安

慶長五年（一六〇〇）になると家康と石田三成との対立はいよいよ深まっていった。その上、五大老の一員である上杉景勝が領国に籠って領内の城郭の整備を進めていたので、家康は再三上洛して弁明するように求めたが、景勝がこれに応じなかったため、慶長五年六月、家康は諸大名に対して上杉氏の討伐を命じた。同年七月十九日、徳川秀忠は会津攻めの総大将として諸大名を率いて江戸を出発、この時長安は伊奈忠次ら代官頭とともに小荷駄奉行として秀忠に従っていた。同年七月二十一日、家康が江戸城を出発して北上、七月二十一日、軍勢は下野国宇都宮に到着した。長安らも「御代官ニハ伊奈熊蔵忠政（忠次）・大久保十兵衛長安・長谷川長左衛門長綱、此三士ハ宇都宮ニ在テ軍粮秣芻等ヲ司ル」（「東照宮御事績」『朝野旧聞裒稿』）とある。しかし、上方で石田三成が家康追討の旗揚げをしたとの報告が入り、急遽家康は諸将と小山で合議を行い、直ちに上方へ向かうことになった。この折、結城秀康を会津の押さえとして宇都宮に残した。その後、家康は江戸城に戻り、上方へ向かう徳川軍のうち家康の本隊は東海道を進み、秀忠には三万余の軍勢を率いて中山道から向かわせることとした。それにあたり秀忠軍の信濃・美濃通行を確保するために、家康は信濃や甲斐の豊臣系諸大名や木曽を支配する石川貞清（犬山）らへの対処法を本多正純と大久保長安に相談している。そして彼らの進言に基づき、信濃への進軍について、同年八月廿四日付で家康は甲斐国主の浅野長政に、

態申入候、中納言信州口へ為相働候間、其許御大儀候共、御出陣候而、諸事御異見頼入候、将又左京大夫殿万入御念被仰越候段、雖申尽存候、委細本多弥八郎・大久保十兵衛可申候、恐々謹言

（慶長五年）八月廿四日　　　家康（花押）

浅野弾正少弼（長政）殿

（大日本古文書『浅野家文書』）

と、出陣して中納言（秀忠）軍の教導を依頼するとともに、長政の子の左京大夫（幸長）より信濃方面の情報を受けたことに感謝する書状を出している。そして子細は本多正純と大久保長安に委ねているので両者と相談することも伝えている。このように長安は秀忠軍の進軍にあたり、沿道の諸大名との取次にあたっているのである。

また木曽の攻略では少し前の七月二日、当時下総佐倉にいた木曽氏の旧臣で木曽衆の山村良候（道勇）とその娘婿の千村良重を小山の陣所に呼び寄せ、旧領の回復を約束して木曽平定の先導役を命じた。山村・千村らは直ちに木曽に赴いて離散していた三尾長次・原政重・馬場昌次ら木曽衆を糾合し、八月十二日、木曽の入口で木曽や東美濃の豊臣蔵入地を支配していた西軍の石川貞清軍の守る贄川の砦を攻略して木曽谷全域を攻略した。この勝利を山村・千村の連署で長安宛に報告してきたので、長安はこれを家康に伝え、家康は同年八月十五日付で山村・千村宛に、

大久保十兵衛かたへの書状披見候、今度早々参其地之儀申付之由尤候、人衆之儀も伊那侍従殿・石玄蕃両所へ申越候間、定無沙汰在之間敷候、猶十兵衛可申候也

（慶長五年）八月十五日　家康（花押）

千村平右衛門とのへ

山村甚兵衛とのへ

（山村文書『譜牒余録』下）

とこの後、伊那郡飯田の伊那侍徒（京極高知）や松本の石玄蕃（石川康長）らに木曽衆らの進軍を援助するよう、長安を通して伝える旨を申し送っている。このほか同日付の長安から山村・千村に出された書状（「千村文書」『信濃史料』第十八巻）は三四か条に及ぶ長文であり、家康の意をうけて出されたものと思われる。同文書の分析は白峰旬氏の論文（「『（慶長五年）八月二十一日付山村良勝・千村良重宛大久保長安書状』について」『別府大学研究紀要』六一号）があり、この論文も参照しつつ、長安の動向について見ていくと、山村・千村らの木曽谷、東濃制圧のために、鉄砲や玉薬、金代物などを供給すること、信濃の諸城主、石川康長（松本）、日根野吉明（諏訪）、京極高知（飯田）らから人質

を提出させ、江戸へ送ることなどを伝えている。中でも日根野吉明の人質は八王子の横山へ送らせるなど、長安が関与している側面もある。さらに木曽谷を口留にして、上方より奥筋（奥州）方面への書状は厳しく取り締まることも命じている。また長安は、このあと秀忠軍に従って中山道を行軍するため、横山に人を配置しておくので、山村らからの長安への飛脚便はそこを通して長安のいる場所へ送らせることも伝えている。このように長安は木曽谷・東濃方面での采配を行っているのである。さらに前述のように木曽の攻略に参加した他の木曽衆に対しても、家康は同年八月廿三日付で、

其谷中之儀付而、山村甚兵衛・千村平右衛門遣候処、別而致忠信之由、尤候、猶両人次第可令奉公候、委細大久保十兵衛可申候也

（慶長五年）八月廿三日　　家康公御朱印

原　図書助とのへ
三尾将監とのへ
千村次郎右衛門とのへ

（「木曽考」『新編信濃史料叢書』第七巻）

と山村・千村両氏に従って木曽において西軍の石川貞清軍を攻め、贄川の砦を略取した原政重・三尾長次・千村重照の忠節を讃え、委細は長安とよく相談するよう申し送っているのである。ついで東濃に進み、豊臣氏時代に東濃を追われて家康に臣従していた旧苗木城主遠山友政、旧明知城主遠山利景、旧小里城主小里光親、旧妻木城主妻木家頼、旧伊豆木領主小笠原長巨ら東濃・南信諸領主らが家康の命により、自領回復のため援軍として東濃に派遣されたので、彼らとともに西軍の河尻直次・田丸直昌軍の守る苗木・妻木・明知・小里・岩村の各城を、八月末から九月三日にかけて攻略して東濃全域をほぼ制圧し、秀忠軍の進軍路を確保した。しかし秀忠軍は九月五日から九日頃にかけて真田昌幸・信繁（幸村）らの守る上田城攻撃に手間取り、この地域を通過したのは九月十八日前後となり、関ヶ原には遅れて到着した。なお、山村良勝は父良候が石川貞清の尾張犬山城に捕まっていたのを救出しており、犬山城も確保している。この

ようにして木曽谷の森林地帯のほか、伊那谷の森林地帯も徳川氏の領国となり、木曽攻略に関与した大久保長安が家康からその支配をまかされた。この戦で功のあった東濃衆も旧領を回復させられたほか、関ヶ原合戦直後に美濃の西軍の領主の領地を没収したため、美濃の大半は徳川支配下となった。

この木曽や東濃平定における長安の動向については、家康の宇都宮からの帰陣に従って江戸に戻り、家康の指示に基づいて木曽衆らへの取次を行っていた。そして中山道を通り、信州に向かう秀忠軍に合流すべく、一旦八月二十一日には横山へ立ち寄った上で、信州へ向かっている。その後長安は秀忠軍に従って中山道を進み、恐らく上田で秀忠軍が手こずっている頃に木曽路へ進み、山村らが木曽を平定すると、さらに東濃へ進んで西軍側の諸城を攻略し、東濃全体を平定しているのである。このような状況を踏まえて家康は、慶長五年九月二十三日には本巣郡北方三か村のほか、安八・方県・養老・揖斐郡の村々に三か条の禁制（中村孝也『新訂徳川家康文書の研究』中巻）を一斉に出している。

また木曽衆に対しては、慶長六年二月三日、長安・彦坂元正・加藤正次ら代官の連署で美濃国可児・恵那・土岐郡内で一万六二〇〇石を与えた。その個別の内訳は、

三千石　山村甚兵衛（良勝）　三千石　千村平右衛門（良重）
千三百石　道祐隠居料（山村良候）　千六百石　馬場半左衛門（昌次）
七百石　山村清兵衛（三親）　七百石　千村助右衛門（重次）
八百石　原図書助（政重）　六百石　千村二郎右衛門（重照）
五百石　三尾将監（長次）　五百石　山村八郎左衛門（一成）
三百石　千村藤右衛門（政利）
三千弐百石同心知　山村甚兵衛・千村平右衛門
以上壱万六千弐百石
（山村文書『信濃史料』第十八巻）

と山村良勝・千村良重の三〇〇〇石以下一一人と山村・千村の同心知三二〇〇石とからなっている。これは木曽氏の旧

領下総網戸領の替地として一万石、木曽の替地として六二〇〇石である。これらの知行地は美濃の街道沿いや木曽川筋の要地に分布している。さらに前年の関ヶ原合戦直後、山村道祐（良候）に対する長安の進言で家康は、

木曽谷中代官之儀被仰付候、并材木等之儀、木曽川・飛騨河共、如石川備前仕候時、可申付候也

慶長五年

十月二日　（家康花押）　大久保十兵衛

奉之

山村道祐

（山村文書）

のように彼を木曽代官に任命し、木曽福島に陣屋を構え、福島の関所の守備と木材の管理はもとより、木材の筏流しのために木曽川・飛騨川の管理も豊臣氏時代の代官石川貞清の仕置のようにすることを命じている。これによれば山村の森林管理は東濃の直轄領にも及んでいたことが示されている。なおこの書面は家康の判物を大久保長安が奉る形式となっており、山村氏の支配する木曽谷や東濃、さらには代官朝日受永（近路）が支配する信濃伊那谷までも、長安が統括的に支配にあたったことを示している。

このほか長安は、南信の在地支配には伊那衆と呼ばれる在地土豪層を在地代官に登用した。これには前述の朝日受永（慶長八年まで）、宮崎太郎左衛門安重（駒場上町）、同半兵衛重次（向関村）、同藤右衛門景次（駒場下町）、市岡忠次（上中関村）、中西実清（飯田切石）などや、明知領を中心とする地域を支配した遠山景直、在地の旗本知久則直（阿島村）に対しても直轄領の一部を預り地として支配させた。さらに長安は、彼らに南信の遠江への脇街道の小野川・帯川・心川といった関所の守備にあたらせた。朝日受永は長安の意を受けて伊那郡内の寺社に対し、慶長六年四月、一斉に寺社所領を寄進または安堵をしている。さらに関ヶ原合戦直後に、長安は家康の命により京都および畿内地方にある家々や寺社に対し、西軍将士の財物を蔵するところを検査してこれを没収している。例えば九月二十七日には、京都の清水寺への同年九月二十九日付の長安や加藤正次・島田重次・阿部正広連署による書状で、「今度対内府様、御無沙

汰被申衆之金銀・同諸色荷物・御預り候者、早々御出可被成候」(「成就院文書」『新訂徳川家康文書の研究』上巻)と申し送ったり、翌二十八日には北野天満宮では「今日の大くほ十兵衛殿其外三人奉行ノ者とて、あつけ物改ニ両人来」(『北野社家日記』藤井譲治編『近世前期政治的主要人物の居所と行動』、以下編者同じにつき省略)るといわれている。

二、関ヶ原合戦後の政治体制

慶長五年(一六〇〇)九月、関ヶ原合戦で東軍が勝利すると、これ以降慶長七年にかけて西軍に属した諸大名や万石未満の領主などの領地は没収または減知された。その石高は約七八〇万石といわれ、これは慶長三年当時の日本の全石高一八五〇万石の四〇パーセントにあたるという(藤井譲治『徳川家康』吉川弘文館)。この中の主なものには、改易では宇喜多秀家五七万石、長宗我部盛親二二万石、石田三成二〇万石余、増田長盛二〇万石余など、減知では豊臣秀頼の所領も二二〇万石余から六五万石(減知分一五五万石余)、上杉景勝の一二〇万石から三〇万石(減知分九〇万石)、毛利輝元の一一二万石から三六万石余(減知分八二万石余)、佐竹義宣の常陸五四万石から二〇万石(慶長七年・減知分三四万石)などがある。これに対し東軍の諸大名への加増分はおよそ一〇四家、六三五万石にのぼり、主なものでは結城秀康の一〇万石から六五万石(加増分五五万石)、蒲生秀行の一八万石から六〇万石(加増分四八万石)、池田輝政の一五万石から五二万石(加増分三七万石)、前田利長の八三万石から一一九万石(加増分三六万石)、小早川秀秋の三五万石から五一万石(加増分二六万石)、加藤清正の二五万石から五一万石(加増分二六万石)などである。しかし諸大名への知行宛行については、家康は豊臣体制下の五大老の筆頭ないし執政者という当時の立場からは領知朱印状を出してはいない。

そして最大の加増は東軍を指揮した徳川家康自身である。自ら新領地を中心に単純計算で先の没収高から諸大名へ加増分を差し引いたおよそ一四五万石余を得たことになる。これにより家康の領知高はおよそ四〇〇万石近くになり、豊臣政権下で石高及び実力とも最大の大名になった。これにより徳川氏の領国は従来の関東領国(武蔵・相模・下総・

上総・伊豆と上野の利根・吾妻郡を除いた大半、下野の一部）に加え、徳川氏の旧領五か国、すなわち駿河・遠江・三河・甲斐と信濃の諏訪郡、伊那郡と木曽のほか木曽に接する美濃東部などを領有するとともに、尾張・越前・佐渡一国、大和や石見の大半、近江の南半分、それに但馬の一部（生野銀山領）などにまで及んでいる。この中には佐渡金山（上杉氏から）、石見銀山（毛利氏から）、生野銀山（豊臣氏から）といった、当時の優良な鉱山や、信濃の木曽谷・伊那谷・大和の吉野郡などの森林が含まれていた。さらに翌慶長七年には常陸の佐竹氏、陸奥磐城の岩城氏を改易ないし減封して転出させ、常陸のほぼ大半と陸奥の最南部（磐城・岩崎・高野郡など）も領国化した。これにより徳川領国は、完全な一国支配地と一国の半分以上を支配した国を合わせるとおよそ一八か国にのぼっている。これは当時の六八か国の約二六・五パーセントにあたる国と地域であり、石高では約四〇〇万石余に及んでいる。このような広大な国と地域に徳川氏の政治的影響力が及んだのである。これらの領国には徳川氏の一門や家臣たちを新たに大名として配置する一方、多くの直轄領も配置した。このほか豊臣秀頼の拠る大坂を除いた、京都・伏見・宇治・奈良・郡山・大津・岐阜・堺など畿内の政治的・経済的・文化的・軍事的に先進的主要都市や城下町を掌握し、政治的・経済的・軍事的支配を強めている（他に長崎がある）。これら主要都市には京都所司代（初め奥平信昌、慶長六年二月より加藤正次と板倉勝重、同八年三月より板倉勝重の単独）、奈良奉行（大久保長安）、大津奉行（大久保長安）、堺政所（米津親勝）などの奉行や代官を置いて支配にあたらせた。

このように徳川領国が広範な地域に広がると、新領国の直轄領の民政がより一層重要になってくるため、代官頭の地位が上昇し、職務内容も関東領国に関しては内藤・青山らの関東総奉行との権限の違いがなくなり、混交してきた。このため関東総奉行との合議による支配も多くなっていった。その一方で家康は関ヶ原合戦後では後述のように家康は代官頭のうち長安・伊奈忠次・彦坂元正の三人の合議、連判（三判証文）によって寺社領の安堵や知行の割渡（知行書立または知行目録）などを中心とする政策を行わせた。このため残る長谷川長綱は代官頭の地位からはずれていった。前述のような広大な徳川領国のうち、長安が関与する支配地は従来の武蔵（多摩・高麗・入間郡など）、上野（桐生領）

のほか、関東以外の支配地（主に甲斐・大和・美濃・信濃・佐渡・石見）が多くなっており、畿内とその周辺諸国の支配でも、大久保長安は配下の代官たちを駆使して大津・奈良・郡山・岐阜などの町政を行うとともに周辺の幕領までも支配した。さらに後述のように、金銀山の支配でも大久保長安が中心となってあたっている。また大和吉野郡の山林地帯や信濃の木曽谷、伊那谷の山林地帯を領有し、木曽谷は山村良候・良勝父子、伊那谷は千村良重（初めは朝日受永）らの代官が長安の指揮の下で支配にあたり、近世初期の江戸や駿府・名古屋などの城郭、城下町づくりに大量の木材を供給している。

しかし政治的には関ヶ原合戦後から慶長八年二月の家康の征夷大将軍叙任までの間は、豊臣秀吉の子、秀頼がおよそ二二〇万石余から六五万石の大名になったとはいえ、依然大坂城の秀頼を中心とする豊臣公儀が継続されており、この体制の実質的な執政は五大老の筆頭たる徳川家康であった。五大老制は関ヶ原合戦後、毛利輝元、上杉景勝、宇喜多秀家らがその地位を失い、残るのは徳川家康と前田利長のみであった。このうち前田利長は家康に対抗できるほどの力はないため、実質的には豊臣体制の執政者たる家康に実権が集中していた。関ヶ原合戦後の論功行賞も家康の裁量によって行われたといって過言ではないが、前述のように領知朱印状を出すことはなかった。

三、新領国における諸政策と三判証文

前述のように関ヶ原合戦後、徳川氏の新領国が大幅に増加し、その中に旧領五か国が含まれていたため、関東にいた徳川家臣たちは徳川氏の本拠地である関東領国内で新たな所領を与えられたり、加増されたりして、関東にそのまま残った者もいるが、駿河・遠江・三河・甲斐の旧領国において再び所領を与えられて移って行った者が多かった。また新たに徳川領となった尾張や伊勢（北部）、美濃（東部）にも所領を与えられて移っていった。さらには畿内とその周辺諸国に新たな所領を与えられる者もあった。このほか、これらの地域の寺社に対しても新たな領主となった徳川氏が、改めて寺社領の安堵や寄進を行っている。さらには前述のように江戸と京都・伏見間の東海道や中山道の宿場、伝

馬継立・駄賃の法令などの整備も行っている。

これらの新領国に対する諸政策は、関ヶ原合戦後、家康は前述のように代官頭のうち大久保長安・伊奈忠次・彦坂元正の三判証文によって行うよう命じたといわれている。しかしこれまで筆者が収集した二〇〇〇点余（『江戸幕府代官頭文書集成』刊行後の新出文書も含む）にのぼる代官頭の発給文書や関連文書を分析すると、寺社領や伝馬関連法令などでは、慶長六年正月を中心に三判証文によって行われてはいるが、新領国すべてにおいて行われていたわけではない。さらに知行割渡（知行書立または知行目録）については必ずしも三判証文によって行われてはいないのである。しかも三判証文とても、慶長六年六月に彦坂元正が逼塞したためにそれ以降は大久保長安と伊奈忠次を中心としつつ、他の奉行を加えてやや変更しつつも維持されている。また知行割渡は三判証文の他に関東総奉行の内藤清成と青山忠成の連署によっても行われている（『記録御用所本古文書』七七二号（田村直長）・二二五一号（鎮目惟吉）文書ほか）。

以下にこれらの点について、新領国のうち遠江・三河・尾張・信濃（南部）・伊勢（北部）・美濃（東部）などの諸国を中心に考察するが、伝馬関係法令については別章に譲り、本節では寺社領関係や知行の割渡関係について考察する。

（一）寺社領証文

徳川氏の新領国のうち遠江や三河などでは、天正十八年（一五九〇）、徳川氏が関東に転封し、かわって豊臣系の諸大名が領主となり、寺社政策も徳川氏時代とは異なることが多かったので、再び領主となった徳川氏は改めて支配者として寺社政策を実施したのであり、その第一の政策が新たな寺社領の安堵ないし寄進であった。このような新政策の実施こそが、限定的であるが、長安・伊奈・彦坂による三判証文であった。その寺社領証文は慶長五年十二月から同六年正月中にかけて、所領の安堵や寄進など多数出されている。三判証文は現在、遠江では一五点、三河では一〇点が確認されている。例えば慶長五年十二月十八日の遠江豊田郡中泉府八幡宮宛には、

遠刕豊田郡中泉八幡領之事、如前々被下之段、御詫候間、先以三判申遣候、御朱印之儀者、重而取可進候、守先規

祭祀并造営等可相勤者也、仍如件

慶長五年

子拾二月十八日　大久保十兵衛長安（花押）

彦坂小刑部元正（花押）

伊奈備前守忠次（花押）

秋鹿長兵衛（朝正）

（秋鹿文書　東京大学史料編纂所影写本）

と家康の御諚により社領を前々のように安堵するが、まずもって長安らの三判証文を遣わし、家康の御朱印は重ねて取り寄せて進上するので、祭祀や造営などに勤めるよう伝えている。五か国時代には中泉八幡の秋鹿氏から境内の一部を譲り受け、家康の御殿（中泉御殿）を建てている間柄であった。同八幡には慶長八年八月廿日付で二五〇石の朱印状が出されている。三河では同六年正月廿四日に幡豆郡前姓寺に対し、

三河西条八ツ面村前姓寺之事

合壱石六斗也

右如先規御寄附被成候間、全可寺納、勤行等不可有怠慢者也、仍如件

慶長六年

丑正月廿四日　彦坂小刑部元正

伊奈備前守忠次

大久保十兵衛長安

前姓寺

（西尾市　善成寺所蔵）

とこちらは社領一石六斗を寄進しているのである。これら三判証文による寺社への寄進額は代官頭の権限の範囲内であったものかおおむね一〇石未満が多かった。その一方で伊奈忠次は同年二月以降、単独で遠江や三河の寺社に対して、寺社領の安堵または寄進を行っており、その数は遠江では一六八点、三河では一一九点、尾張では五点が確認でき、圧倒的に伊奈忠次が単独で関わっているのである。これに対し長安も、信濃の伊那地域の寺社に対して、慶長六年

四月に長安配下の伊那代官朝日受永（近路）をして所領の安堵および割渡しを行わせており、現在四一点が確認されているほか、同年十二月には甲斐において配下の甲斐代官平岡宗寿をして、同じく所領の安堵および割渡しを行わせており、現在五点が確認されている。このように三判証文による寺社領支配は新領国のうち、今のところ三河、遠江に限られ、しかも慶長六年正月中に集中して出されているだけで、それ以後は伊奈や長安の単独発給になっているのであり、短期間しかみられないのである。

（二）知行の割渡（知行書立または知行目録）

次に知行の割渡でも代官頭たちが中心となって行っているが、その折の知行書立や知行目録の残存が少なく全体は明らかにできない。新領国のうち主として三河や遠江・尾張・伊勢（一部）・美濃（一部）などにおいても出されており、徳川領国全体において知行の割渡は三判証文でも出されているが、このほかにも長安と伊奈、さらに長安と彦坂など、三人のうち二人に他の者が加わって出されており、これらは三判証文、すなわち三人連署を基本としつつ、柔軟に行われていたものと思われる。しかし慶長六年六月の彦坂の逼塞をもって三判証文の原則は終了するものの、残る長安・伊奈の二人を中心としつつ他の者を加えた形態として残った。だが、伊奈も東海地域の支配が中心となっていくため、長安・伊奈の二人連署も少なくなっていく。なお長安と彦坂の二人連署の形態は、別章で述べる畿内とその周辺諸国の支配でもみられるが、この地域においても慶長六年六月の彦坂の逼塞をもって終わっている。以下に新領国における知行の割渡を中心にみていく。

伊勢では慶長六年正月十七日付で本多忠勝に対しての知行書立は、

御知行之書立　　桑名郡

一千三百五拾壱石弐斗　　桑名村

此内弐百四拾石　　舟役

（中　略）

都合拾万六拾八石七斗ヨ

右分為御知行被遣之候、御仕置可被仰付候、已上

慶長六年

正月十七日

加藤喜左衛門正次（花押）

大久保十兵衛長安（花押）

彦坂小刑部元正（花押）

伊奈備前守忠次（花押）

本田中務（本多忠勝）殿

（「本多家文書」三河いえやすの館所蔵）

と上総大多喜一〇万石から北伊勢の桑名・員弁・朝明三郡で一〇万石余を与えて（桑名藩）、譜代大名として封じている。この書立は三判証文を基本としつつ、長安・伊奈・彦坂のほか、加藤正次が加わって四人連署によって出されている。ついで三河では慶長六年三月五日付で、戸田尊次に対して、

戸田土佐守様豆州下田三州田原御城江御国替之御時御知行之事

一高七百三拾八石八斗五升　内弐拾三石　寺社領ニ有

田原

（中　略）

都合壱万七拾弐石四斗三升ハ浮所務延共ニ

此内五石ハ院内村之内不足ニ

右之分可有御所務候、御朱印ハ重而申上可進之候

慶長六年丑ノ三月五日

大久保十兵衛　御判有之

加藤喜左衛門正次

彦坂小刑部 御判有之

（河合文書「当所由来之巻」東京大学史料編纂所所蔵）

と伊豆下田五〇〇〇石から三河の渥美郡田原を中心に一万石（田原藩）を与えて譜代大名として封じており、その知行書立は伊奈が抜けて長安・彦坂・加藤の三人連署によって出されている。このほか三河では、同年十一月二十日付で松平乗次（六〇〇〇石）（『記録御用所本古文書』一五四二号）には彦坂が抜けて長安・伊奈・長谷川の三人で、同七年六月二日付で梶重弘（六〇〇〇石）宛（「梶家譜」三河いえやすの館所蔵）、同年七月十九日付の松平忠利（深溝一万石）宛（島原市・本光寺文書）で、同じく彦坂が抜けて長安・伊奈・加藤・板倉の四人によって出されている。

また遠江では慶長六年七月十九日付で江馬一成に対しての知行目録は、

御知行之目録　（遠江国）

一百七拾八石弐斗五升壱合　小人見村

（中　略）

合千弐百拾九石弐斗七升四合

右分渡申候、御所務可被成候、重而御朱印取候而可進者也、依如件

慶長六年丑

七月十九日

加藤喜左衛門正次判

板倉四郎右衛門勝重判

大久保十兵衛長安判

伊奈備前忠次判

江馬与右衛門（一成）殿

（『南紀徳川史』第六冊）

と一二一九石を、同じく彦坂が抜け長安・伊奈・加藤・板倉の四人によって出されている。

尾張では慶長六年五月二十三日付で菅沼定仍に対しての知行目録は、

御知行之目録　濃州各務郡

一弐千弐百四拾五石三斗四升　あくたミ村

（中　略）　尾州海西郡

一七百七拾六石四斗九升　西外面村

（中　略）

合弐万弐拾石　但野崎□□（銭か）共

右為御知行被進之候、御仕置可被仰付候、御朱印之儀重而申請可進之候、已上

慶長六年丑　加藤喜左衛門正次（花押）

五月廿四日　大久保十兵衛長安（花押）

彦坂小刑部元正（花押）

菅沼新八郎（定仍）殿

（「菅沼文書」『岐阜県史』史料編 近世一）

と美濃各務郡と尾張海西郡のうちで二万石余（長島藩）を与えられ、譜代大名として封じ、長安・彦坂・加藤の三人連署によって出されている。なお海西郡長島領はのちに伊勢国に編入されている。この文書は、今のところ彦坂元正が知行の宛行・割渡において代官頭として三判証文に加わった最後のものと思われる。このほか同年四月八日に水野分長に尾張知多郡で九八二六石余を割渡している（『記録御用所本古文書』二一一七号）。

美濃では慶長六年五月二十三日付で森忠政に対しての知行目録は、

御知行目録

一弐千百六拾弐石三斗弐升　可児郡之内　かたひら村

（中　略）

一百弐拾石五斗四升　　　　葉栗郡　　鹿　野　村

（中　略）

合壱万石

右為御知行相渡申候、御仕置等可被仰付候、以上

（慶長六年）五月廿三日

加藤喜左衛門正次判

彦坂小刑部元正判

大久保十兵衛長好《安》判

森右近《忠政》殿参

（『森家先代実録』）

となっており、長安・彦坂・加藤の三人連署によって、美濃可児郡・葉栗郡のうちにおいて森忠政に一万石の割渡（知行目録）を行っている。森忠政は慶長五年二月に信濃川中島領一三万七五〇〇石（慶長七年石直しで一八万七五〇〇石）を与えられ、関ヶ原合戦後も安堵されていたが、この史料のように慶長六年五月に美濃可児郡と葉栗郡内で金山（兼山）領一万石を加増されている。金山城を含む金山（兼山）は忠政の祖父可成が永禄八年（一五六五）、織田信長から与えられて以来、父長可、忠政と受け継がれてきた領地で、前述のように忠政が川中島領に転封されると同城は犬山城主石川貞清の所有となった。しかし石川氏が関ヶ原合戦後、改易されると再び忠政に加増される形で与えられたのである。このほか前述のように同年二月三日付で、同じく長安・彦坂・加藤の連署によって木曽谷の領主であった山村良勝と千村良重を通して、関ヶ原合戦時における木曽谷および東濃地方で功績のあった木曽衆に美濃可児郡・恵那郡内において一万六二〇〇石の知行地（知行書立）を与えている（『信濃史料』第十九巻）。また同年二月二十五日付で美濃衆の坪内家定ら一族五人に対し、葉栗郡内で六五三三石余を、同じく長安・彦坂・加藤の連署によって知行割渡（知行書立）を行っている（『朝野旧聞裒藁』）。

以上のように新領国三河や遠江・尾張・伊勢（一部）・美濃（一部）などでの知行の割渡は、長安・伊奈・彦坂の三判証文を基本としつつ、これに他の者が加わった、長安・彦坂・加藤の形態や慶長六年六月の彦坂の逼塞後、長安・伊奈に加藤正次や板倉勝重らが加わった形態が見られた。同時にこれら新領国における知行の割渡の対象者は外様の森忠政を除けば徳川家臣たちに出したものが多いのである。また彼ら五人の連署者のうち長安・彦坂・板倉・加藤ら四人は、後述のように畿内とその周辺諸国における知行の割渡に関与している。

このように三判証文による文書の発給は、新領国の寺社領証文においては慶長六年正月中に集中的に出されており、その後は散発的に見られるのみになっている。また知行の割渡においては、長安・伊奈・彦坂の三判証文、三人連署を基本としつつも必ずしも三判（三人連署）によることなく、二人の連署ないし二人に他の者が加わった形で継続されているのである。彦坂元正は同六年六月に逼塞してはずれていく。また伊奈忠次もその支配地が新領国では三河・遠江・尾張あたりが中心であったようで、畿内とその周辺諸国では一時的にはみられるが、あまり関与していない。

第四章　徳川氏の新領国支配

慶長五年（一六〇〇）の関ヶ原合戦後、徳川氏の領土は従来の関東領国（伊豆含む）のほかに、徳川氏の五か国時代の旧領である甲斐・駿河・遠江・三河・信濃南部を回復するとともに、尾張・越前・近江・大和・石見・佐渡などの国々の一国、または一国の大半の地域を加えている。これらの新領国には徳川譜代の家臣や徳川一族に新たに領地として与えている。その一方で徳川直轄領も配置して財政基盤を強化している。中でも甲斐・美濃・大和などでは一国ないし一国の大半ないし半分近くを直轄領としている。これらの国における直轄領の支配には代官頭の大久保長安を中心に、その配下の代官・下代や在地から登用した代官などを配置して支配にあたらせた。以下に、特に長安が支配の中心となった甲斐・美濃・大和について個別に考察する。なお佐渡・石見については前述の佐渡金山・石見銀山の項で述べているので省略する。

一、甲斐支配

甲斐は慶長五年、関ヶ原合戦後に再び徳川領となった。このうち都留一郡は譜代の鳥居成次に一万八〇〇〇石（郡内領）が与えられて谷村藩が成立した。残りの山梨・八代・巨摩三郡の大半が直轄領となった（この中には旗本領や旧武田家臣の武川衆・津金衆・九一色衆などの領知も含まれる）。この一国のうちの多くを直轄化した背景には、関ヶ原合戦に勝利したとはいえ、なお大坂方および西国大名に対する徳川領国の西の押さえとしての政治的役割があったものと思われる。さらに山梨・八代・巨摩三郡にわたる国中平野の穀倉地帯と武田氏や徳川氏の五か国時代以来の黒川金山をはじめ多くの鉱山を掌握し、徳川氏の経済的基盤の一つにあてる意図もあったものと思われる。甲斐の支配は甲府城代に家康の老臣平岩親吉を任じて領国全体の支配にあたらせ、その下に代官頭の大久保長安を置いて、甲斐独自の「国奉行」として実質的支配にあたらせた。さらにその下の四奉行には五か国時代以来の武田旧臣、桜井信忠・跡部昌忠・石原昌明・小田切茂富らを任命して公事にあたらせた。また甲府町奉行には日向政成・島田直時を任命した。さらにその下の代官には関東領有時代以来、長安の配下となっていた大野主水元貞・平岡岡右衛門千道・岩波七郎左衛門道能・雨宮次郎右衛門忠長・小宮山民部・田辺庄右衛門・秋山甚右衛門（汝舟）・初鹿野加右衛門・坂田与一右衛門正清ら甲州系の代官が配置されて国内の地方支配、農政にあたっている。長安は甲府の上一条に陣屋をおいたが、のちに代官町の佐渡町に移して甲府の町政や民政を行ったというが、長安の屋敷はそのまま上一条にあったという。なお佐渡町は『甲州府中聞書』によれば、「府中佐渡町ニ御用地アリ、大久保ガ時、佐渡国より金工ヲ召シ、此処ニ置キ金ヲ吹クユヘ町ノ名ニ呼ト云フ」とあり、長安が佐渡支配を開始後、相川金山から金工を招いてここに住まわせて甲州金の鋳造にあたらせたという。慶長六年から七年にかけて、長安を検地奉行として、有力代官島田重次・中野重吉に加えて、前述の甲州系代官たちを駆使して甲斐の総検地を行った。この検地では六尺一分竿が使用されている。これにより山梨郡六万五一九八石余、八代郡五万三七六三石余、巨摩郡九万八七一一石余の三郡で二一万九七六七石余を打ち出し、これに郡内領一万八四一八石余（鳥居氏領）を合わせ、合計二三万八一八五石余が甲斐の石高となった。なお甲斐の一国高は慶長三年の高が二二万七六一六石余であることから、この検地ではさほど増加は見られない。これら直轄領のうち山梨郡には、武田氏以来の黒川金山・巨摩郡には保金山・黒桂金山・御座石金山、八代郡には湯之奥金山などがあった。近世初期には最盛期を過ぎていたといわれるものの、なお重要視されており、これらから産出する金銀は長安が掌握していたが、その後、慶長十年代からは松木五郎兵衛浄成に委ねられた。さらに慶長期には江戸と甲府を結ぶ甲州道も整備され、同十年には長安の指示の下、竜王村の一部に新宿が立てられて竜王新町が成立している。また慶長十二年には後述のように、長安は角倉了以に対して富士川舟運のための開削を依頼し、鰍沢・黒沢から富士川を下って駿河岩淵へ至る舟運路を整備し、駿河との物資の交流、中でも直轄領の年貢米の廻米ルートを確立した。農政面では慶長七年二月、四奉行の名で甲斐国内に対して一一か条の「郷中定」が出されているが、これによれば地頭・代官の権限の規制や枡目の取り決めなどの農政に関する規定は、翌八年三月に内藤清成・青山忠成の関東総奉行が出した郷村「覚」や長安が松平忠輝の川中島藩内に出した「郷中定」に類似するものであった。したがって甲斐での「郷中定」の発給には長安が関与していたものと思われる。

慶長八年正月、甲斐は家康の九男徳川義直の領知（二五万石）となったが、義直は幼少のため入封せず、甲府城代には義直の傅役の平岩親吉が引き続き任ぜられて義直の付家老とされ、長安以下、四奉行や代官たちの役割もそのまま続けられている。実質的には直轄領時代と同様の支配体制であった。この義直時代も鳥居成次（谷村藩主）や平岩親吉をはじめ、武川衆・津金衆の領知はそのままであったので直轄領はそれらを除いた高となる。この義直領時代でも地方の支配には長安も関わっており、慶長九年三月二日、成瀬正一と長安の連署で柳沢信俊以下一四人の武川衆の面々に合計一二五一石余の加増分の知行書立を武川衆の頭、折井次忠宛に出したり、同じく津金衆の小尾祐光と小池筑前に各一〇〇石ずつ加増分の知行書立を津金衆の頭小尾祐光宛に出している（『新編甲州古文書』第二巻）。

さらに寺社領に対して長安は、慶長九年三月十一日付で武田氏の菩提寺恵林寺（甲州市塩山）宛に、

定　　　　恵林寺

一寺内殺生之事

一甲乙人等狼藉之事

一無下知而寺内寄宿之事

一伐採山林并後薗之竹木、猥放牛馬之事

一庭之樹石掘取之事

右之条々、堅令停止畢、若至于違犯之輩者、押置可有注進、則可処厳科者也、仍下知如件

慶長九甲辰三月十一日　　石見守（花押）

（恵林寺由緒『大日本史料』十二編之二）

と五か条の禁制を出している。このほか同十年二月吉日付で神座山権現社（桧峯神社・笛吹市）に制札を、同十五年十

一月付では身延山久遠寺（身延町）に禁制をそれぞれ出している（いずれも『新編甲州古文書』第二巻）。
　その後、同十二年閏四月、義直は尾張に転封となり、甲斐は再び直轄領となった。平岩や義直の家臣となっていた一部の武川衆・津金衆らは尾張に従っていったが、鳥居氏は残ったため、直轄領は引き続き鳥居氏領（郡内領）を除く、先の三郡高二一万九七六七石に近いものであった。この直轄領時代の支配は「慶長十二丁未年大久保石見守一人にて天下の大代官として甲府諸事の成敗を司り」（「甲斐国歴代譜」『甲斐叢書』第二巻）と長安が引き続き支配にあたったが、実質的には配下の四奉行に支配にあたらせつつ、甲州系代官もそれに加えた。なお甲府城番には四奉行のうち小田切茂富と桜井信忠が任ぜられた。慶長十四年正月七日付、長安より甲斐の代官たちに宛てた「覚」では、

覚

一駿州ゟ申来候ハ、上様今七日に駿府被成御立候由、追々申来候条、我等も今七日に此地を出候而甲州へ参候事
一其元ゟ参候もの共へも、其方可被申聞候事
一江戸町中火事有之由ニ候、其元も火の用心已下かたく被申付尤候事

以上

（慶長十四年）正月七日　石見（花押）

田辺庄右衛門殿
大野主水殿
岩波七郎右衛門殿

（田辺佐苗家文書『山梨県史』資料編八）

と田辺庄右衛門・大野元貞・岩波道能の三人に、家康の動向と長安自身が正月七日に駿府から甲斐へ向かうことや、江戸の町が火事になったので甲斐でも火の用心に心懸けることを命じている。また同年十月廿八日付で在地土豪の坂田正清を代官に任命している。坂田正清には長安配下の大野元貞・平岡千道・岩波道能の連署で、

万力筋

一四百七拾九石壱斗九升

右之村被成御代官、可有御納付候、枯流検見さし引之上、可有御収納候、

（慶長十四年）
酉十月廿八日　東光寺

大　主水（花押）

平　岡右（花押）

岩七郎右（花押）

（坂田与一左衛門）
正清斎

（坂田家文書『新編甲州古文書』第一巻）

と山梨郡万力筋の東光寺村で四七九石余を預けて年貢収納を命じている。

さらに慶長十六年四月には、巨摩郡竜王村地先の釜無川左岸に代官平岡千道が主導して在地の坂本源左衛門らに新町を立てさせており、長安配下の大野・平岡・岩波の連署で、

竜王新町、今度御縄打ニ候、いつれの郷村も壱郷壱ケ寺ハ屋敷分御免ニ候間、其元之儀も慈照寺末寺、新地ニ信慶寺立候由ニ候間、寺屋敷之分、くり（庫裡）の外ニ可被成候、為其如此候、以上

慶長十六年

辛亥卯月十二日

大　主水（花押）

平　岡右（花押）

岩七郎右（花押）

坂本源左衛門殿

坂井長右衛門殿参

（慈照寺文書『新編甲州古文書』第二巻）

のように竜王新町の検地を行い、町立にあたり一郷に一か寺の屋敷分を無年貢としてきたため、慈照寺末寺の信慶寺をその新地に建立するにあたり無年貢を設定したものである。

この頃には長安はあまり甲斐に行くことはなくなったが、このように絶えず甲斐の支配に気を配っていることが窺え

る。慶長十八年四月二一日付、長安の藤堂高虎宛の「覚」（抜粋）では、

甲州御蔵入之儀、酉年まてハ御勘定相済候、戌年ゟこのかた御勘定之儀ハ、我等何時相果候共、彼地の為物主指置候平岡々右衛門・岩波七郎右衛門尉仕上可申候事

（「紀伊国古文書」三九〇号文書）

と、甲斐の蔵入地（幕領）の年貢勘定は戌年（慶長十四年）までは勘定が済んでいること、戌年（同十五年）から今年までの勘定は、私が死去しても甲斐の「物主」平岡千道と岩波道能の両名が仕上げるとしており、平岡と岩波の両代官が責任者として支配にあたるとともに年貢勘定も行っていたのである。

このほか甲斐における固有の枡として甲州枡があるが、この甲州枡は武田氏時代から使用されていたもので、天正十年（一五八二）、甲斐が徳川領となった時も、家康は枡の使用を認めている。その折の経緯について、天明年間の府中工町に住んでいた枡屋伝之丞の由緒書（抜粋）では、

私先祖七左衛門前名惣次郎と申、信玄様御時代陣中迄御供申細工いたし候、鉄印枡、向後可仕旨御判物、跡部大炊助殿ゟ被下、枡家職七左衛門ニモ仰付、同十午年御当家様御入国之砌り、平岩七之助様御役所江七左衛門罷出、始末御尋之上先規之通家職ニ被仰付、尤其頃者、国枡ニ而京枡無之候処、大久保石見守様御在役之節、京枡御用ニ付拵候様被仰付云々（下略）

（「国枡一件口書御請証文写控」山梨県立図書館所蔵）

と枡屋の先祖小倉七左衛門が信玄から甲州枡の製作を任され、この枡に鉄印を押す旨の信玄の朱印状を与えられたという。天正十年、家康が甲斐に入国した折に、甲斐の支配を任された平岩親吉に枡屋は呼び出され、これまでの次第を伝えたところ、この頃には京枡もなかったので、以後もこれまで通り甲州枡作りを家職とするよう伝えられた。その後、長安が「御在役之節」、すなわち慶長五年の関ヶ原合戦以降、大久保長安が甲州を支配する時期に、京枡を徳川領でも使用するので、甲斐でも京枡を作るよう申し伝えられたという。しかしこの由緒書では長安が甲斐を支配していた時期に京枡を導入しようとしたとあるが、寛文九年（一六六九）に幕府は全国を新京枡で統一したのであり、それまでは江戸や幕領では京枡とは異なる江戸枡が使用されていたのである。いずれにしろ甲斐に長安が京枡ないし江戸枡を導入し

ようとした時に、枡屋は武田氏時代以来の由緒を申し立て、これまで通り甲州枡の製作を願い出ている。この結果、長安はこの訴えを認めて京枡ないし江戸枡の使用とともに、従来通り甲斐国内のみの流通を条件として甲州枡の存続を認めたので、甲斐では公定枡は京枡ないし江戸枡と甲州枡の併用となった（『山梨県史』通史編3）。なお宝月圭吾氏は「豊臣秀吉の代官大久保長安が、甲府に在番すると、この枡（甲州枡＝筆者注）と京枡の併用を命じたので、甲州枡は公定枡としての地位を得た」（『国史大辞典』5）とされている（なお長安を「豊臣秀吉の代官」とされていることは誤りである）。このように長安は甲斐の経済政策にも深く関与していたのである。

二、美濃支配

関ヶ原合戦後、美濃は従来の領主のうち東軍に属した北部の郡上八幡藩（遠藤慶隆、二万六五〇〇石）・上有知領（金森長近、二万二〇〇〇石）、東部の苗木藩（遠山友政、一万石）、金山（森忠政、一万石）、南部の黒野藩（加藤光泰、四万石）・高須藩（徳永寿昌、五万石）・今尾藩（市橋長勝、二万石）・関藩（大島光義、一万八〇〇〇石）、西部の揖斐藩（西尾光教、三万石）・野村藩（織田長孝、一万石）などは安堵または新封されたが、西軍に属した南部の岐阜藩（織田秀信、一三万五〇〇〇石）、西部の大垣藩（伊藤盛正、三万四〇〇〇石）、東部の岩村藩（田丸直昌、四万石）など十二藩は改易され、これらの多くが徳川領となった。このうち岐阜城は廃止され、新たに岐阜に加納城が築かれて奥平忠政（一〇万石）、大垣には石川康通（五万石）、岩村には松平家乗（二万石）など、要地には譜代大名を配置し、残りの分は旗本領、直轄領とされた。美濃の直轄領は『美濃国一国郷帳并寺社小物成』（『岐阜県史』史料編、近世一）によれば、同書は作成年代が慶長から寛永年間までの間とされるが、おおむね慶長段階（後半）の状況を示しているものと思われるので、参考までに挙げると、慶長年間（後半）では七万五〇〇〇石余であった。この高は美濃の石高の一四パーセントを占めていた。この支配は長安が統括支配にあたり、長安の配下にある少なくとも八人の代官および譜代大名・旗本たちが分担して支配にあたった。長安自身は四万二五六九石余、関東から送り込まれた山田長右衛門直弘九六五二石余、栗原右衛門盛清（信景とも）七五一八石余、秀吉の旧家臣で関ヶ原合戦後登用された岡田将監義同（善同）三二九八石余、信州木曽谷代官の山村甚兵衛良勝二七五五石余のほか、高須藩主（五万石）で長安の代官的存在であった徳永左馬助昌重四八九一石余、同じく苗木藩主（一万石）遠山久兵衛友政一六四五石余、旗本の林丹波守勝正三六五五石余、不詳一五八一石余である。中でも岡田義同や山村良勝は木曽川流域の要所錦織を支配し、木曽木材運搬を円滑化した。岐阜は前述のように関ヶ原合戦後、岐阜城が廃城となり、城下町だった岐阜町とは別に加納に新たに城を築き、奥平忠政が一〇万石で入封すると、城下町、宿場の機能はそちらに移ったため、長安は岐阜町の靭屋町裏に陣屋を置いたといわれ、ここを拠点に美濃の直轄領支配にあたった。

岐阜陣屋には長安配下の代官たちが詰めていた。長安の死後、配下の岡田義同が跡を継いで代官支配の中心となり、これまでの陣屋町の陣屋を同町のすぐ南側の米屋町に移して支配の拠点としたという。慶長十二（一六〇七）年極月から翌十三年正月にかけての長安から山村良勝や遠山友政宛の数通の書状（山村文書）では、江戸城の普請のため、木曽木材の伐り出しと川下げのために「濃州一国之侍衆へわり付け、手前切新井田佐瀬可被成由被　仰出候」とか「御手伝衆にて右之木一刻もはやく桑名へ相届、水谷九左衛門（光勝）へ可有御渡候事」「右之御木取并大か（大鋸）の作料、万に米入候ハヽ、ミたけの代官・岐阜代官ニ被仰、御つかひ可被成候、大かなとの扶持方ハ相定候間」などと美濃の給人などにも総動員が掛けられて御手伝が命じられている。川筋では御嵩（御嶽）代官や岐阜代官らが管理にあたり、川下げした木材は河口の桑名で長安配下の代官水谷光勝へ渡すこと、さらに大鋸・作事方の扶持米などの手当も美濃代官たちが行うこととしている。

また同十四年に代官頭伊奈忠次が行った尾張藩領の木曽川左岸の堤防（御囲堤）構築においては、美濃側の堤防（右岸）は長安の指示により岡田義同が中心となって構築にあたっており、この木曽川堤防の構築に多くの千石夫を美濃国内に賦課している。さらに慶長十四から十五年にかけて検地奉行として美濃の総検地を行った。

この検地では美濃代官の栗原盛清・山田直時のほか、長安配下の風祭太郎右衛門・大野善八・青柳信正・初鹿野加右衛門・小宮山八兵衛や、同じく長安配下の畿内代官、鈴木重春・豊島忠次、同じく畿内代官の北見勝忠・村上孫左衛門・間宮光信のほか、美濃の加納藩主奥平忠政・岩村藩主松平家乗・黒野藩主加藤貞泰・揖斐藩主西尾光教・野村藩主織田長孝・今尾藩主市橋長勝・苗木藩主遠山友政や美濃周辺の桑名藩主本多忠勝・忠政父子、彦根藩主井伊直勝・岡崎藩主本多康重・吉田藩主松平家清らが動員されている。

この検地を受けて翌十五年八月、長安により美濃の村方に対し、田畠の石盛定が一斉に出されている。その任にあたったのは長安配下の代官和田恒成・平岡和由・鈴木重春の三人で、彼らの連署によって出されている。例えば八月廿二日付の賀茂郡上田村宛のもの（抜粋）は、

賀茂郡上田村

一　麦田　拾四取　　一　上畠　九ツ取
一　上田　拾参取　　一　中畠　八ツ取
一　中田　拾壱取　　一　下畠　六ツ取
　　　　　　　　　　一　茶畠　拾　取
一　下田　九ツ取　　一　屋敷　拾弐取
　　　　　　　　　　一　楮　　壱束ニ付四升取

（小栗文書『岐阜県史』史料編、近世一）

のように二毛作が行われている麦田は上田より石盛が一つ高く、商品作物の茶畠も上畠より一つ高く見積もられている。さらに和紙の原料である楮も年貢の対象とされている。もう一つ、この美濃の検地で注目すべきは美濃の大半の村がこの検地をもって村高＝朱印高とされていないことで、国内の諸大名に対する軍役賦課基準となる朱印高もこの慶長十四年の検地高によらず、多くはその前の太閤検地高をそのまま用いているという（高牧実『幕藩制成立史の研究』）。

さらに長安は同十五年八月から十一月にかけて国内の寺社に対して一斉に所領の割渡・寄進や禁制発給などを行っており、この任にあたったのも長安配下の代官和田・平岡・鈴木の三人で、彼らの連署によって出されている。例えば大

野郡華蔵寺宛のものは（抜粋）、

濃州今度御検地之上、如先規、御寺領高拾石、於谷汲村内、可有収納候、是ハ御朱印出候内、為先書替、大久保石見奉之如此候、已上

已　上

慶長十五庚戌

八月廿六日

平岡因幡守良和（花押）
和田河内守恒成（花押）
鈴木左馬助重春（花押）

谷汲山華厳寺

（花蔵寺文書『岐阜県史』史料編 古代中世一）

と先規のように寺領高一〇石を谷汲村内で与えることとし、そのための朱印状は長安が将軍から頂戴して渡すとしている。他の寺社への文言もほぼ同様である。また大安寺に対しては禁制を出している。

ついで中山道にかかる河川の渡船場の保護も行っている。慶長十五年八月廿六日の、太田川にかかる太田の渡船場や揖斐川にかかる呂久の渡船場などに、長安の指示によって平岡・和田・鈴木の連署で、それぞれの船頭に対して船頭給と船頭屋敷を給している。加茂郡大田渡船場の船頭宛のものは、

已　上

濃州今度御検地之上、於加茂郡太田村之内、高三石九斗九升六合、太田渡船頭八人之屋敷、如先規之、大久保石見守奉之被下置者也

慶長十五庚戌

八月廿六日

平岡因幡守良和（花押）
和田河内守恒成（花押）
鈴木左馬助重春（花押）

太田渡船頭中

（長谷川文書『岐阜県史』史料編　近世七）

と美濃の検地を受けて、先規のように太田渡船場の船頭に対し、太田村内で三石九斗九升六合の船頭給と船頭八人分の屋敷の免除を長安より平岡らが奉って伝えたものである。呂久渡船場の船頭宛には四石三斗四升、船頭十三人分の屋敷を免除している（馬淵文書『岐阜県史』史料編　古代中世二）。この濃尾地域では尾張でも木曽川などの渡船場に対し、伊奈忠次が中心となって同様の船頭給を給している。

その後、慶長十七年の正月と四月には家康の命により長安が美濃の幕領の一部を尾張藩（徳川義直）に割譲している。まず正月五日には、

一羽栗郡竹ヶ鼻村・円城寺村・中島郡飯柄村・かゝノ井村・可児郡帷子村・古瀬村・善師野村都合七村、此高四千三百七十三石四斗五升也、右郷中相渡可申旨、就御諚如斯候、右之外ニも御請取候而能キ郷村をも重而可仰給候、請負證相渡可申候、以上

（慶長十七年）
壬子正月五日　　　　大久保石見　判

藤田民部殿
原田右衛門殿
寺西藤左衛門殿

（徳川義親『尾張藩石高考』）

と尾張藩の藤田安重・原田守次・寺西昌吉らの三人の奉行に羽栗・中島・可児三郡内七か村、四三七三石余を割渡している。次いで四月十日には、同じく長安から先の三人の奉行宛に「濃州本鵜沼村高二千百廿石一斗三升、同所林伝右衛門分千八十六石五斗一升五合、合三千二百六石六斗四升五合」（徳川義親前掲書）を割渡している。ここでは各務郡本鵜沼村と同村内の代官林伝右衛門知行地を上知して本鵜沼村一村を尾張藩に割渡しているのである。正月と四月に尾張藩に割譲した合計七五八〇石余の村々は木曽川流域の村々で、木曽の木材を木曽川を川下げする時に監視にあたる要所である。

ついで長安の死後であるが、元和元年（一六一五）八月にもさらに美濃の幕領三万二〇〇〇石余を尾張藩に割譲して

いる。この前提として慶長十七年十月二日付で長安より、尾張藩の付家老成瀬正成と竹腰正信に宛ててそれぞれ書状を送っているが、成瀬宛の書状では、

（尚々書省略）

今日御立之由、参候て御暇乞可申候へ共、却而御六ヶ敷可有御座候間、無其儀候、随而今度宰相様（徳川義直）へ被進候三万弐千石之郷帳儀、竹山城殿（竹腰正信）へ相渡、当御納所之儀者、我等もの共に、如此以前納候而置可申由、御書中通令得其意候、代官よびに越申候間、参次第、急度郷帳書立、山城殿へ相渡可申候、当御納所之儀も、念入候へと堅可申付候、頓而於江戸、万々可得貴意候、恐惶謹言

（慶長十七年）
閏十月二日　　　　大　石見守長安（黒印）

成　隼人《正成》様貴報

（「竹腰文書」関市富本町　村瀬家文書）

と義直へ割渡す三万二〇〇〇石の郷帳を、同じ尾張藩の付家老竹腰正信に渡している。ただこの美濃の郷帳高は、前述のように長安が実施した慶長十四年の美濃国検地時の郷帳高ではなく、天正年間に実施された太閤検地高であるというが、この理由は明確ではない。いずれにしろ既に慶長十七年段階で長安によって尾張藩に割渡す手続が終えられていたことが考えられる。しかもこの三万二〇〇〇石余の村々にも錦織・兼山・河合など木曽川の要所が含まれており、先の七五八〇石と今回の三万二〇〇〇石を合わせた四万石弱は木曽川とは切り離せない地域であったという（徳川義親前掲書）。このように木曽川流域を中心に四万石弱を尾張藩に割渡すとともに、信州の木曽谷の森林地帯も尾張藩に割渡しているのである。木曽谷は前述のように二八か村からなるが、耕地は少しあるものの無高とされていたために尾張藩への石高の加増はなかったのである。しかし年貢米は慶長十八年に一六八二石余と設定され、その年貢の代わりに木年貢として榑木二六万八一五八挺、土居板四三五二駄を上納することにした。

三、大和支配

関ヶ原合戦後、畿内では大和の大半が徳川氏の支配下になっているが、大和には関ヶ原合戦で東軍についた高取藩（本多俊政、三万石）・松山藩（福島高晴、三万石）・竜田藩（片桐且元、二万八〇〇〇石）・小泉藩（片桐貞隆、一万石）・新庄藩（桑山一晴、一万六〇〇〇石）・御所藩（桑山元晴、一万石）・五条藩（松倉重政、一万石）など、所領安堵された大名や他国から入封してきた小大名の領地が散在していた。それ以外の西軍に属した郡山藩増田長盛領（二〇万石）をはじめ、小大名五人の没収領地（合計二五万八〇〇〇石余）、豊臣氏蔵入地一〇万石余などの領地は一部は前述の諸大名に与えられたが、多くは徳川領となり、直轄領とされた。これは大和国四四万九〇〇〇石弱（慶長三年高）の過半にあたる。大和の都市ではまず奈良を大和の支配拠点としたが、「中坊へ内府様ヨリ上使被相越了、大久保藤十郎ト云人也、是者奈良中以外騒動之間、警護ノ為也ト云々」（『中臣祐範記』第一）と家康は戦後の混乱に備えるためと、奈良の治安を確保するため、長安の嫡子藤十郎を上使として派遣しており、藤十郎は長安配下の初鹿野加右衛門・原田二右衛門らを率いて、慶長五年（一六〇〇）十月、椿井町の中坊屋敷に着任して、翌六年までその任にあったといわれる。

また奈良は仏教勢力の強いところであるため、慶長七年八月、家康は東大寺や薬師寺など大和の諸寺に対して一斉に朱印状を出している。これより先の六年五月には、「一　十七日、従内府様為上使、両長老并大久保十兵衛殿、明日此表へ被相越之由注進候」（『中臣祐範記』第一）と家康は大久保長安を奈良奉行とし、また寺社との折衝を担当する豊光寺西笑承兌と円光寺閑室元佶を派遣、大和支配と有力寺社との折衝にあたらせた。長安は筒井氏旧臣の中坊秀祐を大和代官に登用、配下として彼の奈良町椿井町にある屋敷を陣屋としている。この段階で長安の代理だった藤十郎は大和での役割を終えたものと思われる。この屋敷は慶長九年には興福寺の北西部の大豆山に移っており、これを新屋敷と称していたようで、慶長十六年三月十一日付の小堀政一宛、長安と本多正純の連署状（抜粋）にも、「南都中坊新屋敷へ移置候芍薬共」（佐治家文書研究会編『佐治重賢氏所蔵小堀政一関係文書』）と中坊新屋敷とあり、これがのちに奈良奉行所となっている。長安は大和には慶長六年五月、七年六月、同八年二月、同十六年六月に来ている（『近世初期政治的主要人物の居所と行動』）ので、恐らくこの屋敷を利用したものであろう。

つぎに大和の支配は、長安配下の中坊氏を中心に初鹿野加右衛門・原田二右衛門・北見勝忠・豊島忠次らの代官や下代が地方支配と奈良町の支配にあたり、慶長十一年には大津代官の鈴木重春・杉田忠次らの代官も派遣されて支配にあたっている。長安は彼らをして慶長七年から同九年にかけて農村における検地のような奈良町の屋地子帳改めを行い（後述）、慶長九年には奈良町の町域を確定した。これにより奈良町一〇〇町を画定させた。

前述のように関ヶ原合戦後、西軍の郡山藩二〇万石の増田長盛が改易されて同領は徳川領となり、奈良とともに郡山も大和における重要都市として藤堂高虎と本多正純、池田輝政らが城請取りに赴き、請取り後は大久保長安が番城として支配にあたった。長安は大和で村方に対して関ヶ原合戦直後の慶長五年十月には五か条の掟を出しているが、これは旧郡山藩領の村々に出したものと思われる。その内容は、

掟

一　当成ケ夜昼をきらハず納所可申事

一　損免之儀は過半納所候迄有様ニ可申付候間、先稲苅取物成おさめ可申候、若損免を見合わせ納方難渋之者有之者、急度可令成敗事

一　郷中にてうせ百姓有之者、一在所之可為弁候間、百姓として御年貢穿鑿いたし納所可申事

一　枡目之儀者、如前々納可申事

一　代官非分之事有之者、則我等所へ直に可申上候事

右条々於有相違輩者、速可処厳科者也、仍如件

慶長五年拾月　日　　大久保十兵衛

（石田文書『郡山市史』）

のように年貢の徴収・督促、自然災害による年貢滞納禁止、逃散百姓の年貢連帯制、枡目の変更はなし、代官に非分が

あれば長安に直訴することなどについて定めており、増田氏に代わって徳川氏が新たな領主として民政の基本姿勢を示したものである。特に関ヶ原合戦後に入封してきた諸大名の年貢納入に支障がないように配慮したものであった。この掟もこれまで述べてきたように、慶長八年の関東総奉行の出した七か条の農村法令の前提となるものと思われる。大和で徳川領としてまとまった領地は郡山領や吉野郡の森林地帯などであり、これらの支配は長安が中心となって奈良に陣屋を置き、配下の代官をして支配にあたらせている。特に地方支配は長安配下の代官が中心になって行われた。慶長十年頃の大和の幕領は一一万二五〇〇石余（「大和国内惣高」）であり、このうち長安の支配地は六万石余、北見勝忠は一万一六〇〇石余、間宮光信は一万石余、小堀政一は八八七〇石余、角南重勝は五九六〇石余、楢村玄正は五五二〇石余、藤林勝政は四六六〇石余、辻子秀淩は四〇〇〇石余、中坊秀祐は一五六〇石余をそれぞれ支配している。このうち筒井氏旧臣の中坊秀祐・辻子秀淩、豊臣氏旧臣で関ヶ原合戦後に家康に仕えた藤林宗政、河内の土豪で慶長七年、家康に仕えた楢村玄正、慶長九年に仕えた宇喜多氏旧臣の角南重勝らは長安の支配下の代官とされたものである。小堀政一は畿内各地や備中の幕領支配などにあたる一方、城郭・御所の作事や作庭・茶道に優れていた。また北見勝忠や間宮光信は、関東からこの頃に畿内代官として送り込まれた代官であり、長安とも関わりが深い代官である。幕領のうち吉野郡は前述のように木材供給地であり、木材の管理は長安の支配下にあった。なお長安の支配地六万石余は、彼の配下で畿内支配において家老的存在である鈴木重春と杉田忠次が実質的に支配していたが、その一方で彼らは大和や近江などで代官的役割よりも長安の政治的活動の代理者として広く活動していた。吉野郡は近江代官の小野貞則が慶長十三年に同郡下市に杉田忠次とともに出張陣屋を設置して支配にあたっている（『五條市史』上巻）。この吉野郡は吉野杉の産地であり、この木材が長安支配下の信濃の木曽谷・伊那谷などと並んで城郭や禁裏、畿内の寺社などの造営に活用されたのであり、ここに吉野郡を長安が支配下においた意義がある。この関係から小堀政一が大和代官に加わっているものと思われる。

その後、慶長十四年十月、大和に領地を持っていた柘植大炊助（与一）の上知分九〇〇〇石の配分について長安より

小堀政一への指示は、

尚々板倉伊賀殿へ牡丹之書状越申候、又鈴木左馬助・杉田九郎兵衛所へ代官わりの書状遣候間、能様ニ御仕分
肝要候、以上

急度申入候、仍而和州ニ而柘植大炊殿上り知行九千石余御座候、内千石中井大和御知行ニわたり申候、角南主馬ニも弐千石御代官所ニ渡り申候、貴殿へも六千四百拾七石四斗四升渡り申候、彼御知行者、大炊殿御訴訟ニ付而小物成等も壱所ニ参候間、御改候而左様之処可被仰付候、主馬殿分も小物成、中井大和知行小物成も、和州一国之並ニ可被仰付候、恐々謹言

（慶長十四年）十月十八日　大石見守長安（花押）

小堀遠江（政一）殿参

（『佐治重賢氏所蔵小堀政一関係文書』）

と同年七月、死去した柘植大炊助（与一）の上知分九〇〇〇石について、長安の家老格の代官鈴木重春と杉田忠次に対して命じているが、このうち一〇〇〇石を大工頭中井大和守（正清）に、六四一七石余を小堀政一にそれぞれ与え、残り二〇〇〇石を幕領として代官角南重勝の支配所にし、小物成についてもそれぞれ付与する旨、小堀政一に指示している。このように小堀は大和の幕領支配にあたっていた。

慶長十五年七月に家康は、「公領の代官等、賦税の会計を督促せらる」（『台徳院殿御実紀』巻一）と全国の幕領の代官に対して年貢会計を行うよう督促しており、これを受けて同年九月には、「自江戸土井大炊助駿府被来、是より相上、上方知行代官手前相改、将軍江向後可有領納由、自大御所曰に依て也」（当代記）と家康から江戸政権（将軍秀忠）の年寄土井利勝が駿府に呼び寄せられ、上方知行代官に年貢勘定目録を提出させ、その査定を行うことを命じられている。これを受けて大和でも中坊秀祐・藤林勝政・楢村玄正らは個別に支配地の年貢勘定を行っている。中坊左近秀祐の場合は慶長十六年二月に、

和州・江州両田（ママ）皆済也

右和州丑より酉まで九年、江州たつ（辰）より酉まで六年分まで皆済也、仍如件

慶長拾六年い《（亥）》三月廿八日

中坊左近《（秀祐）》

（『記録御用所本古文書』一〇五〇号）

と大和の丑（慶長六年）より酉（同十四年）まで九年分、近江の辰（慶長九年）より酉（同十四年）まで六年分の年貢勘定目録を提出しており、これに対して家康が自ら直接皆済の請取状を中坊秀祐に出している。これは中坊の大和における支配地の年貢収取分と、彼は近江にも支配地を持っていたようでその分の合計六年分を納めている。同様に藤林勝政も大和の支配地の丑（慶長六年）より酉（同十四年）まで九年分の年貢勘定、楢村玄正も丑（慶長六年）より酉（同十四年）まで九年分の年貢勘定目録を提出し、これに対しても家康はそれぞれに同様の請取状を出している。このほかにも現在判明しているものでは、山城の代官清（志）水忠宗、近江の代官猪狩光治・吉川宗春・豊島忠次ら、伊勢の篠山資俊、丹波の山口直友らに対して請取状を出している。これは翌十六年に「諸国多分江戸将軍へ被相納、但美濃・伊勢両国は駿府へ納、駿・遠・尾三国ハ右兵衛督主（徳川義直）・常陸主（同頼宣）分国也、於近江十三万石駿府へ同納」（当代記）と全国の幕領の支配を美濃・伊勢二か国と近江のうち一三万石を駿府（家康）政権の支配とし、尾張は徳川義直領、駿河と遠江は徳川頼宣領として、残りすべてを江戸政権（将軍秀忠）の支配下において幕府（将軍）の財政基盤を確立させたといわれるが、このことはこの幕府（将軍）財政の確立のための前提として、かつ豊臣氏との手切れに備えて上方の直轄領の年貢量を掌握しておく必要性から行われたものであった。

このほか関ヶ原合戦後の大和における重要政策の一つが、前述のように古代以来の南都の寺社勢力の統制であった。大和国内の寺社は関ヶ原合戦後、従来の豊臣氏からの朱印状が無効にならないかという不安を抱き、新領主徳川氏に確認を求める願いが多くみられた。このため家康の意をうけて、まずは長安が関ヶ原合戦直後の慶長五年十月に大和国内の寺社に対して、寺社領は豊臣氏の朱印状通り所領を安堵する旨、伝達したのであった。例えば東大寺に対しては慶長五年十月十六日に長安の名で、

一令啓達候、仍御寺領之儀、先々如御朱印無相違御寄進之事候、御心安可被思召候、万々追而可得御意候、恐々謹言

（慶長五年）
十月十六日　　　　　　　　　大久保十兵衛 名乗判

東大寺様御同宿

（「聴中漫録」奈良県立図書館所蔵、以下所蔵同じにつき省略）

と豊臣氏の朱印状通り寄進するので安心するよう伝えている。このような書状は現在、三輪神社・香具山寺（興善寺）・多武峰寺・当麻寺などの例がみられるが、この他にも多くの寺社に出されたものと思われる。このような措置をした上で、大和の寺社に家康は改めて慶長七年八月、東大寺・興福寺・薬師寺・唐招提寺をはじめ諸寺社に対し一斉に朱印状を出している（『新訂徳川家康文書の研究』下巻之一）。これをうけて長安や中坊秀祐を中心に、鈴木重春・杉田忠次らが奈良の東大寺をはじめ興福寺・多武峰神社などの寺社の支配にもあたっており、寺社領の割渡しについては慶長八年十二月十日付の長安より家康の寺社支配のブレーンである西笑承兌・閑室元佶宛の書状の中で、「去年以来和州一ケ国之御知行割御座候」（談山神社文書）とあり、去年（慶長七年）より大和一円の知行や寺社領の割渡しを行っていることが窺える。これは慶長七年六月に長安が配下の北見勝忠・初鹿野加右衛門らを駆使して、大和の特定の寺社やそこの役人衆の屋敷の検地（屋地子改め）を実施しており、これをうけて各寺社に所領の検地帳を出している。すなわち同年十月二日には達磨寺に葛下郡王子村内三〇石の達磨寺領の検地帳を、長安配下の初鹿野加右衛門と北見勝忠の連署で出している（「谷甚四郎家文書」『新訂王子町史』資料編）。また在原寺には、同年三月十三日付の三反五畝一八歩・分米五石の検地坪付帳を長安配下の原田二右衛門の名で出している（西島八兵衛「定覚」『天理市史』史料編第一巻）。屋地子についても同年八月六日、家康は春日大社と興福寺に対して、「春日社興福寺諸役人町役并屋地子百六拾参石余、永所令免許也」と両者の諸役人たちの屋敷の屋地子と町役一六三石を免除している。さらに東大寺役人衆の居屋敷については、前述のように家康からの朱印状によって東大寺八幡宮神人・公人・三倉役人・大童子の屋地子が寄進されており、これを受けて年欠であるが、大宮氏がいわれるように慶長八年三月と思われる（大宮守友『近世の畿内と奈

良奉行』）長安から東大寺に宛てた書状で、

役人衆屋地子之儀被仰下候、何モ之御次ニ、昨時分小堀新介被談合指引仕候、爰元之様子委者観音院御存知之事候、恐々謹言

三月二日　　　　大十兵　長（花押）

東大寺御寸面

（『東大寺文書』）

と役人衆の屋地子免除し、小堀正次と談合して指し引く（免除の実務を行なう）としている（大宮氏前掲書）。このように長安と小堀正次とで大和の各寺社や役人衆の屋敷の屋地子の免除状を出している。奈良の浄教寺へは長安と小堀の連署で、

今度南都御検地之上、当寺内地子弐石四斗七升八合被成御赦免畢、弥勤行等不可有御油断候、以上

慶長八年　　　　大　十兵　判

三月九日　　　　小　新介　判

一向宗

浄教寺御坊中

（「聴中漫録」）

と検地の上、寺内の屋地子二石四斗七升八合を赦免する（除地とする）としている。このほか各寺社に禁制も出しており、薬師寺に対しては慶長七年六月十三日付で長安から、

禁　制　　　　西京薬師寺

一喧嘩口論之事

一押買狼藉之事

一万殺生之事

一伽藍之廻牛馬はなす事

一寺内竹木伐採之事
右条々堅可守者也、若於違犯輩者、速可処厳科者也
慶長七年寅六月十三日　　大久保十兵衛在判
（「聴中漫録」）
と喧嘩口論・押買・殺生・牛馬放飼・竹木伐採など五か条の禁制を出している。ほかにも東大寺に対して竹木伐採禁止の禁令を出している。また当麻寺に対しては、

以　上

急度申入候、仍百姓出入之儀ニ付入ケ《(ママ)》度ヨリ御断御座候、幸兌長老（西笑承兌）・学校（閑室元佶）モ御出入之事ニ候間、早々百姓召連御出、今日為聞御申付可給候、明日者罷帰候間先申候、恐々謹言
（慶長七年）
六月十二日　　大　十兵衛
長安（花押）
当麻寺御同宿中
（当麻寺文書・『大日本史料』十二編之十一）
と当麻寺領内における百姓出入について、家康の寺社政策の顧問西笑承兌と閑室元佶に断りの上、早々に百姓たちを連れて長安の下に来ることを当麻寺に伝えている。このほか大宮氏が紹介されている慶長六年のものと思われる長安より東大寺宛の書状（大宮氏前掲書）では、

（尚々書省略）

急度申上候、仍防州国衙領之儀ニ付而、此間観音院御逗留被成、様々御肝煎共ニ御座候、毛利殿（輝元）御奏者ニ御座候間、井伊兵部（直政）殿内木俣清左衛門（守勝）を以申付候処ニ、相違無之由被申候、於様子者観音院可被仰付候、尚御用之儀者被仰付候、恐惶敬白
（慶長六年）
三月廿一日　　大久保十兵衛尉
長安（花押）

東大寺西国沙弥人御中　　（東大寺図書館所蔵『東大寺文書目録』宝―七四）

とあるが、これは関ヶ原合戦後、毛利氏が周防・長門二か国に減封されたので、東大寺が同寺領である周防国の国衙領の行方を案じて長安に相談、長安が毛利氏との講和交渉にあたった井伊直政の家老の木俣守勝に掛け合って同寺領が安堵されることになったので、その旨を長安が東大寺に伝えたものである。長安が仲介の労をとっているのである。

このように長安は南都の寺社に対して、寺社領安堵・除地・禁制・寺社・裁許など様々な政策にあたっているのである。このほか前述のように慶長十三年の駿府城再建をはじめ、各地の城郭普請にも長安の指示の下で吉野杉を伐出して送っている。

さらに関ヶ原合戦後にいち早く奈良を支配した長安は、家康の命により慶長伏見地震（慶長元年）で傷んだ正倉院の修理のためと、大和の寺社の巡見のため、慶長七年六月九日、「大久保十兵衛下向、中坊宿也、是者従内府様東大寺三ツ蔵之諸道具并蘭奢待以下可有御点検之御使也」（『中臣祐範記』第一）と長安は大和の事情に精通している小堀正次とともに奈良に赴いている。一方でこの長安の奈良下向については、長安から奈良一乗院宛の書状では近日中に奈良に下向して、「東大寺蘭奢待御切候由」（『中臣祐範記』第一）と伝えている。そして十二日には長安は、本多正純と勅使の勧修寺光豊・広橋総光、西笑・閑室・小堀らと東大寺正倉院開封にあたっている。この開封の経緯については、『中臣祐範記』第一の慶長七年六月十二日の条によれば、

東大寺三ツ倉諸道具検知、勅使并上野殿・両長老・十兵・寺僧衆被出、各校合云々、櫃七十余出之、其外之諸道具懇ニ被書付、勅使并上野殿者十三日未明ニ帰洛了

と「三ツ倉の諸道具検知」には勅使勧修寺と広橋、本多・西笑・閑室・長安らと東大寺の寺僧衆が立ち合い、宝物と目録とを校合（照合）し、宝庫から七十余の櫃を出して中の諸道具も記録したという。また中に納められている香木の蘭奢待も検分している。この蘭奢待は奈良時代に中国からもたらされたもので、足利義政や織田信長らが権力を握った象徴としてその一部を切り取って持ち去っている。したがって家康もかなり興味があったものと思われ、この時に切り取

らせたといわれているが、大宮氏によれば蘭奢待の切り取りの可否については両論あるという（大宮氏前掲書）。一例を挙げれば、『國史大辞典』第十四巻（吉川弘文館）「らんじゃたい」の項（神保博行氏執筆）では、「足利義政・織田信長・徳川家康の截香記録がある」と切り取り説が出ている。これに対し、『当代記』では「南都蘭奢待台、従内府公以使被為見、同勅使被遣、此比蘭奢待台を被切度由、頻雖有内存、是を切ぬれは、余命不幾之由云伝によって被止也」のように切り取ると不幸があるという言い伝えに基づき、切り取りはしなかったという。この後、再び正倉院が開封されるのは、翌年の慶長八年二月に家康が征夷大将軍に叙任された後であり、『中臣祐範記』第一の慶長八年二月二十二日の条によれば、

東大寺三ツ倉為修造宝物他所ノ蔵へ被入渡了、二徳家の近所ニ古蔵二ツ有之、ソレへ被入ト云々、勅使烏丸宰相殿、将軍家康御使本田上野介・大久保十兵衛也、終日ノ馳走共也、翌日各帰洛了、

と三ツ倉の修造後、宝物を古蔵に入れて、今回は勅使烏丸光広と将軍家康の使者として再び正純と長安が立ち会ったのち、馳走でもてなしたという。これに対し、「慶長十九年薬師院実祐記」（抜粋）によれば、

慶長八年癸卯二月廿五日ニ開封、内大臣家康卿御修理之儀被仰出候而、則大和国之惣分仕置被仰付候大久保石見守請取、其内甲田法順、并小堀新介被申候ハヽ、大和案内者ニ付而、石見守与新介両人被仰付候故ニ、其内ノ四東角右衛門と申仁両奉行ニ御修理相調候
（『続々群書類従』）

と慶長八年二月二十五日に開封したとしている。この記述については大宮氏が指摘されるように、この時、家康は征夷大将軍・右大臣であるのに、まだ内大臣と記述されたり、長安もまだ石見守に叙任されていないことなど正確でない記述もあるが、宝物庫の修理が長安と小堀正次に命じられており、長安配下の甲田法順と小堀配下の四東角右衛門の両名が修理の指揮を執ったという（大宮氏前掲書）。正倉院の修理後、家康は長持三二個（慶長櫃）を寄進して宝物の保存に役立たせている。その長櫃の蓋内の墨書には、

三蔵御修理従　征夷大将軍右苻家康公被仰付造立并長櫃卅二箇被成寄進者也

慶長八年九月吉日

御奉行　本多上野介

大久保石見守

（和田軍一『正倉院案内』）

と書かれており、同年九月に修理が完了したことが判明する。このあと、「両長老・十兵衛寺々一見之使節タル故被残、方々被見及了、十三日四日大略一覧、忍辱山・菩提山・釜口・箕輪ノ寺、遠所者皆各内者可信躰差遣、被記之云々」（『中臣祐範記 第一』）と長安は小堀や寺社行政を担う西笑承兌・閑室元佶らとともに、奈良とその周辺の忍辱山（円成寺）・菩提山（正暦寺）・釜口（長岳寺）・箕輪ノ寺（箕輪寺）などの寺社を中心に巡見している。

また春日大社では慶長七年の二十年遷宮の新築造営にあたり、慶長七年七月八日に春日大社の祢宜中東時広が伏見で長安に面会した時の話を春日大社正預中臣祐範に伝えているが、それによると、「十兵衛殿被申様、遷宮之事則内府様へ申上候、御同心ニテ、為御祈祷秀頼様〇（御沙汰）可然トテ、則以御使片桐市正・同主膳へ被仰付候、柱ノ分者内府様可有御合力由」（『中臣祐範記』第一）と、長安が遷宮の話を家康に伝えたところ、家康も遷宮に賛同しつつ、豊臣秀頼の沙汰を得ることが必要として、使者を立てて秀頼の奉行衆の片桐且元と弟の貞隆に伝えたという。また家康は神社の柱を調達して合力すると伝えたという。しかし大宮氏によれば、春日大社の造営は豊臣秀頼の造営として行い、用材は家康が調達するという形で造営に関わろうとしたが、これを豊臣氏側に拒否されたのではなかろうかという。そこで慶長九年正月に行われた大鳥居の造営を長安の裁量で木曽山の良材を取り寄せて行ったという（大宮氏前掲書）。その後長安は慶長十一年に春日大社に釣灯籠を寄進している（口絵参照）。このように長安は大和の農村支配、寺社の支配、さらに吉野の木材の管理など多方面にわたり活躍しているが、さらに慶長十六年七月五日付の大久保長安から奈良の具足師岩井与左衛門宛書状では、

急度申遣候、仍奈良曝（晒）尺不同無之様ニ其方ニ判をもたセ候へと、被仰付候条、以来者堅申付判おし可申候、京・大坂・堺にても其方判なきならさらし（奈良晒）売買不仕様ニと伊賀殿・清右衛門殿・市正殿へと書状越候

間、其元儀弥々念入可被申候、恐々謹言

慶長十六念（年）

七月五日　　　　石見守

長安判

岩井与左衛門殿

（「廳中漫録」）

と大和の名産品である奈良晒の尺度について不同がないよう同じ長さのものにするため、家康の御意により与左衛門に確認の判を持たせて押すことにより、晒布の丈尺幅寸を改めさせることを命ぜられ、京都や大坂・堺でも、岩井与左衛門の判のない奈良晒の売買を禁止する旨を伊賀殿（京都所司代板倉勝重）・清右衛門殿（堺政所米津親勝）・市正殿（大坂・片桐且元）らへも書状を送っているので、いよいよ念を入れて任務を果たすよう伝えている。この判は、「御公儀様ゟ被為　下置候朱印」（貞享三年「乍恐口上之覚」「廳中漫録」）という。

これをうけてであろう年欠の正月吉日付の岩井与左衛門とその子与次の連名で、長安の畿内における家老格の代官鈴木左馬助重春宛ての誓詞ともいうべき手形を送っている。それによれば、

奈良曝　公儀江あかり候義ハ不及申候、売かいのさらし迄幅寸改め、我等に印判ヲ押可申旨、自　公儀被仰付候、其旨を存候、就其さらし壱端付印判賃平銭壱文宛取可申旨忝奉存候、自今以後文寸尺相改印判押可申候、於此上さらし上中下ハ雖有之、判のはらし寸尺不足之儀に候ハヾ、我等親子共曲事に可被仰付候、仍状如件

正月吉日　　　　江戸屋

与左衛門判

与　次判

鈴木左馬助様（重春）

（「廳中漫録」）

と大和の重要な生産品である奈良晒の品質統一と極印による品質保証を行うことによって、商品価値を確立して畿内の重要都市京都・大坂・堺での販売拡大を目指すなど、長安は大和の経済政策にも大きく関与していたのである。

第五章　徳川氏の畿内とその周辺諸国及び西国諸国の支配

一、畿内とその周辺諸国の都市支配の概要

関ヶ原合戦後、徳川家康の実力は天下第一となったものの、なお豊臣公儀下の執行者の立場であった。その一方で家康は、畿内とその周辺諸国では前述のように大和や近江の大半を支配下におき、大和の直轄領の支配は長安が中心になって支配にあたり、近江は当初は長安が大津や直轄領の支配にあたっていたが、やがて堺政所の米津親勝が中心になって支配にあたった。このほか家康は畿内および周辺諸国の伏見・京都・宇治・堺・大津・奈良などの主要な先進都市を押さえた。そこに配下の家臣たちを配置している。これらの都市は政治的・経済的・軍事的・文化的にも先進地域であるため、ここを押さえることは畿内および周辺諸国の支配において重要であった。特に家康は伏見や京都に常駐して執務を執り行うことが多かった。このため伏見城の再建と京都の二条城の建設を行っている。伏見城は関ヶ原合戦の折、西軍によって落城していたが、慶長六年（一六〇一）三月、家康が入城し、仮の宿舎で政務を開始している。同七年六月になって藤堂高虎を普請奉行、小堀正次を作事奉行として伏見城の再建にかかり、同年十二月に伏見城はほぼ再建され、家康は改めて入城、翌八年二月、伏見城で征夷大将軍の宣下を受けている。この伏見城は基本的には豊臣時代の城を踏襲しているが、本丸や二の丸など主要部分のみの再建で、弾正丸、大蔵丸ほか、周縁部のものは放棄して規模を縮小している。そして家康は政務を補佐させるために、配下の年寄衆や長安を含めた奉行衆の屋敷も伏見に構えさせ、彼らを駆使して政務を執るようになった。このほか諸大名の屋敷も順次構築されていった。その後、家康は慶長十二年（一六〇七）、駿府城が完成すると駿府に移り、代わって松平定勝を伏見城代に任じ、成瀬正一と日下部定好を留守居とする一方、伏見勤番を常駐させて警備に当たらせた。

京都は慶長五年、関ヶ原合戦直後の九月二十日に奥平信昌を京都所司代として置き、加藤正次を配下に付け、与力二一五騎、足軽五〇人を附属させ、京都の守護にあたらせた。翌六年三月、奥平信昌が美濃加納藩主に転出すると、家康は加藤とともに新たに板倉勝重を加えて三者を京都および畿内支配の任務を持つ京都奉行に任命した（『国史大辞典』）。これが京都町奉行の始まりと考えられる（『寛政譜』第二）。その後、慶長六年九月二十八日には板倉勝重が京都所司代の任に就き（『寛政譜』第二、なお『柳営補任』五では板倉の京都所司代就任を慶長八年とする）、加藤正次と堺政所の米津親勝が板倉の副役を兼帯した。これにより改めて板倉を中心に加藤・米津の三者で畿内の支配および朝廷との折衝などに当たることになった。慶長八年（一六〇三）二月、家康が征夷大将軍に叙任されると、板倉勝重も従五位下、伊賀守に叙任された。また大久保長安も同年九月頃までには従五位下、石見守に叙任されている。

なお京都の二条城は家康が上洛時の宿舎として、豊臣時代の二条城とは別に新たに慶長六年五月、大宮押小路に築城するために町屋を立ち退かせ、十二月になって造営奉行に板倉勝重、作事に大工頭中井正清を任じ、西国大名に手伝普請を賦課して築城を開始した。翌七年五月、御殿と天守の造営に着手し、同八年三月に御殿は落成している。そして同月に家康は新将軍として入城している。

宇治は宇治茶師で秀吉以来、宇治郷代官を勤めてきた上林徳順（勝永）を再度代官に登用して、町の支配と宇治郷三〇八八石の支配にもあたらせた。

堺には前述のように配下の米津親勝を堺政所（のちの堺奉行）に任じ、町政と経済支配、さらに「堺廻り十四郷」（大鳥郡）や河内の直轄領の支配に当たらせ、同時に近江長浜の直轄領の支配にもあたらせている。また長安・米津らは京都の角倉了以・素庵、宇治の上林徳順、堺の今井宗薫・茶屋四郎次郎、大津の十四屋などの豪商の力を利用して、年貢米の売却や物資流通の円滑化を図っている。

大津は近江の中心であり、江戸と京都を結ぶ東海道が近江において中山道や北国街道と合流するなど、街道の大動脈が通る場所であるとともに、東北・北陸の諸物資が北国海運によって敦賀や小浜にもたらされ、そこから琵琶湖の湖上舟運によって大津に集積される全国的物流の結節点であり、人と物資の合流点として重要な位置にあった。家康は関ヶ原合戦直後の慶長五年九月十九日に大津に禁制（朱印状）を下している。そして前述のように大津の奉行に大久保長安を任じ、街道と湖上舟運を統括するとともに近江直轄領（幕領）支配の拠点ともした。湖上舟運を押さえるため、大津を中心とする琵琶湖百艘船に対して「慶長六年七月二日、従権現様之御高札、大久保十兵衛被申渡候由」（大津市　木村忠之家文書）と、長安は家康の命で左記のような五か条の掟を掲げた。

掟

一　当津荷物・諸旅人、いりふねにのせましき事、

一　当所へ役義つかまつらさる舟に荷物・旅人のせましき事

一　他浦にてくし（公事）ふねにとられ候ハヽ、此方へ可申上候、堅可申付候、

一　くしふねにめしつかひ候時、あけをろし之義、舟頭とも仕間敷事

一　家中之者、下にて舟めしつかひ候義曲事候、若舟召遣候ハんと申者候ハヽ、此方へ可申上事

右前々より如此有来候通、そむくともから（輩）あらは、可加成敗者也

慶長六年七月二日　　十兵衛（花押）

（大津市　木村忠之家文書）

これは琵琶湖における湖上の舟運の出入りを規定する掟であり、天正十五年（一五八七）二月に浅野長政が下した五か条の定書（木村忠之家文書）と同じである。前述のように大津は東北・北陸地方からの北国海運（北国船）の物資の集積地であったため、その拠点を押さえることにより徳川氏が北国海運をも豊臣氏に代わって掌握したことを意味している。なおこれに対し、同じく琵琶湖舟運において活動していた堅田の舟運業者も大久保長安に宛てて従来の特権の許可の願を出しているが、長安は体よくこれを断ったという（『新修大津市史』第三巻）。その一方で豊臣政権下で湖上舟運を統括する船奉行であった芦浦観音寺朝舜に対し、慶長六年五月に長安と彦坂元正との連署で、改めて船奉行職に任命するとともに、左のような書状も与えている。その内容は、

（尚々書上略）

急度申入候、仍其国浦之舟、御公方御用之儀、如前々其方へ被仰付候間、諸浦之舟退転之所も可有之候、又出来候舟も可有之候間、手代衆ニ被仰付、代官衆立合御改候而、其帳面次第ニ何時も御荷物高之つもり、此方ゟ可申越候間、夫次第ニ被仰付、年中役舟之御勘定惣中ニ而可被成御勘定候、少も出入候てハ、貴所之御為如何ニ候間、加様ニ被仰付候上者、ゑこなき様ニ可被仰付候、恐々謹言

彦小刑部元正（花押）

大十兵衛長安（花押）

（慶長六年）五月十八日

観音寺（朝舜）様参

（草津市　観音寺文書）

と琵琶湖各浦の舟の数を調査させ、それらの舟に対して臨戦態勢下において公方様の御用の時は前々のように勤めることと、出航できる舟については代官衆が立ち合いの上、帳面次第に荷物高をこちらから申し伝えるので、申入次第勤めること、年中の役舟の勘定は浦惣中で勘定をすること、出入（争論）なく、かつ依怙贔屓もないようにすることなどを観音寺に申し伝えている。なお芦浦観音寺は僧侶であるが、野洲郡草津や守山周辺の代官も兼ねていた。また彦坂元正は、関ヶ原合戦直後から近江においても佐和山城の接収などに当たっていた。この観音寺の舟奉行職任命は、先の書状をうけて同年七月十八日付で長安・板倉・加藤の連署で諸浦に対して申し伝えている。

（尚々書省略）

急度申遣候、仍諸浦舟奉行之義、観音寺へ如前々被仰付候、何時も観音寺手形次第可相勤候、若於令無沙汰者、舟方中為越度候条、可得其意候、恐々謹言

（慶長六年）丑

七月十八日

板　四郎右勝重（花押）

加　喜　左正次（花押）

大　十兵衛長安（花押）

（観音寺文書）

諸浦
庄屋中
舟方中

このように湖上舟運も近江支配に組み込んでいるのである。さらに翌七年二月には長安は、単独で琵琶湖の百艘船に対して歴代の大津城主より下されていたものと同様の制札を出している。なおその後、大津町の支配は長安配下の小野貞則と鈴木重春の二人の代官があたっており、慶長十年（一六〇五）八月にはこの両名の連署で大津町に対し、

覚

一町中家於売買仕者、互ニ請人をたて可至売買候、其上うけ人なくむさとしたる者に家売買仕候儀、可令停止之付而、前々ノことく此方へも可相届候事

一諸売買之儀、若一日成共たかひにかけひき仕候者、はかきにて可相定候、はかきなき事ハ以来物言なり候ても證拠ニ成間敷事

一借儀ニ付而、家しち物ニ被引候者、其町へ相理請人をたて、其上取引可仕候、自然町へ安（案）内無之候ハヽ、以来物言ニ成候とも證拠ニ立申間敷候事

一大津上下駄賃之儀、度々申触候ことく御定を相背候ハヽ可為曲事

一度々申触候通、町中仲之儀、下々にて高下なきやうニ弥以可被仕候、若御判之仲内々ニて相違候ハヽ、其人可為曲事

一日暮六ツ時より竹木・どひ（土居）榑・薪持あるき候儀、一切可令停止候、若右之旨相背者候ハヽ、見出し次第、則其人ニ相理此方へ可申事

一町中ニ主人なく不審なるもの久敷宿かり逗留候者、其人ニ相尋此方へ可被申上事

右条々大津町中不残可被相触候、若貴所達触不申候間、以来物言候者而、旁可為越度候也

慶長拾年
八月十六日
鈴木織部（重春）判
小野宗左衛門（貞則）尉判
（『図説大津の歴史』上巻）

と七か条の覚（町掟）を出している。その主な内容は、大津町での家屋敷の売買や商売では請人を立てたり、はかき（契約書か）を作成して行なうこと、上下の街道の伝馬駄賃については定めの通り行うこと、暮六ツ以後において竹木・土居榑・薪などを売り歩くことを禁止する。主人のいない不審者で、長く宿を借りている者がいたら確認して届出ることなどを触れており、以後、大津町は幕府直轄都市として近江幕領の支配拠点となっている。

二、豊臣公儀下の畿内と周辺諸国および西国諸国の支配

慶長五年（一五九〇）の関ヶ原合戦後においても政治体制としては大坂城に拠る豊臣秀頼を中心とする豊臣公儀が続いており、この体制は慶長八年二月、家康が征夷大将軍に叙任されるまで維持された。家康はこの豊臣公儀の執政者の立場であった。特に豊臣公儀のお膝元である畿内とその周辺諸国においては、家康は伏見城と二条城を拠点として政務にあたった。最初の仕事として家康は伏見城において、前述のように関ヶ原合戦後の論功行賞にあたっている。その論功行賞で家康は慶長八年二月の将軍叙任までは事実上、大名や領主への知行宛行の権限を掌握していたものの、直接的な主従関係を有しない者や領域的支配範囲にない者に対しての知行状（朱印状）の発給はほとんど行っておらず、極めて慎重であったといえる。

この関ヶ原合戦以降慶長八年二月の家康の将軍叙任までの間で家康が発給した知行宛行状の発給状況については、藤井譲治氏の『徳川将軍家領知宛行制の研究』（思文閣出版）の第一章の末尾に掲載されている付表1（関ヶ原の戦いから家康の死去までの領知朱印状一覧）（但し藤井氏が確認した分であるとの限定付きであるが）によって具体的にみると、慶長五年九月二十九日が一点（判物）、慶長六年三点（朱印状二、印のみ一）、慶長七年三三点（朱印状七、黒印

状一九、不明四）、慶長八年二点（不明三）となっている。これによれば慶長七年に点数が多く見られ、朱印状も多く出されているが、これらの朱印状の宛所は由良新六郎（国繁）（慶長七年十月二日）、池田藤松（利隆）（慶長八年二月十四日）を除けばほとんどが徳川家臣である。また黒印状は渡辺宗覚（石火矢師）（慶長七年五月九日）、細川幽斎（藤孝）（慶長七年九月二十五日）を除けばやはり徳川家臣であり、しかも知行地の多くは三河・尾張、駿河・佐渡・上野などの徳川領国を除けば、ほとんどは近江を中心とする畿内とその周辺諸国及び備前・備中である。また朱印状はともかく、黒印状は家康が自己の家臣へ宛てたものであるため頷けるところである。

従ってこの期間はこれら朱印状や黒印状にもとづく知行の割渡や、朱印状や黒印状が出されなくても家康配下の長安・伊奈・彦坂らの代官頭が、家康の公儀政治執行の公儀奉行人として、基本的には三判証文によって知行の割渡や寺社領の安堵・寄進・所領の割渡などを行っていた。しかしこの地域においては、伊奈忠次は関東及び新たに領国に戻った三河・遠江のほか尾張などの支配に専念し、一時的にはみられものの、あまり関与しておらず、伊奈に代わって京都町奉行の加藤正次が加わり、長安と彦坂・加藤の三人が家康の公儀奉行人として連署する、いわば畿内とその周辺諸国における新たな「三判証文」によって行われた。メンバーのうち長安は、関東の八王子周辺の多摩郡など武蔵国各地の支配を行いつつ、大和や信濃（木曽谷・伊那谷）、美濃の支配にあたったり、近江では大津町の支配や琵琶湖の舟運を掌握するなど、畿内とその周辺地域の支配にも大きく関わっていた。また彦坂は関東、特に相模や伊豆の支配を行いつつ、関ヶ原合戦直後に石田三成の近江佐和山城の接収をしたりして、少しの間、近江支配に関わっていた。

彼らは伏見の家康の指示の下、前述のように畿内と周辺諸国において所領を持つ大名や万石未満の領主たちへの知行書立または知行目録による知行の割渡、さらには寺社への所領の安堵および所領書立による割渡などにあたっていた。しかし慶長六年六月、前述のように彦坂が逼塞すると、新たに板倉勝重が加わり、長安・加藤の二人連署ないし長安・加藤・板倉の三人連署が中心となっている。その一方で豊臣系の大名や領主への知行書立または知行目録、関係の深い寺社への所領書立などの発給、さらには豊臣蔵入地の管理などでも、豊臣秀頼の奉行衆片桐且元・小出秀政が豊臣側の公儀奉行として連署に加わっており、慶長八年二月の家康の征夷大将軍叙任による徳川幕府の成立段階までこの状態が続いていく。

以下に第1表によりつつ、いくつかの視点から考察していく。なお本節で扱う周辺諸国とは、畿内五か国と近江、丹波、播磨三か国のほかに但馬、伊勢をも加える。また西国諸国とは備中と豊後を中心とする地域である。

（一）知行の割渡（知行書立または知行目録）

第1表によれば、早くは慶長六年正月廿八日付で豊臣秀頼の奉行衆片桐且元に対しその知行書立は、

御知行之書立

和州平郡（群）之郡

きうあんし村

一三百九拾石四斗六升

（中略）

合弐万四千四百七石四斗

此内

三千八百九拾五石五斗　播州之替地

弐千四百九拾七石三斗　勢州之替地

壱万八千拾四石六斗　為御代官所渡ル

右之分相渡申候、従子之物成可被成御所務候、重而御朱印申請可進候、已上

慶長六年

正月廿八日　加藤喜左衛門名乗

大久保十兵衛名乗判

第１表　関ヶ原合戦直後における畿内とその周辺諸国および西国地域における知行・寺社領書立（大久保長安を中心に）

ŃＯ	年　月　日	発給人	宛所	知行地（知行高）	備考	出典
１	慶長６，１，２８	大・彦・加	片桐市正（且元）	大和（２万４４０７石）	竜田藩	片桐文書（『譜牒余録』下巻）
２	６，１，２８	大・彦・加	片桐主膳（貞隆）	大和（７９６６石）	小泉,１万石の内	片桐文書　※１
３	６，２，３	大・彦・加	山門三院（延暦寺）	近江（５０００石）		延暦寺文書（東大史料編纂所影写本）
４	６，２，３	大・彦・加	石山寺	近江（５７３石）		本光国師日記１０
５	６，３　５	大・彦・加	片倉小十郎（景綱）	近江（５０００石）	伊達政宗領	伊達家文書（『大日本古文書』）
６	６，３，６	大・彦・加・片・小	分部左京（光嘉）	伊勢（２万石）	上野藩	分部文書（東大史料編纂所影写本）
７	６，３，２７	大・彦・加	木下肥後守（家定）	備中（２万５０００石）	足守藩	木下家文書（『ねねと木下家文書』）
８	６，３，２７	大・彦・加	川勝兵衛太夫（秀氏）	丹波（３５３０石）		川勝文書
９	６，３，２７	大・彦・加	川勝信濃守（広綱）	丹波（５４３石）		川勝文書
１０	６，４，１６	大・彦・加・片	細川越中守（忠興）	豊後（１１万石）	知行３０万石の内	松井家譜４（『八代市史』近世史料編Ⅷ）
１１	６，４，１６	大・彦・加・片	中川修理亮（秀成）	豊後（６万石）	岡藩	中川家文書
１２	６，４，１６	大・彦・加・片	木下右衛門太夫（延俊）	豊後（３万石）	日出藩	辻治六『日出年代史』
１３	６，４，１９	大・彦・加	禅高斎（山名豊国）	但馬（６７００石）	村岡領	書上古文書１
１４	６，５，２３	大・彦・加・片・小	飯田源一郎（宅次）	近江（３００石）		飯田文書　※２
１５	６，５，２３	大・彦・加・片・小	竹中貞右衛門（重定）	摂津（１６３１石）		橋本家文書（『吹田市史』６）
１６	６，６，１８	大・加	庄左衛門（八木光政）	但馬（１０００石）		書上古文書１
１７	６，７，５	大・加・板	山岡道阿弥（景友）	近江（５００石）	山岡景隆後家分	山岡家家譜（『記録御用所古文書』下巻）
１８	６，７，１０	大・加・板・片	谷出羽守（衛友）	丹波（１万６０００石）	山家藩	旧山家藩庁記録　※３
１９	６，７，２５	大・片	吉田兼見（豊国大明神）	山城（１万石）		豊国大明神社領帳（東大史料編纂所影写本）
２０	６，７，２５	大・片	大山崎惣中	山城（６６１石）	離宮八幡宮	離宮八幡宮文書
２１	６，７，２５	大・片	早川主馬頭（長政）	豊後（６０００石）	稲葉典通分割渡し	稲葉家譜巻８（臼杵市立図書館）
２２	６，９，７	加・板・片	小川左馬助（・滋）	豊後（２万石）	日田藩	豊後国内御知行方目録　※４
２３	６，９．７	加・板・片	来島右衛門市（長親）	豊後（１万４０００石）	森藩	佐伯藩史料（『大分県史料』３７）
２４	６，９，２６	片	毛利民部太輔（高政）	豊後（２万石）	佐伯藩	佐伯藩史料（『大分県史料』３７）
２５	６，９，－	（欠）	次右衛門（小笠原定信）	近江（５００石）		古文書集１１　※５
２６	６，１２，２９	大・伊・加	玄旨（細川藤孝）	山城・丹波（３０００石）		細川家記５
２７	６，１２，２９	大・伊・加	玉置小平太	伊勢（３０００石）		玉置家文書　※２

【凡例】　大：大久保長安、　彦：彦坂元正、　加：加藤正次、　板：板倉勝重、　片：片桐且元、　小：小出秀政、　伊：伊奈忠次

※１：芥川竜男『武家文書の研究と目録』（上）、　※２：徳川義宣『新修徳川家康文書の研究』、　※３：『京都府史蹟名勝天然記念物調査報告』第１７冊、　※４：中野等「東大史料編纂所所蔵『徳大寺文書』所収「豊後国内御知行方目録」（大分県立先哲史料館『史料館研究紀要』３号）、※５：中村孝也『新訂徳川家康文書の研究』下巻之１

彦坂少（小）刑部名乗判

片桐市正（且元）殿参

（片桐文書『譜牒余録』下巻）

と大久保長安・彦坂元正・加藤正次の三人連署によって、大和平群郡内で二万四四〇七石四斗の知行書立（竜田藩）が出されている。『寛政譜』第六によれば、且元は「（慶長）六年正月二十八日大和国平群郡のうちにをいて、一萬八千石余を加へらる。このとき播磨・伊勢両国の領地六千三百石余を平群郡内のうちに移され、同郡龍田を居所とす。」とある。この記述につき合わせて考えると、慶長六年に加増された一万八〇〇〇石余は史料の「壱万八千拾四石六斗　為御代官所渡ル」に相当し、この加増分が御代官所、すなわち旧平群郡内の豊臣蔵入地から割愛されて与えられたものと思われる。そして従来の知行高、播磨・伊勢両国の領地六千三百石余が史料にみる、「三千八百九拾五石五斗　播州之替地」と「弐千四百九拾七石三斗　勢州之替地」の合計「六千三百八拾三石八斗」に相当し、これらも旧豊臣蔵入地から割愛されて与えられたものと考えられる。したがってこれらの合計「二万四千四百七石四斗」が大和平群郡内の豊臣蔵入地から割愛され、まとめて与えられて竜田藩が成立したものと思われる。なお同日には且元の弟、主膳貞隆に対しても大和添下郡内一万石余の知行が与えられているが、慶長六年正月二十八日付の知行書立では大和添下郡内で七九六六石三斗分が同じく長安・彦坂・加藤の三人連署で宛行われている。この貞隆の知行についても『寛政譜』第六によれば、「関原平治ののち東照宮より加恩の知をたまひ、大和国のうちにをいてすべて一萬石を領し、同国小泉を居所とす。」とあり、この年の加増分も合わせて大和添下郡内で一万石を与えられ、小泉藩が成立した。しかしこの一万石分の知行書立は残存せず、現存する貞隆宛の史料では前述の合計七九六九石三斗分の石高のみが判明する。この七九六九石三斗の内訳は、加増分は五七六二石で、これは且元の場合と同様に「為御代官所渡ル」とあり、大和添下郡内の豊臣蔵入地から割愛されて与えられたことが分かる。ほかに従来の知行分は「千石　美濃替地」、「千石　伊勢替地」、「弐百石　播州替地」とあり、この合計二千二百石分のみで、一万石の残り二〇三三石七斗分が別に知行書立が出されたものか不明である。

　このほか伊達政宗に在京賄料として、政宗の重臣片倉小十郎（景綱）宛に近江で五〇〇〇石を与えている。しかし豊臣系諸大名やその他の大名、さらに万石未満の領主たちに知行を宛行い、その知行割渡しにあたっては必ずしも徳川氏の代官たちだけでは行えず、豊臣秀頼の奉行衆との合議によることもあった。この事例は特に畿内とその周辺諸国など、豊臣公儀の影響力の強い地域ないし豊後のように豊臣氏の蔵入地の多い地域においてみられる。このような情況は現在判明する史料からは、第1表にみるように代官頭の大久保長安・彦坂元正と京都町奉行加藤正次の三人が行い、豊臣系大名の知行割渡（知行書立または知行目録）については豊臣秀頼の奉行衆片桐且元・小出秀政の二人が加わって、合議・連署によって行われたものと思われる。勿論片桐と小出は必ずしも両人が常に加わるとは限らず、どちらか一人が加わっている場合もあった。しかも彼ら五人ないし四人による知行割渡（知行書立または知行目録）は、これらの地域では関ヶ原合戦直後の慶長六年が中心であった。慶長六年六月以降は前述のように彦坂は逼塞・閉門となっているので加わっていない。例えば豊臣系大名分部光嘉への慶長六年三月五日付の知行目録では、

勢州安芸郡本知・御加増御知行帳

安芸郡内

一　三千四百拾六石八斗　白子村

一　千弐百六拾九石三斗三升　磯山村

（以下一七か村略）

都合弐万石

右御知行方被進之候、百姓等御仕置可被仰付候、重而御朱印申請可進之候、以上

慶長六年丑

三月六日

片桐市正　且元（花押）

小出播磨　秀政（花押）

加藤喜左衛門正次（花押）

大久保十兵衛長安（花押）
彦坂小刑部　元正（花押）
分部左京（光嘉）殿参
（「分部文書」東京大学史料編纂所影写本）

と伊勢国安芸（奄芸）郡内二万石（上野藩）を、家康の奉行や代官の長安・彦坂・加藤に片桐且元と小出秀政が加わり、五人連署によって与えている。この五人による連署はこのほか、現在のところ五月二十三日付の飯田宅次宛（近江・三〇〇石）（「飯田家文書」大阪城天守閣所蔵文書）、竹中重定宛（摂津・一六三一石）（橋本家文書『吹田市史』第六巻）の知行書立にみられる。さらに七月十日付の谷衛友宛（丹波山家藩・一万六〇〇〇石）（「旧山家藩庁記録」『京都府史蹟名勝天然記念物調査報告書』第十七冊）のものは彦坂が抜けて長安・板倉・加藤・片桐の四人によっている。

つぎに豊臣蔵入地の多かった豊後では、同年四月十六日付豊前中津藩主細川忠興への知行目録では、

御知行方目録　豊後国速見郡
村所高付等略仕候
高合九千四百七拾四石壱斗四升八合
此内三百九拾壱石壱斗八升八合　海川成共
残而八千八拾三石也　有高ニて渡ス
一拾万千九百拾七石　国東郡一円渡ス
合拾壱万石者
右御知行三拾万石為都合被進之候、重而御　朱印申請可進之候、以上
慶長六年
四月十六日　加藤喜左衛門正次判
大久保十兵衛長安判

彦坂小刑部元正判
片桐市正且元判
羽柴越中守殿参（細川忠興）

（「松井家譜四」『八代市史』近世史料編Ⅷ）

と中津藩領として、豊後国国東郡一円一〇万一九一七石と速見郡内九四七四石余の合計一一万石余を加増しており、合計三〇万石になったものである。この知行目録は長安・加藤・彦坂に片桐のみが加わった四人の連署で出している。この四人による連署はこのほか、現在のところ同日付で中川秀成（岡藩・六万六〇〇〇石）（「中川家文書」）・木下延俊（日出藩・三万石）（『日出年代史』）などの大名宛のものがみられる。このほか、臼杵藩四万石を与えられた稲葉貞通については、『寛政譜』第十によれば、貞通は慶長五年十二月に豊後海部・大野・大分三郡内で四万石を与えられ、臼杵に封ぜられている。その時の奉行人の知行書立または知行目録は残存しないが、その経緯については、同六年四月二十四日付の片桐且元から長安宛の書状（抜粋）によれば、

一書令申候、豊後御知行割之時、稲葉右京亮（貞通）父子四万石被遣候、然者彦六方（典通）へハ別紙六千石之御朱印有之、只今見候而驚入申候、然者此相違之子細右京亮御朱印ハ郡上ニ而失申候ニ付而、（中略）古帳ニハ何も四万石之外御座有間敷と存候、彼父子御朱印両通ニ無之事ニ候間、只今被得御意候儀成兼候ハんと笑止ニ存候へ共、余ニ迷惑かかり候間申入候、御機嫌を以被得御諚、可成儀候者御馳走候而可被遣候、為其令申候、恐惶謹言

卯月廿四日（慶長六年）
片桐市正且元（花押）
大十兵様人々御中

（『稲葉家譜』巻八　臼杵市立図書館所蔵）

と貞通から、慶長五年十二月に四万石の朱印状を与えられていたが、別に嫡子彦六（典通）も同五年十二月に采地六〇〇〇石の朱印状を与えられていたのに、四万石分の知行書立または知行目録しか与えられなかったことを訴えてきたので、両方の朱印状をみた且元が驚いて、この扱いについて長安に家康の裁許を仰ぐよう依頼した書状を送っている。この結果、典通の采地も認められたのか、その知行分について同年七月五日付の長安・片桐の連署状では、

豊後国大いた郡内高六千石稲葉彦六殿へ去年物成共ニ被下旨、其在所之納所分算用候て可有被渡候、為其申候、以上

慶長六　　　　　　　　　　　　片　市正

七月廿五日　　　　　　　　　　大　十兵

早川主馬頭（長政）殿まいる

（『稲葉家譜』巻八）

と豊臣蔵入地の代官であった府内城主早川長政（彼はこの時まだ改易されていなかったか）に対し、典通の知行分として大分郡内で六〇〇〇石が、去年（慶長五年）分の物成も含めて与えるので、その算用状を渡すことを命じているのである。この結果、貞通には同年六月に臼杵藩四万石領分と熊本藩（加藤清正）豊後領・佐伯藩領（毛利高政）との替地があり、藩領が一部変化したこともあって、改めて両方の知行分を含めた四万六〇〇〇石の知行宛行状が出され、恐らくこれも長安と片桐の連署による知行書立等が出されたであろう（両者とも残存していない）。このほか豊後では慶長六年九月七日付で小川左馬助（祐滋）（二万石）や来島右衛門市（長親）（一万四〇〇〇石）への知行の割渡は加藤・板倉・片桐の三人によって出されており、長安は加わっていない。この時に長安は関東から信濃方面に出ていて伏見にはいなかったようである（『近世前期政治的主要人物の居所と行動』）。同様に同年九月二十六日付毛利高政に豊後で二万石を与えた知行の割渡しは片桐単独で行っているが、この時も長安は伏見にいなかったのではなかろうか。これらの知行の割渡は豊臣氏の蔵入地を没収した分から分与したものもあったのである。このほかの豊臣蔵入地は、豊臣政権時代から行われていた豊後の大名へ預かり地の形式で代官に任命している。例えば前述の早川長政（府内藩）や毛利高政（佐伯藩）らも代官でもあったが、慶長六年四月十七日付の長安・彦坂・加藤・片桐から細川忠興の家老の松井康之宛の書状では、先の忠興に与えた速見郡内での知行地を差し引いた残り分の速見郡内一万七一六六石の豊臣蔵入地（のち徳川氏直轄領になった）の代官を松井康之に申し付けている（「松井家先祖由来附」『八代市史』近世史料編Ⅷ）。

　このように五人ないし四人の連署は豊臣・徳川の家臣ではあるが、ここでは豊臣公儀の奉行ないし代官という公的な立場で発給しており、豊臣公儀下において、その執行者の家康の権限と豊臣氏の権限との合議の下で行われたものと思

われる。しかもこれらの知行書立または知行目録では「重而　御朱印申請可進之候」と後日、朱印状を渡すとしているが、この後日とはいつであろうか、例えば慶長六年十二月廿九日付の玄旨（細川藤孝）宛の長安・伊奈・加藤の三人の連署による知行目録では、

相渡申御知行　　下山城内
一九百四拾七石六斗三升　　灰方村
一四拾七石壱斗弐升　　同　下三栖
一千五石弐斗五升　　上山城内　山田郷
一八百七拾三石七と四升　　丹波之内　物之部之内
一百六石壱斗三升四合　　同　上村
一弐拾石壱斗弐升六合　　同　又林之内
合三千石
右分御所務可被成候、御朱印重而申請可進候者也
（慶長六年）丑十二月二十九日　　大久保十兵衛判
加藤喜左衛門判
伊奈備前守判

玄旨様《細川藤孝》

（『細川家記』五）

と山城と丹波の内で三〇〇〇石の知行目録を出している。この知行目録では山城と丹波とも郡名は記載されていない。しかもこの段階では彦坂は逼塞しているので、伊奈が加わっている。これに対して翌慶長七年九月廿五日付で出された幽斎（細川藤孝）宛の家康の黒印状では、

山城国久世郡灰方村九百四拾七石六斗三升
同紀伊郡下三栖之内四拾七石壱斗弐升
同相楽郡山田村千五石弐斗五升
丹波国何鹿之郡物之部之内八百七拾三石七斗四升
同桑田郡上村百六石壱斗三升四合
又林之内弐拾石壱斗弐升六合
合三千石之事、全可被領知者也
慶長七年九月廿五日　家康公御黒印
幽斎《細川藤孝》

（『細川家記』五）

と山城と丹波とも郡名がきちんと記載された「家康公御黒印」であり、朱印状ではない。この段階では、このように知行宛行においては慶長八年二月の家康の征夷大将軍叙任までの間は豊臣公儀下では自己の家臣以外では朱印状の発給ができなかったのではないかと思われ、「重而　御朱印申請可進候」とあっても、実際には発給されることは少なく、このため家康の黒印状ないし奉行人たちの知行書立または知行目録が有効性を持っていたものと思われる。

(二) 寺社への所領割渡（書立）

寺社への所領割渡については、長安が触下として支配にあたった大和では前述のように長安が単独で書立を出してい

るが、このほかの山城や近江などでは、長安・彦坂・加藤・片桐などが連署に関わっている。慶長六年二月三日付の延暦寺宛には長安・彦坂・加藤の連署によって、

御寺領之書立　江州志賀郡内
一千五百石　上坂本
是ハ従前々御寄進　同
一七拾三石　葛川村之内
是も右同前
一三千四百弐拾七石　下坂本村之内
是ハ今度新御寄進
合五千石
右之分渡申候、全可有御寺納候、御朱印重而申請可進候、以上
慶長六年　加藤喜左衛門正次
丑二月三日　大久保十兵衛長安（花押）
彦坂小刑部元正（花押）
山門三院御寺中

（「延暦寺文書」）

と従前の所領一五七三石にこの度新たに三四二七石が加増されて、近江志賀郡内上下坂本・葛川などで合計五〇〇〇石が与えられている。ここでも「御朱印重而申請可進候」とのちに朱印状を出すとしている。同日付で左記の三人連署で近江の石山寺にも五三七石の知行（『本光国師日記』十）を出している。その後、同年七月二十五日付で山城の大山崎社（離宮八幡宮）宛には彦坂や加藤らに代わって、長安と片桐の連署で、

城州摂州之内大山崎社領分帳

一三拾八石三斗五升　　離宮八幡
一三拾石九斗七升　　八王子
（中略）
一弐石六升壱合　　津田吉左衛門尉
（中略）
都合六百六拾壱石九斗弐升
右最前御検地随打出候、只今以　御朱印被進候間、可有社納候、以上
慶長六年　　片桐市正且元（花押）
七月廿五日　　大久保十兵衛長安（花押）
大山崎惣中
（京都府大山崎町　離宮八幡宮文書）

と諸坊料（三四七石九斗七升三合）・神人料（二九八石九斗三升七合）・町人料（一四石三斗八升）などの項目で、山城と摂津の内で六六一石の社領分帳が出されているが、同じ日付で、

（上包）「山崎中」
先年山崎検地雖在之、悉返遣之上者、神供・祭礼・修造・諸寺・諸役人配当等、無懈怠可勤仕之状、如件
慶長六年七月廿五日　内大臣（家康）（花押）
（離宮八幡宮文書　中村孝也『新訂徳川家康文書の研究』下巻之一）

と家康から先年の山城検地によって召し上げられた八幡宮領を返還するので、以後、神供・祭礼・修造・諸寺・諸役人配当などを懈怠なく勤仕することを命ずる判物が出されており、これに基づいて先の社領分帳が出されているのである。同様に同日付で山城の豊国大明神宛にも御神供料・祭礼料・神宝料・修理料などのほか、吉田兼見宮司料（一〇〇〇石）・神人料・諸役人料などの項目で山城で一万石の豊国大明神社領帳が出されており、奥書で「右為社領以御朱印被成　御寄進訖」とあるが、今のところ家康の判物かは未確認である。これらの書立はいずれも長安と片桐の二人の連

署で出している。

(三) 豊臣蔵入地

つぎに豊臣蔵入地についてみると、前述のように関ヶ原合戦前にはそれまで全国で二二〇万石余の豊臣蔵入地があったが、関ヶ原合戦後豊臣秀頼には摂津・河内・和泉の三か国を中心に六五万石が与えられたのみで、その多くを没収され、それらの多くは東軍大名に分与されたり、徳川氏の一門・譜代大名領とされたほか直轄領に組み込まれた。前者では前述の大和における片桐且元・貞隆兄弟への加増地として豊臣蔵入地から与えられた例を示した。後者では近江や大和における長安の支配地としての直轄領があり、その石高は大和では慶長十年頃の支配地は一一万二五一三石余（『大和郷帳』）に上っている。

このようにして大幅に減少した豊臣蔵入地であるが、残された豊臣蔵入地の支配状況について一部であるがみていくと、豊臣氏領となった蔵入地の管理全般については、基本的には豊臣秀頼の奉行衆である片桐且元と小出秀政が行っていたようである。例えば豊後の蔵入地の代官であった佐伯藩毛利高政は関ヶ原合戦後の慶長六年九月二十三日、家康の意をうけた片桐且元より、奉書をもって豊後日田・玖珠二郡内の豊臣蔵入地の代官に任ぜられ、それを引き継いでいる（『寛政譜』第十七）。そして慶長六年九月、同七年六月には年貢勘定を伏見の片桐且元に提出している（佐伯藩史料『大分県史料』三七）。しかし家康も豊臣公儀の執政者として関与しているのである。以下にこのような事例についてみていく。まず慶長六年十月八日付で長安と片桐・小出の連署で、

以　上

□（二）為　御意申入候、御算用之儀急度可被相改旨ニ候、

一慶長三年分納払方相究候分、并未相究分も銘々ニ小請取以下被執揃、可有御上事、

一御作事方払内ニ不相立分、何も小帳可被上事、最前御算用所被上置候共、只今重而

御上元候事
(一)何も　御意之儀候間、不可有御油断候、恐々謹言
（慶長六年）
十月八日
片市正　且元（花押）
小播磨　秀政（花押）
大十兵衛　長安（花押）
末吉勘兵衛殿御宿所（利方）
（「末吉文書」東京大学史料編纂所蔵）

と摂津の豊臣蔵入地の代官末吉利方に対し、家康の御意として慶長三年分年貢算用の収支決算の小請取や小帳などの書類を急いで提出することを求めている。

ついで中世以来の湊である摂津の兵庫津（他に兵庫城も）は豊臣蔵入地であり、天正十五年の九州攻めでは兵站基地となった湊であった。関ヶ原合戦後も豊臣蔵入地であり、片桐且元が兵庫城に入り支配陣屋（片桐陣屋）を置いたという（『宝塚市史』第二巻）。慶長七年八月の「摂州矢田部郡兵庫屋地子帳　北浜控」は、豊臣蔵入地である兵庫湊の北浜分の屋地子帳であり、長安と片桐且元との連署によって作成されている。記載内容は、

湊　町

六歩	六升壱合	三郎右衛門
壱畝拾五歩	四斗五升三合	孫太夫

（中　略）

屋敷分
惣合拾町壱反九畝弐拾五歩
同分米五百石壱斗也
右如御帳面之毎歳定米ニ御運上可申候、此已前者七百石ニ御請申旨ニ候トモ、余ニ迷惑仕通見及候間、則申上候処

二弐百石被成御赦免候条、向後聊難渋仕間敷候、已上

慶長七壬寅年八月　日

片 桐 市 正 印 書判

大久保石見守 印 書判

（神戸市教育委員会『岡方文書』第一輯 第一巻）

と一軒ごとに面積に応じて屋地子が記載され、かつ町ごとに集計されており、合計八百七十七軒分の分米は五〇〇石一斗となっている。この屋地子は以前は七〇〇石であったのが、二〇〇石減額されたという。この屋地子帳は前述のように徳川氏の奉行衆長安と豊臣氏の奉行衆片桐且元によって作成されており、このことは豊臣蔵入地であっても豊臣公儀の執政家康の関与の下で徳川氏の奉行衆長安が加わって作成されたものであることを示している。これらは摂津における慶長三年の豊臣蔵入地は二一万石余であるので、その一部についてのものであり、末吉氏の年貢算用の分、および兵庫津も片桐且元や小出秀政が関わっていることから豊臣秀頼領とされた分であろうか。さらに慶長九年三月廿八日付の片桐且元が生駒一正に出した「讃州内御蔵米御勘定状事」（抜粋）によれば、

一壱万五千斛　　天正拾八年、文禄元年、同弐年、合三ケ年分、日損由御理分

右渡方

一三百九拾石　　伏見にて御普請、生駒讃岐守手前人数弐千六百人宛、三十日迄、日々壱人五合ヅツ、但犬塚平右衛門尉・大久保十兵衛尉・牧助右衛門尉印判有之

（後　略）

（「生駒宝簡集乾」『大日本史料』慶長九年三月二十八日条）

とあり、これは讃岐の生駒一正領内に設定された豊臣蔵入地について、天正十八・文禄元・同二年分の年貢米一万五〇〇〇石の収支勘定を慶長九年に報告したものである。このうち三九〇石の支出については伏見城の普請に生駒氏が動員した人夫二六〇〇人に三十日まで日々一人につき五合ずつ支払われた分であるが、この支出には徳川幕府の奉行衆長安と犬塚忠次・

牧長勝の三人があたっている。この場合も慶長三年の讃岐の豊臣蔵入地は一万三二五〇石であり、その一部であろうが、豊臣蔵入地であっても一部では徳川氏の支配が及んでいたことが窺える。

このほか豊後では森山恒雄氏によれば、慶長四年末頃の豊臣蔵入地は一九万四九〇一石（最大は国東郡の九万九九〇石）と国高の四六・五％を占めるという（『豊臣氏九州蔵入地の研究』）。慶長五年二月には丹後一国領主だった細川忠興は豊後速見・国東郡内で六万石（杵築領）（福原直尭の慶長四年十二月に没収された領地速見郡五万六三五石と大分郡湯布院領九三〇四石が一部変更があるものの、おおむねこれに当ると思われる）を加増されたが、関ヶ原合戦後の慶長五年十一月丹後を改めて豊前一国と豊後の速見・国東郡内を与えられた。慶長六年四月十六日には前述のように忠興に対し豊後国内の速見郡と国東郡内で一一万石の知行目録を長安ら先の奉行衆から与えられているが、この知行高は豊後の豊臣蔵入地から割いて与えられたものと思われる。その折、翌日の同年四月十七日付で長安・彦坂・加藤・片桐の四人連署で細川忠興の家老松井康之に宛てた書状（抜粋）によれば、

一書申入候、仍豊後国之内速見郡之残壱万七千百六拾六石余之分、御代官御給人被為付候内、其方へ当座預ヶ置候条、仕置等可被申付候、重而御用次第ニ切手差遣候、恐々謹言

（慶長六年）
四月十七日

加藤喜左衛門正次判
大久保十兵衛長安判
彦坂小刑部元正判
片桐市正且元判

松井佐渡守殿
御宿所

（「松井家先祖由来附」『八代市史』近世史料編Ⅷ）

と豊後速見郡内の豊臣蔵入地の残分一万七一六六石余の代官に松井康之を任命している。ただしこれは「当座預ケ置」であるが、仕置を行うよう伝えている。このような事例は曽根勇二氏がいわれるように、豊後佐伯藩主毛利高政が片桐

且元に提出した慶長六年九月二十六日付の「与州替地并豊後国内御知行方目録」(佐伯藩史料『大分県史料』三七巻)によると前述のように同年九月二十三日に家康の意をうけた片桐且元より奉書をもって豊後玖珠郡一万七〇〇〇石余と日田郡を合わせた二万七九〇〇石余の豊臣蔵入地の代官とされているが、それは「当座之為御蔵入」であったことと類似しており(長安は関与していないが)、ここでも家康の意向が反映されている。しかもこれは徳川方に接収される前の代官であったと考えられるとしている(曽根勇二『近世国家の形成と戦争体制』)。このように各地の豊臣蔵入地に対し家康の意向を受けた長安や加藤正次らの奉行人が関与していたのである。

以上のように、慶長五年の関ヶ原合戦後から同八年の徳川幕府成立期にかけて徳川氏の領国は東海諸国や畿内とその周辺諸国、さらに佐渡・石見などへも拡大していった。これにともない幕領もこれらの地域に設定されていったため、関東以外の幕領は東海諸国などの一部を除いて、代官頭の大久保長安が中心になって支配にあたっている。さらにそれだけでなく畿内とその周辺諸国での支配には豊臣公儀下において京都所司代の板倉勝重を中心に、近江と大和の触下に大久保長安、和泉堺政所に米津親勝(近江代官兼帯)、畿内代官に小堀正次・政一親子らを配置して、単に幕領支配だけでなく、先進経済諸都市(大坂・京都・大津・堺・宇治など)を含む、畿内その周辺諸国全体の政治的、経済的支配も案件によっては豊臣系奉行衆の片桐且元や小出秀政らと連署しつつ行っているのである。この畿内支配に大久保長安は、単に代官頭という立場だけでなく、触下として国ごとの幕領・私領を越えた広域支配にもあたる、より強い権限を与えられていた。このほか関ヶ原合戦以後の豊臣蔵入地の管理(収支)においては豊臣公儀下における執行者家康の意向の下に、豊臣系奉行衆片桐且元を中心としつつも、徳川系の奉行衆として長安や加藤正次らが関与しており、それはやがて徳川領として接収・編入されていく過程をたどったものと思われる。この背景には、幕府成立期には家康が組織的に政治を行う体制になかったため、大久保長安のような個人の能力に頼るところが大きかったためである。もちろんそれには家康の絶対的な信頼と権限付与があった。大久保長安もこのような家康の信頼に応えるだけの能力を持っていたのであった。

第六章　長安の金銀山と山林の支配

徳川幕府の鉱山からの金・銀・銅などは、幕府の初期財政にとっては、農地からの年貢米と同じように重要な収入であった。また山林も初期の江戸・駿府・名古屋・篠山などの城郭建築と城下町建設にとっては重要な資源であった。長安は時間的な差があるものの、それらすべての経営を掌握したのである。

一、金銀山支配

佐渡金山・石見銀山・生野銀山・伊豆金山などは戦国期以来稼動され、江戸幕府成立後からは幕府の直轄鉱山として一層開発・運営され、稼働していた鉱山である。これらの鉱山に関する先学の研究は枚挙にいとまがないが、これらのうち近年の研究成果を参考にしつつ、以下にこれらの鉱山に甲斐の金山も加え、長安との関わりで見ていく。

本書では村上直（『代官頭大久保長安の研究』）、村上直他編『江戸幕府石見銀山史料』、田中圭一（『佐渡金銀山の史的研究』）、山根俊久（『石見銀山に関する研究』）、仲野義文（「近世初期における石見銀山役人宗岡氏の動向と活躍について」『銀山社会の解明――近世石見銀山の経営と社会――』）、石川準吉（『生野銀山と生野代官』）、土谷紘子（「徳川政権の成立と金銀山――鉱山間における移動と交流から――」『弘前大学國史研究』一一三号）などを特に参照した。

（一）石見銀山

石見銀山は村上直氏によれば、天正十二年（一五八四）、毛利氏の帰服によって秀吉の管轄下におかれることになり、秀吉は近藤若狭守を銀山目付として下向させ、毛利氏側からは三井善兵衛が奉行として管理にあたった。これにより秀吉は石見銀山を豊臣政権の財源の一角に組み入れ、莫大な石州銀の運上の徴収を命じたという（村上氏前掲書）。慶長三年（一五九八）の石見銀山上納高は九二八二枚に上っている（「慶長三年蔵納目録」『大日本租税志』中篇所収）。しかし関ヶ原合戦後、戦後処理で石見国は毛利氏から没収されて徳川領国とされた。この段階の石見国の石高は、前述の慶長三年では一一万一七七〇石（「慶長郷帳」では一三万七三七〇石）であるが、このうち関ヶ原合戦の論功行賞として鹿足郡津和野藩領三万石が坂崎直盛に与えられたほかは、すべて徳川領国（直轄領）とされた。その内訳は南部の浜田周辺の美囊郡、那賀郡を中心に五万石と、北部の石見銀山を中心に安濃郡・仁摩郡・邑智郡などを中心に三万一〇〇〇石となっており、合計はおよそ八万一〇〇〇石余と思われる。家康は関ヶ原合戦直後の九月二十五日には早くも、

禁　制　石見国　大家村・三原村・井田村・福光村・波積村・都治村・河上村

一軍勢甲乙人等濫妨狼藉事

一放火之事

一田畠作毛苅取之事

　付竹木伐採之事

右条々堅令停止訖、若於違犯之輩者処厳科者也、仍下知如件

　（家康朱印）

　慶長五年九月廿五日

（島根県古代歴史博物館所蔵）

と那賀郡内の大家村以下七か村に三か条の禁制を出している。その内容は濫妨狼藉の禁止、放火の禁止、田畠作毛の刈取の禁止、勝手な竹木伐採の禁止などであり、これらの村々は石見銀山周辺の村々である。

そして家康は関ヶ原合戦後、直ちに代官頭の大久保長安と彦坂元正および三枝源蔵守英らを石見に派遣している。大久保・彦坂らは十一月に尾道において温泉津から来た者達の出迎えを受けて（萩藩閥閲録）、彼らの案内で石見に到着した。到着すると早速、毛利氏の銀山関係者からこれまでの銀山の産出に関する書類を提出させている。慶長五年十一月十八日付の銀山役人今井越中・宗岡弥右衛門・石田喜右衛門・吉岡隼人の連署の「子歳石見国銀山諸役銀請納書

(写)」(抜粋)の末尾によれば、

(前　略)

已　上

惣合弐万参千枚定　　　　高辻

内

一壱万千五百八拾六枚参十四匁七分

毛利殿江調分

残壱万千四百拾参枚八匁参分未進

此内

一壱万四百七十七枚弐十七匁五分

右請切ノ衆未進

一千五百五拾九枚九匁弐分

右地銭未進

以上壱万弐千参十七枚三匁七分

此内六百弐十三枚三拾八匁四分

右返上之分

但御米銀此内ニ御座候事

矣

慶長五　　　今井越中

十一月十八日　　宗岡弥右衛門

石田喜右衛門
吉岡隼人
大久保十兵衛様
彦坂小刑部様

（「吉岡家文書」『江戸幕府石見銀山史料』、以下所収は同じにつき省略）

と子歳（慶長五年）の銀の惣合計は二万三千枚であり、この内、毛利氏への上納分は一万一五八六枚余で、残り一万一四一三枚余は未進となっている。未進分の内訳は一万四七七枚余が請負った金掘衆の未進分、一五五九枚が地子銭の未進分である。この後、長安と彦坂らは伏見に戻り、状況を家康に報告している。そして改めて翌六年、石見銀山の奉行は長安が勤め、従来から石見銀山で働いていた旧毛利家臣たちを銀山の円滑な経営のために多くをそのまま採用している。登用された者たちの中には前出の今井・宗岡・石田・吉岡のほかに、駒沢勘左衛門・林六兵衛・増島外記・長野源右衛門・山本又左衛門・三島善左衛門らがいる。なかでも宗岡・吉岡の両人を長安は重用し、両名を江戸に連れて行って家康に目通りさせており、宗岡は佐渡、吉岡は出雲の官途名を与えられている。慶長六年十一月に吉岡は稼働していた伊豆の金山の見立てに派遣されている。伊豆にはこのほか三島善左衛門の一族とみられる三島惣右衛門も見立てに派遣されている。また後述のように慶長八年、長安が佐渡金山も支配し始めると、宗岡・吉岡は佐渡にも派遣され、佐渡金山経営に参加している。吉岡出雲については、宝暦五年（一七五五）十一月、子孫で石見の地役人となっていた吉岡要四郎から石見代官浅岡彦四郎胤直に提出された出雲・右近父子の「由緒書」（「吉岡家文書」）で、出雲について、

一、先祖　　　吉岡出雲

慶長六丑年大久保石見守銀山奉行之節被召抱、御切米百俵被下置、早速佐渡国金山江被遣出府之節、権現様江御目見仕金銀山見立其外御用ニ而国々江被遣候、其度々御伝馬御朱印頂戴仕、御羽織御帷子両度拝領仕在府之内者、別段拾五人扶持被下置、吉岡隼人と申候処、出雲と名を被下置并石見守ゟ石州を預り御仕置等仕候ニ付、石見守石州ニ而之知行弐万石之内五百石合力有之相勤申候処、年罷寄候ニ付奉願倅右近儀、慶長十七子年父名跡相続被仰付

候、右拝領物、御朱印御扶持方御書付并石見守ゟ五百石合力之折紙今以私所持仕候

と慶長六年に長安に召し抱えられ、切米一〇〇俵を与えられたこと、前述の江戸出府中は別に扶持米十五人扶持を与えられたこと、伊豆などへ金銀山見立てのために派遣された時には伝馬を与えられたこと、さらに長安の慶長八年石見での知行地二万石のうち五〇〇石を合力として与えられたこと、慶長十七年に息子右近が家督を継いだ時には五〇〇石の合力をそのまま与えられたことなどが記載されている。このうち江戸に出府中（逗留中）は別に十五人扶持を与えられたことは、慶長六年十一月に吉岡隼人に出された手形によれば、

其方爰許逗留中、十五人扶持被下候間、弥入精、銀山見立可被申候、松下善一之切手者、別紙ニ遣候、以上

丑（慶長六）
霜月廿一日
伊　備前（黒印）
長　七左（黒印）
大　十兵（黒印）
吉岡隼人殿まいる
（「吉岡家文書」）

と長安や伊奈忠次、長谷川長綱ら代官頭の連署から分かる。さらに「由緒書」にあるように、知行地五〇〇石が長安の石見国の知行地二万石の内から与えられとされているが、これについては、

以　上

於石見国弐万石拝領之内五百石、為其方知行出置候、存此旨弥以可有奉公候、仍如件

慶長八年
大久保十兵衛
七月晦日
信安（花押）
吉岡出雲殿まいる
（「吉岡家文書」）

と慶長八年七月晦日に五〇〇石の手形が大久保信安から与えられている。しかしこの手形には長安でなく「信安」とある。『石見国名跡考』に「大久保長安は、初名を信安と云ひ、大和国人」と長安の初名としているが、この史料は二次

史料であるため信憑性に乏しい、さらに長安の花押はこれまで二種類みられるが、そのどれとも一致しない花押であること、さらに手形の内容が「由緒書」の記述に合わせたような内容と思われることなどから、この手形は検討の余地がある。また長安の知行地が石見国で二万石とあるが、同様に石見銀山役人が提出した「銀山附役人同心勤方口上覚」(山中のぶ家文書)にも「大久保十兵衛殿、慶長六丑年石州并諸国金銀山奉行被仰付、石見国弐万石拝領」とあるが、『当代記』では佐渡で二万石宛行となっていることから、佐渡か石見か検討する必要があろう。しかし出雲が石見で五〇〇石を与えられたことは、前述のように同じ石見の代官出身の宗岡佐渡が佐渡において七〇〇石を与えられたことを考えると事実と思われる。

石見ではこのほか後述のように地役人がたくさんおり、実際の銀山の運営にあたっている。同時に長安は配下の者たちも石見に連れてきており、彼らと協力して銀山の経営および地方支配を行っている。長安に従って来た者には竹村源兵衛(道清)・三枝源蔵(守英)・河井小右衛門・岩佐才右衛門・山浦吉左衛門・安部彦兵衛・鷹野(高野)喜兵衛(了喜)らがいる。なかでも竹村源兵衛(道清)は長安死後、石見銀山奉行として銀山の経営を引き継いでいる。また鷹野(高野)喜兵衛了喜は武田旧臣で天正十一年には家康から二五貫文を与えられており、その後、長安に従って石見に赴き、銀山経営に当たっている。石見銀山経営および地方支配における彼らの役割分担については、慶長十年(一六〇五)十月廿五日付の史料であるが、石見銀山における旧毛利氏家臣と長安の配下の者たちを含めた役人たちの諸役分担を決めている(傍線は長安配下)。そのうち主要な役職は、地方担当は竹村・河井、諸役の担当(総務担当)は玄斎・岩佐、闕所地の担当は安部・山浦、城普請は駒沢勘左衛門・増島外記・竹村、佐渡より来る鏈担当は宗岡弥右衛門(佐渡)・今井宗玄・林六兵衛、石州より佐渡への鏈担当は吉岡右近(隼人子)・林、他国より用所担当は増島・駒沢・今井、盗賊喧嘩火付徳買担当は増島・今井・吉岡・宗岡・駒沢、万銀子受取人および毎日の日帳改担当は玄斎・河井・安部、切米并扶持方は玄斎・河井・安部、国中竹木奉行および国中舟奉行は今井・山浦、国中にてくろがねかい(鉄買)担当は今井・増島・吉岡・宗岡・駒沢の五人である。このように地方・城普請・切米并扶持方など、役職によっては旧毛利氏家臣と長安配下とを組み合わせてそれぞれの合議によって支配にあたらせている。しかし佐渡より来る鏈、石州より佐渡への鏈担当、万銀子受取人および毎日の日帳改など銀山の専門的な部署は従来から担当していた旧毛利氏家臣に任せている。ただしこのうち三枝・増島・岡作兵衛らは、慶長八年頃と思われる、九月廿四日付の、長安から石見の宗岡・吉岡右近・今井の三人に宛てた書状（抜粋）では、

一今度石州子丑両年御勘定出入ニ付而、三枝源蔵・増左近・岡作兵衛、佐和山迄御供申候そせう（訴訟）申上候、依之増島ハ佐和山へ御預、源蔵ハ濃州加納城へ御預、作兵衛ハ伊勢桑名へ被成御預候事

（「宗岡家旧蔵文書」阿部家文書）

と石見の子・丑（慶長五・六年）の年貢米の売値の違いによる勘定出入で三枝・増島・岡の三人が佐和山へ訴訟に及んだ。この結果は長安の介入で三枝・増島・岡の三人は処罰され、三枝は佐和山藩（井伊直政）へ、増島は加納藩（奥平信昌）へ、岡は桑名藩（本多忠勝）へそれぞれお預けとなった。このように長安配下の三枝と旧毛利氏家臣の増島・岡は失脚している。三枝はその後、慶長年間に近江代官に復帰している。

ついで長安は石見における支配の拠点を、毛利氏時代の山吹城大手の麓の吉迫の「休役所」を陣屋に置き、ここで執務にあたっている。吉迫については辰年（慶長九年）二月の宗岡弥右衛門・吉岡隼人ら旧毛利氏家臣五人から長安の下代で吉迫にいる河（川）井小右衛門宛の「覚」（抜粋）に、

覚　千石夫之割

一　三人

右者山吹之御城普請之御用ニて、三月五日ニ至山吹、被指出御城御番衆へ御引渡可有之道具ハ、鍬・かま・ゐかま・もっこ可有御持候、右之日限無相違様可被指出者也

（慶長九年）
辰二月廿四日

宗岡弥右衛門

吉岡隼人

（他三人省略）

河井小右衛門殿

（「高橋家文書」『江戸幕府石見銀山史料』）

と山吹城普請のため千石につき三人の人足を徴発し、日限は不明であるが、鍬や鎌・柄鎌・畚（もっこ）その他の道具を持参させて山吹城に向かわせることを指示している。このように一時的に陣屋とした「休役所」を本格的に普請することになったのであり、翌十年に完了している。この「休役所」側に「御文庫」と呼ぶ銀蔵があった。この銀蔵の番も同時に行っており、同じく慶長九年九月二十五日付の長安の「覚」（抜粋）には、

銀子拾貫目調候者、箱ニ入、駒沢勘左衛門ニよしさこ御文庫ニ入御番之義者おの〳〵隣番（輪番）ニ可致候

（「吉岡家文書」）

と駒沢勘左衛門に対して、銀子一〇貫目を箱に入れて吉迫の御文庫に納め、五組の御番衆に輪番にて守備するよう命じている。なおこの時、同時に小倉藩主長岡越中（細川忠興）から購入した米を吉迫御蔵に早々に納めることも命じており、石見銀山の飯米を近くの小倉藩からも購入し、吉迫の米蔵に納めている。吉迫には米蔵もあり、銀蔵などとともに吉迫の「休役所」が長安の陣屋であったことが窺える。さらに大谷にも御蔵があったようであり、

上ケ申福光御米之事

合六俵者　但四斗弐升入

右者銀山大谷御蔵入申所、如件

慶長七ﾖノ七月十一日

喜九郎右代

喜孫左衛門　黒印

貴志五郎介様

山下又次郎様

（『石見銀山遺跡総合調査報告書』第一冊、「遺跡の概要」）

と慶長七年七月、銀山付の仁摩郡福光村（温泉津近く）の喜九郎右衛門の名代喜孫左衛門から米六俵を大谷の米蔵に納

入する際の手形である。さらに受取人の貴志五郎介は代官頭彦坂元正の下代であり、山下又次郎は大久保長安の下代（拙著『徳川幕府成立過程の基礎的研究』）であるので、慶長五年十一月に長安と彦坂が石見銀山を受け取ったが、翌年長安が銀山奉行となった後も長安の下代のほか、彦坂の下代も銀山の支配にあたっていたことが判明する。差出人の喜九郎右衛門は毛利氏時代以来の銀山役人であるという。しかし一方で慶長七年十月廿六日付長安の、宗岡弥右衛門・吉岡隼人・今井宗玄宛の「覚」（吉岡家文書）では、「大森普請之事、各談合候て代官所寄合、正・二月隙之透ニ普請被仰付可給事」とあり、現在の代官所跡がある大森の町普請について三人でよく相談して、来慶長八年正月か二月頃に大森の普請を指示している。したがって大森にも何らかの役所があったことが窺え、長安は吉迫陣屋を銀山支配の拠点施設として維持しつつも、石見国幕領全体の支配を見据えて立地のよい大森を整備し、まずは地方支配を専管とする役所を置いていたのではないかと考えられる。つまり毛利氏時代と異なり、長安の場合は銀山支配も重要であるが、石見に設定されている直轄領の支配も重要であったため、その両者を行う上で、銀山支配のためには吉迫陣屋を、直轄領支配のためには大森陣屋を置いたのではないだろうか。さらに理由としては、後述のように、慶長七年から十年にかけて石見の惣検地や地方支配のために諸役人が多く集められており、彼らの屋敷地の確保のためにもある程度広い場所が必要とされ、吉迫だけでは十分でないため、銀山川の流域の広い場所が確保できる大森地区が選ばれたものと思われる。仲野氏によれば、この大森陣屋は、慶長十二年頃と思われる年欠九月晦日の銀山役人の高野（鷹野）了喜から今井・宗岡と吉岡右近（隼人子）の三人宛の書状（抜粋）（高野了喜書状）には、「尚々各御伝衆御宿之儀、大森ニ而被仰付候哉、此方ゟ書立進之候、届申候哉、御油断有間敷候」と御伝衆（御手伝衆か）の宿が大森か否かを尋ねていることから、大森に宿舎があったことが窺え、ある程度は町場が形成されていた可能性がある。なお現在の大森陣屋が本格的に機能し始めるのは竹村道清代官の時からと思われる。これらを含め長安は、石見に来てこの陣屋を利用している。銀山町は大谷・栃畑谷・昆布山・休谷・下河原・石銀（本谷含む）の六地区からなり、これを通常「銀山六谷」と称し、最盛期には「石銀千軒」といわれたという（仲野義文『銀山社会の解明』）。

長安は、石見には慶長五、七、八、九、十、十二年の六回ほど来ていると思われるが（『近世前期政治的主要人物の居所と行動』）、長安が佐渡や石見に行く時は、

慶長六年辛丑年より今年迄十三年間、佐渡国・石見国諸国金山へ、年中に一度宛上下、路次中の行儀夥事也、召遣之上郎女房七八十人、其次合二百五十人、同道ノ間、泊々ノ宿、何も代官所成ければ、家々思様に作並たり、其外伝馬人足已下、幾等と云不知数、毎度上下如此、偏如天人、更凡夫の非所及、就之、諸国下民同町人、その費不可勝計、又其泊々朝夕食事、同其町の者務之、たゝ為迷惑する。

（『当代記』慶長十八年五月の頃）

石見銀山・大森代官所

と、佐渡への渡海の様子は後述の「佐渡金山」の項で触れるように、一一〇人を引き連れて行ったといわれるが、石見へ行く時も同様に召使いの上郎や女房など七、八〇人を含め、合計「二百五十人」ほどを連れて行っているのである。しかもその道中の伝馬人足や宿泊の宿への負担なども莫大なものであったことが窺える。

石見銀山の経営では長安は、毛利氏による特定の職業集団（組・座）を基にした運上請負体制を止め、全ての山を御直山とし、個々の山師を陣屋が直接統括支配した。さらに山師の間歩の経営を応援し、有望な間歩には公費による開発を積極的に進めた。また坑道が深くなり、気絶え（酸欠）や湧水により山稼ぎが不自由になると、公費で横相を開いて山稼ぎを行わせるなどしている（仲野氏前掲書）。石見の有力山師としては安原十兵衛因繁（知種）がおり、彼も長安に重用され、慶長八年八月朔日、江戸に連れて行かれて家康に目通りし、備中の官途名を与えられている。また彼は「貞享書上」（国立公文書館）によれば、毎年運上銀三六〇〇貫、一〇〇〇貫、二〇〇〇貫を献上したという。

『銀山旧記』（国文学研究資料館所蔵）によれば、「石見銀山のうち優秀な銀を採掘したのは仙ノ山（銀峯山）であり、高さ三百間の大山に、数多の鉉筋、東西に行渡り候を心懸、所々より間歩を開き相稼、夥敷得盛」とあり、この付近一帯を「石銀」と称したという。その南麓の本谷および昆布山から多くの銀を採掘したが、次第に清水谷・大谷・栃畑谷にも間歩が開かれ、これら一体を銀山と称し、その総廻りは約二里余に及んだという（仲野氏前掲書）。大久保間歩も本谷にある。

銀山の経営にあたっては、前出の慶長七年十月廿六日付の長安から銀山役人の宗岡弥右衛門・吉岡隼人・今井宗玄宛の「覚」（抜粋）によれば、

覚

一　こくい（極印）うち候所へも入念申候、切々極可有事
一　山出入之儀注進之事ハ手前きりに書付上ケ可被申事
一　銀子人足不入事ニつかい候ハぬやうに才覚肝要候事
一　銀山并在々申事無油断立合極可被申事
一　万事御用之儀者日を定寄合、万事極可有事
一　石州中ノ御蔵入之米うりきり候ハヽ、早々可申上事
一　諸事用所之儀者、ふた人判を以可申越候間、其意得可有候事
一　能鏈出来候ハヽ、心見を吹候て、銀をハ此方ニ置、何匁吹いたし候て可仰給事
一　何れノ代官手前たりといふ共仕置之儀者、各談合ニて可被申付事

（「吉岡家文書」）

とある。産出銀の極印打ちを入念に行うこと、山出入を注進する時は手前切りに書付を上げて申すこと、銀山の人足はいらざることに使わないように才覚を持って行うことが肝要であること、銀山ならびに村方の仕置には宗岡・吉岡・今井の三人が立合の上あたること、その仕置にあたっては日を定めて寄合うこと、諸事につき長安に用事がある時は三人

のうち二人の連判の書状にて申越すこと、よい鏈が見つかった時は試しに吹いてその吹き具合を知らせること、鉱山の仕置関係や各自が支配する代官所の仕置も三人が相談して行うことなどが記されている。加えて、石見中の御蔵米が売切れてなくなった時には早々に申越すこと、銀山人足のための飯米の提供も三人が相談して行うとするなど、地方支配に至るまで、彼ら三人を中心に支配する体制を取っていることが窺える。

石見銀山の盛況については『当代記』によると、慶長七年の項に「石見国金山も倍増して四五千貫目被納、是も先代森（毛利）輝元の時ハ僅の義也」とある。また同十年三月十七日付の安原備中因繁（知種）の自筆自伝にも、「頓而御山繁昌シ、依之自分ニ召使フ者及千余人、国々にと群集スル事弐十萬余、谷々銀鏈充満、而六谷窕超過日比、屋作家風尋常ニ而、仏閣甍ヲ雙へ、六時之鐘ヲ鳴シ、或ハ大鼓打テ、昼夜賑事、不異京堺」とあり、長安の代になって銀山が盛んになっている。さらに慶長十二、三年頃に長安の下代で佐渡に在住の岩下惣太夫・草間内記から、駿府の戸田藤左衛門隆重宛の書状（抜粋）によれば、

小野道（尾道）より両三度之御書、霜月十二日ニ拝見仕候所ニ、石州銀山五拾年此かたニ無、盛申候由被仰付候て我等まて大慶ニ奉存候　（川上家文書『佐渡相川の歴史』資料集三）

とあり、銀山の盛況は同じ頃の岩下らの書状にも「石州銀山盛申候、又、御運上銀三百貫目おの道迄参候由、扨々目出度奉存候」とある。さらに同じ頃、「殊に石見銀山、伊豆銀山盛申候由、目出度奉存候」（同上）と石見銀山の盛況が次々と報告されている。これら銀山の盛況の中でも特に安原備中因繁（知種）の活躍は、安原が開いた本谷にある釜屋間歩（安原間歩とも）では、産出した銀の運上は『銀山旧記』（国文学研究資料館所蔵）によれば、「運上銀、一ケ年に三千六百貫目也、御奉行石見守殿、此旨をは上へ奏達有ければ、御感ましまし、頓て安原を召れけり」と同じ本谷にある大久保間歩とともに、一年に三六〇〇貫目と最大級の産出量であったという（村上氏前掲書）。このことを長安から聞いた家康は前述のように安原を召し出したので、安原は一間四面の洲浜に銀製の石を蓬萊のかたちに積みあげ、車で曳いて献上したという（『銀山旧記』）。

このように大量に産出した銀は、毛利氏時代の大森の外湊温泉津から船によって搬出するルートから、次第に、大森銀山から陸路で中国山地を越えて尾道に出て、ここから瀬戸内海を海路船で輸送するルートに変更されていく。このように栄えた石見銀山には盛況を聞きつけて全国から多数の人々がやってきたため、多くの家が建ち並んだ。その様子は『銀山旧記』によれば、「此年頃（慶長八年）石州の銀山に諸国の者あつまり来たり。山中の繁昌大方ならず。京堺にもおとらぬ都会なり」という状況であった。また『石見国銀山要集』（『石見銀山史料叢書』一）によれば、

慶長七年に、御奉行大久保重兵衛様、御社頭五拾石御寄附、同八年の春、銀山大火、今の大横相ら、米かみ岩の所迄、三千軒余焼失す、社頭も類焼致し、重兵衛様再建也

とあり、慶長八年に大森町が大火になって「三千軒」が焼失したという。三千という数字をそのまま信用することはできないが、かなりの家が建ち並んでいたと思われる。なお慶長期から寛永年間の銀山の最盛期には延べ二十万人、一日米一五〇〇石を費やしたといわれる（『銀山旧記』）。

この石見銀山は一五世紀後半には一か年で数百貫目ほどであったが、長安が支配してからは慶長七年に、前述のように「石見国金（銀）山も倍増して四・五千貫被納、是も先代森（毛利）輝元の時は僅の義也」（『当代記』）といわれ、また山師安原備中因繁（知種）の書上げでも慶長年間、「御山盛、御運上金壱ケ年三千六百貫目宛、三年差上、其以後も千貫目宛数年差上候」（「石見国銀山文書」国立公文書館所蔵）という状況であった。小葉田淳氏によれば、石見銀山の産出銀は慶長七年には年間四〇〇〇貫（約一・三五トン）であったが、一五世紀から一六世紀にかけての日本の銀は、世界の銀生産の三分一近い産出量であったという（小葉田氏前掲書）。

このような石見銀山における産出銀量の増加は、長安が導入した「水銀ながし」（水銀アマルガム法）の導入に拠るところが大きい。慶長十二年（一六〇七）三月六日付の、長安より林六兵衛ら銀山役人宛の「覚」によれば、

（前　欠）

諸口屋ふきや水かねなかし無油断見廻候而様子可申付事、当年ハ其国之山一かと能□有由年幾ニも古にも□間能々

精に入可申付事、□方よりめつけ申候ハ、昼夜無油断諸まふへ参候由ニ候、乍去長野源左衛門ハ余人よりも年寄候間、折々見廻候而身を可致養生候事、以上

（慶長十二年）三月六日　石見守（花押）

林　六　兵　衛　殿
長野源左衛門殿
山本又左衛門殿

（「長野家文書」石見銀山歴史文献調査団編『石見銀山』所収）

と諸間歩の吹屋の「水かねなかし」（水銀流し）を油断なく見廻りをするよう指示しているのである。このように石見銀山の産出量の増加について、慶長十二年六月九日付の長安から吉岡右近宛の「覚」（抜粋）によれば、

一其元山弥盛候由祝着候事
一吹屋も弥繁昌候由是又尤候事
一宅野殊外繁昌候由是又本望候、弥能様見斗丹後談合候而可申付事

（「吉岡家文書」）

と石見銀山各地の山（間歩）が盛りとなっていることを本望と喜んでおり、これからもよく見計らい竹村丹後守道清とよく相談して申し付けることを命じている。また有力な銀山付役人の高野了喜に対しても、九月八日（慶長十二年か）付の長安からの「覚」で「此中ハ其元の山も能成候由、大慶候事」（「石見国銀山文書」）と盛りを喜んでいる。この「水銀流し」の技術はこれまでの灰吹法より簡単で費用も安価なため、長安は石見のほか、佐渡や伊豆の鉱山でも導入して産出銀量を増加させているのである。

長安は、繁栄している銀山を支えるための諸物資を調達する村々を「銀山御囲村」として銀山周辺に設定している。これは『銀山要集』（国文学研究資料館所蔵）によれば、「銀山稼方吹方差支無之ため山御囲村と唱、往古ゟ仁摩郡・邑智郡・安濃郡右郡にて三拾弐ケ村ゟ留木焼木渡木入用次第差出」（文化十三年、大賀吉茹識、大田市大森町　上野氏蔵）とあり、江面龍雄氏によれば、銀山の稼方、吹方に差し支えないように留木、焼木、渡木などを入用次第に差し出すた

めの村を、仁摩・邑智・安濃三郡にて三二か村を指定したという。そしてこれらの村は木材ばかりでなく縄や叺、そのほか銀山稼方にとって必要な資材の供出も義務づけられていたという。しかしこれらの村が近世初頭から設定されていたわけではなく、当初は、前出の慶長九年九月廿五日付の長安より吉岡右近宛書状の第一条によれば、「一　近郷可改山候事」とあるように、指定された村数は不明であるが、銀山吹方のために木材を提供する山を改めるよう指示している。このようにして木材の確保がなされていたのである（「吉岡家文書」）。

石見銀山から産出する銀の、江戸や駿府への輸送には温泉津港からの船による場合と、大森から中国山地を越えて尾道へ陸路運び出し、尾道から瀬戸内海を船で大坂へ輸送する場合とがあった。積出港としては大森からもっとも近い温泉津港があり、同時に銀山で必要とする諸物資はこの温泉津港に運ばれてくるのである。長安は慶長八年五月、温泉津に対し、

禁　制

一喧嘩口論之事

一狼藉人之事

　付　竹木

一悪口高声之事

右条々於違輩者、可処厳科者也、仍如件

慶長八年五月十四日　　十兵衛（花押）

（温泉津町　恵珖寺文書）

のように、喧嘩口論、狼藉、悪口高声、竹木伐採などの禁制（口絵参照）を出して港町の治安維持を図っている。また慶長十年十月廿六日には、

当銀山并温泉津、地銭ゑいたいしゃめんせしめ訖、此旨を以、弥家ふしんいたし、こころやすく居住すへき者也

慶長十年十月廿六日　　大久保石見守（花押）

（島根県大田市温泉津町　多田家文書）

と銀山町と温泉津に対して永代地子銭赦免の制札を出し、いよいよ家作を行って居住することを奨励している。同じく小浜村に対しても、長安が同村の屋敷並びに波路裏町屋敷を合わせ、二町三反四畝廿四歩を免除している（重田家文書『江戸幕府石見銀山史料』）。さらに銀山の人口が増加すると諸国から多くの船が入津している。なお陸路の輸送では、慶長十年九月廿六日の長安より今井宗玄・吉岡右近・宗岡弥右衛門宛の書状（抜粋）の中に、

一人馬不足ニ候ハヽ、尾道・高（甲）山・三吉（次）ニてハ借可申候、いつも赤名ニて手ヲつき（継）申候間、だちんを得候ても越可申候事

（「吉岡家文書」島根県文化財課所蔵）

と、人馬が不足している時は尾道・甲山・三次で馬継の馬を借りることを指示している。

このように繁栄している石見銀山の産出高については、長安の時代の史料や記録はほとんど残存していないため不明であるが、唯一、慶長十七年（一六一二）十月の勘定目録が残存している。これを紹介すると、

石州戌亥年銅御勘定之事

一　銅三万五五百斤　　戌年分
　　此目四千八百八拾貫目　　但壱斤ニ付百六十目宛
一　銅三万三百拾六斤　　亥年分
　　此目四千八百拾貫四百八拾目　　右同断
合九千七百三拾貫四百八拾目
　　右渡分
銅千百八拾貫四百八拾目　　酉年運上
去六月廿日
銅三千貫目　　中村主殿助札
　是ハ大坂へ届、鈴木又右衛門ニ渡

子八月十八日

銅三千貫目　　　　　柴田五兵衛・中村木工右衛門札

銅弐千五百五拾貫目　　　　　同人札

合九千七百三拾貫四百八拾目

右分御勘定相究、渡方御證文預り申候、自然相違之儀も候ハヽ、重而仕なをし可申候、以上

壬子（慶長十七年）

十月廿二日　　　　　石見守判

竹村丹後殿（道清）

（「紀伊国古文書」国文学研究資料館所蔵）

というもので、戌亥（慶長十五、六年）両年の産出銅の勘定目録であり、長安から竹村道清に対して出したものである。戌年分は三万五〇〇〇斤で、一斤あたり一六〇目として此目四八八〇貫目、亥年分は三万三一六斤、同じ基準で此目四八一〇目で、両年の合計は九七三〇貫余となっている。この内訳は一一八〇目が一年前の酉年（慶長十四年）の運上としている。また慶長十七年六月に三〇〇〇貫目は中村主殿助の扱いで大坂の銅吹所へ届け、鈴木又右衛門に渡し、子（慶長十七年）八月に三〇〇〇貫目と二五五〇貫目は柴田五兵衛・中村主殿助の扱いとされているが、これも大坂に届けられたものであろうか。以上、慶長十七年仕上げの勘定目録であるが、慶長十四年から十七年までの間の勘定となっており、これらの産出銀はある期間は長安の手元にあったようである。このことから石見銀の産出高についての勘定目録の存在も考えられるが、それがないので慶長十七年の勘定全体は不明であるのは残念である。

　近世初期の銀山の繁栄の中でも、決して常時、高い生産を維持していたわけではなく、坑道が深くなり、気絶えや湧水によって生産できなくなった時期もあった。慶長十二年八月五日付の長安より林六兵衛・三島善左衛門・山本又左衛門宛の「覚」（抜粋）によれば、

一坂根谷大横相如早□鏈上候由尤候事

一柑子谷ゟ大谷へ切候横相被入精候故、はか参候而、様子披見弥可入精事

一竪穴ときれ候所横相切候得ハ、鏈出来候由尤候事

（「吉岡家文書」）

と長安が各谷で横相を精を入れて開削させたことにより、鏈の産出が上昇したために長安が喜んでいる様子が窺える。

このように銀山経営のために銀山の飯米や切米、扶持米を確保し、領内の生産力を掌握するため、農村支配と民政にも力を注いでいる。仲野義文氏によれば長安は領内の生産力を掌握するべく、慶長七年から十年にかけて那賀・邑智・美濃郡では長安配下の奈良代官中坊秀祐や近江代官猪狩太郎助光治・平岡岡右衛門道成・竹村源兵衛道清・藤林市兵衛宗政（大和代官）・川井小右衛門政忠、千村平右衛門良重（伊那代官）ら各地の代官が動員されて銀山付の村々の検地を行っており、仁摩郡は慶長八年から同十一年にかけて川井小右衛門政忠・吉岡右近・駒沢勘右衛門・安部彦兵衛らの代官があたり、幕領の総検地（地詰）を実施している。現在、那賀郡都治之内黒松分・邑智郡湯谷村・潮村・浜原村ほか、美濃郡木部村・都茂村ほか、仁摩郡温泉津村・宅野村ほかなど多数の検地帳（地詰帳）が残存するところから、幕領全域に実施したものと思われる（「石見銀山における大久保長安の業績とその影響」大久保長安四〇〇年記念シンポジウム報告）。このほか銀山の金掘たちの屋敷の検地も行われた。これらの検地では前述のように石見在住の代官や下代、検地のために一時的に派遣された代官たちによって実施された。慶長七年九月の美濃部都茂村の検地では、代官平岡岡右衛門道成や前島二郎右衛門が行っている。また同八年八月の安濃郡大田村の北八幡領の検地は、石橋宮内介・長井勝右衛門ら四人の長安の下代が行っている。さらに慶長九年九月の長安より吉岡右近宛書状（抜粋）によれば、

一　石州惣国絵図三通仕、郡切之高を付、惣つゝりを仕上可申事

（「吉岡家文書」）

とこの検地の結果を受けて、吉岡右近に石見一国の国絵図（下絵図）の作成を命じ、それも郡切に村高を付けたものの作成を命じている。また惣つゝり（一国郷帳の下帳か）の作成も命じている。この石見国絵図、郷帳の作成は川村博忠氏らが提示された徳川幕府最初の慶長国絵図、郷帳の作成の一環であろう（川村博忠『江戸幕府撰国絵図の研究』）。この慶長の国絵図は三通で、郷帳も三通であるのでこれにも符合するし、国絵図は郡単位の田畑高を記入するとあること

にも符合する。従来、この石見の国絵図および郷帳の作成については、石見でも原本や写しなどは残されていないため不明な点が多いが、大久保長安が中心になって作成したことが裏付けられた。これに対し、地方支配および年貢収取の方は寛永元年（一六二四）七月の将軍秀忠より石見銀山奉行の竹村丹後守道清宛に、

石見国

石見国之内代官所、従慶長十五年戌年、元和八戌年迄十三ヶ年分、銀山共所務事、右皆済也

寛永元年甲子七月

（御黒印）

竹村丹後《（道清）》とのへ

（竹村小平太嘉邦書上『記録御用所本古文書』七七〇号）

のように石見国の慶長十五年から元和八年までの一三年間の年貢勘定に対するもので、秀忠の請取状が出されているところから、慶長十年代後半からは竹村道清が実質的に石見国幕領の地方支配および年貢勘定を担当していたものと思われる。これに対し長安の死去直前の慶長十八年四月廿一日付の、長安の遺書ともいうべき藤堂高虎宛「覚」（抜粋）には、石見国に関しては、

一石見銀山并地かた米売銀共に寅卯辰巳午未六ケ年分御勘定者、酉年仕上御皆済被下候事

一同所申酉戌亥四ケ年分御勘定候、子年仕上、御皆済被下候

一同所子年よりハ江戸将軍様へ被進候間、御運上江戸へ納申候、其内くさりにて残有之分ハ我等相果候共、彼地物主として指置候、竹村丹後御勘定仕上可申候事

（「紀伊国古文書」三九〇文書　国立公文書館所蔵）

とあり、これによれば銀山ならびに地方米売銀ともに寅（慶長七年）から未（同十二年）までの六か年分の勘定は酉年（同十四年）に皆済したこと、同じく申（同十三年）から亥（同十六年）までの四か年分の勘定は子年（同十七年）に仕上げて皆済済みであるとしている。さらに子年（同十七年）からは運上を江戸の将軍（秀忠）へ納めることになっているが、このうちくさり（鏈）の状態で残っている分は、自分が死去した後でも竹村道清が勘定を仕上げるとしてい

る。この「覚」では、慶長十三年から十六年までをひとくくりにして勘定をしていて、子年（同十七年）以降を別にし、この分は将軍に直接上納するということになっている。この点、先の秀忠の年貢皆済状では慶長十五年からの分が秀忠に上納されているのである。この相違については検討課題としたい。

このほか長安支配時代の直轄地では、慶長七年七月廿八日付の長安から吉岡隼人宛に、

覚

一高七百九石八斗余　邑智郡之内川下
一高千五拾九石弐斗四升余　同　出羽
一高千四百五拾七石四斗七升余　同　井原
一高三百三拾弐石壱斗壱升余　同　戸河内
一高四百弐拾九石四斗余　同　阿須那
一高弐百三拾八石弐斗弐升余　仁万郡之内たくの村
一高百九拾壱石四斗三升余　同　萩の原

合四千四百拾七石七斗也

右之分為代官所相渡候而、無非分様ニ御年貢納方可被申付候、出入候間、重而可申付候、
以上

慶長七

七月廿八日　大久保十兵衛（印判・花押）

吉岡隼人殿まいる

（「吉岡家文書」）

のように、大森周辺の仁摩郡および邑智郡で四四一七石余の代官支配地を預けられ、その年貢納方も申し付けられている。このほか天保十三年（一八四二）の銀山付地役人の「由緒書」（山中のぶ家文書）のうち、沢井氏の書上には先祖

沢井紹簡について、慶長七年「銀山奉行大久保石見守支配之節被召抱、益田料五万石郡代被仰付、御切米百五拾俵被下置、益田郡役所相勤」とあり、石見南部の幕領は益田に支配所が置かれ、五万石（益田領）の支配に沢井紹簡が郡代として切米一五〇俵を与えられて、支配所に勤仕しているのである。なお吉岡は前述のように、恐らく慶長十年代後半からは鉱山の経営に集中し、地方は竹村道清が中心となっていたものと思われる。さらに慶長十八年前後の長安支配の末期においては、長安が中風にかかって支配がおぼつかなくなったのか、同十七年九月に老中酒井忠勝や勘定頭伊丹康勝たちから竹村道清に対し、石見銀山と地方仕置について書上げさせてまとめた「石見国銀山并地方御仕置覚」（抜粋）によると、

一地方納米払方事
　是ハ丹後差図を以、払方仕有米之儀、御横目衆へ丹後立会改可申事
一山かしの事
　是ハ丑極月於相州中原土大炊之助・伊喜之助、大御所様御意候得ハ、如前々かし可申旨被仰付候事
一同諸代官未進仕候究之事
　是ハ早速調候様催促可被致候、若於油断者丹後可為曲事
一人足扶持方之事
　是ハ入目様子ニ而御勘定ニ可立、大概之義ハ板倉伊賀守殿迄断、飛脚ニ而被申越、伊州ゟ駿府迄申上候様可申定事
一買米之事
　是ハ利分上候ハヽ、前々のことくたるへき也、但御横目衆可有相談事
一ふきやの事
　是ハ御損徳致分別、丹後次第之事

（「吉岡家文書」）

のように、地方納米払方以下様々な職務について竹村道清の裁量と責任によるものが中心であるが、山かし（山師などへの資金貸付か）は丑（慶長六年）十二月、相模の中原御殿で土井利勝と伊丹康勝が家康の許可を得ているので、貸付を許可するというものや、人足扶持のように入用を調べて勘定に立てておき、これを伏見の板倉勝重まで飛脚によって知らせてくること、これを勝重より駿府の家康に申し上げる、という内容である。これは長安が中風であり、支配にあたれないため、京都所司代である板倉勝重の支配をうけたものであろうが、その背後には駿府の家康がひかえていたものと思われる。このことは、慶長十八年四月の長安死後の贓財と不正摘発の伏線となっているのではなかろうか。なお竹村道清が行った寛永六年の検地では、石見銀山領は本新田畑惣高は四万八三二五石余であった。

石見銀山の地役人は慶長五年十月、大久保長安と彦坂元正とが石見銀山の請け取りに来た時に今井越中ほか多くの毛利氏旧臣を代官ないし地下人として登用している。その後、前述のように慶長六年、大久保長安が本格的に石見銀山の経営にあたるのに際し、多くの配下の者を率き連れて来訪している。前述のように慶長十年の史料によれば、石見の毛利氏旧臣と長安が率き連れてきた者たちとをそれぞれの役職に同役として配置することにより、銀山経営と地方支配の円滑化を図っている。これら石見の地役人はおおむね三〇人ほどいたといわれ、彼らは侍分（御家人格）であった。このほか、これを補佐する侍同心が三〇人前後おり、その下に中間として二〇人余がいた（渡吉正「石見銀山御料大森代官所遺跡と天保十二年の両陣内麁絵図」『日本海地域史研究』第十輯）。これらの役職としては、銀山方役所では組頭・御銀蔵掛・山方掛・運上掛・灰吹方・大森町中見廻・極印所掛など、地方役所では地方支配と司法も司り、御料境番所方・口留番所方・代官下役（地方廻）・分一役所役人などがいた。これら地役人の給与は、初期には一〇〇石以上の者もいたが、おおむね三十人扶持以下であった。彼らは一代抱であったが、代々これを繰り返すことにより世襲化して実質的に譜代になっていった。

このように銀山が盛んになると、その繁栄を願って長安は、大森周辺に従来の寺社のほかに新しく寺社を勧請しており、これらに禁制を出したり、所領を寄進しており、その多くが慶長七年からの石見検地以降に集中している。禁制で

は慶長七年八月に、
　　二宮神主へ下文之写
那賀郡内津之村二宮大明神山林先規令法度可被持之候、若みたりに苅採者あらは可被　申上候、以上
　　慶長七
　　　八月廿二日　　　　　　　　　　　　　大久保十兵衛（書判・印判）
　　　　　　　　二宮神主殿参
右之通十兵衛様御検地御廻り被成候節御書付御渡し置、大崎家所持と申事ニ候
　　慶長七年
　　　九月朔日　　　社参承り申候
　　　　　　　　　　　　　　　　　（「小川家文書」『山陰——地域の歴史的性格』）

と那賀郡内津村の二宮大明神（多鳩神社）に対して山林の刈採りを禁止している。また所領寄進では、慶長七年には大森の城上神社に対しては神領六〇石を、同じく佐毘売山神社には五〇石をそれぞれ寄進している。このほか大安寺を建立しており、のちにここに長安の墓（逆修塔）が建立されている。また三瀧神社には長安が祭神として祀られているなど、寺社の建立と保護を加えている。なお石見銀山の城上神社には長安が愛用したと伝えられる帽子が残されており、これはラシャ製のものであるところから、アマルガム法などの導入の際に、長安とポルトガル人などとの関わりが想定されるところである（口絵参照）。

(二) 佐渡金山

佐渡金山は元は上杉氏の領国であり、慶長三年（一五九八）「慶長三年蔵納目録」（『大日本租税志』中篇所収）によれば、上納額は金山七八八枚五〇〇両であった。慶長五年（一六〇〇）の関ヶ原合戦後、上杉氏から没収され、関ヶ原合戦の功労者である徳川家康に加増されて、徳川直轄領（慶長八年以降には幕領となる）となっている。佐渡は金山の

島であるとともに国中平野を中心とする農業生産地でもある。この時の佐渡の石高を知る術として、慶長五年の関ヶ原合戦以前の慶長二年から同五年にかけて、上杉領時代に佐渡代官であった河村彦左衛門吉久が行った検地がある。これは田地だけの検地で畑と屋敷は行わず、かつ検地役人が検地をせず、近隣の中使に行わせるという実質的に指出検地であり、かつ中世以来の刈高で表記されたものであった（『佐渡相川郷土史事典』『佐渡相川の歴史』別冊）。刈高一〇〇束苅で米八斗四升の年貢を納入させたもので、佐渡全域では二万四五〇〇石余であった。これは石高ではあるが、生産高ではなく年貢高である。佐渡では元禄期に幕領検地が行われ、生産高による石高制によって一三万石余が打ち出されたが、それまでは年貢高で示されていた。

つぎに佐渡の鉱山は上杉氏時代には西三川や鶴子、新穂などの金山で金銀の採掘が行われており、その一部は豊臣政権に上納されていた。徳川家康は金山の経営とその経営に必要な労働力や木材・薪炭・食料（飯米）・日用品などの諸物資を島内で供給するため、佐渡島一島全体を直轄領とした。そして慶長六年七月十五日、その支配代官には「河村彦左衛門と田中清六等を奉行として、佐渡国相川銀山の仕置命ぜられる」（『朝野旧聞裒藁』）と、家康と昵懇の間であった越前敦賀の廻船商人、田中清六正長を責任者に任命し、これに上杉氏時代から佐渡の検地や民政、金山経営などにあたっていた前述の代官、河村彦左衛門吉久を再任して、引き続き経営にあたらせた。なお慶長六年には相川銀山も既に稼働していたようである。また田中清六が支配に加わっているのは、後述のように彼が廻船商人であるため、鉱山に必要な人員や物資・飯米・日用品を島外から運送する役割も担っていたからである。これを裏付けるように、慶長四年十二月に豊臣政権下で五大老の筆頭である家康から田中清六に対して、

北国中於津湊間泊、田中清六船之儀諸役等在之間敷者也、仍如件

慶長四年

十二月廿六日　（家康花押）

田中清六とのへ

（滋賀県草津市　田中梓家文書、以下同じ所蔵につき省略）

と日本海側の北国中の津湊間泊など、どこであれ田中清六の船が入港した時は、入港税などの諸役を免除する旨の家康の判物を与えていた。このように既に日本海沿岸諸湊において田中清六の廻船が活動していたので、彼を佐渡の代官に任命したのである。これを受けて慶長六年五月には家康から、

一　佐渡国銀山如前々、金穿共召集相当事
一　河村彦左衛門儀赦免候条、彼国有附仕置等可申付者也、仍而如件
　　慶長六年五月五日
　　　田中清六とのへ　　　　（田中梓家文書）

のような朱印状が与えられて、佐渡の金穿（金掘）共を集めることを依頼するとともに、河村彦左衛門を赦免して佐渡での仕置に加えることなどを伝えている。これをうけて田中清六は、越後国寺泊から商人菊屋（米屋）新五郎を予め佐渡へ渡海させて査察を行わせたのち、自ら渡海して国中を巡見、帰国後、長安に報告を行って、再び年内に佐渡に渡海している。なお田中清六は翌七年七月には家康から、

於佐渡国物成五千石宛行訖、全可領知者也
　　慶長七年七月廿三日　（家康黒印）
　　　田中清六とのへ　　　　（田中梓家文書）

と佐渡で物成五〇〇〇石を与えられている。佐渡の石高は前述のように上杉氏領国以来、物成高で示されており、河村吉久の検地で二万四五〇〇石余とされているので、その約五分一を与えられたことになり、田中清六がかなり厚遇されていたことが窺える。

慶長七年になって長安はさらに支配の強化のため、下総代官で長安配下の吉田佐太郎と中川主税を佐渡に派遣し、地方支配や国内からの物資の調達を担当させ、以後田中・河村・吉田・中川の四人を中心に支配にあたらせ、その統括には田中清六をあてた。吉田や中川は長安配下の代官であるため、彼らを通して長安も支配に関わっていたのである。田

中清六は鶴子と沢根田中町に陣屋を置き、金山と地方を支配した。彼の時代には西三川や鶴子、それに慶長六年には稼働していた相川の鉱山で金銀の採掘が行われており、それまでの請山を止め、運上入札制を取り入れたため大いに発展した。また沢根湊を整備して、金銀の積み出し、山師や労働者の来島、そして諸物資の移入の拠点とした。このように鉱山が稼働して田中清六の時代には「此比（慶長七年）より佐渡国に銀倍増して一万貫目余、上江被納、先代越後景勝、彼国領有納之時分はわつかなりしと云々」（当代記）という状況であったが、鉱山が盛んになるにつれて多くの労働者が全国各地から来島したので、食料の不足をきたした。そこで食料を確保するべく、慶長八年には吉田と中川は農民に対して年貢の五割増徴を命じた。これに怒った農民たちは、上新穂村半四郎・羽茂村白井勘兵衛・北方村豊四郎ら三人が代表として江戸の家康に直訴し、家康は上使として中川忠次・鳥井九郎右衛門・板倉隼人らを佐渡に派遣して調査にあたらせ、報告させている。これを受けて家康の裁定は、吉田佐太郎・中川主税の両名は切腹させられ、田中と河村は罷免されている。この間の事情は『佐渡風土記』によれば、

本斗（本途物成）に五割増被掛候、依之百姓致江戸詰、訴訟を上候、其人数、上新保村半四郎・羽茂白井勘兵衛・北方村豊四郎此三人也、右訴之事に付、佐太郎殿不首尾、夫故当国に而切腹与申、主税殿事不知、豊四郎は後、法体して了雲与申て、畑村（畑方村）に住す

と前述のように上新保（穂）・羽茂村・北方村の有力百姓らが訴え出たことが窺え、吉田佐太郎は切腹し、中川主税は不明としているが、彼も切腹しているのである。

このため家康の命により、慶長八年九月には大久保長安が直接佐渡金山の支配にあたることになった。これは石見銀山で実績のある長安に佐渡金山も任せることにより、両国の統一的支配を目指したものと思われる。これ以後、慶長十八年四月に長安が死去するまで佐渡国も支配することになった。長安は慶長八年、佐渡を任されてもすぐには佐渡へ行かず、石見で銀山支配の中心であった宗岡弥右衛門（佐渡）・吉岡隼人（出雲）・岩下惣太夫らを佐渡に派遣し、まず現地の状況を調査させ、増産計画を立てさせている。佐渡の支配体制では佐渡の全体を取り仕切る目代として、長安の家

老格の大久保山城・小宮山民部を任命し、前述の石見銀山において代官として活動していた宗岡弥右衛門を佐渡代官に任命して佐渡へ送り込んだ。大久保と小宮山は地方支配を、宗岡が鉱山支配を担当することとした。このほか『佐渡年代記』によれば鶴子銀山の支配には武田蔵前衆出身の保科喜右衛門、地方支配では大野組代官に鳥居加右衛門、夷組代官に服部伊豆、河原田代官に堀口弥右衛門・池田喜右衛門を、翌九年には後述のように長安の渡海に随って来た代官たちのうち赤泊代官に横地所左衛門、小木代官に原土佐親次らを地域別に代官として任命し、それぞれに一〇〇俵から三〇〇俵の俸禄米を与えた。さらに相川の町奉行として野田監物・河村覚助、普請奉行に水田与左衛門を任命し、それぞれ佐渡へ派遣している。

このほか、それまでの支配陣屋が奥地の鶴子金山の外山にあったのを、海岸に近い相川に移し、そこに支配陣屋（のち奉行所）を置くことを指示している。それまでの相川の様子は『佐渡風土記』によれば、

相川府中と成、府中開発之事、銀山次第に盛出るより、間歩口数拾個所に及べり、依之他国より大勢来り、所縁を求めて爰に住ん事を願ふ、夫迄もしかしか家居も不定、銀山をかせく者は、其所に於てはへ木を伐、其を以て掘立に住居を拵、稼所変あれは崩し、又稼所に立て住居せり、則是を山小屋と云、

と相川銀山が次第に盛んになったため、諸国から大勢人々が来島し、間歩も数拾箇所となり、はへ木を伐ってそれをもって掘立に住居（山小屋）を拵え、稼ぐ場所が変わればこれを崩して、また稼ぐ場所において建てて住居としたという。このように相川では、山稼ぎの者が勝手に稼所を巡って掘立小屋を建てていたという状況であった。

佐渡の支配拠点として陣屋を鶴子から相川に移すにあたって、長安は石見の宗岡弥右衛門を佐渡に派遣して陣屋構築の責任者とした。宗岡は相川において山崎宗清が所有していた半田、清水ヶ窪の土地を五〇〇両で買収し、陣屋工事を開始した。この陣屋の構築にあたっては、長安から普請奉行の水田与右衛門に宛てた慶長八年十二月二十二日付の書状（抜粋）によれば、

一　うらのすゝみやの手つかいもよき様に可致候、くわしくハ山城所へ申越候事

一　うらのすゝみやへ越候所、女共居候所ゟ参候道に、ほそ〳〵とらうかをいたし、らうかつたひにありき候様ニ可致候、らうかハ上はかりふきて、したはとひ石にて参候様可致候

一　うらのすゝみやのにわにも、兼而如申、井のもとほりて、くるま井戸にいたし置可申事

一　座敷は小座敷ニもいたし、へいのうちひろくいたし方により風参り候様に可致事、以上

（慶長八年）極月廿二日

佐渡金山・佐渡奉行所（復元）

（「川上家文書」『佐渡相川町の歴史』資料集三、以下同じ所収につき略す）

のように築山・茶屋・書院など、造作のかなり細かい所まで指示を出しており、施設は贅を極めていることが分かる。そして相川の大間湊や小木湊を整備して、金銀の積み出しと山師や労働者の来島、諸物資の移入の拠点とした。

　このように佐渡の支配体制を調えた上で、長安は慶長九年四月十日、自ら総勢一一〇人を引き連れて佐渡に渡海した。この中には横地所左衛門・原土佐親次・吉岡出雲、甲州系代官や下代らのほか、能楽師常太夫・杢太夫や囃子方、狂言師らも同道している。『佐渡年代記』によると、まず佐渡の松ヶ崎から上陸、相川に到り、到着後直ちに小宮山や宗岡らの報告を受けて相川金山や所々を巡見して、金銀山の支配方法や地方支配について小宮山や宗岡らに指示した後、「八月十日比、自佐渡国大久保十兵衛上る、銀子山繁昌之由悦玉ふ」（当代記）と、八月十日頃には伏見において家康に佐渡の金銀が極めて有望であることを報告、家康は大いに悦んだという。長安の佐渡渡海に従って来た者のうち、前述

のように横地は赤泊に住して水津村周辺の郷村を預かり、原は小木の古城に住して西三川村までを預かって、吉岡は銀山の支配に加わったという。そして同年、長安が佐渡を離れる時に佐渡の留守居は家老吉岡出雲・宗岡佐渡・大久保山城の三人が交代で務めるよう命じている。これ以後、吉岡と宗岡は佐渡で金山経営にあたることになった。また岩下惣太夫も相川金山で惣太間歩（坑道）を開削している。このように長安の直系の代官・下代を新たに配置することにより、佐渡金山の掌握は着々と進んだのである。

佐渡金山の経営において、それまでの鉱山開発が、山師たちの入札請負制であり、山師たちが勝手に掘っていったため、山は荒れ放題になっていたことを踏まえ、長安はこれを改め、甲州から金掘りの技術を持つ代官や下代たちを呼び寄せ、金山と村方の支配にあたるとともに、相川陣屋の整備も行った。長安は金山の稼ぎを幕府の直山制による御直山と、これまで通り山師による自分稼の山（請山）との二種類の方式を採った。金山を幕府の直山制として幕府が諸費用を負担するかわりに、山師たちに産出量の四割を幕府に運上するようにした。その方法は前代の田中清六の運上入札制とは根本的に相違するものであった。この二種類の方式について『佐渡年代記』には、

金銀山の内、山師共雇ひ、御入用を以穿出す所を御直山と云、山仕（師）の入用を以稼間歩を自分山と云、此時御直山三十六ケ所有て、右の山仕三拾六人へ俸米弐百俵宛与へ、炭・留木・鉄・松・蠟燭等十分に渡せしと也、此山仕共多くは伊豆・石見より来りしと云、割間歩を始め数十ケ所の間歩々々弥繁昌せしにより、石見守言上せしにや味方但馬・原淡路・西山丹波なと云山仕共御目見をも被仰付へしといふ（下略）

とあり、御直山は三六か所あって、それぞれの山師三六人に公儀より七年間、合力として俸禄米を二〇〇俵宛与え、そのほかにも炭・留木・鉄・蠟燭など、必要な物資を与えた。この山師については、「伊豆・石見両国より銀山巧者成ものを呼寄、山師と名付、銀山を被預ける。此人数三六人、銀山取立三六ケ所、壱人へ壱ケ所預ケ稼せられし」（「相川府中開発之事」『佐渡風土記』中巻）とあるように、主に伊豆・石見出身の鉱山巧者が集められ、一人に一山ずつ預けたという。またこれにより銀山が盛りとなり、他国より山師をはじめ多くの者が集まったという。初期の山師の中には

今日も佐渡金山に残る「道遊の割戸」（口絵参照）として有名な味方但馬（家重・道遊）や原淡路・西山丹波・備前遊白（夕白）などがおり、それぞれ配下に多くの掘子を抱えて作業にあたった。中でも味方但馬（家重）は慶長十一年頃には相川の間歩のほか、鶴子銀山でも稼いでいる。また同十二、三年頃には、湧水で稼働が困難になった相川の間歩の水貫に大勢の大工を動員し、これに成功しているなど、配下に多くの金掘大工を抱えていたのである（小葉田淳「味方但馬と割間歩―佐渡金山史研究Ⅰ」『士林』四八巻三号）。さらに田中圭一氏によれば、直山制では、金銀山の内でよい場所であっても山師が自力で経営できない場合、特に出水などで鉱石採取ができない場合に代官所の御抱大工（金穿大工）を使い、水貫工事などをして採掘可能にする。このような場所を御直山と唱え、代官所の直轄とするが、これまで通り山師に預けて採掘させ、採鉱に必要な鏨（たがね）・鑽・蠟燭・油・莚（かます用）・留木のほか、精錬に必要な鍛冶炭・鉛・銀のつつみ紙などの資材や飯米を代官所より給付した。その代わり、採鉱した鉱石を売った時にその代金のうち四分を公納し、六分を山師がとるという方式のことである（田中圭一『佐渡金銀山の史的研究』）。田中清六の時代の採鉱法が十日間という短期間のものであったため、じっくり坑道を穿って採鉱することができず、手当たり次第に穿ったために金山が荒れ、しかも鉱脈が深くなれば出水などにより採鉱ができなくなって放棄されるような場合もあった。したがって慶長七年に一時的に一万貫も産出した佐渡金山も、翌年には激減したという。長安はこのような不安定な経営方法を改め、石見で採用していた横相という、水貫きと鏈（鉱石）出しのための水平坑道による掘削方法を佐渡へ導入した。この方法は前述のように出水などで放置されていた鉱脈の復活や以後の金山開発に威力を発揮し、再び佐渡金山の活況を取り戻していった。この長安の時代は、前述のように直山制による御直山とこれまで通りの山師による自分稼の山（請山）との二種類があり、御直山は慶長九年に三六ヶ所が指定された。これら御直山へ給付する物資や飯米、さらに鉱山労働者、商人たちは、これまで以上に諸国から廻船商人たちによって運ばれて来た。したがってその受け入れの中心地である相川の町は『佐渡記』に「慶長中、相川の鉱山盛りを得て市街開け四方の人夥しく聚」るとある如く、繁栄を極めたのである。特に人々の受け入れについては、前代の田中清六時代の「金穿共召集」という方針がそのまま受け継がれていた。このように佐渡における長安の時代は直山制を採用することにより増産に成功し、その年々の運上額は不明であるが、幕府財政は多分に潤ったことと思われる。

その結果、「佐渡の往古より銀山ありしに、去年（慶長八年）相川といえる地より金銀多く出つ、代官河村彦左衛門其事を沙汰す」（『朝野旧聞裒藁』）という状況や、慶長九年には「佐渡国の山岳金銀を出す事益夥敷」（当代記）という状況になった。

このように盛況をきたした佐渡産の金銀を輸送するため、御用船が必要になった。長安は佐渡が支配下になった直後の慶長八年には紀州新宮で奉行所の御用船新宮丸と小鷹丸（いずれも千石船、櫓数八十挺立）を造船し、辻将監と加藤和泉が船手役になり、定下番六〇人、水主一六〇人をお抱えとして佐渡に廻航している。そしてさらに慶長十年には新たに小木湊で櫓数六〇挺立ての船六艘を造って輸送に当たらせるとともに、奉行や代官の送迎にも供している。

佐渡金山が盛況となると、山師や金掘衆は相川の町に住み着くようになり、相川町には様々な町ができていった。その町の様子は、『佐渡年代記』の慶長九年の条によれば、

相川銀山始りてより、他国もの夥敷来り住居す、町々の名多くは住居の者の名を取て唱ふ、庄右衛門町は山仕大坂庄右衛門住し、宗徳町は田中宗徳か家あり、諏訪町は信州諏訪の者来りて住し、大工町・四十物町は鶴子銀山に在し大工町・四十物町の者来りて住し、（中略）夕白町ハ備前遊白住居、弥十郎町ハ丹波弥十郎住居（下略）

と庄右衛門町・宗徳町・諏訪町・夕白町・弥十郎町などがみられ、中でも山師備前遊（夕）白とその配下の掘子たちが住んだ夕白町や丹波弥十郎とその配下の掘子たちが住んだ弥十郎町など、多くの町が形成されている。これにともない商人町も形成され、『佐渡年代記』によれば慶長十五年の項に、「米穀は米屋町にて商買せしめ、炭薪は炭屋町・材木町、紙類は紙屋町にて商ひ、外にしての商買を免さす、此頃他国より人多く来り住し故、京町より新五郎町辺迄家々皆三階作りになし所帯を別つといふ」とあり、この頃になると、米屋町・炭屋町・材木町・紙屋町など商人の町も形成された。田中圭一氏によれば、相川の住人は最大で五万人から一〇万人ほどになったとされている（田中氏前掲書）。こ

のように佐渡の人口も増加していったため、慶長十一年には「相川の大間・羽田に番所を立、是金銀山の繁盛により商船多く来るなり」（『佐渡年代記』）と、これらの湊に諸国の商船が来港している様子が窺える。

このような繁栄を背景に長安は、渡海の翌年の慶長十年には京都の吉田兼治を佐渡に招き、相川陣屋の北にあたる山の手に大山祇神社を勧請・造営、かつ石見から安岡長門を呼び寄せて社人として金銀山の鎮守とするとともに経営の安定をはかった（『佐渡年代記』）。また鹿伏村の内春・日崎には春日神社を建立、さらに同十一年には相川に寺院がなかったため大安寺を建立した。この寺に長安配下の大久保山城・宗岡佐渡・吉岡出雲の三人が修復料として米一〇〇俵と金五〇両を寄進している（『佐渡風土記』）。さらに同十三年には小木の小比叡神社に鳥居を建立し、同十四年には木崎神社に社殿を建立するなど、独自の民政安定策を講じている。その一方でこのような急激な人口増加に対応する農業生産は次第に不足していったため、長安は佐渡米の島外移出を禁じたほか、八艘の大型船で不足物資の移入を図ったといわれる。このため長安は慶長八年に佐渡支配を罷免された敦賀の豪商田中清六正長に対し、翌九年四月に佐渡の浦々船奉行に宛てた免状で、「田中清六殿之六艘の内、御朱印之船は為出入、無相違可申付候」（『敦賀志稿』巻四）と清六の廻船によっても諸物資を佐渡へ移入させており、豪商としての役割を期待しているのである。このほかにも長安は、

越前三国之守田弥五右衛門六枚かい（櫂）のふね壱艘、佐州中かい役赦免候者也、仍如件

慶長十三年

七月五日　　石見守（花押）

佐州役所中

（「道川文書」福井県坂井市三国町有文書）

のように越前三国湊の廻船商人で、北国海運で活動していた守田弥五右衛門にも、彼の六枚櫂の船一艘が佐渡中の諸湊へ入港する際に櫂役（入港税）を免除するなど、多くの廻船の佐渡への入港を推進していた。しかしこのような長安の経営努力にもかかわらず、その後、坑道の出水があいついだり、坑道が長くなるにつれて技術的限界に陥ったりし、次第に産出量が減少していった。反面、代官所の経費は増大し、幕府への運上額は減少していった。慶長十七年頃には、

「佐渡銀山近年繁昌し、京・大坂の遊女歌舞伎群集し、国々より踵を継て来れる商客、金穿の夫是に耽り、財産皆尽て故郷に帰ることを得さるによって、必佐渡へ往ものは本国にて三年を限りて帰るへし、其期を過は死没すと思ふへしと、父母養子に告て離別すと聞ゆ」とあり、当時の事情を伝えている。そして長安が死去した慶長十八年（一六一三）の産出額は、小判一九〇一両、銀一八一九貫余、砂金一三枚七両二分であり、運上額は銀で一八〇〇貫余、翌十九年には一七〇〇貫余ほどまで落ち込んでいた。ここに長安の直山制は初めのうちは山師たちの経営を安定させた反面、代官所の経費が増大していくという限界に陥り、経営方法の転換が求められるようになるのである。

この長安の佐渡金山支配に関しては、「山出の金銀も長安我物とし、程々を計らひて進貢せし」（当代記）というもので、産出した金銀の一部が長安の収入となり、一定の額を幕府へ運上するという田中清六時代の経営方法と似た代官請負制的性格の強いものであった。この収入によって代官頭大久保長安は配下に少なくとも延べ約一五〇人にものぼる代官や下代を抱えて、鉱山経営や全国的な農村支配、土木治水、検地などにあたっていたのである（同じ代官頭である伊奈忠次も広範に検地や新田開発を行い、新田年貢の十分一を収入としていた。彼も少なくとも延べ約二一〇人の代官や下代を抱えていた）。したがって幕政初期においては長安のような代官たちは、配下の下代たちの扶持にあてるために鉱山や年貢の収入の一部を得ることは一般的であり、特別なことではなかった。

なお長安の佐渡への渡海は、慶長九、十二、十三年の三回であるが（『近世前期政治的主要人物の居所と行動』）、長安が支配していた時代の金銀などの正確な産出量は残念ながら不明である。とはいえ、就任した頃には石見銀山の宗岡・吉岡らも招いて採鉱・精錬技術の向上を図ったため、驚異的な産出量になったといわれる。

しかし慶長十二年二月十四日付の佐渡の長安配下の役人岩下惣太夫・草間勝兵衛から駿府にいる長安の家老戸田隆重宛の書状（抜粋）によれば、

一相山久右衛門わり間歩、此以前之大工すくなく御座候間、百人かせいを入切せ申候節、はや治介横相之下迄参候、か様ニ御座候ハヽ、来年三月より内ニ大水貫へうちぬき可申と奉存候、我等共大水貫ニ十日番ニ仕、諸横相

無油断申付候事
（「川上家文書」）

と久右衛門割間歩で出水したが、補修の大工が少ないため、百人の加勢を投入して水貫を行い、ある程度は成功したが、来年三月から大規模に水貫を行う予定であると伝えてきたので、これを聞いた長安は同年二月三日に佐渡へ渡り、様々な指示を出して対策にあたっている。この時の経緯について『台徳院殿御実紀』によれば、慶長十三年四月には、「大久保石見守長安は銀山検所の仰を蒙り。去年より佐渡におしわたり。銀鉱を穿つといへども。海水多く鉱中に入て功をなす事を得ず」と佐渡金山の坑道に大量の出水があり、産出高が減少したので、長安は水抜きの坑道を穿ったが、海水が多くて坑道中に入り込んでいたため功を成さなかったという。これは佐渡金銀山の掘り込んだ地形と海の深さが等しいためで、水が湧き出しやすいという状況があったためであるという（『佐渡年代記』）。このような出水対策の一つとして、同十四年に生野銀山奉行の間宮直元に対して、「佐州之奉行銀山の縒配不鍛錬なれハ、間宮が家来、山方鍛錬のもの指遣ハすへき旨、上意に依て、間宮が家来、田中与左衛門・小倉軍兵衛、中瀬金山の下奉行、橋本加右衛門、同十四年己酉年此三人遣ハさる」（「生野銀山旧記」『日本鉱業史料集』第一期、近世篇第五）と家康の意向で、水貫普請に成功した生野銀山の山師と中瀬金山の山師一人の計三人の技術者を佐渡に派遣して水貫にあたらせ、一年で成功したのか、生野に帰っている。ここで、佐渡の奉行が「銀山の縒配不鍛錬」としていることから、水貫などの工事に不慣れであったことが窺える。これを憂いた家康が長安を介してであろうが、生野の間宮直元に命じたのである（石川準吉『生野銀山と生野代官』）。

このような水貫の大工事が成功したのか、翌十五年の佐渡金山の様子は、

一間山わり間歩、殊外水へり申候、近日本敷之鏈ほり可申と奉存相かせき申候、諸横番申付候、鏈上り申候。わり間歩内よりもちや、かゝ四兵衛間歩の方へ之穴之内之よこ相、是も一段いろよく御座候、近日もちやえつるへあい可申と奉存候事

一当春は何にてもことかけ不申候、御山くつろき申候、殊ニ間之山わり間歩新樋道、去月極月打ぬき申候てといた

て申候処ニ、一段と水へり申し候、はヤ・とい十九丁たて申候、かやうに御座候ハヽ、近日本敷へ水とりつけ可申と存候、たゝ今も横番より過分之鏈いて申候、二月時分ニ罷成候ハヽ、御山一入さかり可申と奉存候、（下略）

（「川上家文書」）

と「殊外水へり申候」と水貫に成功し、採鉱ができるようになったので、その後の金銀産出は一時持ち直している。しかしこの佐渡金山が落ち込んだ時期に人々は佐渡を去って全国の山に稼ぎにいったため、人口は減少している。彼らが行った先の、例えば南部や松前では、『当代記』によれば、

奥州南部に有レ金とて、金鑿共彼山江自レ佐渡国レ相下、始は無二際限一出けるが、軈而出止、又金鑿共松前江下、松前之主彼地兵粮乏間、已来飢餓兆なりとて不レ能二許容一と云々（下略）

と佐渡の金鑿共がこの頃、新しい鉱山が開発されていた南部の白根鉱山に下っていたり、さらには蝦夷地の松前の金山にも下っている様子が分かるが、蝦夷地では食糧が乏しくて飢餓に陥ったため、領主松前氏は領内に鉱山人夫が留まることを許さなかったという。

精錬技術の向上については土谷紘子氏によれば、従来、石見銀山で採用されていた灰吹法と呼ばれる精錬技術によって金銀を生産していたが、この方法は文禄四年（一五九五）に石見の忠左衛門・忠次郎・忠兵衛の三人が佐渡の鶴子銀山に来て稼業した折に伝えたとされる。関ヶ原合戦後、石見では大久保長安が支配した時に採用し、佐渡の鶴子でも田中清六らが採用していた。その後、慶長十三年頃には長安によって伊豆などでも採用されている。灰吹法とは、金銀を含んだ鉱石を砕いてふるいにかけ、土砂を取り除く選鉱をしてから、これに鉛を混ぜて坩堝の中で一〇〇〇度以上で加熱すると、酸化鉛と金銀の合金に分離され、これを精製して金銀を取り出す方法である。この方法は鉛や木材、その他の材料が必要で手間と費用がかかり、人手も多くかかった（土谷氏前掲論文）。その後、慶長十二年に、石見で実施されていた「水銀なかし」という新しい精錬法を、長安は佐渡や伊豆に導入した。この方法は小葉田淳氏によれば、砕いた銀鉱石に食塩・硫酸銅・水銀などを混ぜて銀のアマルガム（水銀合金）を作り、そこに水銀を加えて水とともにかき

まぜ、岩石を洗い去り、アマルガムを蒸留して金銀と分離するという費用の安い方法である。メキシコ銀山で採用されていた水銀アマルガム法と同様の方法であるという（小葉田淳『日本鉱山史の研究』）。この精錬法を佐渡や伊豆に導入して、より高度に金銀の生産量を上げたのである。この「水銀なかし」は、長安が石見から招いた宗岡や吉岡ら石見出身の代官や技術者らによって佐渡に広められたものと思われる。「水銀なかし」の定着と金山の復活によって、慶長十五年の佐渡金山には再び人々が集まってきたという。このような新技術の導入によって佐渡金山が発展したため、長安は功績のあった者たちに知行を与えている。慶長十一年五月には、駿府の長安の屋敷にいる、長安の家老で各地の長安の支配地と連絡をとっていた戸田藤左衛門隆重に、

於佐州賀茂郡内高都合六百石、令扶助訖、全可領知者也

慶長十一年　　石見守

五月廿一日　　長安判

戸田藤左衛門（隆重）殿

（「戸田藤左衛門所蔵文書写」国文学研究資料館所蔵、以下所蔵同じにつき省略）

と佐渡国賀茂郡内で六〇〇石を与えたほか、同年八月には石見出身の代官宗岡佐渡に、

於佐州沢田郡内高都合七百石、令扶助訖、全可領知者也

慶長十一年　　石見守

八月十四日　　長安（花押）

宗岡佐渡殿

（「柴辻俊六氏寄贈文書」山梨県立博物館所蔵文書）

と佐渡国沢田（雑太）郡内で七〇〇石を与えている。宗岡については、佐渡の子孫で石見銀山付同心であった宗岡長蔵が文政七年（一八二四）に幕府に提出した「由緒書」（宗岡家旧蔵文書）（抜粋）によれば、先祖の宗岡佐渡が慶長五年以降、石見で長安に召し抱えられ、「切米二百俵」を給されたこと、その後、佐渡銀山（金山）の支配を仰せつかり、

かつ「大久保十兵衛、於石州弐万石拝領地之内五百石佐渡配分有之」とあり、「由緒書」では石見で「五百石」を与えられた、とある。

この点、原本と考えられる長安の知行宛行状では佐渡で七〇〇石となっているので、「由緒書」でいう長安の石見での拝領地二万石のうちで五〇〇石を宛行われたとは、佐渡とは別に石見でも宛行われたものであろうか。また長安の知行地も『当代記』では佐渡で二万石宛行となっており、この「由緒書」の石見での二万石宛行との相違についても検討を要するであろう。いずれにしろ、これら二点の佐渡での知行宛行状を長安が発給していることは、前述のように『当代記』の慶長十一年の項に、「八月十日比、自佐渡国大久保十兵衛上る。銀子山繁昌之由悦玉ふ、佐渡国を十兵衛に被下、但、銀山をのぞく」とあり、検討すべき余地はあるものの家康から佐渡国は銀山（金山）を除いて長安の給地として宛行われたことが前提にあるからであろう。なお吉岡出雲は前述のように慶長七年に石見で五〇〇石を宛行われている。

つぎに佐渡の地方支配では地方担当の代官たちが年貢収取にあたっており、慶長十年三月の雑太郡牛籠（牛駒）村宛の年貢皆済状では、

　　牛籠村辰御年貢勘定之事

一　百四石七斗五升弐合　　高辻
　　此内六石五斗六升弐合　　辰のかれ免引
　残り九拾八石壱斗九升　　定納
　　右納方次第　但札数八枚也
一　弐拾六石四斗五升九合三夕　　銀納口米共
　　此銀六百八拾七匁七分七厘七毛
　　但五斗ニ付拾三匁に仕り候

一　七拾壱石七斗三升七夕　　米納口米共
　右之分受取申、但納之札ニ墨付郷中へ返し申、仍而如件
　　慶長十年巳三月廿日　　　山下庄兵衛（印）
　　　中使源之丞殿
　　　惣百姓中
（佐渡市金井町　泉区有文書『新潟県史』資料編9近世四）

のように、長安配下の佐渡の代官山下庄兵衛によって年貢勘定書（皆済状）が村方に出されている。これは石高によるものであるが、佐渡の石高は前述のように生産高ではなく、年貢高による石高であるので、村高も年貢高で示されている。生産高を基準とする村高は、元禄四年（一六九一）の佐渡奉行荻原重秀による一国総検地からであり、この検地で佐渡の石高は一三万石余となる。以上のように佐渡の鉱山・農政・民政支配はすべて長安配下の代官や下代、さらには石見銀山などから連れてきた代官などの地方巧者たちによって行われていたのである。

このほか佐渡には、金銀山の経営や農村支配のために在地で働く多くの地役人がいたが、この地役人は初期の身分は不明だが、のちには幕府の下級役人で御家人格とされており、慶長五年の関ヶ原合戦以降、幕府が経営する各地の金銀山に初期以来、配置されていた。佐渡の地役人はおおむね平均で二〇〇人以上おり、寛永元年（一六二四）では三百二人、幕末の慶応元年（一八六五）には二二五人いた。田中清六ら四代官時代から多くの地役人を採用している。佐渡の在地から登用された旧上杉氏家臣などもいたであろうが、多くは他国から佐渡へ来て召し抱えられた場合が多かった。長安が支配していた慶長八年から同十八年までの間では、「銀山猶々盛りたれば銀山の掟を定め、由緒有浪人を他国より招きそれ〳〵の役人となしぬ。是当国役人の根元也」（『佐渡風土記』中巻）と積極的に役人を集めている。この間、長安が召し抱えた人数は『延享三年諸役先祖書』（『新潟県史』資料編9）によれば、五〇人にのぼっており最も多い。この「先祖書」は延享三年（一七四六）現在にいた地下人の記録であるが、慶長十八年の長安事件で多くの役人が処罰されているので、実際には長安の来島時に連れてきた者もいるため、もっと多かったであろう。この五〇人のうち長安

が初めて来島した慶長九年では二七人と半数を超えている。またこの中で出身地が判明する者は甲斐一五人、佐渡二人、石見二人、このほか武蔵、伊豆、越後、出羽、三河、美濃、近江、播磨、丹波、土佐など全国各地から来ており、この中には各地の浪人が多かったであろう（拙稿「近世初期佐渡金山支配に見る相川町の形成と周辺諸藩」『日本海地域史研究』第六輯）。特に甲斐が多いのは、長安が来島にあたり一一〇人を引き連れて来たといわれるので、この時に従って来た者もいるであろうし、あるいはその後、長安を頼って来た者もいたであろう。さらにこの中には甲州の金掘技術を持つ者も多かったと思われる。また長安は支配地石見銀山と技術導入のため人材交流を行っていたので、石見の二人はこのような意図の下で来島したのであろう。佐渡の者は地元採用と考えられる。このほか慶長九年に黒鍬同心として一〇〇人を召し抱えている。さらに慶長八年に佐渡の金銀輸送のため、佐渡・越後間に官船二艘を建造、就航させた際に辻将監と加藤和泉を御船手支配として召し抱え（この二人は先の慶長九年の召し抱え人数に含まれている）、その下に定下番六〇人、水主一六〇人を召し抱えている。これらは役人と呼ばないかもしれないが、これらを合わせると三七〇人余となり、長安時代が最も大量に召し抱えたことになる。このように大量に役人らを召し抱えたのは、背景には船方を除けば、長安は前述のように直山制を採用し、その直轄間歩の経営に役人を配置し、山師たちや金掘りたちの支配にあたらせたり、佐渡へ入ってくる諸物資に十分一役（運上役）をかけるため、相川を初め各地に湊番所を設け、そこで十分一役を徴収するなど、多くの役人を必要としたからであり、前代の田中清六時代とは根本的に金山経営の方法が異なっていたからである。

彼ら地下人を役職面・給与面などから見ると、彼らは一代抱えを原則としたが、その後一代抱えを代々繰り返すことにより世襲化して実質的に譜代になっていった。佐渡での役職としては、銀山方では山方・運上方・灰吹方など、地方では代官下役・町同心・使い役・各湊の分一役所役人・牢屋番などがいた。給与面では、「地役人の切米高別人数」によれば、寛永元年の三〇二人についてみると、禄高が判明するのは六三人で、このうち一五〇俵が一人、一〇〇俵が九人と比較的高いが、あとは四五俵が三六人と最も多く、ついで五〇俵が一二人となっている（『佐渡相川の歴史』資料編「佐渡一国天領」)。

なお後述の慶長十八年四月二十一日、長安が死去する直前の遺書ともいうべき「覚」によれば、佐渡の年貢勘定については、

一佐渡銀山之儀、辰年ゟ巳午未四ケ年分之御勘定ハ酉年仕上、御皆済被下候事
一同所申酉両年分御勘定ハ、銀山并地かた米売銀共に子年仕上、御皆済被下候事
一戌年ゟ江戸　将軍様へ被進候間、御運上江戸へ納申候、残而くさりにて御座候分も我等何時相果候共、彼地物ぬしとして田辺十郎左衛門尉・宗岡弥右衛門御勘定仕上可申候事

(「紀伊国古文書」三九〇号　国文学研究資料館所蔵)

とある。これによれば佐渡銀山の勘定は慶長八年八月、田中正長らが罷免されて長安が正式に佐渡金山の支配にあたった翌年の慶長九年分から行われている。すなわち辰(慶長九年)から未(同十二年)までの四か年分は酉年(同十四年)に仕上げて皆済。申酉(同十三年・十四年)両年分の勘定は銀山ならびに地方米売銀ともに子年(同十七年)に仕上げ、皆済。さらに戌年(同十五年)からは江戸の将軍(秀忠)へ直接運上を進上する(納める)ことになっているが、このうちくさり(鏈)で残った分は長安が死去した後には田辺十郎左衛門と宗岡弥右衛門が勘定を仕上げる、としている。

この「覚」では慶長九年から未年までをひとくくりに、申酉二年(同十三、十四年)もひとくくりで勘定をして、そして戌年(同十五年)からは将軍に直接上納するということになっている。この点、先の秀忠の年貢皆済状では慶長十五年からの分が秀忠に上納されていることと一致している。そして長安死去後においては、これらの年貢勘定は田辺十郎左衛門宗政(旧名大久保山城)と宗岡弥右衛門(佐渡の子)が行うとしている。しかし実際には同年四月二十五日に大久保長安が死去すると、佐渡金山の支配は家康の命で間宮直元が生野銀山と兼任で、田辺宗政とともに支配することになった。このため間宮は早速、佐渡に渡海し佐渡の支配に当たったが、この段階で佐渡金山では慶長十年代半ば以降

坑道が深くなり、かつ水抜普請の出費がかさむ一方、産出量の減少により御直山経営の支出もかさみ、陣屋の出費が増加していた。また産出量の減少と町方運上のため佐渡の人々は困窮していた。ちなみに長安が死去した慶長十八年の産出量は銀一八一九貫四四二匁、筋金九五三匁、砂金一三枚七両二分、小判一九〇一両となっている（『佐渡風土記』）。間宮はこの様子を見て、上納鏈や運上を一年間免除したところ佐渡の人々は喜んだという（『佐渡年代記』）。しかし間宮が翌慶長十九年十二月、大坂の陣で戦死すると、田辺宗政が単独で金山奉行として佐渡金山の支配にあたっている。

最後に佐渡における長安の寺社政策としては、慶長九年に佐渡国内の寺社に対して禁制を出している。当時長安は、信濃川中島藩松平忠輝の付家老も勤めており、川中島領と佐渡の両方に一斉に寺社領の近在や所領寄進を行っている。佐渡では慶長九年七月十二日付で雑太郡妙宣寺に対し、

禁　制　　妙宣寺

一於寺中喧嘩口論之事
一寺中之伐採竹木之事
一殺生禁断之事
一寺中江放牛馬事
一守護不入之事
右条々於違背之輩者、可為曲事者也、仍如件
　慶長九年辰
　　七月十二日　　石見守（花押）
　　　　　　　　　　　　（佐渡市　妙宣寺文書）

と五か条の禁制を出しており、同様のものは法性寺にも出している。このほか相川に慶長十一年、大安寺を建立したり、翌十二年七月には天下安穏と金銀山繁栄のために、京都の吉田神社の吉田兼治を招いて大山祇神社を勧請している。また慶長十六年には相川で長安が建立した大安寺に自ら死後の冥福を祈るため建立した逆修塔がある（口絵参照）。

さらに松ヶ崎の松前神社には長安が奉納したと伝わる三十六歌仙の扁額が残されている（口絵参照）。

（三）生野銀山

但馬の生野銀山は豊臣氏の支配下にあり、慶長三年（一五九八）の「慶長三年蔵納目録」（『大日本租税志』中篇）によれば、上納額は銀山六万二二六七枚である。慶長三年、秀吉が死去すると、五大老の筆頭家康は家臣の服部権太夫政光を生野銀山の奉行に任命した。これにより実質的に生野銀山を豊臣領から徳川領に組み込んだのである。慶長五年、関ヶ原合戦後に生野は正式に徳川領となり、家康は長安の支配下と考えられる北条氏旧臣の間宮新左衛門直元を生野銀山奉行兼生野代官に任命した。生野銀山のほか中瀬金山、奥山金山、明延銅山など、周辺の鉱山も併せて支配させ、鉱山の経営を中心にあたらせるとともに、銀山付領ともいうべき朝来郡周辺三万七〇〇〇石余の直轄領支配にもあたらせた。間宮は北条氏時代にも関東各地の鉱山開発に関与していたものと思われる。間宮の支配時代は、「山の御所務は間宮殿宜敷程に御考へ被差上、残る処は御役料とす。大形五万石取の為体に替る事なし。公儀より如斯被仰付候と見へたり。左れば銀山は恰も拝地の如し」（太田虎一原著、柏村儀作校補『生野史』3　校補代官編、以下原著、校補者同じにつき省略）と鉱山から上がる金銀は間宮の裁量で一定量を上納し、残りは役料にされたという。また生野銀山のうち間宮が開発に力を入れた白口地区では「慶長五年、白口樫木、若林、蟹谷之内に数十箇所の銀山出来す。樫木平にある山一ヶ月に銀三千二百枚に買受く。此の他八百枚、千枚に買受くる山幾箇所もあり（下略）」という状況を呈した。そのため「此頃、銀山頓に繁昌し、白口の人家已に八百八十軒計に及ぶ。谷廻り地形亜しければ、間口を狭くし二階三階に作り（中略）、御年貢米は生野入とて僅に銀山廻なれば、白口は丹波播磨より米屋入込」（以上『生野史』1　校補鉱業編）と白口地区では八八〇軒ばかりに及び、谷廻りは地形が悪いので、間口を狭くして二階建、三階建を建てていた。また飯米は生野廻りの年貢米では不足するので、丹波や播磨より米屋が多く入って飯米を売り捌いたという。

このように生野銀山は繁盛していたが、佐渡との関係を見ると、前述のように慶長十三年に佐渡金山の坑道に大量の出水があり、産出高が減少したたため、翌十四年に生野銀山の水貫に成功していた生野銀山奉行の間宮直元に対して先に佐渡で述べたように、

佐州之奉行銀山の縒配不鍛錬なれハ、間宮が家来、山方鍛錬のもの指遣ハすへき旨、上意に依て、間宮が家来、田中与左衛門・小倉軍兵衛、中瀬金山の下奉行、橋本加右衛門、同十四年己酉年此三人遣ハさる、其節中瀬の山師、下原弥右衛門、向岩九右衛門・井相九助などいふもの、誘引せられて佐州へ渡るに、壱ケ年を極て帰歩す（下略）

（「生野銀山旧記」）

と家康の意向で、生野銀山の間宮代官配下の田中与左衛門・小倉軍兵衛、同じく中瀬金山の下奉行橋本加右衛門の三人を佐渡に派遣している。このほか中瀬鉱山の下原、向岩、井相の山師三人も招かれて佐渡に渡っている。この水貫は一年で成功したのか、すぐに生野に帰っている。この場合、佐渡の奉行が「銀山の縒配不鍛錬」としていることは、水貫などの工事に不慣れであったことが窺える。これを憂いた家康が長安を介してであろうが、生野の間宮に対応を命じたのであった。この結果、佐渡金山の様子は翌十五年の「御前言上留書」（『新潟県史』資料編9）によれば、「間山わり間歩、殊外水へり申し候、近日、本敷之鏈ほり可申と奉存相かせき申候」と間歩の水が減り、水抜きが成功して再び鏈の生産が始まっていることが窺える。このように生野銀山の水貫技術は優れたものであった。

その一方で元和七年（一六二一）には佐渡代官竹村嘉理は幕命により、産出量が落ち込んでいた生野銀山に対し、新任の生野代官藤川甚右衛門重勝が「山方不案内」のため、その指南役として生野代官の相談役を兼任した。彼が生野に在任した期間は諸説あるが、残された文書から五、六年に及んだと推定できる（村上直他編『徳川幕府全代官人名辞典』〈東京堂出版〉、間宮直元の項）。この間、彼は生野銀山の裁許を行う一方、佐渡金山の支配制度や直山制を導入した生野銀山の「山方仕法」などによって鉱山管理を制度化し、御口屋入役や諸式運上といった税制を整備するなど、鉱山行政の基礎を確立した。さらに同八年には山川・竹村の連署で、生野では初の町中掟となる「生野銀山町中法度書」も発布するなど、生野銀山の回復を図っている（『生野史』Ⅰ　校補鉱業編）。少し前の元和三年にも、佐渡金山の山師

味方但馬家重（道遊）は、中瀬金山下奉行橋本加右衛門の要請で中瀬金山に行き、開発にあたっている（『生野史』Ⅰ校補鉱業編）。

慶長十八年四月、大久保長安が死去すると、家康の命で間宮直元が生野銀山と兼任で佐渡金山も支配することになった。このため間宮は早速、佐渡へ渡海し産出量が減少して人々が困窮していた様子を見て、上納鏈や運上を免除したところ、佐渡の人々は喜んだという（『佐渡年代記』）。しかし翌十九年十二月、大坂冬の陣で戦死したため、間宮による佐渡・生野の連携した鉱山支配は終わっている。

このように佐渡金山と生野銀山とは、近世初期においては互いに協力し合って経営を行うこともあった。なお生野銀山の最盛期の人口は二万人ほどであったという。

（四）伊豆金山

伊豆の鉱山は後北条氏時代の天正五年（一五七七）に、土肥の金山が本格的に採掘され出した。天正十八年（一五九〇）以降は徳川領となり、伊豆は代官頭彦坂元正が伊豆全体の地方支配や検地などを実施して支配したほか、金山の経営にもあたっていた。しかし慶長十一年（一六〇六）正月、彦坂は前述のように、支配所の農民からの不正行為の訴えと年貢勘定の引負のため罷免・逼塞させれている。そこで伊豆の地方支配は代官頭伊奈忠次配下の代官があたり、伊豆金山の支配には長安があたった。これにより長安は石見・佐渡の金銀山とともに伊豆の金山も支配することになった。伊豆におけるそれ以前の鉱山の採掘法は路頭直下の山腹の抗口を掘り進めて地下の鉱脈を掘り取る工法で、鉱脈が枯渇したり、湧水によって採掘を放棄せざるを得ない方法であったものを、長安は佐渡などと同様に山腹に横穴（横堀坑道）を掘削して鉱脈を掘り進める工法に切り替えた。その一方、湧水を排出する水抜法も行って、長く採掘ができるようにした。同時に長安は佐渡と石見の鉱山の間で人と技術の交流を行っていたが、これに伊豆も加えて、石見・佐渡・伊豆の間で人と技術の交流を図っている。代表的には人材面では、佐渡の技術者を伊豆に送り込み、新たな鉱山の発見と産出量を高めた。これにより長安の時代の代表的な伊豆の鉱山として、土肥金山のほか、瓜生野金山、湯ヶ島金山、縄地金山などが繁栄している。さらに産出量増大の技術面では、前述のように掘削方法、水貫方法などの新しい技術を導入する一方、佐渡で精錬技術として採用していたアマルガム（水銀ながし）法も導入し、純度の高い金銀を生産していった。また掘削では後述のように甲州のたがね（金掘）なども伊豆に送り込み、産出量を上げている。このように様々な方法を取ることにより、伊豆金山の産出量を飛躍的に増大させることになったのである。

長安は慶長十一年六月、配下の甲州出身の川井（河合）政忠を伊豆銀山奉行として同心五十人を預けて伊豆に派遣し、支配にあたらせるとともに、石見の山師で佐渡でも活躍していた三島惣左衛門を鉱山見立のために派遣した。三島惣左衛門は伊豆に派遣されるにあたり、長安を介して江戸で大御所家康や将軍秀忠に拝謁し、江戸から伊豆三島までの往復の伝馬六疋の朱印状を与えられた。佐渡の地役人の先祖書である「延享三年諸役人先祖書」（『新潟県史』資料編9）によれば、惣左衛門の子孫で佐渡の地役人となっていた者の書上では、「先祖惣左衛門、伊豆国銀山惣支配役、権現様被仰付、御切米百俵被下相勤申候」と伊豆銀山の惣支配役を勤め、切米一〇〇俵を与えられていたという。さらに同十一年十二月には、伊豆の金山で働く者は死罪の者も罪科を免れる云々の高札を京都中に掲げて労働者を募集している（『台徳院殿御実紀』）。この結果、縄地金山など新たな有望鉱山を開発している。なお惣左衛門はその後、「大久保石見守殿当国（佐渡）銀山御取立ニ付、先祖惣左衛門儀佐州江被遣、金銀山場所見立可申由ニ而当国江罷越、金銀山支配相勤申候」（延享三年「諸役人先祖書」）と佐渡でも活躍している。また長安は、同じく石見の代官で佐渡でも代官として活動していた吉岡隼人（出雲）を江戸に召して家康に拝謁させた。彼も家康から伊豆の鉱山見立を命じられ、江戸から伊豆湯ヶ島までの往復の伝馬二疋の朱印状を与えられている。

このような長安の努力により、『慶長見聞録案紙』（『大日本史料』十二編之三）によれば、慶長十一年には、

此月（正月）、伊豆国金山銀子多可出といふ、佐渡国より出る程も可有之か、土百目にて銀百目積に成、金銀雑出によって右之積り也、大久保石見守、豆州之御代官被仰付、自是以前は、彦坂小刑部勤之、是月（十二月）伊豆金

山か鏧之由、京中江被立札、諸国より下る者不知其数（下略）

と伊豆で銀が多く出て、しかもその量は佐渡で出るほどである、その量は土一〇〇目（匁）に銀一〇〇目（匁）の積という。これはかなり誇張した表現と思われるが、それだけ多く産出したということであろう。しかもこれは長安が彦坂に代わってからであろう。さらに前述のように、京都の町に高札を出したため、諸国より多くの者が来住したという。同様のことは『当代記』によれば、「伊豆国金やまに銀子多可出と云々、大方は佐渡国より出る程も可有之と云也、此已前代官彦坂小刑部たりしを引替、向後大久保石見守可為代官と也」とある。さらに慶長十二年卯月十六日付、長安より木曽代官山村良勝宛の「覚」によれば、「豆州銀山盛候ニ付、当月ハ豆州ニ逗留申候、自然用所之義も候ハヽ、可被仰事」（山村文書『信濃史料』第二十巻）とある。さらに慶長十三年二月十四日付の長安配下の佐渡の岩下惣大夫と草間勝兵衛から戸田藤左衛門隆重宛の「覚」によれば、「申正月十五日之御書二月十日ニ頂戴仕候、伊豆銀山追日盛申候間大慶ニ奉存候」（川上家文書）のように年々繁昌したようである。この結果、伊豆金山の中心地である土肥は「土肥千軒」（『土肥金山繁盛記』）といわれるほどに多くの人々が集まって繁栄したという。慶長十二年の二月廿二日付と思われる、長安より戸田隆重宛の「（伊豆仕置）覚」（抜粋）によれば、

一其元山弥盛候由尤候、万事無油断可申付事

一上かたらかねほり多参候由尤候、見合候てよき所をきらせ可被申事

一米なとわたし之事も能々くミをいたし、見受候所へハわたし可申候、むさとわたし候ても末の分別も無之所へハ無用候事

一豆州一国方へ目付をまハし盗ほりいたし候哉、見せ可申事

一人足すきも候ハヽ、奉行を付、天木（城）の道・伊藤（東）筋への道なともつくらせ可申事

一先度申付候かわつみなときわニて口や改可申付候、是ハかけおちの者之ためニ候事

一下田へ参候しらはたへおり候きわニも、かねほり衆の下地迄いたし置候、下々かけきわニて口やいたし候て左様

之改可仕事
一盗人共も所を定候て何もはた物ニ上可申候（下略）、
（「戸田藤左衛門所蔵文書写」「紀伊国古文書」所収、国文学研究資料館所蔵、以下所蔵同じにつき省略）

と金銀山が栄えていること、京都に掲げた高札の影響で上方より金掘が多数伊豆にやってきたので、見合いの場所を開削させること、飯米渡しでは組を組織して渡すこととするが、無駄に渡すことは無用にすること、伊豆に鉱山監視のために目付を送るので、盗掘などを監視すること、人足に余裕があれば、下田往還や天城から伊東への道筋の整備を行うこと、河津湊に口改番所を設け、山から欠落者を見張ること、などを実施している。また、上方より多くの金掘りが来たこと、飯米の組織的な配分、伊豆鉱山の盗掘などの監視の目付を派遣していること、盗掘や盗みなどを働いた者ははたもの（旗物・磔）に挙げることなど、鉱山労働者に手厚い保護を加える一方で、厳しい罰則も設けていることなどが窺える。同じく十二年三月二日付と思われる長安から戸田宛の「覚」（抜粋）では、

一後藤下代之儀、則庄三へ申遣候間、さためて可参事
一万事河作兵（川井政忠）、竹九郎右衛門（竹村嘉理）相談候て可被申越候、由断有ましく候事
一今度佐州より参候者共ニよき所見計、山渡可被申事
一三島惣左衛門切候大横相、弥念入れきらせ可被申事
（「戸田藤左衛門所蔵文書写」）

と伊豆に江戸の金座差配人後藤庄三郎光次の下代の派遣を依頼したので、来てくれるという。これは伊豆で産出した金は江戸で小判などに鋳造するのであるが、長安は江戸まで船で金を輸送するには不安があるので、後藤の下代が伊豆に来てそこで小判を鋳造したほうが安全であると判断したためであろう。また佐渡よりも金掘を派遣したので、よき山を与えて掘らせるようにしてほしいと依頼している。これは前述の二月廿二日付の「覚」では、上方から来る金掘などによき山を見合って掘らせるようにしていることと同様の措置であった。さらに石見から来た三島惣左衛門が、伊豆で掘削している大横相に対して入念に行わせることを伝えている。

さらに翌三月三日付の同じく長安より戸田宛の「覚」（抜粋）では、

一三島大横相打ちぬき候て惣山之きおいにて候間、弥かせき可申事
一佐渡ゟ参候老役人、甲州ゟ参候役人くミ合、諸事申付候由尤候事
一佐渡ゟ参候候石たゝき（石扣）、いたとり（板取）其表へ参候由、弥能様ニ仕組可申事

（「戸田藤左衛門所蔵文書写」）

と、まず三月二日の惣左衛門の大横相開削については、少し早すぎると思われるが、大横相の打ち抜きが成功して山稼ぎが盛んになったことが伝えられている。また伊豆では、役人が不足していたためか、佐渡や甲斐から来た役人を組み合わせて共同で諸事にあたらせることを命じ、佐渡から来た石扣（選鉱技術者）や板取（砕いた鉱石を水に浸して銀を取り分ける技術者）など、鉱山技術者を充分に活用することなどを命じている。同様のことは慶長十三年二月廿日付の同じ長安の「覚」でも、「甲州よりたかねハ参候哉の事」（戸田藤左衛門所蔵文書写）とあり、甲州からさらに「たかね」（金掘）も派遣されているなど、上方や佐渡、甲斐などの各地から優れた鉱山技術を持つ山師や金掘を呼び集めて、採鉱や鉱脈の発見などにより効率的に産出することを目指している。このほか縄地金山については慶長十三年二月廿日付、長安から戸田隆重宛の伊豆の仕置に関する「覚」（抜粋）によれば、

一なわち家数多出来候由尤候事、
一家之儀ハ大かたニいたし、山をほんニかせかせ可申候、家之儀ハ連々ニも可仕候間、可有其心得事、
一長兵衛切候かたかり敷へ鏈引こミ候哉、又上つるニて候哉、能々三島惣左衛門ニ見可申由可被申事
一川合作兵其元へ被参候由尤候、左も候ハゝ町中仕置けんくわ等諸事左様之処可被申付と可被申事

（「戸田藤左衛門所蔵文書写」）

と、なわち（縄地）で鉱山労働者の家が多くできたこと、家作りは簡単にして山稼ぎに精を出させること、発掘した鉉（鉱脈）がよい所かどうか三島惣左衛門に見立ててもらうこと、伊豆銀山奉行の川合（川井）作兵衛政忠を遣わすのでよ

く相談し、縄地などの「町」の仕置をきちんとして、喧嘩など諸事仕置に基づいて行うよう命じている。またかつて甲斐金山で働いていた渡辺嘉兵衛は、「(渡辺)嘉兵衛後ニ幕府ニ奉仕、豆州賀茂郡縄路(地)ノ金山掛リトナル、按スルニ縄路金山へ大久保石見守ノ掛リナリ、嘉兵衛ハ蓋シ臣ナルヘシ」(『甲斐国志』巻之百三、「士庶部」第九「渡辺六郎左衛門」)と縄地金山に投入されているのである。このほか慶長十二年二月には、長安の配下の代官日向政成から大工頭中井正清宛書状では、「君ケ畑良山下才(財)共、悉伊豆山へ被　召寄候、就其まふニも符を付かへ申候間明日君ケ畑罷越候」(『大工頭中井家文書』)と近江愛知郡の君ケ畑は木地師の集落であるが、彼ら木地師を伊豆金山に派遣したのは坑内作業に専門的な技術が必要であったからであろう。

この頃には縄地・瓜生野・湯ヶ島などの鉱山が繁栄していたため、金山の飯米や薪などは、駿河代官で伊豆の支配にも関与していた井出正次や同じく伊豆支配にも関与していた代官頭伊奈忠次などから送り込まれていた。また金山やそこで働く人々への必要な諸物資は、慶長十三年二月廿日付の長安から戸田隆重宛の「覚」にも、「あきないふねも参、上かたよりも商人衆も多致上下の由」(戸田藤左衛門所蔵文書写)とあり、各地からあきない船によって伊豆に送り込まれており、飯米やその他の物資が土肥を中心に荷揚げされたが、それ以外の物資は清水や沼津の港に荷揚げされたという。ここにはこれらを扱う商人が上方からも多数往来し、居住してさまざまな商いをする多くの店が開かれて繁栄していた。そしてこれらの物資は彼ら商人から鉱山に送られたのである。このほか精製された金銀塊を駿府に運ぶ船が土肥の港に出入りしたという。しかしながら土谷紘子氏がいわれるように、上方よりやってきた多くの船や商人たちのなかに、旧豊臣方の者がまぎれて金山へ入り込み、騒動を起こすことが警戒されていたのである(土谷前掲論文)。

同じく慶長十三年に長安は、前年佐渡で導入した「水銀ながし」の精錬法を伊豆でも導入しており、同十三年二月廿日付、長安から戸田隆重宛の伊豆仕置に関する「覚」(抜粋)では、

一さいせんも申越候むずかしニてくさり(鏈)しわけ様、この比いたし出し候間、上々のくさりとハ其まゝをき可申候、つねの上くさりはかりいつものごとくこしらへさせ可申事

(「戸田藤左衛門所蔵文書写」)

とあり、これは土谷氏によれば、性質が上々の鏈は灰吹法で、そして「つねの上」の鏈は「水銀流し」の性質を活かして、鏈の性質によって精錬法を使い分けているという（土谷氏前掲論文）。

慶長十二年、江戸の将軍秀忠の下を訪れたイエズス会の管区長フランシス・バェスに対して、秀忠は駿府の家康に敬意を表するために駿府を訪れることを奨めると同時に、そこから数リュー（里）のところにある、伊豆国で最近発見された銀坑を訪問することを勧めた。この鉱坑は銀を多く含み、少量の金も産出し、年々公方に莫大な収入を供給していた。家康はこの銀坑を大変尊重し、外国人に見せたがっていた。今回、彼はヨハネ・ロドリゲスが管区長に代わって訪問することを許したという（『日本切支丹宗門史』岩波文庫）。このような状況を踏まえ長安は、伊豆の鉱山のさらなる繁栄を願って伊豆の各地の寺社に鰐口や灯籠を寄進している。それらは今日、縄地・白浜（白浜神社）・松崎（下伊那神社）・仁科・宇久須・河津（子安神社）などの寺社に見られる。また同十四年には下田の加増野神社の建立など、多くの神社の建立も行っている。

しかし伊豆の鉱山の金銀産出量は、慶長十三、四年頃から乱掘と出水による坑道の封鎖・廃坑などのため、減退の兆候が見え始めた。それは鉱山の宿命であるが、大量の湧水により排水が困難になり、廃坑になる箇所も多く出始めたため、従来の縦穴掘りから横穴掘りに切り替えて、湧水による廃坑になった坑道を復活させるなどの努力もしている。慶長十二年七月十七日付の長安から石見銀山の三島善左衛門ら陣屋役人たちへの「覚」（抜粋）によれば、「佐州・豆州なとも少能候と申候て頓而水まふに成、又者けたゑも有ものことに無油断横相為切可申事」（吉岡家文書）とあるように、佐渡と並んで伊豆でも出水により坑道がふさがれる被害が出ていたようであり、さらに坑道が深く長くなるため、十分に空気が送られないため気絶えも生じているのである。このため長安は家康に具申して、甲州蔵前衆出身の渡辺備後守に命じて全国の金銀山の探査に従事させた。その一方で長安は慶長十一年から十四年にかけて角倉素庵（玄之）にも命じて伊豆、甲斐、佐渡の各地を巡見させ、新規の鉱山開発を行わせている。

伊豆金山の勘定については、後述する大久保長安の遺書ともいうべき慶長十八年四月二十一日の「覚」によれば、

一伊豆銀山午未申三ケ年分御勘定仕上、御皆済被下候事
一同所銀山酉戌亥三ケ年分之御勘定ハ、子年仕上、御皆済被下候事
一同所子年よりこのかたハ、御運上納置候、御勘定の儀ハ、我等相果候共、彼為物主指置候和田河内・竹村九郎右衛門・河合作兵衛御勘定仕上可申事
一同所地かた御勘定の儀ハ年々仕上候、相残所ハ我等何時相果候共、為物主指置候河合作兵衛・竹村九郎右衛門尉勘定仕上可申候事

（「紀伊国古文書」三九〇号、国文学研究資料館所蔵）

とある。これによれば長安による伊豆銀山の勘定は、慶長十一年正月にこれまで支配していた彦坂元正が失脚し、長安が引き継いだ慶長十一年分から行われている。すなわち午（慶長十一年）から申（同十三年）までの三か年分の勘定は皆済している。酉（同十四年）から亥（同十六年）までの三か年分の勘定は子年（同十七年）に仕上げて皆済している。子年からの運上の年貢勘定は長安の死後においては和田恒成・竹村嘉理・河合（川井）政忠の三人が行う。伊豆の地方の勘定は毎年仕上げてきており、残りは長安の死後においては銀山の勘定同様、河合政忠と竹村嘉理の二人が行うよう指示してある、としている。竹村と河合（川井）が伊豆全体の支配の責任者であったことは、「万事河作兵・竹九郎右衛門相談候て可被申越候、由断有ましく候」（「紀伊国古文書」三九〇号）とあることからも分かる。

（五）甲斐の金山

甲斐では武田氏時代から黒川金山や保金山・湯之奥金山を初め、多くの鉱山が開発されており、金山（金掘）衆がそれらの金山を直接稼業、開発したのに対し、大久保長安ら武田蔵前衆が金山の管理と統括的な支配にあたっていた。天正十年（一五八五）三月、織田・徳川連合軍が武田氏を滅ばした後、甲斐は徳川氏の支配下に入った。家康は武田氏以来の鉱山を直ちに掌握し、各鉱山の金山衆に対して、改めて知行地の安堵と諸役の免除を行っている。黒川金山衆では、天正十年十二月に古屋小兵衛に知行地を安堵（『新編甲州古文書』九〇三号）、同十一年六月には田辺佐左衛門尉に

知行地を安堵（同上、八三六号）している。この他、黒川金山衆の芦沢兵部左衛門尉・依田平左衛門・田辺清九郎・古屋次郎右衛門尉などにも諸役の免除を行っている（同上）。さらに武田蔵前衆を家臣団に組み入れ、引き続き諸鉱山の支配にあたらせた。彼ら蔵前衆は前述のように少なくとも三五人ほどがおり、地方支配や土木治水、鉱山管理にあたった。徳川領になってからも鉱山の開発は進められ、山梨郡には黒川金山、巨摩郡には保金山・黒桂金山・御座石金山、八代郡には湯之奥金山などがあり、近世初期には最盛期を過ぎていたといわれるものの、なお重視されており、これらから産出する金は、初めは大久保長安が蔵前衆を掌握して支配にあたるとともに、甲州金を鋳造する金座の支配も行っている。実質的には武田氏時代の松木五郎兵衛浄成を金座役人に再任して支配にあたらせた。長安は松木氏に対して慶長六年十月十日付で、

松木七（五）郎兵衛親子町屋敷伝馬諸役免許候、関東へ御国替之時分も御供申参者之儀ニ候間、如此候、仍如件

丑（慶長六年）十月十日　大　十兵衛書判

（法華寺文書『山梨県史』資料編八）

のように松木氏は、家康が関東へ移った後甲州から江戸に従って移ってきたが、関ヶ原合戦後、松木浄成・勝成親子が甲府の屋敷に戻って甲州金の製造にあたっていたので、伝馬諸役（江戸と甲府間か）を免除したものである（西脇康『甲州金の研究 ―― 史料と現品の統合史論 ―― 』）。その後、長安が佐渡から招いた金工が甲府の佐渡町の役所に住し、そこで灰吹法で鋳造にあたった。さらに慶長十三年正月十一日付で駿府の年寄衆の長安・成瀬正成と幕府の金座の金銀改役後藤光次らの連署によって、松木浄成に対して、

急度申入候、仍其元之金子碁石にて、まね判多候間、のし金に江戸小判のごとく可仕由　御意ニ候、金二・三両のしのへ右之分に致候て、可被懸御目尤候、恐々謹言

（慶長十三年）正月十一日

後　庄三光次花押

成　隼人正成花押

大　石見長安花押

（『甲府市史』史料編二）

松木五郎兵衛（浄成）殿

のように、後藤光次から松木氏の製造する甲州金は碁石形であり、まねをされた偽造の極印金貨が多いため、江戸の金座のように「のし金」（延金）にするようにとの家康の御諚であるので、試しに二・三両をそのように製造して家康のお目に懸ける、というものである。この背景には西脇氏によれば、金座の後藤氏が直接関与できない甲州金の存在は苦々しいものである上に、家康の権力をもって甲州金を金座の支配下に再編成したいとの意向もあったはずであり、この命令の立案者は後藤自身であるにちがいないという（西脇氏前掲書）。その後、後述のように後藤は慶長十四年七月二八日、大御所家康から「下金灰吹」の独占権を、同年九月三日には甲州金の極印権の特許を許された（平山優「近世初期甲州金成立過程の研究」飯田文弥編『中近世甲斐の社会と文化』所収）。関ヶ原合戦以降、山梨郡於曽郷の幕府直轄蔵における代官田辺庄右衛門が田辺雅楽助・野呂瀬源左衛門（役職不明）に提出した、慶長八年三月の年貢勘定目録（田辺紀俊家文書『山梨県史』資料編八、近世1領主）によると、甲斐の金山では、「千弐百四拾四俵弐合　こいし金五百八拾弐両弐分弐朱々度々ニ納」、「五拾弐俵　こいし古判六両弐分納」、「四百八拾九俵壱斗五升　こいし金六拾壱両三朱々中納」など、「こいし金」（碁石金）と呼ぶ甲州金が納入されており、なお甲斐の金山が稼働していたことが窺える。慶長十八年の長安事件の後は甲斐の金山と甲州金の支配は松木五郎兵衛が中心となり、松木氏の甲府柳町の灰吹所で甲州金を独占的に鋳造させている（「甲斐国志」巻之二・国法部）。慶長・元和年間では黒川金山を含め、甲斐で幕府が直営する諸鉱山の金の産出量は一〇〇貫目前後で、慶長後半以降の佐渡金山に匹敵するものであった。

二、山林支配

（一）信濃木曽谷山林と東濃支配

慶長五年（一六〇〇）七月、上方の石田三成らによる反徳川の旗揚げを受けて、家康は諸将を率いて上方へ向かうが、家康の本隊は東海道を進み、秀忠には三万の軍勢を率いて中山道から向かわせることとした。それにあたり、前述のように秀忠軍の通行を確保するために、本多正信と大久保長安の進言により、木曽衆の山村良候（道勇）とその娘婿の千村良重に対して、旧領の回復を約束して木曽谷平定の先導役を命じた。山村らは直ちに木曽に引き返したが、この折、長安も状況視察のため同行したと思われる。山村・千村ら木曽衆の活躍によって木曽谷全域を攻略し、ついで東濃の各城も八月末から九月三日かけて攻略して東濃全域をほぼ制圧した。このようにして木曽谷の森林地帯は徳川氏の領国となり、木曽谷攻略に関与した大久保長安が家康からその支配をまかされた。長安は山村氏の支配する木曽谷や東濃、さらに代官朝日受永（近路）が支配する信濃伊那谷（慶長八年から千村良重が支配し、遠江奥山代官を兼帯する）などの地域までも含む広範囲の森林管理全体を統括して、彼らをして榑木成村の支配や木材の管理と搬出、榑木年貢の徴収などを行わせていたものと思われる。

信濃では南信の近世初期の石高は木曽谷が六二〇〇石、伊那谷の千村氏の支配高はおよそ一万石余であるが、両地域は木材資源の豊富な所であるため、これまでも述べたように初期徳川幕府にとっては城郭や城下町の建設、橋梁・土木など様々な用途に必要不可欠であったため、まずこの地域を直轄領として確保したのである。

東濃地域では木曽川流域および飛騨川流域を直轄領とした。木曽川流域では加茂郡兼（金）山・錦織・土田・葉栗郡円城寺（笠松）・本鵜沼などを支配拠点とした。さらに長良川流域の川湊である下有知、揖斐川流域の揖斐湊、美濃の中心地岐阜なども押さえた。木曽川流域の要地錦織は長安配下の代官岡田善政が支配にあたった。さらに東濃の木曽川流域では、木曽谷の木材を伊勢湾まで筏流しするためにも流域の要所も直轄化して長安の支配下に置き、木材の搬出路を確保している。

つぎに信濃木曽谷の木材についてみると、木曽谷の村は二八か村からなり、徳川義親『尾張藩石高考』によれば、その年貢高は慶長七年より十七年まで十か年の平均年貢米高を一六八二石余とし、これを同十八年に木曽の年貢米表高とした。この他に木年貢として役榑木一七万四一七〇挺、役土居板四四四〇駄、買土居板三一四四駄を上納させた。これを同十八年からは米年貢一六八二石余も米の代わりとして榑木二六万八一五七挺、土居板四三五一駄を上納することになった。木曽谷の木材や地方の勘定については、後述する大久保長安の遺書ともいうべき慶長十八年四月二十一日の「覚」（「紀伊国古文書」三九〇号）によれば、

一木曽谷中地かた并どいくれ御勘定の儀、代官山村父子、只今相究可申ため此地へ参居申候、急度究させ候而、指上可申候、我等何時相果候共、材木壱本成共我等自分につかひ不申候、是又存命之うちに山村父子にも被成御尋可被下候事

と木曽谷の地方年貢と土居榑木など、木材の勘定は木曽代官の山村良勝・良安父子が長安の下に来ており、必ず勘定を仕上げさせて差し上げる、長安が死去したとしても木材一本たりとも勝手に使うことはしていない、このことは長安が存命のうちに山村父子に尋ねてくれてもよい、としている。

木曽谷においては、前述のように長安が統括したが、実質的な支配は山村氏が行っている。郷村支配では慶長十三年五月朔日には木曽谷の村々に十一か条の条目を出している（『信濃史料』第二十巻）。『長野県史』通史編近世一によれば、その内容は本百姓・脇百姓の年貢高、毛付物成、土居の運搬割り当て駄数、買い榑挺数、斧役人数、下代・肝煎への村民の日手間（労役）、御用木川狩り人足の担当区域など多岐にわたっており、かなり広範な仕事を行っている。中でも榑木・土居板などの売渡し値段については、慶長十一年七月十一日付の山村良勝、苗木藩主遠山友政および小野貞則（大津）・石原一重（美濃）・天羽景次ら長安配下の代官たちとの連署で出した「木曽御土井代定書」（抜粋）によれば、

一千丁ニ而丁銀三百五拾匁ニ相定申候、此以前之御ねだん、くれ木千七百丁ニ而判金壱枚ニ御定候へ共、金銀両替不同ニ付而、商人衆判金ニかい不申候間、唯今各寄合、上方・田舎之くれ木うりねを積合、ねだん右分丁銀三百五拾匁ニ相定候、為後日各連判仕候、以上（下略）

（「小野文書」『信濃史料』第十八巻）

のように、商人衆への榑木の売渡し値段について、慶長十一年七月以前では榑木一七〇〇丁で判金（大判）一枚と定めていたが、上方とその他の地域（田舎）の値段が、上方では銀であるのに対し、田舎では判金であり、この段階では金

銀の両替基準が必ずしも守られていなかったのか、商人衆は判金では買わなかったという。このためこの定書以降は丁銀での値段に統一し榑木一〇〇〇丁あたり、丁銀三五〇匁として実質的に値上げして売渡すとしているのである。ちなみに判金とは大判のことで、慶長六年、徳川氏は慶長大判の鋳造を行っており、大判一枚は小判一〇両とされ、江戸初期は小判一両は銀五〇匁であったので、大判一枚は銀五〇〇匁であった。このほか同十六年四月二日付の村方への三二か条の定（『信濃史料』第二十一巻）では、巣鷹の管理・献上にも触れている。

木曽木材の伐採・製材・搬送の手配についても山村氏が差配し、その搬出は木曽衆や美濃の大名・旗本に行わせた。例えば慶長十三年正月二日付、長安から山村良勝・遠山友政宛「覚」（抜粋）によれば、

一昨日上々のとい板百駄と申越候処ニ、昨日中井大和上ら罷下、八百駄入候ハん由申候、いかにも上々のとい木をとらせ候て、木曽衆の御役にて甲州迄届、秋山甚右衛門・平岡々右衛門尉ニ可有御渡候、木曽衆之内もちゃくたう（着到）を付、無由断様可被成候、

一右之といの内、美濃筋へ出候をハ、遠山久兵衛殿御役にて早々くわな（桑名）へ届、水谷九左衛門殿へ可被成御渡候（下略）

（山村文書『信濃史料』第二十巻）

と前年暮れに駿府城が焼失したため、急遽長安から木曽材の土居板を木曽衆（山村・馬場ら）の御役で甲斐に輸送し、そこで甲斐代官の秋山汝舟・平岡千道らに渡すこと、また上記の土居板のうち一部、美濃筋へ出す分は、美濃衆の遠山友政（苗木藩主）の御役で早々に木曽川を川下げし、桑名へ届けて四日市代官水谷光勝に渡すこととしている。甲斐へ出した土居板は甲斐衆代官らが富士川を川下げして清水湊などへ送り、そこから駿府へ送るのである。

また木曽川を川下げし、桑名に出した分は水谷光勝によって船積みされ、江戸や上方に廻漕された。木曽谷は、江戸初期においては最大の木材生産地であり、木曽材の搬送は筏に組んで木曽川を川下げしたり、江戸御用材は信濃の大名の賦役で陸路中山道を高崎に送ったり、下諏訪から甲斐に送って富士川を下し、江戸・駿府・名古屋・上方（大坂・京都）などでの城郭・城下町・御所などの建築に用いられていたのである。

（二）信濃伊那谷山林の支配

信濃伊那郡は関ヶ原合戦後、これまで伊那一郡一〇万石を支配していた飯田藩主京極高知を転出させ、譜代の小笠原秀政を飯田に五万石で入封させて南信地方の支配にあたらせた。残りの伊那郡五万石は一部の小領主（在地領主）の知行地を除き、直轄領となった。これには伊那谷の森林地帯も含まれており、榑木山として御林となった。この直轄領と木材の支配については関ヶ原合戦後、長安の支配下となり、伊那材の伐採・製材・搬送の手配については長安が差配した。また長安は朝日受永（近路）を代官に登用し、実質的支配にあたらせた。その経緯は「千村平右衛門様御預所信濃国伊那郡拾壱ヶ村御年貢御榑木定法」（抜粋）によれば、

御榑木被仰付候節之御奉行人朝日受永斎与被申候御奉行者信州下条伊豆木様之御知行所之人と云伝ふ、東照権現様之御気ニ入り候人ニ而段々御取り立テニ預り御とぎ役と被成候而江戸表江御勤め申上、元来信州者生国之事ゆへ御榑木改メ被仰付方役人と相成伊奈（那）郡江出役被渡候

（「加々須村勝家文書」国文学研究資料館所蔵）

とあり、受永は在地領主下条氏の旧臣であり、家康の「御とぎ役」になって江戸で仕えていたが、信州の生まれということで御榑木改役として伊那郡に出役したという。ここでは長安は介在していないが、家康の意をうけて長安が伊那代官に登用し、榑木改役としたと考えたい。その受永は京極氏時代までの乱伐を改め、榑木山付近の村々を榑木成村として榑木の製材・輸送を請け負わせ、年貢の代わりに榑木を上納させる一方、榑木山から遠隔の村々には榑木代米を請け負わせるといった方法を作った。また長安は、慶長六年（一六〇一）四月、伊那郡内の寺社に対して一斉に所領の安堵や寄進を受永に行わせている。同八年七月、受永が死去すると、長安の下で山村良候・良勝とともに木曽谷の制圧に協力した山村氏の姻戚千村良重を伊那谷の代官とする一方、在地から新たに登用した市岡忠次（上中関村）・宮崎重次（向関村）・宮崎景次（駒場下村）・宮崎重綱（駒場上村）らを伊那郡の代官に任命した。市岡忠次と宮崎重次は材木奉行に任ぜられている。また良重が代官として任命されたのは、関ヶ原合戦の時に千村氏が残党無頼の者共の所々横行を取り締まるために浪合御関所や田切御番所の警護をしたからである。加えて、伊那谷は木曽谷裏筋の要地であるから、

木曽谷と一帯的に山林を支配するためであった。そのため千村氏の支配した地域は、

権現様信州伊奈郡始而御仕置被為仰付候節、朝日受永相果候、以後祖父平右衛門被為仰付候、信州ニ而御代官所之高一万石余、遠州ニ而御代官所之高鐚高成千四十三貫百十四文、同国ニ而御榑木支配役仕ニ付、致御榑番候船明村・大国村・口明村・伊須賀村此四ケ村高三百九十石余、御榑役手廻りのため祖父平右衛門代より御代官仕候事

（「千村平右衛門先祖書」飯田市中央図書館所蔵「市岡家文書」五）

と伊那谷幕領一万石余と遠江天竜川流域の幕領で永高制の村々のうち鐚成（永高）一四一三貫一一四文余の地と伊那谷から天竜川を川流しした木材の回収地遠江山名郡船明（ふなぎら）および周辺の幕領奥山領内四か村の三九〇石であり、信濃国伊那谷と遠江天竜川沿いの木材生産地が主体であった。同時に遠江船明御榑木改役（遠江代官秋鹿氏との立合支配）も勤めている。千村氏の伊那谷支配の代官所は、本領が美濃の久々利と遠くにあるため、伊那郡飯田城下から八、九町ほど西の箕瀬羽場にあった。なおその後、良重の支配地は伊那郡で榑木成村一一か村（上伊那五か村、下伊那六か村）、七三〇〇石余の支配となっている（千村家預信州伊那郡史料）。しかし千村氏の任務は「信州御榑木の支配」といわれるように、伊那谷の木材支配が中心であった。伊那谷は木曽谷同様、杉や桧、椹などを産出したのでこれを管理した。これらの木材は伊那谷から天竜川を一本ずつ川下げする管流し（くだながし）によって下流の遠江の船明と日明（ひぎら）において、留網を張ってこれらの木材を集めては陸揚げし、船明に貯留した。この船明、日明一帯の奥山領の一部も直轄領とされて千村氏が支配し、これら直轄領村々四か村にはこの留網の作成と設置、川下げされた材木を川筋で監視する役目も賦課されていた。船明に貯留された材木は必要に応じて筏に組んで天竜川の河口の掛塚湊へ川下げし、掛塚湊で船積みされて江戸や各地に廻漕された。慶長十三年には駿府の大御所徳川家康が日明に出向いて視察したといわれ、それだけ家康がこの材木に関心を持っていたものと思われる。慶長九年正月十一日付の長安と伊奈忠次の連署による、伊奈忠次配下の中泉代官岡田郷右衛門・森右馬助宛の書状によれば、

（尚々書省略）

急度申入候、仍而下伊奈（那）ゟ参候榑木人足、御扶持ニ入候間、米何程も千村平右衛門手形次第、可被相渡候、
重而御勘定之時、彼切手を以、相究可申候、其御心得可有候、恐々謹言

（慶長九年）正月十一日　　大　石見守長安（花押）

伊　備前守忠次（花押）

岡田郷右衛門殿

森右馬助殿

御宿所

（千村文書「信濃史料」第十九巻）

と下伊那から来る榑木人足の扶持米が入用なので、何程でも伊那代官の千村良重の手形次第に渡すよう命じ、年貢勘定の時に千村の扶持米切手と見比べることを命じている。扶持米など、遠江の年貢支配については伊奈忠次の所管であり、扶持米給与を行うのは忠次の支配する中泉代官の岡田と森であるため、伊奈忠次が連署に加わったものである。さらに年欠ではあるが、同様に長安から伊那谷代官の千村良重に宛てた書状によれば、

以上

一書申入候、仍今度遠州御勘定に米弐千俵余、伊奈（那）ゟ出候くれ（榑）、江戸へ届候わんと御勘定ニ立申候、
是者かけつか（掛塚）へ貴所御出候くれを御売候て、右之船ちんのかハり、金子にて遠州代官衆へ彼地之売ねニ可
有御渡候、其段御諚ニ候、惣別くれの入目方々ゟつらを出候へハ、御勘定六ケ敷候条、一所ニくれの売かねニて、
以来もまかなひ、残所を上可申由御意候間、其段可有御心得候、委者五郎右衛門可申候、恐々謹言

三月廿五日　　大　石見守

長安（花押）

千村平右衛門（良重）殿

御宿所

（千村文書）

と伊那谷より江戸へ廻漕する榑木の運賃（船賃）米二〇〇〇俵余を遠江代官たちの年貢勘定の内から宛てるが、その運賃は掛塚港の米相場によって支払われ、金子は掛塚に川下げした榑木代金から支払われる定めとしている。しかしそれは「御勘定六ケ敷候」、すなわち煩雑であるので、以後は榑木代金で賄う（支払う）ことにする旨を長安配下の代官飯島五郎右衛門を通して千村良重に伝えたものである。この措置は当然、伊奈忠次の了解の下で行われた。また慶長十三年に豊臣秀頼によって京都の方広寺の大仏殿の再建が計画されると、角倉了以は伊那谷の大川原・鹿松の松材を伐に組み、天竜川を川下げし、河口の掛塚湊から船積みして大坂へ廻漕した。このことは長安が千村を通して角倉に指示して伊那谷の榑木を手配したものと思われる。さらに伊那谷の木材は江戸にも送られており、慶長十七年七月六日付、長安から山村良安・千村良重・遠山友政宛の書状（抜粋）では、

> 急度申入候、仍江戸ゟ六郷之橋木被仰付候、小材木者下伊奈（那）にて被仰付候、大木材之分木曽ニて為取可申旨、御諚ニ候間、早々五味金十郎（豊直）殿指図次第に可被申付候（下略）、（千村文書『信濃史料』第二十一巻）

と江戸の多摩川（六郷川）に架ける六郷橋の材木について小さな材木は下伊那から、大きい材木は木曽から調達するとの御諚があったので、早々に代官五味豊直の指図次第に申し付けるというものである。木曽代官山村と伊那代官千村、それに木材輸送の任にあたる苗木藩主遠山氏に代官五味がその指揮を取ることを伝えている。ここでは大木材を木曽谷、小木材を伊那谷から調達するとしていることが興味深い。

このように千村良重が支配した伊那谷の森林地帯は元和元年（一六一五）、前述の木曽谷とともに尾張藩徳川義直領に編入されたため、千村良重の身分も山村氏同様、尾張藩士であるとともに、幕臣であるという「二重封臣」（林董一『法制史研究』九）であった。

（三）大和吉野山林の支配

吉野の木材は古代から利用されていたが、豊臣氏時代には蔵入地とされ、天正年間以降、大坂城や伏見城、その他の

城郭および神社仏閣の建設に大量に利用された。関ヶ原合戦後、大和では郡山の増田長盛（二〇万石）を改易し、筒井定次を伊賀に転封させるなどして大和の大半を徳川領とした。中でも南部の吉野郡は全郡直轄領としたが、目的は吉野の山林地帯であり、その支配は大和の直轄領支配の中心である大久保長安が担った。彼は慶長九年（一六〇四）にこの地の検分（視察）を行い、その後、吉野郡の支配方式が決められた。この折に出されたと思われる長安より吉野郡十津川衆宛の書状では、

為年頭之祝儀熊皮弐枚至来令祝着候、其表相替儀も無之由、珍重候、委細飯島五郎右衛門かたち可申候、恐々謹言

二月十六日　　　　石見守長安（花押）

十津川四人之衆

（「十津川宝蔵館文書」十津川歴史民俗資料館所蔵）

と十津川郷の有力郷士四人よりの音信に対して礼状を与えており、十津川衆から長安に誼を通じていたのである。しかし長安は多忙のため、吉野郡の実質的な支配は配下の杉田忠次と大津代官でもある小野貞則とがあたり、慶長十三年には吉野郡下市に出張陣屋を置いて支配にあたっている（五條市史・下北山村史・北山郷記録帳など）。小野貞則の吉野郡内の支配高は、少し後の元和三〜五年頃では長安の代官所の支配高と同高の一万四九四五石余であり、したがって長安が死去する慶長十八年までは長安の吉野郡の支配所の代官であったが、長安死後は単独で吉野郡の支配にあたったという（大宮氏前掲書）。

吉野木材の需要は徳川時代初期にあっても豊臣氏時代同様、城郭建築や城下町建設、京都の諸建築にも大量に利用された。谷弥兵衛氏によれば、吉野木材の主産地は紀伊の紀ノ川（吉野川）上流の川上、丹生川流域の黒滝、北山川流域の北山などの三地域であったという（谷弥兵衛『吉野林業史』思文閣出版）。前述のように慶長九年には長安が吉野郡を視察し、その後、この三地域の状況に合わせて年貢上納方法が決められた。川上・黒滝を中心とする吉野地域は樹木が豊富であるので、移出木材に対する口役銀（移出税）十分一の税の徴収を川上・黒滝の両郷に請け負わせ、年間一〇〇両を冥加金として納めさせることにし、超過分は両郷の収入とする定めとなった。この地域の木材は紀ノ川（吉

野川）を筏で紀湊（和歌山）へ川下げした後、そこから船で大坂へ廻漕していた。また積出港は伊勢の大湊なども使われている。北山は北山七か村からなり、上組三か村、下組四か村に分かれていた。文禄検地では総村高は九四五石余であった。「北山由緒書」によれば、同十三年に池原に出張陣屋が置かれ、北山郷の木年貢制度が始まったという。また「吉野郡北山郷記録帳」（神林家文書）によれば、「慶長拾三申年より、（中略）此節より御物成米、以御材木上納仕来申候」とあり、「下組由緒書」にも「是より始て御材木、以上納仕来申候」とある。池原陣屋で上納材木の改めが行われた。このほか拝借銀を得て上納される御用材もあった。「筏組由緒書」によれば、「十津川郷五十九ケ村之儀、往古より高千石地、（中略）権現様御代慶長五子年関ヶ原御陣之節、始而軍役被仰付相勤、同六丑年大久保石見守御支配之節、駿府御城江御銀御差下之節被仰付相勤ニ付、現米五百石被下置、御触を伏見御奉行鈴木左馬之丞様御取次ニ而、其節印状郷中所持罷在候、（中略）同九年北山御材木紀州新宮御筏役奉願上候処、願之通被仰付」（『十津川』）と十津川郷は五九か村からなり、総村高は文禄検地で一〇〇〇石とされた。慶長六年、長安とともに駿府（江戸か）に伺候し、家康より一〇〇〇石の年貢を赦免された。この地域は樹木の育成条件が悪く、木材の移出が困難であったため、一〇〇〇石に対する年貢米のかわりに北山から移出する材木について筏二五〇双分（米にして一三〇石余）の出役義務が賦課された。そして北山の材木は北山川から熊野川（新宮川）を川下げして新宮港に集め、ここから大坂や江戸・駿府へ船で廻漕された。吉野木材も後述するように江戸城や駿府城普請などに利用されていた。その一方でのちに郷士四五人は幕府から吉野木材の北山川筏役の免許を受けて人夫を指し出し、七五石余の扶持米を支給された。

このような各地の御山の支配をしていた長安であるが、慶長十八年四月、彼が死去し、処断されると、配下の代官たちにも混乱があったため、幕府の材木調達に大きな障害が起き、これを克服するために様々な手がうたれている。同年六月廿六日付の後藤光次から中井正清宛の書状（抜粋）では、

只今石見被相（果欠か）候間、か様之儀、如何御座候ハんと、御年寄衆へ尋被申候へハ、貴殿ゟ状を御年寄衆迄被越候ハヽ、何様ニも可被仰上由ニ候間、御材木も御急ニ候ハヽ、御年寄まで早々御状被遣候、其時代ニ被得　御意

を候て可被仰付由、御年寄衆被仰候

（高橋正彦編『大工頭中井家文書』）

と長安死後、徳川方の材木調達は御年寄衆（幕閣）が作事担当の中井正清から材木要請を受けて指令を出すようになったものと思われる。一時的ではあれ、このような年寄衆の指令という形態であったことをみると、分業体制は取られていなかったようである。

第七章　交通伝馬政策

　従来、徳川氏の関東領国における伝馬は、南部は江戸と小田原・伊豆まで、北部は江戸から高崎・前橋までの制度が成立しており、また伝馬の利用も個別の案件によって家康や奉行・代官頭らが伝馬手形を出していた。関ヶ原後は家康は、前述のように豊臣公儀体制の執行者として江戸と伏見の間を往復することが頻繁となった。このため家康は東海道や中山道の整備を行っているが、これらの街道では戦国大名や豊臣政権時代の宿駅制度を基本としつつ、幾分かの手直しをして江戸を中心とする伝馬制度に組み替えることによって、短期間で全国的な交通体系を成立させている。中でも東海道や中山道における交通伝馬制を成立させるにあたり、その前提としてこれらの街道が通る地域をみると、両街道とも多くの地域が関ヶ原合戦後の論功行賞によって徳川領国に組み込まれた地域である。このような前提があったからこそ比較的スムーズに街道の整備ができたと考えられる。この視点を入れつつ考察していきたい。

　東海道はまず最初に整備されたところであり、慶長六年（一六〇一）正月に宿駅・伝馬関係の法令が代官頭の大久保長安・伊奈忠次・彦坂元正の三人による三判証文によって各宿に出されている。この背景には前述のように、関ヶ原合戦後、徳川氏は従来の関東領国に加え、駿河・遠江・三河・尾張を領有する一方、伊勢北部は本多忠勝領（桑名藩一〇万石）になり、鈴鹿郡関地蔵なども徳川領（代官篠山資家）となった。近江も旧石田三成領（佐和山一九万石、井伊直政領）や甲賀郡などが徳川領に、さらに志賀郡大津町も徳川領になったので、東海道は江戸から京都までほとんど徳川領国となった。これにより家康をはじめ多くの人々による江戸と京都・伏見の往来が盛んになった。先の徳川系代官によって従来から存在した宿場を引き続き整備・再編するとともに、伝馬継立のシステムを構築した。さらに東海道に横たわる富士川・大井川・天竜川をはじめ、多くの河川の渡船場の整備も行い、制度として宿駅・伝馬を中心とする交通体系を確立したのである。街道の具体的な整備については慶長十七年十月に幕府の年寄衆（江戸政権）の土井利勝ら三人の連署で、各地の代官に宛てた文書によれば、①大道小道とも馬が掘ったところやぬかっているところは砂か石を使って固め、道の脇に水を落とすようにすること、②堤などの芝を切ってはいけない、馬が掘ったところへは土を敷き、固く踏みつけるようにすること、③橋は大小によらず悪いものは御料・私領ともに指示するので、今後代官衆は精をいれて補修するよう申し渡すこと、などを命じており、整備の内容が窺える（『長野県史』通史編近世四）。

中山道は戦国以来の街道を基本としつつ、近世においては江戸が政治の中心地になると、江戸と京都との間を結ぶ街道として東海道と同様に重視され、関東から信濃・美濃・近江を経由する街道として、各所で長安が中心となって街道の変更などを行いつつ整備された。しかし近世初期では、徳川氏の関東領国時代において江戸が中心地になると、これまでの中山道が上野国府（前橋市元総社町付近）を経て下野に向かっていたのを、このあたりから南下して高崎城下を経由させ、江戸に至る街道として整備された。この整備には長安や伊奈・彦坂ら代官頭があたったと思われる。関ヶ原合戦後、もともと関東領国だった上野以外では、これに隣接する信濃の佐久・小県郡が小諸藩領（仙石氏）で、仙石氏は外様ではあるものの、家康に近い大名であったため、軽井沢・小諸・追分宿などで、徳川氏の中山道整備に協力したものと思われる。さらに諏訪郡は譜代である諏訪藩領（諏訪氏）で下諏訪宿が整備され、これに隣接する木曽郡（木曽路）や、木曽郡に隣接する美濃東部は、前述のように関ヶ原合戦時における長安の働きによって、徳川氏の領国（譜代大名・領主の所領および直轄領）ないし徳川配下となった苗木藩領（遠山氏）になっていたので、木曽路一一宿や中津川・大井・大久手・御嶽・鵜沼などの宿が整備された。美濃中央部は岐阜町のほか、加納藩領（奥平氏）も徳川氏の支配下になっている（河渡・可納・美江寺宿など）。美濃西部では、幕領以外でいうと、大垣藩領は譜代の石川氏の支配、徳川氏の配下となった高須藩領（徳永氏）では赤坂・垂井宿など、関ヶ原宿は徳川氏の旗本となった岩手領（竹中氏）などといった具合で、ほぼ街道筋は徳川氏の支配ないし影響下におかれた。近江は前述のように旧石田三成領（佐和山一九万石、井伊直政領、鳥居本・番場・高宮・愛知川宿）のほか、守山のある野洲郡、草津のある栗太郡なども徳川領となり、さらに志賀郡大津町も徳川領になった。このように中山道の各宿はおおむね徳川直轄領のほか、譜代大名領、さらに徳川氏に近い外様の大名や旗本の支配下にあったため、東海道の各宿に遅れること一年、慶長七年に家康の伝馬朱印状や長安・伊奈忠次・板倉勝重・加藤正次（彦坂氏は前年六月に逼塞しているので加わっていない）らによって伝馬駄賃関係法令が出されており、正式に交通伝馬制度が発足しているのである。

このように東海道や中山道に宿駅や伝馬継立が整備された結果、家康を始め多くの人々による江戸と京都・伏見の往来が盛んになった。特に家康は、京都や伏見を拠点とするため、関ヶ原合戦で消失した伏見城や伏見の町を復興させ、家康の警護のために伏見定番が置かれたほか、家康の政務を支えるために徳川家臣たちも多く伏見に常駐したので、彼らの屋敷も建築されたのである。以下に東海道、中山道、その他の主要街道の成立についてみていく。

一、東海道の伝馬・駄賃法令

東海道では家康は、慶長六年（一六〇一）正月に東海道の宿場に指定された各宿に対し、以下のような伝馬朱印状を出している。例えば保土ケ谷宿宛のものは、

此朱印なくして伝馬不可出者也、仍如件

慶長六年

正月　日

ほとかや

（横浜歴史博物館編『東海道保土ケ谷宿資料集』）

と家康の伝馬朱印状がなければ各宿とも伝馬を出してはいけないとしている。これをうけて同じ正月に大久保長安、伊奈忠次、彦坂元正の三判証文によって各宿へ伝馬手形が出された。例えば東海道の由比宿宛には、

尚々此御朱印当月中ニ江戸へ届申間敷候間、罷上候御荷物、江戸衆手形を以、如此中届可被申候、以上

急度令申候、仍江戸迄上下之御伝馬、何時も此御朱印候て可被仰付旨候間、彼御本文ニ能々引合、可被申付候、為其為引へ、御朱印被遣候者也、已上

（慶長六年）正月　　　　由比

大　十兵（黒印）
彦　小刑（黒印）
伊　備前（黒印）

（「由比文書」東京大学史料編纂所影写本）

と江戸までの伝馬はどのような場合も朱印状によって許可されるので、朱印状本文の内容をよく確認すること、そのため朱印の雛型を遣わす、としている。但し雛型を今月中に届けられないので、それまでは江戸衆の手形によって行うとしている。このようにして出された伝馬手形の内容は、おおむね誰々にどこからどこまで伝馬を何疋出す、としたものである。この伝馬手形は現在由比・江尻・駿府・見付・四日市・土山宿など六点が確認できる。

ついで同じ正月には、同じく長安・伊奈・彦坂の三判証文によって具体的な伝馬の運用に関する五か条の「御伝馬之定」を各宿に出している。例えば保土ケ谷宿宛には、

御伝馬之定

一　三拾六疋ニ相定候事
一　上口者藤沢迄、下ハ神奈川迄之事
一　右之馬数壱疋分ニ、居屋敷五拾坪宛被下候事
一　坪合千八百坪、以居屋敷可被引取事
一　荷積者壱駄ニ卅貫目之外付被申間敷候、其積ハ秤次第たるへき事

右之条々相定上者、相違有間敷者也

慶長六年
丑正月　　伊奈備前（黒印）
　　　　彦坂小刑部（黒印）

大久保十兵衛（黒印）

ほとかや年寄中

（『東海道保土ケ谷宿資料集』）

とあり、条文によれば、宿場ごとに伝馬は三六疋とする、継立は保土ケ谷宿の上口（京都側）の藤沢と下口（江戸側）の神奈川までとする。伝馬一疋あたりの居屋敷は五〇坪とし、合計一八〇〇坪とする、馬の積荷は一駄あたり秤で正確に量って三〇貫目とし、それ以上は不可とする、などを規定している。この定書は現在沼津・三島・由比・駿府・藤枝・金谷・日坂・掛川・浜松・舞坂・御油・岡崎・知立・桑名・四日市・関・土山・水口宿など一九点が確認できる。

このほかこれら東海道における渡船場には、後述のように慶長七年六月十日付で「路次中船賃之覚」が出されているのであるが、当然のことながら慶長六年正月に「御伝馬之定」が出された段階で富士川や天竜川の渡船場も指定されていたものと思われる。ただし、これら河川の渡船場のほかにも、浜名湖の今切と対岸の新居との間に浜名湖を渡る今切の渡があり、こちらには慶長七年六月十日付の「路次中船賃之覚」は残っていないが、当然出されたものと思われる。その証左として、慶長六年正月七日付で今切の渡しにおける船の新造について三判証文（口絵参照）をもって、

従今已後、其地ニ出来致候新船之事、御役者先被仰付間敷候間、其旨存各仕立可申候、先々ゟ之船之儀ハ、御役可有之者也、已上

（慶長六年）
丑正月七日

伊　備前（黒印）

大　十兵衛（黒印）

彦　小刑（黒印）

新居百姓中

（「新居町役場文書」『静岡県史料』第五輯）

と新居百姓中に対して新船を造る代わりに諸役を免除するが、これまでの船に対しては御役を従来通り賦課することを伝えたものであり、このような事例は他の河川の渡船場でも同様であったと思われる。

さらに翌慶長七年六月二日には、長安・伊奈忠次・京都所司代板倉勝重・同所町奉行加藤正次の四人連署で五か条の

伝馬定書を、東海道と中山道の各宿に出している。ここに彦坂元正の名前が見られないのは、慶長六年六月、鶴岡八幡宮修理造営の不備のため、家康の勘気をうけて逼塞させられていたからである。このため前述のように、京都所司代に就いていた板倉勝重と京都町奉行の加藤正次の両名が加わっている。これは東海道の江戸と京都側の責任者がそろって連署しているのであろう。ここに三人による三判証文体制は崩れたが、大久保、伊奈とが残り、新たに板倉と加藤を加え、変化しつつも維持されている。この五か条の伝馬駄賃「定」は、例えば由比宿宛のものは、

定　　　　ゆい宿中

一於宿々、荷物付番不相定、出合次第早速可付送事
一御伝馬荷物者、壱駄付卅弐貫目、并駄賃者、四拾貫目相極候、若於難渋輩者、以書付可申上事
一荷物軽重之儀者、はかりを為遣候間、かけ改可付事
一駄賃祢積之儀者、奈良屋市右衛門尉・樽屋三四郎申付之候条、此両人切手次第可仕事
一御伝馬駄賃共ニ、不限夜中早々可付送事
右条々相定訖、若於違背之族者、可為曲事者也、仍如件

慶長七年ᅾ六月二日

伊　奈　備　前　守（黒印）
加藤喜左衛門（黒印）
板倉四郎右衛門（黒印）
大久保十兵衛（黒印）

（「由比文書」東京大学史料編纂所影写本）

と各宿の伝馬荷物について、慶長六年の伝馬手形とは異なり、公用伝馬で無賃で運ぶ一駄は三二貫目となっており、駄賃を払う一駄は四〇貫目を上限とすると重量制限をしている。また、もし難渋を申し掛ける者がいたら書付で報告すること、荷物の軽重は秤を遣すのできちんと量ること、駄賃の値段は江戸総町年寄の奈良屋市右衛門と樽屋三四郎より切

手を申し付けるのでこれによること、公用の伝馬は夜中を限らず付け送ること、としている。この定書は現在、東海道のものは由比・岡部・藤枝・金谷・日坂・舞坂・五井・四日市・土山宿など八点が確認できる。なお慶長六年当初から、いわゆる五十三次がそろっていたわけではない。

ついで同七年六月十日には先の伝馬駄賃について、三か条の「路次中駄賃之覚」が江戸総町年寄の奈良屋と樽屋より東海道の各宿に出されている。例えば保土ケ谷宿宛のものは、

定　　路次中駄賃之覚

一ほとかやゟ藤沢まて、荷物壱駄四拾貫目ニ付、永楽拾八文之事、同ほとかやより神奈河へも四文之事

一乗しり一人ハ拾九（八）貫目ニ定候、并少之のりかけ荷物成共はかりニかけ、右之積を以、無遅々様ニ早々付送可被申事

一ひた銭ハ、永楽ニ六文立ニ、取引可被成事

右之条々、御奉行所ゟ被仰付候間、如此書付置申者也、如件

慶長七年六月十日　　奈良や
市右衛門（花押）
たるや
三　四　郎（花押）

ほとかや宿中

（裏書）「　大久保十兵衛（黒印）
加藤喜左衛門（黒印）
板倉四郎右衛門（黒印）
伊　奈　備　前（黒印）　」

（「軽部文書」中村孝也『新訂徳川家康文書之研究』下巻二）

と、保土ケ谷宿から隣の藤沢宿まで荷物一駄四〇貫目につき永楽銭一八文、一つ前の神奈川宿までは四文、乗尻は一人につき一九貫目と定め、少しの乗掛荷物でも秤にかけて遅滞なく付け送ること、鐚銭は永楽銭に六文立で取引すること、などを定めている。この文書は東海道では保土ケ谷・見付・舞坂・新居・五井・藤川宿など六点が確認できる。

このほか東海道では、富士川の島田の渡船場、天竜川の池田の渡船場には「路次中船賃之覚」が出されている。例えば池田の渡船場には、

定　　　路次中船賃之覚

一荷物壱駄ニ付、永楽銭三文宛之事
一乗掛者永楽弐文之事
一れんしゃく商人者壱文之事
一川出候時も、右之如舟賃之相違無遅々様、早々可被渡候
一ひた銭者永楽六文立に取引可被成候事
右条々、御奉行所より被仰付候間、如此書付置申候也、仍如件

慶長七年六月十日　　ならや
　　　　　　　　　　　市右衛門
　　　　　　　　　　樽屋
　　　　　　　　　　　三四郎
　　天竜弐船舟頭衆

此御書付之裏書に

伊　奈　備　前　印

板倉四郎右衛門印
加藤喜左衛門　印
大久保十兵衛　印
（「旅籠町平右衛門記録」『浜松市史』史料編一）

のように天竜川船頭衆に出されており、荷物は一駄に永楽銭三文、乗掛は永楽銭二文、連雀商人は永楽銭一文、川の水かさが増した時でも船賃はこの規定通りとされている。なお天竜川の渡船場では二艘の船が配備されていた。

二、中山道の伝馬・駄賃法令

関ヶ原合戦後は、東海道が江戸・京都間のほとんどが徳川領国を通る形で整備されたように、中山道でも同様の状況で整備された。なお中山道は慶長七年（一六〇二）に街道全体が整備されたが、木曽道については前年の慶長六年三月廿日付でいち早く木曽道の贄川・塚本（上松）宿などの問屋に対し、長安が単独で伝馬の継立手形を出している。例えば贄川宿には、

大　十兵衛（黒印・花押）

追而御朱印之儀、無相違可被相立候、もし又わかまゝ申ものあらは、押置此方へ可被申上候、已上
右此判なくして、伝馬人そく一切不可相立候、もし手かたなく押而伝馬人足申付人あらは、其者の名を書付、則可申上候、仍如件
慶長六
三月廿日
贄川村
（「楢川千村文書」『信濃史料』第十九巻）

と長安の手形がなければ、一切の伝馬・人足を立てることを禁止し、もし手形なくして強引に伝馬・人足を要求する者は、その名前を書き付けて申し上げるよう命じている。そして伝馬朱印状は追って出すとしている。この朱印状は後述

のように翌七年三月に各宿に出されている。この長安の手形は、東海道では慶長六年正月に家康の朱印状が出されたこと、さらにこれをうけて同時に長安・伊奈・彦坂の三判証文によって「伝馬手形」および「御伝馬之定」が出されたことに類似するが、中山道では慶長六年時点で、長安が単独で仮に伝馬手形を出していたのである。さらに同年四月には配下の山村道勇（良候）をして木曽の野尻宿や妻籠宿に対し、伝馬継立の問屋を置かせている。例えば妻籠宿には、

妻籠半分之問屋之事申付候間、其段可相意得候、為其筆染候、謹言

慶長六年

卯月十三日　　　道勇御判

六郎左衛門かたへ

（「妻籠宿六郎左衛門所持致候御書付写」『信濃史料』第十九巻）

のように、妻籠宿の六郎左衛門に半分の問屋役を命じている。これは恐らくもう一人の人物にもう半分の問屋役を命じており、同宿では二軒の継立問屋が置かれて半役ずつ勤めたものと思われる。いずれにしろ、三月の贄川や塚本と同様に慶長六年段階で長安の命により、仮に木曽中の宿場の継立伝馬を編成・組織しているものと思われる。ついで翌七年二月から三月にかけて中山道の各宿に家康の朱印状が出され、本格的に交通伝馬体制が整備されていくのである。この朱印状は例えば岐阜町宛のものは、

此御朱印なくして、伝馬押立者有之者、其町中之者出合うちころすへし、若左様にならさるものにおゐては、主人を聞、可申上者也、仍如件

慶長七年

三月七日

岐阜町中

（「続古文書類纂」一・美濃）

とこの朱印状なくして伝馬を無理に立てることを申す者があれば、町中のものが出合い打ち殺すへし、もしそれができない者の場合にはその者の主人の名前を聞き申し上げることとしており、東海道の慶長六年の朱印状に比べて伝馬を無

理強いする者は打ち殺してもよいなど、かなりきつい口調になっている。同様の朱印状は御嶽宿（二月廿四日）、福島町（三月七日）などでもみられる。ついで翌慶長七年六月二日には長安・伊奈忠次・京都所司代板倉勝重・同所町奉行加藤正次の四人連署で、五か条の伝馬駄賃「定」が、東海道と同様に中山道の各宿にも出されている。ここに彦坂元正の名前が見られないのは、前述のように東海道の場合と同様である。この中山道の各宿への伝馬駄賃「定」は、例えば御嶽宿宛のものは、

ミたけ宿中

定

一於宿々、荷物付番不相定、出合次第早速可付送事
一御伝馬之荷物者、壱駄ニ付三拾弐貫目、并駄賃者、四拾貫目ニ相極候、若於難渋之族者、以書付可申上事
一荷物軽重之儀者、はかりを為遣候間、かけ改可付事
一駄賃祢積之儀者、奈良屋市右衛門・樽屋三四郎ニ申付候、此両人切手次第可仕事
一御伝馬駄賃共ニ、不限夜中早々可付送事
右条々相定訖、若於違背之輩者、可為曲事者也、仍如件

慶長七年
六月二日

伊奈備前守（黒印）
加藤喜左衛門（黒印）
板倉四郎右衛門（黒印）
大久保十兵衛（黒印）

（「野呂文書」東京大学史料編纂所影写本）

と各宿の伝馬荷物について、慶長七年の東海道の「伝馬駄賃之定」と同様に、公用伝馬で無賃で運ぶ場合、一駄は三二貫目となっており、駄賃を払う場合は一駄は四〇貫目を上限とすると重量制限をしている。またもし難渋を申し掛ける

者がいたら書付で報告すること、荷物の軽重は秤を貸すのできちんと量ること、駄賃の値段は江戸総町年寄の奈良屋市右衛門と樽屋三四郎より切手を申し付けるのでこれによること、公用の伝馬は夜中を限らず付け送ること、としている。この定書は中山道のものは、現在、熊谷・高崎・塩名田・和田・木曽福島・御嶽・高宮宿など七点が確認できる。

ついで同七年六月十日には先の伝馬駄賃について、東海道と同様に三か条の「路次中駄賃之覚」として江戸総町年寄の奈良屋と樽屋より、中山道の各宿に出されている。例えば御嶽宿宛のものは、

定　路次中駄賃之覚

一ミたけより伏見迄、荷物壱駄四拾貫目ニ付、永楽五文、同大久手へハ廿四文之事

一乗しり一人ハ拾八貫目相定候、并少之のりかけ荷物なり共、はかりニかけ、右之積を以、無遅々様付送可被申事

一ひた銭ハ、永楽六文立ニ、取引可被申事

右之条々、御奉行所より被仰付候間、如此書付置申候也、仍如件

慶長七年六月十日　ならや
市右衛門（花押）
たるや
三　四　郎（花押）

みたけ宿中

（裏書）
「伊　奈　備　前（黒印）
加藤喜左衛門（黒印）
板倉四郎右衛門（黒印）
大久保十兵衛（黒印）」

（「野呂文書」）

と御嶽宿の場合、御嶽宿から伏見宿まで荷物一駄四〇貫目につき永楽銭五文、大久手（大湫）宿までは廿四文、乗尻は一人につき一八貫目と定め、少しの乗掛荷物でも秤にかけて遅滞なく付け送ること、鐚銭は永楽銭に六文立で取引することなどを定めている。この文書は現在、中山道では熊谷・高崎・追分・小田井・岩村田・塩名田・芦田・塩尻・宮越・木曽福島・御嶽宿など一一点が確認できる。同時に美江寺宿と赤坂宿の間の揖斐川にかかる呂久の渡しの船頭宛にも、六月十日付で東海道と同様に奈良屋と樽屋により同じ内容の五か条の「路次中船賃之覚」を出している。その後、中山道では慶長十五年八月廿六日付でも、長安の配下の平岡良和らが長安の命をうけて呂久の渡船場や木曽川の太田の渡船場などの船頭に対し、船頭屋敷分を与えている。例えば呂久の渡船場には、

濃州今度御検地之上、於大野郡呂久村之内、高四石三斗四升、呂久之船頭屋敷拾三人分、如先規、大久保石見守奉之被下置者也

已上

慶長十五年庚戌

八月廿六日

平岡因幡守良和（花押）

和田河内守恒成（花押）

鈴木左馬助重春（花押）

呂久之渡船頭中

（馬淵文書『岐阜県史』古代中世編一）

と長安による慶長十四、十五年の美濃総検地をうけて、長安配下として検地にあたった平岡良和・和田恒成・鈴木重春の三人連署で、呂久の渡船場の船頭一三人に大野郡呂久村のうちで四石三斗四升の船頭屋敷分を与えたものである。同じく同月日付で太田の渡船場でも、船頭八人に加茂郡大田村のうちで三石九斗九升六石の船頭屋敷分を与えている。

ところで中山道の宿における伝馬人馬はどのくらいであったであろうか。中山道には前述のように、長安が関わった伝馬法令には「伝馬駄賃定」（慶長七年六月二日）や「路次中駄賃之覚」（同年六月十日）があるが、慶長六年正月に東海道に出した「御伝馬次之事」のような各宿ごとの継立伝馬数を三六疋（人足数については記載なし）とするよう示し

た定書は出されていなかったが、慶長八年十月廿八日付の、長安によるミたけ惣中・問屋宛「覚」（抜粋）によれば、「伝馬次（継）之事、弐拾五疋之事ハ、大井より大久手ニて次（継）可申由（中略）、付人足之事ハ拾人迄ハ、大久手ニ而次（継）可申候（下略）」と御嶽・大久手・大井の三宿に対して二五疋の伝馬数と一〇人の人足を明示している。この二五疋・一〇人は三宿だけのことではなく、中山道各宿においても同様であったのではなかろうか。そうすると中山道は東海道よりはやや少なく設定されていたことになる。

このように長安は中山道の整備を推進する一方、従来の中山道のルートを変更してまでも新宿を立てたり、新田開発を積極的に行ったりしている。例えば慶長七年十月には従来の信濃の下諏訪から塩尻・洗馬・本山を通り、贄川へ出る中山道のルートを、下諏訪から諏訪湖に沿って岡谷を通り、三沢峠を越えて小野を経て、さらに牛首峠を越えて桜沢で中山道に合流し、贄川に至る短距離の新しいルート（小野新道）に変更している。この新道の開鑿工事は長安の意をうけて木曽代官山村良候を奉行とし、諏訪藩（諏訪氏）・高遠藩（保科氏）・飯田藩（小笠原氏）など、信濃の近隣大名に賦役として工事を分担させている。この工事に従事する人々への扶持米は、山村氏に命じて川中島・佐久・小県・松本など、各地で買い付けて搬送させている。この新道の開削の時期については、慶長六年霜月十一日付の長安から千村喜太郎重利・遠山久兵衛友政（苗木藩主）宛の書状（抜粋）によれば、

尚々小野之儀も木曽御蔵入ニいたし候間、心やすくあるへく候、やがてやしきわりに人をこし可申候間、道勇たんかう候て、よきやうにあるへく候、以上

急度申入候、桜沢口何ほと出来候哉、承度候、ほしなとの様子も無心元候間申入候、不及申候へとも、其元万事無油断やうに尤候、松本ちもさま〳〵と申候へとも、此方之儀者一円たかい不申候間、其心得あるへく候、ほしな殿分者よく出来候由被仰候か、信濃殿御手前もよく出来申候哉、是又承度候、恐々謹言

（「榊川千村文書」『信濃史料』第十九巻）

のように桜沢口の工事がどれほど進んでいるか聞きたい、この新道については松本藩領の塩尻・洗馬など従来のルート

を外したので、松本藩から異議が出ているが、変更することはないのでそのつもりでいること、高遠藩や飯田藩の担当箇所の進捗状況も聞きたい、などを伝えている。そして尚々書で小野を徳川氏の木曽蔵入地に加えて山村良候代官の支配とするとともに、小野の屋敷割も山村の担当として人を派遣して担当させるとしていることから慶長六年の半ば頃から開始されたものと思われる。さらに霜月十四日付の長安より山村道勇（良候）宛の書状（抜粋）では、「小野海道出来候由申間、小野新町割ニ人を遣し、貴所ゟも慥成衆被遣、」（「木曽旧記録」四『信濃史料』第十九巻）としており、この書状の尚書きでは、「尚々新町わり奉行ニ駒沢管左衛門こし申候（下略）」と新町の町割り奉行として長安配下の駒沢管左衛門を当てていたことがわかる。この駒沢管左衛門は石見銀山で活躍した駒沢勘左衛門と同一人物と思われ、前述のように毛利氏時代から石見銀山で働いており、長安によって召し抱えられた者である。このように小野に新宿を立て、問屋も造って伝馬継立を行わせる一方、ここを幕領として木曽代官山村良候に支配させるとともに、中山道を往来する大名にこの新道を利用するよう働きかけているのである。もっともこの小野新道は長安の死去後の慶長十九年以降、元の塩尻ルートに戻されている。また長安は新宿の町立も積極的に行っており、細久手宿の場合は『濃州徇行記』（名古屋市鶴舞図書館所蔵、以下所蔵同じにつき省略）（抜粋）によれば、

宿覚書に、石見守通られし時、大久手より御嵩まで五里の間馬次なきにより新宿を立べしと国枝与左衛門に申付ありて、自力に家七戸建けるが、何者か火を付焼けり、因て重て石見守通行の時、其事を訴ければ、自力に造りしにより焼たるべし、此上は公義御米可被下間、宿に取立申様にとて、則石原清左衛門に命じて　米百俵与左衛門拝領し、細久手町中成就せるとなり

と長安が大久手（大湫）と御嵩（嶽）宿の間の宿として細久手宿の設立を命じ、国枝与左衛門が中心となって七軒ほど建てたが、何者かの放火により焼失したため、再び長安が公儀の米を与えて宿を取り立てるよう美濃代官石原清左衛門一重に命じて、米一〇〇俵を国枝に与えて細久手町（宿）が成立したという。この結果慶長十一年十一月廿四日には美濃の細久手に対して仮の宿立として、

定

御伝馬廿五疋・人足十人ニ相定候、右之外入馬参候ハヽ、不押置、囲へくり可申候、大井・ミたけへも其通申付候、荷数参候時者定之廿五疋拾人之外者、駄賃ニて可通由定候様、右分ニ可致候、其之外諸役一切有間敷者也、仍如件

（慶長十一年）午十一月廿四日　　大　石見守　印

ほそくて村年寄中

（『濃州徇行記』）

のように成立しており、中山道の伝馬人馬の数が新宿でも二五疋・一〇人と示されており、さらにこれ以外の人馬の要求をした者は捕らえて置き囲いに入れること、これを大井宿や御嶽宿にも伝えること、規定以上の荷積みの要求があった時には、駄賃を取ることなどを命じ、その代わりにその外の諸役は免除するとしている。なお細久手宿は慶長十五年八月廿七日付の長安の手形によれば、

其郷之儀上下之為に候間、新町を立、新田も発、駄賃をもつけ伝馬をも可仕候、左様候へハ、ミたけ・大湫之為ニも候条、当宿之切発分ハ出置候、人も多集り新田をも多切候ハヽ、検使人をもこひ相当に御年貢等可納候所也、仍如件

慶長十五年戌八月廿七日　　大　石見

土岐郡ほそくて村

（『濃州徇行記』）

と細久手に新町を立て新田も開発すればその宿に与える。さらに駄賃も付けて伝馬を行えば御嵩（御嶽）宿と大久手（大湫）宿の間の宿として正式に宿場とするとしている。そして多くの人が集まり新田開発を行えば、検使を派遣の上、開発した土地は新宿に与え、年貢を納めることとしている。このように街道沿いの新田開発も積極的に行っている。翌十六年三月九日付、長安が出した、甲府から岐阜までの伝馬六疋の継立手形（名取文書『新編甲州古文書』第二巻）には細久手宿が記載されているので、この時点までには宿場として成立していたようである。

このほかにも美濃における新田開発は長安が主導して各地で積極的に行っており、例えば中山道沿いの中津川村では、

中津川村之内小野、五年之間年貢諸役免許候、山之儀も小野之分前々之ことく可為事、仍如件
追て五年之後ハ、弐石つゝ、年貢可出候、但子ノ年より未ノ事ニて候（黒印）

慶長十二年
未ノ三月十一日
山　甚兵衛
之勝《良》（黒印・花押）
市岡喜平次殿

（「山村文書」『岐阜県史』史料編近世三）

のように慶長十二年三月に中津川村のうち小野を新田開発すれば、五年間は鍬下年季として年貢諸役を免除するほか、山の入会地も前々のごとくであり、五年たった後は子～未（慶長十七～元和五年）までの八年間は二石ずつの年貢とする、としている。この開発は長安配下の木曽代官山村良勝から中津川宿の隣の落合宿の年寄、市岡喜平次に出したものであり、長安の指示の下、かなりの好条件で開発しているのである。また慶長七年七月には中山道の落合宿近くの落合橋が破損したため、七月十一日付の長安から代官山村良勝・千村良重宛の書状（抜粋）で、「落合橋散々破損候間、両人談合候て可有御懸候、半分ハ七郎右、半分ハ平右可有御懸候」（千村文書『信濃史料』第二十一巻）と山村・千村両人に掛け替えを指示している。

このほか木曽谷では、実際の支配にあたっている山村氏が慶長十六年四月二日付で、三九か条の上松宿宛の定（徳川林政史研究所所蔵文書『信濃史料』第二十一巻）を出している。直接伝馬に関係する条文を抜粋すると、

一伝馬人足七里、手形なくして壱疋壱人成共相立候ハヽ、肝煎・問屋可為曲事候（下略）
一壱疋伝馬宿荷之義、道勇如定置候、一日ニ弐駄たるべく候、此外ニ乗かけ成共つけましく候、又人馬御奉行御泊被成候御やとハ、問屋番ニて無之もの可仕候（下略）
一俄之伝馬人足并ニ急用之儀者、中分在之候共、先時之奉行・肝煎指図次第ニ仕、不帯やうニ尤ニ候（下略）

一道橋損候ハヽ、此方より之不及催促可申付候、但過分ニ手間入候者、早々可申上候、石見様も被入御念候間、急度可申付候事（下略）

などの四か条で、伝馬は手形なくしては一疋一人も出してはならない、一疋あたりの伝馬宿荷は道勇（山村良候）の定のごとく一日に二駄までとする、にわかの伝馬人足や急用の時は、理由があろうともまず時の奉行・肝煎の指図次第にすること、道や橋が損傷した時には山村氏からの催促がなくとも行うこと、ただし過分にしてはならない、この点は石見様（長安）も念を入れていたので必ず行うこととするなど、より詳細に規定している。

このように長安ら代官頭は慶長六年にまず東海道の整備を行い、翌七年には中山道の整備を行って、宿場と伝馬継立・駄賃、さらには渡船場などを定め、交通伝馬体制を確立している。特に中山道の整備には長安が積極的に関与している。慶長八年以降、長安が信濃川中島藩主松平忠輝の付家老として領内支配にあたり、慶長十六年九月には越後までも支配した忠輝領内の街道と宿駅の整備を行っているが、長安はこの街道（のちの北国街道など）を中山道に結びつけ、佐渡の金を江戸や駿府に輸送するルートの中に組み込んでいるのである。

このほか慶長十四年に島津氏が琉球に侵攻したため琉球は降伏し、国王尚寧王は捕虜として薩摩に連行された。そして翌十五年四月、島津家久は尚寧王を伴って東海道を通行して江戸へ上った。途中、駿府の大御所家康に挨拶をし、九月には江戸で将軍秀忠に謁見した。その後『当代記』によれば、慶長十五年九月二十七日の項に「去七月より琉球の王、駿府・江戸江出仕して、九月十四日立江戸被上、今日美濃国被着岐阜」と島津家久と尚寧王の一行は九月十四日に江戸を立ち、中山道を通行して帰国の途について、同月二十七日に岐阜に着いたという。この帰路の途中、福島宿での宿泊について、幕府の年寄衆土井利勝と青山成重の連署で、九月三日付で長安の手代衆宛に、「信州ふく島ニ而　琉球衆御振舞并人馬ノ覚」として尚寧王・御相伴七人・侍衆五七人・中間夫一〇三人の合計一六八人の振舞膳の用意、さらに人足二三〇人・乗馬六〇疋（三〇疋ハ上、三〇疋ハ下）・乗掛馬九〇疋・荷馬三〇疋の合計五一〇疋の徴発を指示し、最後に「右之通、御馳走候て、さきの泊迄御送可有候、のり馬之儀ハ、其辺ニおほく御座有間敷と存候間、随分有次第御出し可有候、但日限之儀ハ、此方御出候儀いまた不相定候間、石川玄蕃（康長）殿へ御相談可有候」（徳川林政史研究所所蔵文書『信濃史料』第二十巻）と、一行が木曽福島宿に宿泊するので、同宿での一行に対する振舞や人馬の徴発などについて通達するとともに、松本藩主石川康長に相談すること、としている。これをうけて十月三日付で長安から手代衆（木曽代官）である山村良安に対して「覚」（抜粋）が出されており、

一琉球王其元御通御馳走様子、御一書委披見本望候事

一島津殿御通に候ハヽ、可有御馳走由尤候事

（徳川林政史研究所所蔵文書『信濃史料』第二十巻）

と琉球王や島津家久らの一行の御馳走（振舞）の様子が山村から知らされてきたことに安心したと伝えている。このことは恐らく長安から家康に伝えられたことと思われる。

またこの土井らの通達は先の『当代記』にみるように、岐阜を初め中山道の各宿に出されたものと思われる。なおこの時、長安は駿府年寄衆であるが、同時に木曽谷木材や木曽道を山村氏を通して支配しているので、土井・青山らは木曽福島での一行への振舞や人馬徴発を長安に依頼している。このように幕府の外交上の問題にも長安は深く関与していたのである。

以上、みてきたように、交通伝馬政策は江戸時代初期の慶長六、七年に長安が関与して、交通伝馬についての諸法令が出され、翌八年の幕府成立後においても基本的にはこれらの諸法令によって交通伝馬制度は運営されていたのである。中でも長安は中山道の確立に奔走し、慶長十年以降、大御所家康の年寄衆となった後においても、引き続き交通伝馬制度に関与している。特に中山道の宿駅支配においては新宿・新田開発なども積極的に行っている。

三、奥州道・甲州道の伝馬法令

奥州道については、現在までのところ前述したような伝馬法令が出されたかどうか、史料が残存しないため確定できないが、まず文禄二年（一五九三）に代官頭伊奈忠次が千住で隅田川に橋を架けており、千住がのちの奥州道の起点と

なる契機としている。ついで慶長七年正月には宇都宮宿に対し、長安・伊奈忠次・長谷川長綱の連署で、

当町中地子事、永御赦免成候ハ、公儀之伝馬・当領主定役、不可有無沙汰者也、依仰　下知如件

慶長七年

正月

大久保十兵衛長安（花押）

長谷川七左衛門長綱（花押）

伊奈備前守忠次（花押）

宇都宮

町中

（植木家文書『栃木県史』史料編近世一）

と宇都宮町に地子免許を与え、公儀の伝馬と領主の定役をきちんと勤めるよう命じている。これ以外の宿場への史料が現在までのところ残存しないため断定はできないが、少なくとも江戸と宇都宮までの区間は奥州道でも伝馬継立が開始された可能性がある。関ヶ原合戦後、利根川を越えた下野では、徳川領国としては、宇都宮に蒲生秀行に代えて譜代の奥平家昌を一〇万石で封じ、皆川には皆川広照を一万三〇〇〇石で、板橋には譜代の松平一生を一万石で、それぞれ安堵または新たに封じ、そのほか直轄領も設定するなどして、一部の外様大名領を除いて、おおむね下野南部を支配下に置いている。その外様大名とは西方の藤田信吉一万五〇〇〇石、壬生の日根野吉明一万石余、真岡の浅野長重二万石、佐野の佐野信吉二万九〇〇〇石などである。このほか下野北部の那須郡には、戦国以来の那須衆（那須氏・大田原氏らの大名やそのほかの小領主）や烏山の成田泰親三万七〇〇〇石などの外様大名領が存在し、さらに那須に北接する陸奥南部の現在の中通や会津は会津藩蒲生秀行領（六〇万石）であったため、東海道や中山道と異なり、奥州道は街道の整備を早急に進めることはできなかったものと思われる。したがって関ヶ原合戦直後においては前述のように江戸と宇都宮の区間までしか整備できなかったのではなかろうか。この区間では千住より越谷・粕壁（春日部）をへて幸手に至る、古利根川の自然堤防上の道を奥州道と定めたという。その後、宇都宮宿は元和二年（一六一六）に二五人・二五疋の人馬の継立と一万坪の地子免除地が設定されていることから、他の宿と同様に正式に成立したのは元和二年で

あったものと思われる。なお宇都宮以外の宿の起こりを示唆する地子免許については明確ではないが、一部の宿については宿場の成立について伝承がある。越谷宿の造成は伊奈忠次の配下の代官杉浦定政であり、大沢の住人、深野・内藤両氏に名主役に準じる町役人という役職を与えて土地を提供させ、この地区に間口六間（約一〇メートル）、奥行数十間、軒と軒を接した町割をほどこし、周辺村々の人家を移住させて町場を造成したという（「大沢町古馬筥」『越谷市史』史料編四）。これとともに大沢の対岸四丁の村は越谷郷の土豪会田資久の勢力下であったので、会田氏の協力の下で大沢と同じ町並を構成し、両者を合わせて越谷宿と名付けたという。会田資久には慶長十三年（一六〇八）五月十九日にこの功績として伊奈忠次が屋敷分一町歩を与えている（小島家文書『越谷市史』通史編・近世）。また草加宿は『新編武蔵風土記稿』第七巻によれば、「当宿は慶長十一年、宿篠葉の民大河図書なる者、彼村々の民とはかり。公へ聞へあげて茅野を苅、沼を埋て開墾し、奥州街道の駅となせり。」とあり、さらに「武蔵国足立郡谷古宇領草加宿由来」（『草加市史』史料編一）によれば、「慶長元年申ノ歳、東奥の駅路此辺に当る。図書、駅の長を仰付らるゝ、其後慶長十一午年、近所村九ケ村ノ所を町並に曳出す、駅馬の助をなさん為也」と慶長十一年に草加宿が成立したとしているが、この段階では宿として成立しておらず、千住宿と越谷宿の人馬の中継所的な存在であったようで、宇都宮宿同様、元和二年（一六一六）に宿として成立したものと思われる。このほか慶長十五年以前に栗橋地区の住人である池田鴨之助・並木五郎平が新田開発願を出し、伊奈忠次の指揮の下、上河辺新田を開発したという。この上河辺新田は元和二年に奥州道が付け替えられた際に、利根川河岸の宿場および房川の渡船場として栗橋宿とされたという。奥州道がより一層整備されるのは、その後の日光東照宮造営および寛永十年代の参勤交代が制度化される頃までに、正式な宿駅が順次設定され、それにともない地子免許も順次個別に行われていったものと考えられるという（『栃木県史』通史編四）。そして街道の呼び名も奥州道（街道）ないし日光道（街道）となっていったものと思われる。

甲州道は関ヶ原合戦後、甲斐が徳川領国になり、甲府から先の信濃下諏訪までの諏訪領も多くは譜代の諏訪氏領であるため、徳川領国内で設定できたものと思われる。甲州道では江戸から甲府までを表街道、甲府以降の中山道の下諏訪

までを裏街道と呼んだという。慶長六年八月二十六日付の家康の出した伝馬朱印状では、

伝馬参拾疋、自伏見江戸迄可出之者也、仍如件

慶長六年八月廿六日

右宿中

（『新編武州古文書』上）

とあり、徳川義宣『新修徳川家康文書の研究』によれば、この右宿中とは『新編武蔵風土記稿』第五巻の上仙川村の旧家の項に「百姓清右衛門（中略）又この家に下高井戸宿百姓源左衛門といへるもの、伝来のよしにて、御朱印文書二通を所持せり、家断絶して清右衛門方に預かれりと云ふ、左のことし」として、本文書と慶長十八年四月十九日付の伝馬手形二通が掲げられている。そして「由てこの二通の伝馬手形は下高井戸宿に宛てられたものと知られる」としている。このことから恐らく伏見から高井戸までの伝馬朱印状は、戦国以来の中山道を通り、下諏訪から甲府へ至るコースで出されていることと思われ、早くから甲州道でも簡略な宿駅が形成されていたものと思われる。また慶長十六年三月九日付で長安が出した伝馬手形（名取文書『信濃史料』第二十一巻）は、甲府から岐阜まで伝馬六疋を立てるものであり、甲府から韮崎・代ケ原・蔦木・青柳・高島を経て下諏訪で中山道に合流し、木曽路の各宿をへて岐阜に至っている。これも甲州道が甲府から下諏訪まで通じていたことを示している。なお甲州道は江戸の防衛上重視され、甲斐を一時期、徳川義直・徳川忠長などの徳川一族の領地としたが、多くは直轄領としており、初期においては長安が支配している。さらに長安の政策により慶長十五年に茅野村、翌十六年には御射山神戸村が甲州道沿いに新町（間宿）を立てている（『長野県史』通史編近世四）。また慶長十二年以降、長安が角倉了以に依頼して富士川通船と鰍沢河岸が開かれてからは、甲府からここへは身延道を通って甲斐の米やその他の物資が富士川を通して太平洋側に出され、代わりに塩が入れられているものと思われる。また長安は八王子横山に数回来ているが、八王子へ来たルートが判明するのは、慶長十七年七月十四日付長安より戸田隆重宛「覚」（抜粋）で、「一我等も先日其表ゟ甲州へ参候うちに、殊外日にてられ候而、散々淋病わつらひ此中ハ弥いたミ申候間、于今よこ山に逗留候而養生候」（「戸田藤左衛門所蔵文書写」）と甲府を

通って八王子横山に来ている。こうして甲斐はもちろん、信濃などから江戸への往来に甲州道の八王子を通行していたものと思われる。このように甲州道の整備も、この街道上に武蔵多摩郡八王子の町立を行ったこと、直轄領として甲斐を長安が中心的に支配していたことなどから、長安が積極的に行ったといえよう。

四、一里塚の設置

最後に伝馬政策の仕上げとして、これら五街道に一里塚を設置しているが、この設置責任者は大久保長安であった。『東照宮御実紀』巻八の慶長九年（一六〇四）二月四日の条によれば、

右大将殿の命として諸国街道一里毎に堠塚（世に一里塚といふ）を築かしめられ。街道の左右に松を植しめらる。東海中山両道は永井弥右衛門白元。本多左太夫光重。東山道は山本新五左衛門重成。米津清右衛門正勝奉行し。町年寄樽屋藤左衛門。奈良屋市右衛門も之に属してその事をつとめ。大久保石見守長安之を惣督し。其外公料は代官私領は領主沙汰し。五月に至て成功す。

と家康の命をうけた右大将（秀忠）が、諸国の街道に一里ごとに一里塚を築かせることを命じた。その総奉行に大久保長安が任ぜられ、東海道と中山道は永井白元と本多光重が、東山道（中山道）は山本重成と米津正勝（親勝）がそれぞれ奉行し、これに江戸総町年寄の樽屋と奈良屋が属して働いている。そのほかの脇街道は公料は代官が、私領は領主が沙汰して順次設置している。そして五月に至って成功したという。しかし『当代記』によれば、

慶長九年八月、当月中、関東従右大将秀忠公、諸国道路可作之由使相上、広さ五間也、一里塚五間四方也、関東奥州迄右之通ナリ

と一里塚構築の命令は慶長九年八月としており、五月完成との差異が見られるが、これは今後の検討課題とする。また『東照宮御実紀』巻八にいうような脇街道の整備も五月までに整備されたというのは正確ではない。なお『当代記』では一里塚は五間四方としたこと、一里塚は関東と奥州となっているが、『東照宮御実紀』巻八では東海道と東山道（中

山道）となっており、ここでも違いがみられる。さらに『落穂集』（国立公文書館所蔵）（抜粋）によれば、

慶長九年二月四日江戸より諸方への道中筋一里塚を築しめらる大久保石見守是を奉行、同年五月下旬悉く出来、大久保石見守一里塚の上に何にても木を植候てハ如何と被相伺候へは一段可然との仰に付、何木を植させ可申と重て被相窺候処、よい木を植させ候様にと仰に候を石見守は榎をうへろとの仰と間違、状を出して榎木を植させ候となり

とここでも五月下旬に完了したとしている。また一里塚に植える樹木について、長安が家康に何の木を植えたらよいか伺ったところ、家康が「よい木」を植えるようにといったが、長安がこれを「榎木」と聞き間違えて、各地に榎木を植えるよう各地に書状を出したという。この逸話はややおもしろおかしく伝えられているように思われるが、おおむね一里塚の樹木は榎木が多かったようである。いずれにしろ一里塚は慶長九年に構築を開始し、五街道はおおむねその年のうちに完成したであろうと思われる。それ以外の脇街道については南部藩の記録によれば、南部藩領内は慶長十五年までに整備されたという（「諸国壱里塚始之事」『南部叢書』第四冊）とあることから、脇街道は慶長九年の開始からその後十年余を経て整備されたと見るのが妥当であるように思われる。なおこの一里塚設置とともに三十六町を一里と定めるとともに、五街道の起点を日本橋と定めている。

このように関ヶ原合戦直後における交通伝馬の整備は、家康が豊臣公儀体制の下でその執行者として江戸と上方とを往来することが多く、むしろ上方の豊臣秀頼や豊臣恩顧の西国諸大名への押さえの意味もあり、東海道の整備に着手した。加えて、東海道には前述のように多くの河川があり、大雨時には川止めとなることが多かったため、その代わりの街道として中山道も整備された。さらにもし上方や西国で事が起きれば、軍事出動も当然起こるため、東海道と中山道の二街道は早急に整備されねばならなかったのである。したがって奥州道は、この要件を考えると、下野の徳川領国の存在する所までの整備に留めたのかもしれない。奥州道などの整備は元和二年（一六一六）段階から本格的に行われたものと思われる。

第八章　徳川公儀政権の成立

一、徳川公儀政権下の畿内とその周辺諸国支配

慶長八年（一六〇三）二月、徳川家康の征夷大将軍叙任により徳川幕府が成立すると、これまでの豊臣公儀に代わって徳川公儀政権が全国支配を行うことになった。しかし笠谷和比古氏によれば、これ以降も豊臣氏は一大名に転落した訳ではなく、独自の政治体制の主催者として全国に散在している豊臣蔵入地に対する支配権を残しているなど、一定の政治能力を保持した存在であったという。そして慶長二十年（元和元年）までの間を、国制的には徳川公儀（将軍型公儀）と豊臣公儀（関白型公儀）という二重公儀体制であったとする（笠谷和比古『徳川家康の征夷大将軍任官と慶長期の国制』）。しかしこの豊臣公儀（関白型公儀）については、豊臣蔵入地の支配や畿内とその周辺諸国地域への影響力及び豊臣系諸大名への影響力等は理解できるものの、それ以外では地域的にどれほどまで浸透していたかの証明が必ずしも十分とはいえず、限定的であった可能性がある。またその豊臣蔵入地の支配でも前述のように完全に豊臣氏側の専管ではなく、豊臣公儀の執政者時代から家康の関与が看て取れるのである。

畿内とその周辺諸国では、畿内の中心地である摂津・河内・和泉など六五万石余を領有する豊臣秀頼がなお大坂城におり、畿内とその周辺諸国、さらには前述のように西国の豊臣系諸大名などに対して影響力を持っていた。このような状況下でも徳川政権は、これら政治的・経済的・軍事的に重要である畿内とその周辺諸国及びそこにおける先進諸都市に対し、これまでの豊臣公儀に代わる新しい政権として支配の浸透・強化を図っていった。しかしながら畿内とその周辺諸国の領主関係は、前代以来の諸領主や寺社権門などによる複雑な支配関係が維持されている非領国地域であった。このため畿内とその周辺諸国に対する幕府の法令や支配権の浸透を図るため、国ごとに幕府より触下を任命し、その浸

透を図っている。

慶長十四年頃といわれる幕府年寄衆の土井利勝や青山成重ら五人より出された「諸事触下覚」によれば、

四月六日写

諸事触下覚　土大炊判

青山図書判

其外三人有之

一山城　板倉伊賀守　一大和　大久保石見守　一近江　米津清右衛門

一丹波　山口駿河守　一摂津国　片桐市正　一河内　同人

村上三右衛門

一和泉　同人　一但馬　間宮新左衛門　一備中　小堀遠江守

一伊勢　日向半兵衛

長野内蔵丞　一美濃　大久保石見守

以上

（高橋正彦編『大工頭中井家文書』）

のごとく、畿内とその周辺諸国を超えた美濃や但馬・備中までを加えた一一か国の国ごとに触下が任命されている。このうち摂津・河内・和泉は片桐且元が任ぜられているが、片桐は前述のようにこの三か国を中心に所領を持つ豊臣秀頼の奉行衆であるためであろう。この他の国々はいずれも徳川方の奉行や代官であり、山城は京都所司代の板倉勝重、大和と美濃は大久保長安、近江は堺政所兼近江長浜代官の米津親勝、丹波は丹波郡代の山口直友と村上吉正、但馬は生野銀山奉行の間宮直元、備中は有力代官の小堀政一、伊勢は山田奉行の日向政成と長野友秀であるが、板倉以外は代官出身者が多い。これら徳川系の奉行・代官たちは慶長五年の関ヶ原合戦直後から配置された者もいたが、慶長八年二月の徳川幕府成立後から順次触下として、慶長十四年段階に至るまでに配置・整備されたものと思われる。中でも代官たちが多く任命されているのは、関ヶ原合戦以降、徳川領となっていた領地が、徳川幕府が成立すると新たに幕府直轄領（幕領）となり、徳川公儀政権の正式な御料（公儀御料）となったからである。このことは一大名時代の直轄領とは異なり、全国支配や政治・経済・軍事・外交などの面で様々な行為に対する費用をこれら公儀御料（以下幕領と呼ぶ）からの年貢収入で賄うことを意味している。従ってそれを支配する代官も自ずから公儀の代官として公平な立場で政務にあたるという公的権力をもつことになるのである。畿内とその周辺諸国においても幕領は各地に存在したため、それら幕領の支配も重要な役割であったが、前述のように大坂の豊臣氏をはじめ多くの大名や朝廷・公家・寺社など古くからの権門の領地が多く存在し、かつそれらの所領が複雑に入り組んでいたので、豊臣公儀に代わる新しい公儀として国ごとに一括して幕府法令の布達や領主間、寺社間、農民間、あるいはその両者間の様々な争論への公平な対応（裁許）などまで扱うことになった。このため慶長八年二月の徳川幕府成立以降は、特に畿内とその周辺諸国において、幕府は豊臣公儀に代わる新しい政権として前述のように京都所司代の板倉勝重を幕府による畿内とその周辺諸国支配の中心とし、これを近江（大津）や美濃、大和の支配にあたる大久保長安や和泉の堺政所の米津親勝（正勝）（近江長浜代官も兼ねる）らに補佐させ、さらに畿内や備中の幕領支配にあたっている有力代官小堀正次（翌九年二月死去後、政一が代わる）や豊臣氏関係の事案では豊臣秀頼の奉行衆片桐且元も加わっている。

このように様々な人材を配置し、畿内とその周辺諸国においては徳川幕府、すなわち徳川系奉行の主導の下、時には豊臣公儀系の奉行も参画して諸政策を遂行する体制を整えたのである。その徳川系の奉行も幕府成立以前では大久保長安・彦坂元正・加藤正次らがあたり、さらに板倉勝重や小堀正次らが加わったりしていたが、幕府成立以降においては長安・米津・板倉の三人が中心となっており、関与する奉行人も変化しているのである。以下に畿内とその周辺諸国における諸政策について具体的に考察していく。

（一）知行の割渡（知行書立または知行目録）

徳川幕府成立後における家康の朱印状（知行宛行状）の発給形態についてみると、藤井譲治氏は「領知朱印状は、全体としてはそれほど多くはないが、家康が将軍となる以前にも、家康の名で出された領知朱印状がみられる。一方家康が将軍となることを契機に領知朱印状の発給が際立って増加するかといえばそうでもなく、徳川氏の領知宛行制の形式と将軍就職とは直結していない」（藤井譲治『徳川将軍家領知宛行制の研究』）といわれているように、同書の付表1によっても徐々に増加しているようにみえる。

このような家康の領知宛行状（朱印状や黒印状）と代官頭や奉行衆による知行割渡（知行書立または知行目録）や寺社領の所領割渡（所領書立または所領目録）との関係について畿内とその周辺諸国を中心にみていく。畿内とその周辺諸国における諸大名や旗本衆に対する知行の割渡（知行書立または知行目録）については、後述の裁許体制と同様に板倉勝重・大久保長安・米津親勝の三人（あるいは二人）による発給形態がみられるが、その点数は必ずしも多くはない。しかも前述の家康の朱印状と黒印状発給の宛所とは一致していない。つぎに先の三人による知行割渡は前述のように徳川幕府成立以前でも慶長六年七月五日山岡道阿弥（景友）に対し近江において五〇〇石を割渡したり、同年七月十日に谷衛友に対して丹波において一万六〇〇〇石（山家藩）を割渡しているが、幕府が成立した後においても継続して行われているのであるが、必ずしも三人連署とは限らず三人のうちの二人で行ったり、状況に応じて他の者を入れて行うこともあった。例えば慶長八年九月廿四日付の赤井時直に対しての知行所に関する書状は、長安、板倉・小堀新介正次の三人によって出されている。

以上

急度申入候、隋而大和宇知（宇陀か）郡御知行所之内ゟ小物成出申候、然処ニ何用被仰不相済由候、近日勘定上申儀候間、急度被仰付旨候、無左様候ハバ、未進ニ書上可申候間、可有其御心得候、為御届申入候、恐々謹言

（慶長八年）九月廿四日　板伊賀守勝重（花押）

小　新　介　正　次
大石見守長安（花押）
赤井弥平兵衛《（時直）》殿御宿所

（『天理市史』史料編一）

この赤井時直は『寛政譜』第四によれば、家康の浜松城時代に仕え、天正十八年（一五九〇）関東入国後、下総千葉郡内で五〇〇石を与えられ、関ヶ原合戦後の慶長六年に大和宇知（宇陀か）郡内で一〇〇〇石を加増された。この書状は長安ら三人の連署状によって慶長八年（一六〇三）九月、この大和宇陀郡の知行地における小物成の勘定についてまだ済ませていないので、近日中に勘定を上げるよう申し伝えたものである。なおこの書状では長安と板倉、米津による発給ではなく、長安、板倉のほかに小堀新介正次が加わっているのは、小堀正次が大和の幕領支配の代官として関与していると思われる。ついで慶長十一年九月に幕府勘定衆の武藤安成に対して長安・板倉・米津の三人連署によって、

知行目録　和州式下郡
大木村
一高四百五拾壱石九斗三升
八田村之内
一高六拾壱石七斗七升
合五百拾三石七斗
右為知行被下候間、巳年ゟ可有御所務候、御朱印之儀者、重而申請可進候、先其内如此候、以上
慶長拾壱年
二月廿一日
板　伊賀守
米　清右衛門
大　石見守
武藤理兵衛《（安成）》殿まいる

（『記録御用所本古文書』一一七七号文書）

と大和国式下郡大木村と八田村の内で五一三石余の知行目録を出している。しかもここでは関ヶ原合戦直後の知行割渡（知行書立または知行目録）と同様「御朱印之儀者、重而申請可進候」とあり、朱印状は重ねて申請して遣わすとして

いるが、武藤安成についてはその後の家康よりの朱印状（知行宛行状）は今のところ見られない。

このような「御朱印之儀者、重而申請可進候」の文言は、これまでもみられたように知行の割渡（知行書立または知行目録）において、しばしばみられるところであるが、この家康の朱印状の発給の状況についてみると、前述のように慶長六年時点での畿内とその周辺諸国において長安・彦坂・加藤の徳川系三人と豊臣秀頼の奉行衆片桐且元・小出秀政らとの連署によって出された知行書立または知行目録に対し、「御朱印之儀者、重而申請可進候」のように、のちに家康の朱印状を申請して進上するとしているが、実際には慶長八年二月の徳川公儀政権（幕府）成立以前では家康の朱印状（知行宛行状）は出されることは少なかったと思われるのに対し、慶長八年二月以降、徳川公儀政権（幕府）の成立後においては、それ以前と同様朱印状が出されない場合もあるものの、家康の知行宛行状（朱印状）が先に出されており、それを受けて長安・板倉・米津らの三判証文による知行の割渡（知行書立または知行目録）が行われるという場合もみられるのである。

例えばもと宇喜多秀家の家臣で秀家が改易された後、家康に仕えた花房正成に対して家康は慶長九年八月晦日付で、

備中国小田郡之内、四千七百四拾八石四斗壱升、後月郡之内弐百五拾壱石五斗九升、合五千石之事、宛行訖、全可領知者也

慶長九年八月晦日　（家康御朱印）

花房志摩守《正成》とのへ

（「諸家感状録」中村孝也『新訂徳川家康文書の研究』下巻之一）

と備中小田郡内四七四八石四斗一升、後月郡内二五一石五斗九升の合計五〇〇〇石の知行宛行状（朱印状）を出している。この家康の知行宛行状（朱印状）を受けて長安らが翌月の閏八月十三日付で花房正成に対し、

御知行目録　備中小田郡

一千四百五拾石五斗三升　大江村

（中　略）

後月郡　横谷村

一千百六拾八石七斗三升

合五千石

右為御知行、御朱印別紙ニ被進候、是者郷村之書立ニ候、卯之物成ら可有御所務候、以上

慶長九年

閏八月十三日　　板倉伊賀守勝重（花押）

大久保石見守長安（花押）

花房志摩守（正成）殿

（岡山市教育委員会『花房家史料集』一）

と長安と板倉の二人連署で備中小田郡内八か村で四七四八石四斗一升、後月郡内一か村二五一石五斗九升の合計五〇〇〇石の知行目録を出している。この慶長九年閏八月十三日付の長安と板倉の連署による知行の知行目録は花房正成のほかに小早川秀秋の家臣で秀家の改易後、家康に仕えた林正利に対して美濃可児・中島郡内で二〇〇九石余の知行目録（「書上古文書」一）と、同じく小早川秀家家臣だった長崎元家に対して伊勢一志郡内で一六〇四石余の知行目録（「長崎文書」『大日本史料』十二編之十一）との二点が見られるが、家康の宛行状（朱印状）も『記録御用所本古文書』によれば、林（一七九号文書）・長崎（九一四号文書）の二人に対し花房と同様に慶長九年八月晦日付で出されている。このように家康の朱印状（知行宛行状）を受けて知行割渡（知行書立または知行目録）が出されるという、のちに一般化する宛行形式の萌芽はみられるのである。

さらにのちに述べるように慶長十二年以降駿府に移った家康の大御所政権が確立してくると畿内とその周辺諸国における知行割渡（知行書立または知行目録）の発給の一部は家康の意を受けて、長安を含む駿府年寄衆が担っている。これは江戸の秀忠の将軍政治でも知行宛行に基づいて配下の者によって知行書立または知行目録が発給されたものと思われるが、管見の限りでは慶長十二年以降における板倉勝重や米津親勝らが関与する知行書立または知行目録は見当たらない。

(二) 畿内とその周辺諸国における訴訟裁許

そのような中、畿内とその周辺諸国では村方や漁村などで様々な争論が起こっていたが、それらが徳川幕府成立後においては豊臣公儀に代わって幕府に持ち込まれてきた。

第2表にみるように、争論には知行・寺社・賦役・用水・山林・漁場・村境・田畠・入会地などの生産や境界に関する争論など様々なものがあった。このような争論に対する活動は、早くは関ヶ原合戦後の慶長六年(一六〇一)二月、豊臣公儀下の段階からみられるが、主としては徳川幕府が豊臣公儀に代わる新しい政権として裁許にあたることになった。この裁許には京都所司代の板倉勝重を中心に大久保長安と当初は彦坂元正も加わったが、彦坂逼塞後は米津親勝が加わり、板倉・大久保・米津の三人による裁許体制を整えた。

彼ら三人による連署によって裁許状や諸証文などを出したが、必ずしも三人連署による場合だけでなく、時にほかの者が加わったり、逆に長安と板倉、長安と米津、板倉と米津など、少なくとも二人が連署に加わって様々な場面に対応していた。このため畿内とその周辺諸国における訴訟では、基本的には彼ら三人のほかに豊臣氏との関わりのある訴訟には豊臣氏の奉行衆の片桐且元も加わっている。このような裁許について長安を中心に見ていくと、慶長六年二月二十八日付の摂津・千里山山手争論の裁許では、家康は豊臣公儀下での執行者の立場であったので、その下で長安・彦坂元正が先の知行の宛行・割渡しと同様に三判証文のメンバーとして裁許にあたった。ただ、桜井村は豊臣秀頼の家臣矢島加兵衛・牛介、美濃部隠岐守、松岡某等の領地があったようで、このうち矢島氏と美濃部氏は片桐且元と小出秀政の連署による切手によって与えられていたという(『新修豊中市史』第一巻　通史一)。熊田(熊野田)村は蒔田広定領であったようで(同上)、そのため豊臣側から片桐且元が加わり、徳川側からは恐らく裁許の重要性から長安らの上位者である関東総奉行の内藤清成と青山忠成も加わり、五人による裁許となったものと思われる。この裁許では、係争地は従来桜井村の山手とされていたが、今回は新たに山手として入会山を設定し、熊田・桜井両村が利用できるようにしたようである。この史料を除けば、現在発見されている、長安が関係した裁許史料は徳川幕府の成立以後のものである。

第2表　関ヶ原合戦以後の畿内と周辺諸国における訴訟関係

ＮＯ	年　月　日	発　給　人	国名・郷村・寺社	論　争　内　容	争論区分	出　　典
1	慶長　6.　2.28	大・彦・内・青・片	（摂津）熊田・桜井	千里山山手争論	裁許	「藤岡文書」『豊中市史史料編３』
2	8.　7.25	大・伊・長・板	（大和）三昧田・山口	用水争論	目安・差紙	「三昧田区有文書」『天理市史資料編３』
3	9.　8.30	大・板	（近江）伊香２７か村	用水争論	差紙	長浜市高月町「井口日吉神社文書」
4	9.閏814	大・板	（近江）伊香・浅井	用水争論	裁許	長浜市高月町「井口区有文書」
5	.　9.閏8.14	大・板	（近江）伊香・浅井	用水争論	裁許	『近江伊香郡志』中巻
6	9.閏8.14	大・板	（近江）伊香・浅井	用水争論	裁許	伊香文書（『東浅井郡志』巻４）
7	9.閏8.14	大・板	（近江）八島郷・播磨田郷	用水争論	裁許	守山市「八島区有文書」
8	9.11,13	大・板・米・片	（近江）西教寺	西教寺・延暦寺人足争論	裁許	西教寺文書（東大史料編纂所蔵写真帳）
9	9.　―	大・板・小	（近江）日野	用水争論	裁許	山論鉄火裁許訳書　※1
10	11.　9.17	大・板・米・権	（近江）延暦寺	西教寺・延暦寺山手米争論	裁許	西教寺文書（東大史料編纂所蔵写真帳）
11	11.　9.23	大・板・米	（近江・伊賀）和田・五反田	布留宮祢宜・年預争論	裁許	西川氏所蔵文書『三重県史資料編近世１』
12	14.　3.17	板・米	（近江）中羽田・下羽田	入会山争論	差紙	板谷宇一家文書『八日市市史６』補遺
13	14.　5.18	板・米	（近江）北内貴・東内貴	山争論	差紙	北内貴川田神社文書　※2
14	14.　7.　8	板・米・鈴	（大和）布留宮	年貢納所争論	裁許	天理図書館所蔵文書『天理市史史料編１』
15	14.　―	板・鈴	（大和）岩屋谷・櫟本	用水争論	裁許	『天理市史史料編１』
16	16.　4.　8	大・板・米	（近江）堅田・長浜	漁場争論	目安・差紙	大津市「堅田村漁師共有文書」
17	16.　4.26	大・板・米・安	（近江）堅田・長浜	漁場争論	裁許	大津市「堅田村漁師共有文書」
18	16.　4.26	大・板・米・安	（近江）茨川　志賀	漁場争論	裁許	大津市「尾花川親友会共有文書」
19	16.　7.　3	大・板・米	（近江）大浦惣谷	湊争論	目安	蓮敬寺文書（東大史料編纂所蔵写真帳）
20	16.　―	大・板・米・安	（近江）梓河内・長岡	入会山争論	裁許	日向家文書（『山東町史史料編』）※3
21	.16.　―	大・板・米	（近江）伊香立・葛川	入会山争論	裁許	八所神社文書　※4
22	年欠　3.17	天	（近江）大田郷・舟木郷	漁場争論	裁許	高島市「北舟木共有文書」

【凡例】　大：大久保長安、彦：彦坂元正、伊：伊奈忠次、長：長谷川長綱、内：内藤清成、青：青山忠成、板：板倉勝重、片：片桐且元、小：小堀正次
鈴：鈴木重春（長安配下）　安：安藤重信、権：権田之親、天：天羽景次（長安配下）

※1, 滋賀県立図書館架蔵写真帳「滋賀県史再訪採集文書７０」、**※2**、『水口町文化財調査報告書７』、**※3**, 天和３「立合山山論ニ付坂田郡長岡村言上状案」

※4, 延宝６「入会山争論ニ付江州志賀郡伊香立村惣百姓言上状案」（「八所神社文書」東大史料編纂所蔵写真帳）

拙著『徳川幕府成立過程の基礎的研究』（文献出版　１９９５年）

なお一部、藤田恒春「慶長期近江国の支配ー『国奉行』米津親勝をめぐってー」（京都大学『人文学報』７２号　１９９３年）を参考にした。

慶長九年と思われる十一月十三日付の長安・板倉・米津に片桐を加えた四人の連署では、近江滋賀郡坂本の西教寺に対し、

　　以　上

山門領与西教寺領出入之事、小堀新介存生之内ニ可有御究を、双方内談之上古帳を以、四年以来被成所務候、然を只今新儀之様候条、新介古帳と於被定置者、自今以後可有其沙汰候、恐々謹言

　　霜月十三日　　　　米津清右衛門親勝（花押）

　　　　　　　　　　板倉伊賀守勝重（花押）

　　　　　　　　　　片桐市正且元（花押）

　　　　　　　　　　大久保石見守長安（花押）

　　　　西教寺

　　　　　　　　　　（「西教寺文書」東京大学史料編纂所影写本）

と坂本の西教寺領と延暦寺領との寺領争論において、以前の小堀新介正次の決定を調べて双方の内談の上、正次古帳を以て年貢所務にあたることを西教寺へ命じている。これに片桐が加わっているのは、豊臣氏とも関連がある有力寺院間の争論であるためであろう。しかしその後、再び西教寺と延暦寺との間で人足争論があった。同十一年九月十七日付の長安ら三人に代官権田之親を加えた四人連署の延暦寺宛書状では、

　　以　上

急度申入候、仍坂本西教寺領之人足、山門江被召出仕迷惑候由、西教寺ゟ被申候、領分者互面々之儀候条、西教寺領百石分之百姓貴寺へ被召仕候事御無用候、為其令啓候、恐々謹言

　　慶長十壱年

　　　九月十七日　　　　米　清右衛門

　　　　　　　　　　　　権　小三郎

　　　　　　　　　　　　板　伊賀守

（「西教寺文書」）

大　石見守

山門（延暦寺）惣御中参

と西教寺領の人足が延暦寺へ召出されて迷惑していると西教寺側が訴えたため、西教寺領一〇〇石分の百姓を延暦寺で召使うことを禁止する裁許を出している。権田が加わっているのはこの時期、丹波と近江の代官であったからである。彼ら三人はこのような畿内有力寺院の争いまでも裁許している。また慶長九年八月には近江の伊香郡と浅井郡との境を流れる高時川の取水を巡る用水争論があり、両郡の村々から京都所司代か近江代官に対して目安が上げられたのであろうか、同年八月卅日にはこの水論を扱った長安と板倉から伊香郡に差紙が出されている。これによれば、

以　上

当夏中水門（問）答ニ付而可尋子細候間、彦九兵衛（光正）手代鈴新五左手代口次第早々可致参上候、

（慶長九年）辰八月卅日

板　伊賀守勝重（花押）

大　石見守長安（花押）

江州いかこ廿七ケ村

庄屋百姓中

（長浜市「井口日吉神社文書」）

と伊香郡二七か村の庄屋百姓中に対し、尋問のため彦坂光正の手代鈴木新五左衛門の呼び出しがあり次第参上することを伝えている。この差紙は浅井郡に対しても、史料は残存しないが出されたであろう。また目安状が残存しないので詳細は不明であるが、二七か村にわたる大規模な訴訟のため差紙を出している。この水論の裁許は、同年閏八月十四日に両郡に対して同文の裁許状を長安と板倉の連署で出している。浅井郡に対してのものは、

今度いかこ・あさい水問答、双方可承之由、御諚候間、絵図并双方申分申上候処ニ、年来無之所ニ而候も、水ひかせ可申由被　仰出候、其心得候而、以来共如前々日損無之様ニ水うけ可申候、内々申分ニ而公儀かるしめ、けんくわなと仕候者、双方可有御成敗旨被　仰出候、及迷惑候者、何時も目安ヲ以可申上候、以上

慶長九年辰
閏八月十四日
板倉伊賀守（花押）
大久保石見守（花押）
浅井郡百姓中
（伊香文書『東浅井郡志』巻四）

と伊香・浅井両郡の水論について双方から絵図や申状を出させた上、家康の御諚として、これまで用水を引いていない村にも水を引かせるよう仰せ出されたので、その心得の上、以来は日損のないように水を引かせるので、喧嘩など公儀（幕府）を軽んじることをした者は両方とも成敗するよう仰せである、また迷惑を蒙った者も何時でも目安を上げる、こととしている。このように家康の御諚（意向）をうけて奉行の長安と板倉とが、畿内とその周辺諸国において公儀（幕府）の権限を浸透させるために裁許を行っているのである。同様の水論は同九年閏八月十四日付、近江浅井郡の八島郷と播磨田郷との隣村同士の水論（守山市「八島区有文書」）に対しても長安と板倉の二人で裁許状を出している。さらに同十一年九月二十三日には、

以　上
伊賀国上柘植村与甲賀郡之内和田・五反田両村と山之出入之事、各聞届候、先年両国之侍衆十人宛出合以相談、判状仕候上者、如前々和田・五反田村ゟ山手米、上柘植村へ納候而、山江入可申候、仍如件
慶長拾壱年
九月二十三日
大　石　見　守（印）
板　伊　賀　守（印）
米津清右衛門尉（印）
甲賀郡
和田村
五反田村　惣百姓中
（西川氏所蔵文書『三重県史』資料編近世一）

と伊賀阿拝郡上柘植村と近江甲賀郡和田村・五反田村との国境をこえた山論に対し、和田村・五反田村から山手米を上

柘植村へ納めることで、これまで通り山への出入りを認めるとした裁許状を三人連署で出している。このほか慶長十六年の志賀郡伊香立村と葛川村との入会山争論でも伊香立村の延宝六年卯月の「入会山論ニ付江州志賀郡伊香立村惣百姓連署言上状案」（「八所神社文書」東京大学史料編纂所写真帳）によれば、「慶長拾六年山之儀ニ付、山門行者衆ゟ目安上り、板倉伊賀守様・米津清右衛門様・大久保石見守様御三人之御前ニ而対決仕候」と山門（延暦寺）の行者衆から目安が出されたので、長安・板倉・米津の三人の前で対決を行ったという。

このほか慶長十六年四月二十六日付の、琵琶湖岸の近江堅田浦における漁場争論では三人に江戸政権（将軍秀忠）年寄衆の安藤重信が加わり、

江州堅田あミの事、如前々いつかたの浦にて引候共、不可有異儀候、任先規旨如此候也

慶長拾六辛亥年

卯月廿六日

米　清右

安　対馬守（黒印）

大　石見守（黒印）

板　伊賀守（黒印）

江州

堅田あミの者中

（大津市「堅田村猟師共有文書」）

と堅田浦の漁師は前々のように琵琶湖の何方でも網を仕掛けてよい旨の裁許を出している。この裁許の前提には同年三月二十七日付で堅田浦の漁師が昔より琵琶湖の何方でも網を仕掛けてきたのに対し、長浜城主の内藤信成に長浜沖に仕掛けた網を押さえられたことを目安をもって幕府に訴えたため、これを幕府から受けた長安ら三人が四月八日付で早々に公事を行う旨を内藤信成に伝えていた（『新修大津市史』第三巻、近世前期）。したがってこの裁許にあたり譜代大名が絡んでいるため、将軍秀忠の意を受けた安藤対馬守重信が裁許に加わっているものと思われる。同じく安藤重信が加わった裁許では、慶長十六年の近江坂田郡梓河内村と同郡長岡村の山論でも、長岡村の天和三年十一月の「立合山山論

ニ付坂田郡長岡村言上状案」（日向家文書『山東町史』史料編）によれば「七十三年いせんニ申ふん出来仕、板倉伊賀守様江罷出候所ニ、田徳米ハとり申さす山へ立入候様ニと、米津清右衛門様・安藤対馬守様・大久保石見守様・板倉伊賀守様御連判御折紙被下」と幕領梓河内村と彦根藩（井伊氏）領長岡村とに関係するため、安藤が加判しているものである。また同じく十六年四月二十六日に裁許された滋賀郡茨川村と志賀村の琵琶湖における漁場争論では、前々のように茨川の漁業権を与える旨の裁許を三人で行っている（大津市「尾花川親友会共有文書」）。同じく十六年七月三日には大浦惣谷の百姓衆から琵琶湖の海津湊を訴えた訴訟が長安・板倉・米津の三人宛に出されている。この裁許の結果は不明であるが、大浦と海津との争論であろう（蓮敬寺文書）。さらに年欠であるが、三月十七日付の長安配下の近江代官天羽景次が高島郡大田郷と舟木郷との漁場争論に対し、舟木郷の三右衛門に大田郷沖で網引き・臥役を許可する旨の裁許状を太田郷に出している。この場合は長安単独で裁許をした形となっているのである（高島市「北舟木共有文書」）。

このような裁許関連ばかりでなく、慶長十一年十一月には三人に代官権田之親を加えて新町の町立と荒地の開発を奨励している。すなわち、

已　上

江州蒲生郡之内ニ勝地村、蒲生飛騨守殿古屋敷ニ新町を立、壱間ニ付地子銀子参匁宛之積、荒地開可申由尤候、左様ニ候へハ、千石夫壱人彼郷中之高引可被申候、屋敷地子之分、千石夫之夫銭ち余候間如此候、但新町者、諸役可為免許者也

慶長十一年

午十一月十三日

米　清右（黒印）

板　伊賀（黒印）

大　石見（黒印）

権　小三（黒印）

青山孫平殿まいる

（西大寺共有文書『大日本史料』十二編之二十一）

と蒲生郡二勝地（仁正寺）村の蒲生氏郷の古屋敷に新町を立て、一間に付き地子銀三匁宛の積りで荒地を開くこと、新町の諸役は免除する、としている。これを給人青山孫平に命じている。またこれに権田之親が加わっているのは、先の同十一年九月の西教寺と山門の人足争論と同様、近江代官であったからであろう。

さらにこの三人の連署による支配は近江に限ったことではなく、大和においても行われている。慶長八年七月二十二日には、大和山辺郡の幕領三昧田村と織田有楽斎（長益）の知行所山口村との溜池争論（用水争論）の折、

和州山辺郡三昧田村池水之儀ニ付申上候覚

一いく坂池水之儀、三昧田村ハ前々より取来申候、然処ニ丑の年ハ雨ふり候て、御世の中水過申ニ付、丑の年ハ彼池水取不申候、さて又去年寅年ハ日そん（損）にて御座候間、前々のごとく彼池取申処ニ、有楽様御知行山口村より彼池水とらせ申ましきと堅申事ニ候、就者去年十郎左衛門殿へ申上候ヘハ、前々のごとく被仰分可被下との儀ニ候へ共、十兵衛様石州へ御下ニ付、只今まで相すミ不申候、当年も前々のごとく水取ニ参候ヘハ、水くたし不申候、昨年も日損ニなり荒申候処ニ、当年も又日そんニて荒申候、左様ニ御座候ヘハ、三昧田村ハたゑ申候間、此度有様ニ被仰付候て可被下候、仍如件

慶長八年七月廿二日　　三昧田村庄や

善三郎（花押）

藤　七（花押）

喜三郎（花押）

与　吉（花押）

御奉行所様御披露

（裏書）

右之分御目安上申候間、八日返答書被成早々可被参、以上

卯七月廿五日

伊　備前（花押）

長　七郎（七左）（花押）

大　石見（花押）

板　伊賀（花押）

有楽様御知行所

山口村庄屋

（三昧田区有文書『天理市史』史料編三）

と大和山辺郡いく坂の溜池の利用につき、日損が続いたため両村の間で利用について争論となり、奈良奉行所に三昧田村から目安状が出されたので、これに対し八日以内に返答書の提出を相手の山口村に命じたものであり、この裁許には長安と板倉のほかに代官頭伊奈忠次と長谷川長綱が加わっている。この理由は不明であるものの、大和の触下は長安であるため、主体は長安である。この争論は後年の「酉三月吉日」付三昧田村からの口上書によれば、「慶長七年ニ山口村ゟ水之押領仕候付、次年七月廿二日、板倉伊賀様・大久保石見様へ目安を以申上候処則御裏判被下、山口村百姓中伏見へ被召寄、段々御吟味之上ニ而被聞召届、三昧田利潤ニ罷成候御事」（「三昧田区有文書」『天理市史』史料編三）と三昧田村の勝利となっているが、最終的に裁許にあたった者は何人か不明であるものの、少なくとも長安と板倉は加わっていたであろう。このほか慶長十四年七月三日には、大和山辺郡布留宮（石上神宮）の年貢納所に関する祢宜と年預との間の争論（『天理市史』史料編三）でも、板倉と米津に鈴木重春が加わった三人連署で裁許状を出しているが、鈴木は長安の大和支配における家老的代官であるため、この裁許は長安・板倉・米津の三人による裁許がなされたものとみることができる。

(三)　山城検地

山城国は天正検地が実施されたが、徳川政権は改めて慶長十六年に一国検地を実施した。検地奉行は板倉・長安・米津の三人で、その下に間宮光信・三浦直正・角南重勝・初鹿野加右衛門らの代官がいた。この検地の前提として、慶長十四年二月二日付の将軍秀忠より板倉宛に出した「覚」（抜粋）の中に、「御蔵入之高不足之処ハ先縄打のものに、大久保石見守もの・板倉伊賀守もの・米津清右衛門もの指添、水帳を以てつぼ（坪）入いたし、不足之所は引取、有高を以可定事」（「御当家令条」三二）と山城の蔵入地（幕領）の高に不足が生じたため、先縄（天正検地）の検地での検地帳や大久保・板倉・米津の配下の実施した検地帳を指添えて、これらの水帳にもとづいて坪入れを行い、不足の所は差し引いて実際の石高とする、というものである。山城検地の実態はあまり判明していないが、寺社や幕領などを中心に行われた可能性がある。『駿府記』の慶長十六年十二月二六日の項には、

今夜大久保石見守出御前、板倉伊賀守・米津清右衛門□□同出御前、前日於田中為御目見得、此両人山城国御検地相終故参府云々、（中略）清右衛門在伏見而行其事云々

と十二月二十五日に検地が終了したことを板倉と米津が駿河の田中において家康に報告して、翌二十六日の夜に長安も駿府に到着し、板倉・米津とともに御前で改めて検地の結果を報告したものと思われる。

（四）禁裏の新規造営

慶長十六年三月には後水尾天皇の即位にあたり、家康の命によって禁裏を新たに修造することが決まり、翌十七年五月十一日には家康の黒印状による「禁中御作事奉行之事」が出された。この作事奉行に任命された者は、板倉勝重・米津親勝・小堀政一・日下部定好・山口直友・村上吉正・日向政成・長野友政・肥田時正の九人であり、長安は普請奉行とはなっていないが、後述のように築地塀の構築を担当している。この「禁中御作事奉行之事」の奥書には、「日向よりのほり申し候松材木、皆々大坂にて其御家々奉行衆罷下、中井大和ものと立合請取申候事」とあり、日向政成から大和吉野より伐り出した松材木を大坂へ諸大名への課役によって輸送するが、大坂に着いた時には諸大名の担当奉行と大工頭中井正清の配下のものとが立ち合って受け取るように指示している。なお九人のうち、日下部定好は伏見留守居で畿内の年貢の管理にあたっている。山口直友と村上吉正は丹波郡代で丹波の木材や諸物資の運搬にあたった。日向政成

と長野友政は伊勢の触下で吉野の木材の調達・輸送にあたった。肥田時正は近江代官である。この禁裏普請は諸大名への課役によって行われたが、慶長十六年の『禁裏御普請帳』によれば、諸大名一四二人、在駿府衆二五人、在江戸衆四一人、大坂衆四四人、合計二五二人が記載されており、その総石高は一四九二万石余である（中村孝也『新訂徳川家康文書之研究』下巻之一）。また禁裏新造にあたっては、慶長十六年と思われる七月十九日付の、家康の側近である金座役後藤光次から中井正清宛の書状（抜粋）には、

一書申入候、然ハ禁中様古御殿共早々御くづさせ被成御注進可有之候、貴殿ハ　禁中様ノ御殿其外御作事ノこともやう斗肝を御肝可有候、必々築地ニ形などの日用ノ肝煎被成候へハ急候ハん間其御心得可被成候、御諚ニも其通被成　御意候、古御殿さへ早々くづし候ハゝ、爰元へ御注進被仰候て御尤ニ存候、但築地ひゃうニ成申候哉、大名衆ノ下奉行共寄合候て誂候ハゝ貴殿ハ無御存知事ニ候（下略）

（高橋正彦編『大工頭中井家文書』、以下編者同じにつき省略）

とこれまでの「古御殿」を早々に壊し、それを注進すること、中井正清は禁中の御殿やその外の作事に精を入れてあたること、築地塀のことは大名の課役で行うため各大名の下奉行を集めて誂え（構築分担計画）るので、中井は知らないことである、などを伝えており、これまでの「古御殿」を崩し、新御殿の作事に専念すること、築地塀は別に大名課役で行うことなどを伝えている。これに先立って慶長十六年四月には、禁裏造営とは別に、禁裏の四方の築地塀の構築が行われており、『寛政譜』第二（板倉氏家譜）によれば、

諸大名をしてわかちて禁中の四方に、厚さ八尺の築地を造らしめたれしとき、米津清右衛門清勝・大久保石見守長安とゝもにその事を奉行し、勝重これを惣裁す。このとき遠国の大名は各役銀を出すこと、六尺に銀二百五十銭と定めらる。勝重、大工頭中井大和守正清をして、京都の商家より人夫を出してこれを築かしむ（下略）

と諸大名の分担地域を決め、厚さ八尺（約二・四メートル）の築地塀を構築させたが、遠国の場合、参加できない時は六尺（一・八メートル）あたり銀二五〇銭（匁か）の役銀を出させ、それをもって中井正清をして京都の商家から人夫

を出させて構築させた。これらを米津清勝（親勝）と長安が奉行し、板倉が惣奉行となったという。また「慶長以来御造営并御料地之記」（『吹塵録』所収）（抜粋）によれば、

慶長十六年六月朔日、大内（内裏）築地の課役、関東のともからハ、八尺間一間、銀二貫五百目とさため、其銀を京職板倉伊賀守勝重并に大工棟梁中井大和守正次（清）のもとニ納むべしと命下さる

とあり、関東衆（江戸衆か）への築地の構築課役は、八尺あたり銀二貫五〇〇目（匁）と定められており、『寛政譜』の場合は六尺あたり銀二五〇匁の役銀を課されている。八尺と六尺の差はあるが、かなり異なっている。この点は今後の検討課題とする。

さらに慶長十六年か十七年と思われる十二月六日付の大久保長安より中井正清に宛てた書状（抜粋）には、「禁中御作事之儀も木取以下其方次第と被　仰出候、将軍様へも何事も御普請方之儀大和次第御尤之由候、外聞と申節も御感之事候」（『大工頭中井家文書』）と禁中作事において木取り（材木調達）も正清次第であると家康も言っており、将軍秀忠も何事も普請は正清次第であると言っている、と伝えている。また長安死去直後の同年六月廿六日付、大御所側近の後藤光次から中井正清宛の書状では、

幸便候間一書申入候、然ハ大石見殿衆鈴木左馬・杉田九郎右、吉野ニて貴殿ゟ御材木之儀被仰付由ニ候、左様ニ候へハ只今石見被相果候間、か様ノ儀如何御座候ハんと御年寄衆へ尋被申候へハ、貴殿ゟ状を御年寄衆迄被越候ハ、何ようニも可被仰上由ニ候間、御材木も御急ニ候ハ、御年寄衆迄早々御状可被遣候、其次第ニ被得　御意を候て可被仰付由、御年寄衆被仰候、猶小遠州其元御越ニ候間可有御物語候、恐惶謹言

以　上

（慶長十八年）
六月廿六日

後庄三郎
光次（花押）

中和州様まいる

（『大工頭中井家文書』）

と長安より中井正清が調達した禁裏造営用の吉野の材木を受け取ることを長安配下の家老的代官の鈴木重春と杉田忠次が命じられていたが、長安が死去したので今後どうしたらよいか、中井正清からの書状を添えて駿府の年寄衆に尋ねたところ、中井正清からの書状が届き次第、その通りに家康に申し伝える。また材木の調達は急ぐことなので、早速書状を出すように、それについては家康の御意を得ている。詳しくは小堀政一が行って話をすることを伝えているのである。このように長安は、禁中の作事には直接関与していないものの、材木調達においては関与していたのである。いずれにしろ禁裏普請と築地塀の構築に板倉・米津・長安が関与していたのは間違いない。

（五）その他

前述のように畿内とその周辺諸国と関わりがあるものとして、慶長七年六月二日付の東海道や中山道への「伝馬定書」や、同年六月十日付の「路次中駄賃之覚」の発給では、長安・伊奈忠次・板倉・加藤の四人連署で発給している。これは慶長六年正月の東海道への「伝馬定書」や「伝馬手形」などでは長安・伊奈・彦坂元正の三判証文によって発給していたが、彦坂が同年六月に逼塞したため、翌七年六月に出された伝馬関係文書は長安・伊奈のほかに京都所司代の板倉、京都町奉行の加藤が新たに加わっている。このような交通伝馬政策でも長安と板倉が中心となっている。このほか慶長十一年九月十三日、長安と板倉勝重は伏見城に赴き、豊国神社の鳥目および社頭石灯籠のことを申し上げて家康の許可を得ている（『舜旧記』）。なお長安と片桐は前述のように、慶長六年七月二十五日付で豊国社に対して一万石の社領書立を出している。さらに慶長十七年二月には長安と板倉、米津のほかに、江戸政権の年寄衆土井利勝、青山成重を加えた五人の連署で、囲碁の本因坊や将棋の大橋宗桂ら御抱衆に扶持米を与えることを長安配下の代官鈴木重春と杉田忠次らに命じている。この場合は本因坊や大橋宗桂らは豊臣政権以来、京都在住で、家康に仕えたのちも扶持米は京都で受け取るため大久保長安らが関わり、さらに彼らが将軍秀忠にも仕えていたので、秀忠の年寄衆の土井利勝と青山成重が連署に加わっているのである。

このように畿内とその周辺諸国においては関ヶ原合戦直後から、徳川幕府成立期にかけて、すなわち豊臣公儀から徳川公儀体制への移行期においては、長安・板倉・米津の三人を中心とする支配体制が形成されていたのである。

二、江戸築城と長安の江戸屋敷

江戸城は天正十八年（一五九〇）八月、家康が関東へ入国した時には、これまであった太田道灌が築城し、その後、北条氏配下の遠山氏が城主であった江戸城を居城としたが、粗末であったため翌十九年四月、江戸城の応急工事を行い、一門・譜代の上級領主に一万貫（石）に人夫五人の割合で課役し、工事にあたらせたという。文禄元年（一五九二）三月には西の丸の工事に着手し、神田山を切り崩してその排土をもって日比谷の入江の埋め立てを行い、翌二年三月には一応工事はできあがったが、なお工事は続行されていた。しかし豊臣秀吉の伏見築城の夫役賦課や朝鮮出兵による軍役賦課などのため工事は中断されたり、関ヶ原合戦でも中断された。この築城や軍役には当然、大久保長安も参加していたものと思われる。江戸城の築城は家康が幕府を開いた翌慶長九年（一六〇四）六月から再開された。その後、江戸幕府による最初の「天下普請」として慶長九年八月、江戸城の普請工事計画を発表した。そして池田輝政・福島正則・加藤清正・黒田長政ら西国大名に天下普請の助役（手伝普請）として、石材・木材などの江戸城への輸送準備を命じている。築城工事は同十年、将軍職を継いだ秀忠に引き継がれ、秀忠は内藤忠清・石河重政らを普請奉行に任命し、大棟梁甲良氏を普請の実務責任者としたほか、縄張りは築城の名手藤堂高虎の手を借りている。この築城にあたり、当該城内にあった一六か寺に替地を与えて城域外へ移した。その一つ、東光院は現在の皇居吹上御苑あたりにあたる局沢にあったが、慶長十年二月九日付で内藤清成・青山忠成・伊奈忠次・彦坂元正の連署で東光院に対し、「此以前之御神領、御普請場に罷成候、替高拾五石分、於今井郷之内相渡申候、辰年物成ゟ可有御所務者也」（「浅草東光院記」『大日本史料』十二編之二）と替地一五石を与えて今井郷へ移している。このほか築城用の石材は代官頭伊奈忠次が中心となって西国の諸大名に真鶴や伊豆から船で運搬させて、相模三浦半島の三崎で受け取り、当時の江戸はまだ海が近くまで来ていたため、江戸湾の奥深くまで船で運び入れて芝浦で陸揚げし、そこから陸路で江戸城に運び入れたという。このため諸大名は石材を運ぶ石船を各自三〇〇艘〜四〇〇艘を二年がかりで準備していた。また伊奈忠次は運送する人足の差配とその扶持米の手配などにもあたっている。

これに対し、大久保長安は作事用の木材の手当を担当した。木材に関連して慶長十一年二月、大工頭中井大和守正清に対し、

（尚々書省略）
急度申入候、仍江戸就御普請、大鋸入候か、爰元ニ不足ニ候間、貴所よりね（祢）を定大鋸之儀、五十かい御下可被成候、恐々謹言

（慶長十一年）二月廿日　　伊　備前　忠次（花押）
大　石見　長安（花押）
青　図書　成重（花押）
土　大炊　利勝（花押）

中井大和（正清）殿参

（『大工頭中井家文書』）

と土井利勝・青山成重・伊奈忠次・長安の連署で江戸城普請のための大鋸が不足しているので、正清が値段を決めて五〇丁を調達・購入して江戸に送るよう依頼するなど、道具の調達にあたったという。さらに木材調達先は利根川上流の関東北部の山岳地帯、富士川上流（駿河）、木曽川上流（信濃）、天竜川上流（信濃）などであった。このうち長安の支配下にある木曽谷の木材の調達では、慶長十一年三月廿七日付、山村良勝から木曽の贄川村惣百姓中吏与一右衛門など三人宛の手形（抜粋）に、「石州様御泊御用しけく候」（「信濃史料」第二十巻）とあり、贄川村での争論に対応する一方で、長安が自ら木曽に出向いて木材の調達にあたっていることが窺える。そして前述のように苗木藩主遠山友政と

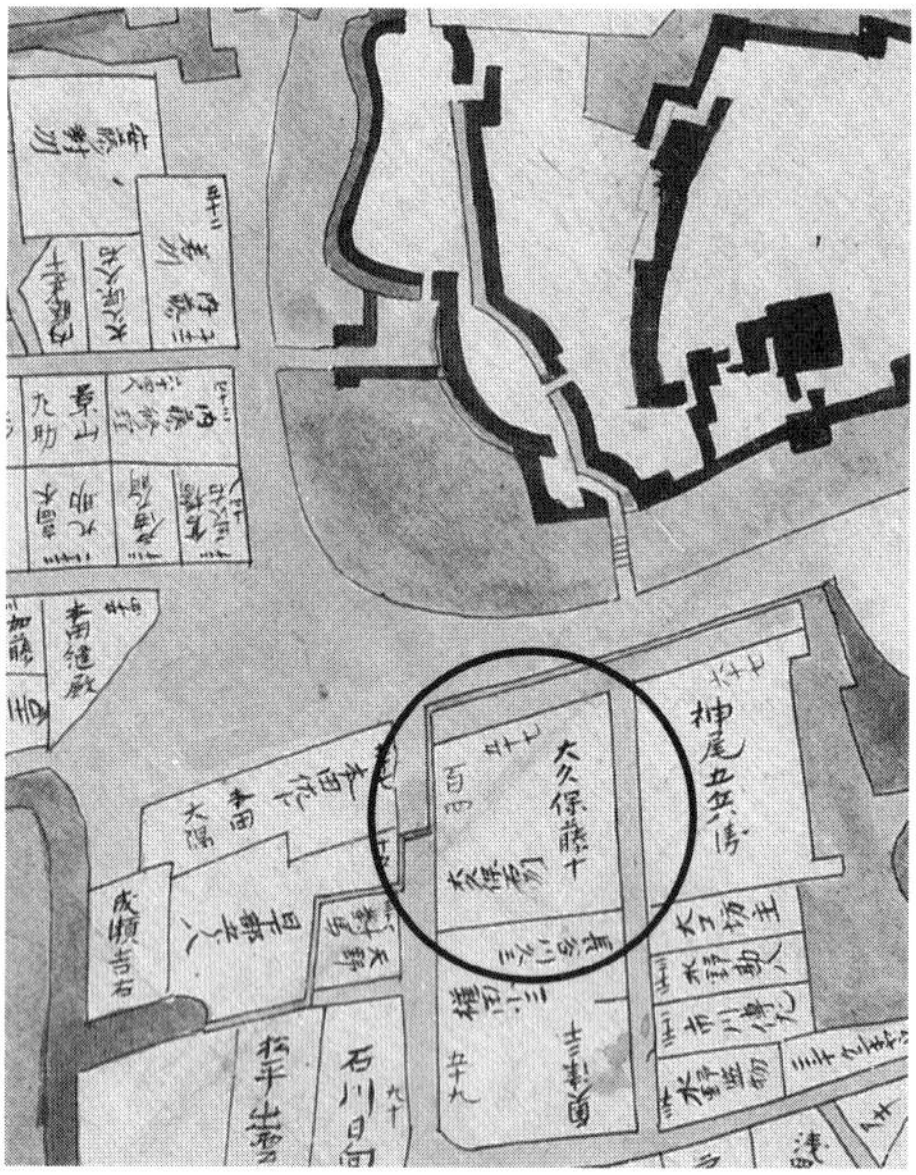

江戸の大久保長安の屋敷（〇内、一部拡大）
（江戸始図・松江歴史館所蔵）

長安配下の木曽代官山村良勝、小野貞則ら五人の代官と連署で出した同十一年七月十一日付の「木曽御榑木代定事」によれば、木曽の榑木一〇〇〇丁あたりの調達代銀については、以前は榑木一七〇〇本を判金一枚で買い入れていたが、商人達が判金を嫌ったため、上方・田舎での榑木の値段を照合して、今後、値段は丁銀三五〇匁に定めるとしている。これは榑木売買について、山村らは長安配下の代官と大名遠山氏らをして、榑木の値段を商人達の意見も聞きながら新しく定めて購入することを求めたものであるが、実質的に値上げしているのである。

この江戸城造営では『長野県史・通史編』近世四によれば、瓦木（桧の良大木から割り出す壁・床・天井・建具材など）の搬送は、木曽から高崎までの陸送を、川中島藩（松平忠輝）・上田藩（真田氏）・小諸藩（仙石氏）・松本藩（石川氏）・飯田藩（小笠原氏）・高遠藩（保科氏）・高島藩（諏訪氏）など信濃の大名に賦課しており、所領高に応じて割り当て役夫一日四九〇人を十か月間、延べ一四万四五五〇人を徴発し、瓦木四万三〇〇〇挺を搬送させている。扶持米は一日一人五合で合計七二万二七五〇石にのぼり、このほか御用材の生産・搬出を材木商人に請け負わせる方法もとられたという。

この慶長十一、十二年の普請工事によって江戸城の主要部分は一応完成したが、のちの寛永年間の外堀の大拡張工事によって、今日の江戸城の形態ができ上がっている。慶長段階の江戸城の主要部分は、近年発見された慶長十四年頃の状況といわれる「江戸始図」（松江歴史館所蔵、**表紙も参照**）によれば、本丸・二の丸・三の丸と大名小路地域で、いわゆるのちの内堀の範囲が描かれている。そこに外様・譜代の主要大名や旗本たちの屋敷が配置されている。大久保長安の屋敷は現在の代官町あたりの所に「大久保石見守」の名前で記載されており、そこには藤十郎の名前も記載されているので、長安父子の屋敷であったようである。このように同図でも他に記載例がないことから、同図が慶長十四年頃とされていることも勘案すると、長安は駿府年寄衆としての職務が忙しくなったため、藤十郎が長安の代官的役割を分担するようになっていたことを示していよう。このことが反映されて、同図に長安と藤十郎が一緒に記載されているのであろう。また本丸の東北、大手門外の内堀沿いに「是ヨリ御代官領」として代官頭たちの蔵が建ち並んでおり、長安の蔵は三〇間一棟、伊奈忠次の蔵は四五間一棟となっており、江戸周辺の直轄領のうち、各代官頭それぞれの支配地からの年貢米を納めたものと思われる。

三、親藩大名と長安

慶長五年（一六〇〇）の関ヶ原合戦後、前述のように徳川領は四〇〇万石近くになったが、越前一国には加賀の前田氏（一二〇万石）がおり、他に北からの畿内への牽制のため、次男の松平（結城）秀康を北庄城（福井）に配置（六七万石）し、同八年から新たに福井城の築城を行っている。尾張一国には家康の四男（秀忠同母弟）松平忠吉を清洲城六二万石で配置した。尾張は徳川領国の西端であり、畿内の豊臣氏や豊臣系諸大名と対峙していたため、秀忠の信頼の厚い同腹の弟忠吉を配置して、同八年から名古屋城の築城を行っている。そのほか慶長七年には常陸の佐竹氏を秋田に移して、奥羽の伊達氏や最上氏など有力外様諸大名に対する備えとして、水戸に家康の五男の武田信吉（二五万石）を配置、徳川氏の権力基盤であるを関東領国の北辺を防衛する役割を持たせている。さらに同八年には既に支配下にあった信州南部に続いて、信州北部の豊臣系大名で川中島藩主の森忠政を転出させて、海津城（のちの松代城）に家康の六男の松平忠輝を一二万石（のち一五万石）で配置して信濃北部を領有した。甲斐は関東領国の西端守備のため、ここに家康の九男の徳川義直を甲府城に配置（二五万石）した。また水戸の武田信吉が同八年に死去したため、代わって十男の徳川頼宣を二五万石で配置した。このように関ヶ原合戦直後から慶長八年にかけて、中部・北陸地方を中心に多数の家康の子供たちを親藩大名として配置・成立させたのは、徳川氏の権力を豊臣氏および豊臣系大名より強固にする目的と、江戸の防衛のために関東や中部・北陸の徳川氏の権力基盤を徳川一門の力によって固めるためであった。しかしこれら親藩大名は成人の結城秀康や松平忠吉、武田信吉を除けば、残りは十三歳の松平忠輝、三歳の徳川義直、一歳半の徳川頼宣などまだ子供であり、とても自身が先頭に立って領国支配を行えたとは思われない。このため、それぞれに家康の腹心である老練な武将や側近の年寄衆、奉行を附属させて、付家老ないし重臣として補佐をさせ、彼らに藩政を行わせているのである。このうち大久保長安が関わった親藩は甲斐の徳川義直領と川中島の松平忠輝領である。以下この二藩についてみていく。

(一) 尾張徳川義直領

慶長六年正月、甲斐の甲府に家康の九男徳川義直を二五万石で配置した。しかし義直はわずか三歳なので、家康のもとにおり、甲府城には譜代の平岩親吉（一万三千石）を甲府城代として付け、藩政全般を取り仕切らせた。農政など地方支配や藩財政担当には代官出身の大久保長安を「国奉行」（甲斐支配の独自の職名）に、さらにその下に桜井信忠・小田切茂富・跡部昌忠・石原昌明ら武田旧臣の四人を甲斐四奉行として配属した。長安は配下の岩波道能や平岡道成以下、多数の代官や下代を投入して、早速一国総検地を実施したほか、新田開発や治水土木などにあたっている。その後、慶長十二年閏四月、尾張の松平忠吉が死去すると、代わって徳川義直が尾張一国へ入封したため、甲斐は直轄領となった。さらに甲府の平岩親吉も尾張に移ったため、甲斐は長安が中心となって支配にあたり、先の桜井・小田切・跡部・石原ら甲斐四奉行をして実質的に支配にあたらせたるとともに、長安配下の代官・下代たちも、これまで通り地方支配にあたらせた。その後、長安が義直の尾張藩と関わるのは、慶長十七年正月に「濃州御拝領之分、大久保石見守殿ヨリ藤田民部安重・原田右衛門守次・寺西藤左衛門昌吉宛名ニ而相渡候御知行目録如左」として、

羽栗郡竹ケ鼻村・円城寺村、中島郡飯柄村・か丶ノ井村、可児郡帷子村・古瀬村・善師野村都合七村、此高四千

三百七十三石四斗五升也、右郷中相渡可申旨就　御諚ニ如斯候、右之外ニも御請取候而能キ郷村をも重而も可仰給
候、請御諚相渡可申候、以上
（慶長十七年）壬子正月五日　　　大久保石見　判
藤田民部殿
原田右衛門殿
寺西藤左衛門殿
（徳川義親「事蹟録」『尾張藩石高考』所収）

と尾張藩の奉行衆、藤田・原田・寺西宛に、木曽川流域の長安支配下の美濃の幕領の一部、羽栗・中島・可児郡の幕領のうち、四三七三石余を家康の命により尾張藩に割譲している。さらに同年四月十日にも同じような文言で長安より先の尾張藩の奉行衆に対し（抜粋）、

濃州本鵜沼村高二千百廿石一斗三升、同所林伝右衛門分千八十六石五斗一升五合
合三千二百六石六斗四升五合

と各務郡内三二〇六石余を割譲して、合計七五八〇石弱を尾張藩領としている。なおその後、元和元年（一六一五）から同三年にかけて、かつて長安が支配していた美濃南部の幕領七万石余と、信州木曽谷や伊那谷の木材生産地などが尾張藩に加増されている。同時に木曽谷や伊那谷の木材の管理は長安配下だった木曽代官山村良勝や伊那谷榑木成村の代官千村良重らが、尾張藩付の代官とされて引き続き支配にあたっている。

（二）松平忠輝領

（1）松平忠輝について

松平忠輝は、文禄元年（一五九二）正月、家康の六男として生まれた。母は茶阿の局（飯田氏）で、慶長四年（一五九九）、一族の「十八松平氏」の一つ、長沢松平氏の直系、康忠の名跡を継ぎ、関東領国では武蔵深谷城主一万石とな

る。ついで同七年、下総佐倉城主五万石となる。翌八年二月、前述のように信州川中島領十二万石（のち一五万石）で海津城主（のち松代と改称）となる。さらに慶長十五年（一六一〇）閏二月、堀氏の改易をうけて越後一国を加増され、四五万石（六〇万石とも）となり、越後福島城主（直江津）となる（ただし、越後村上藩主村上頼勝九万石、新発田藩主溝口宣勝六万石は忠輝の与力大名として残ったため、越後一国支配ではなかった）。これは加賀の前田氏に対し、福井の松平秀康とともに北から牽制する目的もあった。慶長十九年（一六一四）二月、高田城（上越市）の築城がなり、ここに移る。同年十月の大坂冬の陣では江戸城留守居を勤めたため参陣せず。翌元和元年（一六一五）四月の夏の陣では大和口の総督に任ぜられたが、遅参して軍功もなく、くわえて大坂への途上、近江守山宿で将軍秀忠の家臣長坂十郎左衛門と伊丹弥蔵を、自身の家臣がその無礼を責めて討ち取ったことなどから家康の不興を買い、目通りもかなわず、上野藤岡に謹慎させられている。元和二年七月になってついに改易され、伊勢朝熊（あさま）へ配流となった。同四年には飛騨高山藩主金森重頼に預けられ、さらに寛永三年（一六二六）四月には信州諏訪藩主諏訪頼水に預けられ、天和三年（一六八三）七月、死去した、九十二歳であった。なお、慶長十一年十一月には付家老大久保長安の仲介により、伊達政宗の女、五郎八（いろは）姫と婚姻している。忠輝の改易の理由は上記のほかに、彼がキリシタンと関係が深かったこと、徳川幕府は初期の将軍権力確立段階では障害となるものを極力排除していたが、それはたとえ一族であっても将軍の地位を脅かすものは排除されたことが挙げられる。松平忠輝と長安との関わりは慶長八年二月から長安が死去した慶長十八年四月までであった。

(2) 川中島藩時代

慶長八年（一六〇三）二月、松平忠輝（十三歳）は前述のように、信濃川中島領一二万石（のち一五万石）で海津城主（のち松代と改称）となった。この時、家康は大久保長安を付家老としたほか、皆川広照、松平信宗・信直父子、松平清直（宗世）、松平親宗、山田正世、花井吉成（のち松平姓を与えられて松平吉成となる）らを家老として付けている（『長野県史』第四巻、通史編近世一）。皆川広照は忠輝の傅役だった人物、松平信宗・信直、松平清直（宗世）、松平親宗らは長沢松平氏の庶流であり、忠輝の一門を配属したものである。山田正世は「玉滴隠見」によれば、忠輝の母茶阿局の所縁（甥）の者であり、清直の義兄（姉婿）でもある。花井吉成は忠輝の母茶阿の局の連れ子である於八（忠輝の異父妹）の婿であり、その縁で取り立てられた寵臣である。長安を付家老とした理由は、慶長六年以来、信州の支配に深く関わってきたことのほか、松平忠輝がわずか十三歳であり、自ら藩政を行えないため、多くの家老を付けたが、甲斐の徳川義直領同様、彼らは政治は行えても、農村支配など地方支配には疎いため、代官出身である長安の地方支配の手腕が必要であった。このため長安は、配下の雨宮忠長・平岡道成（慶長十四年死去により千道が継ぐ）・平岡良知・窪田昌満らの甲州系の代官や下代、さらに山村良勝、原図書らの木曽衆らを駆使して地方支配にあたったのである。さらに慶長八年から本格的に支配にあたっている佐渡金山の金を江戸や駿府に送るためのルートが越後や信濃を通過するため、その金の輸送路確保・整備と鉱山支配を行うこと、および木曽谷や伊那谷の木材伐採人夫への飯米や扶持米などに、川中島領の年貢米を宛てることなども行っている。この段階の家老衆の川中島領内での配置をみると、皆川広照（飯山城主、七万五〇〇〇石）・松平筑後守信直（稲荷山城代）・松平清直（宗世）（牧之島城代）・山田正世（長沼城代）・花井吉成（海津城代）となっている。長安だけは家康の側近として慶長十年以降は大御所家康の下で年寄衆となり、慶長十二年に家康が駿府に移ると、長安も移って駿府にも屋敷を構えており、そこから政治的な指示を川中島藩の家老衆に与えたり、村方の支配のためには長安配下の代官や下代などに指示を出している。このほか上記のような佐渡金山の支配にもあたったり、甲斐の徳川義徳直領の支配にもあたっていた。

（3）慶長十四年の政変

その後、松平忠輝領の藩政は長安が大御所家康の年寄衆としてや幕領（各地の金銀山を含む）の全国支配で多忙となったため、寵臣の花井（松平）吉成の専横が目立つようになった。また忠輝自身も粗暴な行動が多かったため、皆川広照・山田正世・松平親宗らは『当代記』によれば、慶長十四年九月、駿府の家康に忠輝の行状と花井吉成の専横を訴えた。これを聞いた忠輝は驚いて自ら駿府に馳せ参じ、むしろ皆川や山田らの専横を訴えた。これに加えて母の茶阿局も忠輝を援護した。家康は両者の話を聞いて最終的には皆川や山田らに専横があったとして、皆川広照・山田正世・松平清直（宗世）・松平親宗らを処断している（『長野県史』第四巻、通史編近世一）。松平信宗・信直父子はそのままであり、松平宗世はのち許されて復職している。この時、長安は直接この政争には加わらなかったため、以後も藩政にあたっている。しかし花井吉成の嫡子義雄の室は長安の娘であることから、長安もこの一件に何らかの関わりを持っていたかもしれない。

（4）越後福島藩時代

ついで慶長十五年（一六一〇）閏二月には越後一国を領した堀忠俊が改易となったため、越後も忠輝に加増され、越後と信州川中島領を合わせて四五万石（六〇万石とも）を領有することになり、新たに越後に福島城（直江津）を築城し、支配の拠点とした（ただし越後村上藩村上頼勝九万石、新発田藩溝口宣勝六万石は忠輝の与力大名として残ったため、越後一国ではなかった）。前述のように加賀の前田氏に対し、福井の松平秀康とともに北から牽制する目的もあった。この時新たに家康は松平重勝を付家老に任じた。これは先の政争で家老衆が減ったことと、忠輝を監督するため家康の側近を配置したものであり、忠輝の支配体制を強化する目的があったものと思われる。この段階の家老衆の配置は、松平重勝（三条城代、二万石）・松平信直（糸魚川城代、二万石）・山田勝重（村松城代、一万六〇〇〇石）・花井（松平）吉成（海津城代、一万六〇〇〇石）などとなっている。慶長十五年に福島城に移った後も長安は引き続き付家老を勤めているが、これは本来支配体制が異なる二か国にまたがる大藩になると、その統一的支配は長安のような多くの代官を抱え、かつ強力な権限を持つ代官頭の力が必要とされたためであり、彼を中心に様々な政策が実施されたのである。このように忠輝の領土が広がったため、長安の支配領域もこれら全域に及ぶことになり、さらに多くの代官や下代を増強して地方支配、その他にあたっている。

この時代の長安の活動は第一には、忠輝領農村の支配と安定化であり、慶長八年十一月七日に長安によって川中島領内に広く出された一〇か条の郷村仕置の「覚」（要約）において、①年貢収取では免率は前代の森氏時代にとらわれずに農村の状況に応じて決めること。②年貢は米のみでなく、金銀、綿、紅花、麻、雑穀などでも良い、③④で忠輝の給人（家臣）や代官、下代らが百姓に迷惑を掛けたら、いつでも松代に目安を出して訴えること、⑤年貢納入時に下代らが非分の枡で高く徴収したら、その分を押え置いて百姓立ちあいの下で蔵を封印して松代の代官雨宮忠長へ訴えること、⑥代官の触流しの折、その使者や下代が礼銭やわらじ銭などを要求したら言上すること、⑦村々で縄はずれや落地など検地を受けていない土地があったら、早速言上すること、言上者には褒美を与える、⑧百姓で素行が悪い者や郷中を騒がす者がいれば言上すること、⑨村々で盗み、火付けなどをした者は聞き出して言上すること、言上者には褒美を与える、⑩籾の種がしは収穫時の三割増の返却が規則なので、もし五割増を要求されたら、余分の二割分は納入した年貢から差し引くこと、そして末尾に、これ以前に村から逃げ出していた走り百姓は村に連れ戻して、荒れ地を開墾させることとするなどきめ細かく規定して、新規の領主の政策姿勢を示し、農村の安定化を図っている（『長野市誌』第三巻、歴史編近世一）。この「覚」は同年九月に関東総奉行の内藤清成と青山忠成が関東の村方に出した郷村定に類似しており、この法令を踏まえて出されたものと思われる。

この農村法令を具体的に示したのが、慶長十六年九月六日付で長安と先の松平信直・山田勝重・松平（花井）吉成・松平重勝ら四人の家老とともに松之山に出した法令であり、その内容は、

越後松之山近年くたびれたる由、御訴訟申に付而、羽柴左衛門督殿（堀秀政）時之年貢のことくに指置候条、荒地をも発百姓をも有りつけ候て、白布并青苧をもつくり出し御年貢ニも指上、其外をハ有様の祢（値）に売可申候、自然山中ニ候間、何もの成共参候て、無理成儀を申かけ候ハヽ、越府へ参、目安を上可申候、有様ニさいきよ（裁許）せしむへきもの也、仍如件

亥（慶長十六年）九月六日

筑後守（黒印）
山隼人（黒印）
松遠江（黒印）
松大隅（黒印）
石見守（黒印）　（村山家文書『新潟県史』資料編6・近世一）

と越後松之山における農村疲弊の訴えに対して、堀氏時代同様の免率とすること、さらに荒地の開発にも意を用い、白布（木綿）、青苧（麻の一種）などの特産商品作物の栽培を奨励して年貢の足しにしたり、百姓地払いの承認、百姓への迷惑をかける者の福島への出訴（目安）などを認めて、その復興を目指すなど、前述の郷村「覚」、町立（市立）令と並び、長安の代官的側面を発揮している。

ついで第二には両国内の交通伝馬政策を行っている。慶長十六年九月には長安は七か条の「伝馬宿書出」を出している。この時の書出は長安のほか、松平忠輝の家老松平信直・山田勝重ら六人の連署によって出し、越後一国と信州の川中島領（水内・高井など北信四郡）を通る北陸道・三国街道・北国街道などで戦国以来の宿場を基に伝馬の継立などにより街道の整備を行っており、新潟から高田および川中島へ至る街道の宿駅・伝馬の制度を整備した。またこれらの街道は佐渡の金を駿府や江戸へ輸送するために、佐渡の松ヶ崎や小木から越後の寺泊や出雲崎へ船で渡り、そこから①北陸道経由で北国街道の福島、柏原、牟礼、屋代などを経て、江戸や駿府へ、②寺泊から関中島、長岡、湯沢など三国街道経由で中山道をへて江戸へいくルートなどがあり、このため領内の伝馬・宿場の制度を整備している。この「伝馬宿書出」の内容は第一条で伝馬を出している家には井堀・川除の夫役を三分一に軽減する、もし忘れて掛けられたとしても他所へ普請に出させることはない、第二条で江戸（将軍秀忠）・駿府（大御所家康）よりの朱印状か年寄衆の連署状が来たときは通行させること、それらがなく勝手に馬や人足を強要する者があれば押さえておいて越府（福島）周辺であればそこへ、信州では松代城（もと海津城）へ注進すること、第三条で上下の往還者は宿で木賃を払わず、勝手な振舞いの者があれば、押さえおいて同様に注進すること、第四条で殿様（松平忠輝）が宿泊するときは、宿の主人を勝手に使用してはならない、第五条でその時に供衆が宿の薪・糠・藁など勝手に使用してはならない、第六条で大伝馬の時に近隣の人馬を動員したら、これらの村には通常の伝馬御用を免除するが、これは江戸・駿府の仕置通りにすること、もし急な人馬御用がある場合は伝馬奉行より駄賃を与えること、第七条で伝馬宿は伝馬御用以外の夫役は免除する、としている。この「伝馬宿書出」は新潟・寺泊・関中島・柏崎・鉢崎・糸魚川・古間・丹波島・屋代・福島宿など一一点が確認されている。

このように整備した街道をその後、慶長八年に家康の伝馬朱印状が出されている北国道の坂木に結び、中山道に繋げて江戸へのルートを確立したり、松本をへて中山道に繋ぎ、下諏訪から甲州道・身延道をへて富士川の鰍沢に至り、そこから富士川舟運によって駿府へのルートも確立している。また慶長十六年八月には長安と先の四家老に山田出雲守（重辰か）を加えた六人の家老により、

定

信州・越国往復之商人荷、従牟礼香白坂直ニ長沼新町江可令往還候、自然経横道輩於有之者、可為曲事候、今度坂中江海道を明、発新田可申之由、雖訴訟申上候、任先例証文旨、各令談合如前々申付候上者、新田をも発、伝馬以下弥無油断可相勤者也

慶長拾六年辛亥

八月廿一日

山田隼人正

松平筑後守（花押）

松平遠江守（花押）

山田出雲守（花押）

松平大隅守（花押）

大久保石見守（花押）

牟礼百姓中

（牟礼神社文書『信濃史料』第二十一巻）

と牟礼から香白坂への新道開鑿とその街道上に新たな町立（市立）により長沼新町（信濃新町）を造り、九斎市を開いてその発展と新田開発促進のため、こちらへの道路を新たに造り、信濃、越後間を往還する商人たちに必ずこの新町を通行するよう命じている。このほか福島城下の春日町を福島の居多神社（越後一宮）神主の要請により、北陸街道沿いに新規に町立をしている。さらに少し前の慶長十五年七月には直江津の居多に新たに町立を行うとともに、山田勝重・鱸成世・松平重勝の連署で、

新田発、並塩浜発ノ義ハ、国中並可為者也、仍如件

（慶長十五年）戌七月十三日

山　隼人正

鱸　刑　部

松　大　隅

居多一宮神主

宮内少輔殿

（上越市　居多神社文書）

と新田と塩浜（塩田）の開発を許可している。このほか信州川中島領を流れる犀川や裾花川の堤防強化と三条用水の開削などにより新田開発を行ったり、下曽山や熊坂村の新田開発なども行っている。慶長十五年七月十七日付、熊坂村宛の長安の開発手形では、

信州川中島熊坂村の内にて、新田発度由申上候、尤候、何程も手柄次第、ひらき可申候、新田の分ハ、諸役令免許、其上三ケ年の内ハ、作取に申付候、尚重而少将様御家中御年寄の切手を取可遣もの也

（慶長十五年）戌七月十七日

大　石見

熊坂村二郎兵衛

同　久右衛門

（中村文書『信濃史料』第二十巻）

のように熊坂村二郎兵衛と久右衛門に対し、新田開発の願を受けて開発した新田分は諸役免除と三か年は耕作者の作取とすること、改めて少将様（忠輝）の年寄の切手を遣わすとしている。このように長安は町立や産業奨励、河川の土木治水と新田開発などを行って領内の発展に尽くしているのである。同時にこのように越後・信濃の忠輝領内の街道と宿駅の整備を行っているが、長安はこの街道を前述のように中山道に結びつけ、佐渡の金を江戸や駿府に輸送するルートの中に組み込んでいるのである。

藩内の寺社に対して長安は、慶長八年十一月に善光寺の造営のため、みだりに領内の木材の伐採を禁じている。また同十六年九月には、弥彦神社（越後一宮）・居多神社・府中林泉寺をはじめ領内の寺社に所領安堵の黒印状を多数発給し、領内寺社を保護している。主な寺社の所領は、弥彦神社は五〇〇石、居多神社は一〇〇石、府中林泉寺は二二四石、国上寺は一〇〇石などであり、かなり細部にまで領内支配を行っている。

このように松平忠輝領の支配においては様々な政策を行っているが、これは長安が単に松平領の支配に留まらず、一部大名領があるものの、それらも含めて信濃を全領的に支配していたからである。さらには前述のように、佐渡金山の金を江戸や駿府に送るためのルートが越後や信濃を通過するため、その金の輸送路確保と鉱山支配を行うことや、木曽谷や伊那谷の木材伐採人夫の飯米や扶持米などに川中島領の年貢米を宛てることなども合わせて行うためでもあった。さらには慶長六、七年に長安らが整備した東海道や中山道などの全国的な交通伝馬体系の形成の一部として、松平忠輝領における佐渡から越後、信州をへて江戸や駿府への金の輸送ルートも位置づけられるのである。

以上のように、徳川幕府成立期前後において徳川氏の権力基盤を強化するため、家康の子供たちを親藩大名として取立て、江戸の防衛を中心に関東の周縁部に配置したほか、有力外様大名の近くに配置して彼らを牽制している。そしてこれら親藩大名には家康の側近の家臣や各藩主の縁戚者を家老として配属して藩政を行わせている。これら付家老の一人に大久保長安も加わり、親藩大名領の政治はもとより、農村基盤の確立のために、検地や新田開発・土木治水・町立・交通伝馬などの諸政策などを行っている。このために彼の配下の多くの代官や下代を派遣している。さらに長安が付家老となった甲斐の徳川義直領や越後・信州の松平忠輝領では、これらの藩政と佐渡の金山や信州木曽谷・伊那谷の山林の支配などとを有機的に連携させて支配していたのであり、長安が駿府にいて常に家康の意向を受けつつ全国政権としての徳川政権の確立とも連携させていたのである。このことは彼が単に代官的な役割だけでなく、年寄衆の一員として幕府政治全般に関わる地位に上昇していたことを示している。

四、河川開削と経済政策

河川開削や土木治水は幕府の政治的、経済的基盤である関東領国において、関東における利根川・荒川・多摩川・渡良瀬川などの洪水を食い止め、堤防を建設するとともに、これら河川の氾濫原の干拓を進め、さらに用排水路を整備して、新田開発を促進することに役立つものであった。これには大久保長安や伊奈忠次・彦坂元正などの代官頭が中心的に活躍している。長安は武田蔵前衆出身の代官であることから、甲斐における武田信玄のいわゆる甲州流の河川開削や土木治水の技術を持っていたものと思われる。手始めとして、長安が関東の支配拠点とした八王子町や陣屋を守るため、浅川・南浅川の洪水対策として、いわゆる「石見土手」を築いている。さらに長安が全国的な範囲で活動するようになると、全国的な物流のために河川開削や土木治水を行うようになった。この政策遂行のために京都の豪商角倉光好（了以）の力を借りており、了以の持つ財力（資本）と人的資材をもって諸河川の開削や土木治水を行っている。もちろん了以にはこれらの私財（資本）投資の見返りに、通行料の徴収権やその他の権利を与えている。

（一）大堰川（保津川）通船

まず慶長十一年（一六〇六）正月には大御所家康の年寄衆本多正純と長安との連署で、京都の豪商角倉与一に対して、

猶々其許能様談合候而ほらせられ尤候、以上

従嵯峨・丹州へ之船路、其方造作を以ほり、船致上下、蔵をも立置、大津ナミに蔵式をも取申度之由被申上候、いかにも尤ニ被思召、権田小三郎方へ右之通可申遣旨御諚候間、可有其御心得候、小三郎方有談合、運賃なとの儀も能程ニ被相定尤候、恐惶謹言

（慶長十一年）正月十五日　　　大石見守長安（花押）
　　　　　　　　　　　　　本上野介正純（花押）

角蔵与一殿

（「角倉文書」東京大学史料編纂所影写本）

のように丹波と京都近くの嵯峨野を結ぶ大堰川（保津川）の通船を行うよう、丹波代官権田之親を通して依頼している。これを受けて角倉了以と与一（素庵）は資本と人的資材を以て通船に成功している。この事業は丹波の米やその他の物資、さらに木材などを嵯峨野まで運ぶため、この間、約三〇キロメートルの流路を開削して大堰川の通船ができるよう、角倉了以に対して依頼したものである。そして権田之親と相談して通行船の運賃なども定めるとしている。つまり角倉了以と与一（素庵）に開削の資本と人的資材を出させる代わりに、通行船から通行料を徴収する権利を与えているのである。事実、角倉素庵は彼の次男の厳昭にこの徴収権を譲り、以後、代々厳昭の子孫が嵯峨野に役所を置いて徴収にあたっている。

(二) 富士川通船

このように大堰川の通船に成功した了以は、続いて慶長十二年（一六〇七）二月から富士川の開削を開始し、翌十三年初旬に通船に成功している。富士川の通船については、これ以前から計画されており、慶長八年の長安から甲斐の鰍沢・黒沢河岸の城米問屋宛の定によれば、

定

一当国藤川通船川筋見分、慶長七年寅四月船八艘打立、かじか沢湊江差引越候処無相違ニ付、日向半兵衛・島田清

左衛門両奉行ゟ京都嵯峨角蔵与一右衛門方江書通を以申遣、右抱遠州天竜之船頭・水主共之内、鰍沢江茂兵衛・権八・五郎兵衛・藤助・黒沢江次右衛門・孫三郎・清藏・又七右八人之者共、両湊問屋方江四艘宛引渡シ、尤銘々屋敷所被被下置之通船為致候条、以来無違失通船可相勤者也

慶長八年　月　日　　大久保石見守印

鰍沢御城米問屋

青柳金之丞

黒沢御城米問屋

松村勘二郎

（「鰍沢村御用留」『（静岡）県志史料』）

と甲斐の年貢米（甲州囲米）を富士川を通して駿府へ運ぶために、大半が幕領である甲斐の日向政成・島田直時ら甲府町奉行を通して、京都の豪商角倉了以に対して通船のための調査を依頼している。この内容は、慶長七年四月に長安は富士川の川筋見分のために八艘の船で鰍沢河岸まで無事に行くことができたので、長安が鰍沢と黒沢の城米問屋に対して角倉了以が抱えている天竜川の船頭・水主たちのうち、茂兵衛以下四人を甲斐の富士川河岸場である鰍沢へ、次右衛門以下四人を同じく黒沢へそれぞれ派遣して両方の城米問屋に川船を四艘ずつ引き渡すので、通船をきちんと行うよう命じたものである。この富士川の通船を確保することにより、甲府からの年貢米などを、甲斐南部の鰍沢河岸から駿河の岩淵まで一八里（約七二キロメートル）を船で運び、そこから蒲原浜へ陸送し、以降は小舟で清水湊へ回漕（小廻し）した上で、清水湊から江戸や大坂へ大型船で海上輸送した。さらには佐渡の金も駿府へ運んだりした。逆に駿府より塩や海産物などを甲斐へ運んだりもしている（下げ米、上げ塩）。慶長十二年二月廿九日付の長安より角倉了以宛の「覚」（抜粋）によれば、角倉了以から長安配下の代官飯島五郎右衛門へ宛てた書状を見て、

一（前略）富士川船無異儀通申候由、目出度存候事

一貴所（角倉了以）御出候而、普請被成候段、於御前先度申上候、一段と上様御機嫌能候、其以後も二三度御尋候

間、随分かせき申候由言上候、可御心安候、此御注進をも即今日可申上候事

一（前略）今度駿府へ御供不申候間、今度御作候船之儀ハ、早々岩渕へ御下候て、上様御成の刻、御目に御懸尤候、藤十郎にも其段具可申付候（下略）

一船儀先弐艘出来申由尤候、其船被懸御目候而、其上重而御諚次第作尤候事

（大悲閣千光寺文書『大日本史料』十二編之五）

と富士川通船が問題なく行われている由で大変めでたい、了以が富士川に出向いて河川普請をしている由で大御所家康も上機嫌である、この手紙のことも家康に報告する、このため新造の船を二艘早速駿河岩淵へ下して、家康が御成の時にお目に掛ける、この手筈は藤十郎にも具に申し付けてあると伝えている。これらのことから長安がいかに富士川通船を通して物流・経済政策に精力を傾けていたかが窺える。

（三）信濃川通船

先の慶長十二年（一六〇七）二月廿九日付の長安より角倉了以宛の「覚」（抜粋）によれば、

一貴所かわき衆に、川通見知候人候者、川中島へ一人被遣、御覧有度由御諚候間、御座候者一人可有御越候、御左右次第此方より案内ニ越可申候（下略）

（大悲閣千光寺文書『大日本史料』十二編之五）

と長安は富士川や天竜川の通船に奔走している最中でも、信濃川中島藩内の物資を千曲川より信濃川を下って日本海へ運送する舟運路を開くため、そのための見分役の人物を一人派遣してくれるよう了以に依頼している。つまり信濃から日本海までの通船の計画も立てていたのである。この計画の成否については不明である。

（四）天竜川通船

富士川通船の成功を受けて、慶長十三年（一六〇八）六月二十日には家康は角倉了以に宛て、

自信州至遠州掛塚、舟路見立候付而、舟役之儀被仰付候也
　慶長十三年六月廿日　（家康朱印）
　　角倉了意（以）
（『信濃史料』第十九巻）

のように、今度は天竜川の通船のため信州諏訪湖を源流とする、天竜川の水落口から遠州灘の河口にある掛塚湊までの舟運路の開削のため、見分を依頼している。これは信濃の米や木材などの物資を掛塚まで下し、そこからさらに駿府や江戸などへ海上輸送することを計画したものであり、富士川の通船と並んで天竜川の通船も確立し、内陸地域の物資の流通を図ったものである。しかも開通後は角倉了以に対して通船からの舟役の徴収権も付与することを約束している。

この計画の経緯については、林基氏によれば、近世初期段階における天竜川通船についての史料は少ないため、文政九年（一八二六）に信濃伊那郡神子柴村年寄の孫市と木下村年寄の弥四郎とが、慶長十二年と同じ信濃諏訪湖から遠江掛塚迄の天竜川一円通船を出願した折の願書の全文（「乍恐以書付奉願上候」）を紹介されている。その願書中の関連部分を抜粋・引用させてもらうと、「天竜川之儀、（中略）往古御憐憫有之角倉了意様え被仰付、諏訪湖水落口より懸塚迄四拾里余之所、一円通船出来之積ニ有之、遠州掛塚より挟石迄拾四里之所、通船御開今ニ角倉船と称し、通船数艘有之候」と家康朱印状のように角倉了以が家康より天竜川の諏訪湖の水落口から河口の掛塚湊まで四〇里（一六〇キロメートル）余の通船を依頼され開削を試みたが、実際には河口の掛塚から天竜川上流の挟口まで一四里（五六キロメートル）ほどの通船が可能となり角倉船という数艘の荷船の通船が可能となったが、それ以上はできなかったという（林基「奥州・江戸間内陸舟運路の初期段階（三）」（『専修史学』一八号））。さらに願書にはよれば、その後挟石より上流の伊那郡時俣村迄の一四里が鵜飼船によって荷物が運送されたが、それより先の諏訪湖水落口までは未開通であったので中馬によって運送していたという。したがってこの文政九年の願書は諏訪湖水落口から河口の掛塚湊までの全通を目指すというものであった（実際に可能となったようである）。しかし初期段階ではこの通船計画は土木工事に長けた角倉了以の力を以ってしても一部の地域間でしか叶わなかったようである。なお家康の朱印状とともに、同年七月十一日には

同様の内容の将軍秀忠の朱印状も角倉了以に宛てて出されており、幕府も大きな期待を寄せていたことが窺える。この通船計画にも大久保長安が関わっていたものと思われる。

(五) 天野川通船

最後に近江では、慶長十六年（一六一〇）七月三日付、近江大浦の惣谷百姓中から板倉・長安・米津宛の訴状（抜粋）によれば、「大うら谷者八ケ村にて御座候（中略）江州四十九浦之内ニ四木（世継）村と中所ハ新みなとにて御座候、かくれもなきあさつま（朝妻）と中所之みなとを荷物一円に大久保石見守様の御ばいかいに付て、あさつまへ荷物出不申候、かやうなる御事ハ新みちと四十九浦に申す事ニ候」（滋賀県野洲市　蓮敬寺文書）と湖北の大浦谷の八か村からの荷物は、これまでは大浦湊から海路、琵琶湖畔の朝妻湊（米原市）へ出すルートであったが、長安の「御ばいかい」（仲介）で琵琶湖畔の世継村の新港（天野川を挟んで朝妻の対岸）への新ルートに変更したという。この世継村の新湊への新ルートは、坂田郡の天野川の開削計画と関連させて角倉了以と板倉が計画し、天野川を開削して上流の能登瀬から河口の世継湊まで通船を運行させようとしたもので、従来の朝妻湊と世継とを合併させて新湊とし、増大する美濃・尾張・伊勢方面からの輸送に対応した通船計画であるという（曽根勇二『近世国家の形成と戦争体制』）。

以上のように長安は日本全体の物流と河川交通に大きく関わっており、このために角倉了以の力を活用しつつ、背後で河川開削や土木治水などの面で応援しているのである。なおこれらの工事のほかに、了以は慶長十六年から同十七年にかけて、京都二条において鴨川より取水して鴨川に並行して流れる高瀬川を開削し、伏見までつなげ、さらに再び鴨川へ合流させ、淀川を経て大坂に至る物流水路を完成させている。これにより京都の町中から伏見を経て大坂とつながる物流の舟運体制を確立させている。

第九章　大御所政権下の年寄衆

慶長十年（一六〇五）四月、家康は将軍職を秀忠に譲り、大御所となって西の丸に移っている。この段階から徐々に家康の側近として、のちの駿府政権の下で年寄衆となる大久保長安をはじめ、本多正純・成瀬正成・安藤直次・村越直次及び出頭人板倉勝重、代官頭らが集められている。秀忠の将軍政治が三河以来の譜代・門閥の大久保忠隣らで固められていたのとは対照的である。したがって実質的には、この段階から大御所政治は開始されていたと考えられる。これにより将軍秀忠の政治と大御所家康の政治の両立という、いわゆる二元政治が開始されることとなる。この家康の大御所政権は実質的には秀忠の将軍政権を表に立てながらも、大御所政権がこれを支え、大坂の豊臣氏や京都の朝廷及び西国の豊臣系大名を含めて全国の諸大名に対し、「天下」の政治を総覧する立場から、様々な政策を打ち出すことになる。この大御所政治が実質的にいつ頃から開始されたかについては、慶長十年四月以降、同十二年駿府に移るまでの間の大御所家康の全国的政策に関する史料が、管見の限り中村孝也『新訂徳川家康文書の研究』や徳川義宣『新修徳川家康文書の研究』及び同書第二輯の諸書や研究書、また『新編大村市史』第三巻、近世編を除く他の県市町村史などでもみられないことから、これまでは不明であった。しかし慶長十年九月十一日付の肥前大村藩大村氏宛の次の史料（口絵参照）をみると、

長崎御蔵入替地之目録

一　高弐百八拾七石八斗弐升弐合　　西村

　　　　　　　　　　　　　　但田畠屋敷小物成共

一　五百九拾弐石八斗弐升三合　　北村

　　　　　　　　　　　　　　右同断

一　四百弐拾八石七斗壱升八合　あせへつとう

右同断

一　弐百八拾八石四斗九升三合　外目村

右同断

一　三百石六斗弐升四合　家野村之内

右同断

合千八百九拾八石四斗九升八合

右石もり之儀、双方納得を以、此分相定候、自然出入も可有之かと相尋候処ニ検地衆并代官衆立相候而申合候上ハ、少も出入無之候由、貴所内衆大村七郎左衛門方書付ニまかせ、如此相渡し候、絵図・水帳共ニ双方へ進之候間、当物成ゟ可有御所務候、以上

慶長十年乙巳

九月十一日

成瀬小吉正成（花押）

安藤彦兵衛直次（花押）

大久保石見守長安（花押）

板倉伊賀守勝重（花押）

本田（多）上野助正純（花押）

大村丹後（喜前）殿

（「大村家資料」大村市歴史資料館所蔵）

となっている。この史料は大村藩の藩政文書として伝えられてきた文書である。慶長十年九月に幕府は幕領長崎新町（長崎六町）の発展により、それに接続している大村藩領長崎村にまで人口がはみ出して行き、長崎の治政上不便をきたしたため、長崎代官村山等安の幕府への建議によって、大村藩領長崎村を幕領とした。その替地として本史料のように大御所家康の年寄衆、本多正純・成瀬正成・安藤直次・長安らと板倉勝重の連署によって肥前彼杵郡西村・北村・あ

せへつとう（陌別当）・外目村・家野村内の五か村が各村とも田畠屋敷小物成が添えられて、幕領から割愛されて大村藩領とされた。この替地は幕府と大村氏の双方から検地衆と代官たちが出て立ち合い、出入がないことを確認した上で、絵図と水帳（検地帳）を交換しているのである。これは大村藩にとっては領国に関する重要な史料であり、大久保長安の花押（I型）や他の年寄衆の花押なども問題ないと思われ、原文書として大変信憑性が高いものと思われる。

このように家康は大御所になった直後から将軍秀忠とは別に政策を打ち出しており、その家康の下には本多正純・成瀬正成・安藤直次といった、この後も大御所家康の下で年寄衆として活躍する人材が集められている。そしてこの中に長安も年寄衆の一員として組み込まれたものと思われる。この史料にみるように、徳川政権が豊臣政権から継承した海外貿易・外交の拠点である長崎が発展したため、大御所政権発足直後から幕府直轄都市の長崎町の拡張の政策を実施している。すなわち家康の大御所政治は駿府へ移る以前から既に機能し始めていて、いわゆる二元政治は始まっていたといえよう。このような徳川政権の重要政策に長安も年寄衆の一員として関与していくことになるのである。

その後、家康は慶長十一年、諸大名に賦課する天下普請によって駿府城の修築を開始して、翌十二年七月に本丸御殿が完成すると駿府城に移った。家康に付き従った者は前述のように、本多正純を筆頭として成瀬正成・安藤直次・竹腰正信ら家康の側近に大久保長安も加わり、いわゆる駿府年寄衆を構成した。このほか板倉勝重（京都所司代）や松平正綱（駿府勘定頭）ら近習出頭人らも従った。これ以後は江戸の幕府の将軍秀忠政権と駿府の家康の大御所政権とがそれぞれの役割を果たすようになるのである。駿府の大御所政権は幕府の政権基盤を強化するために、政治・経済・外交・寺社・文化政策など多様な補完的政策を実施した。このため経済面では京都の豪商茶屋四郎次郎清次（呉服商）や角倉了以・素庵（土倉）らを参加させる一方、さらに京都の金銀細工の名家後藤家から後藤庄三郎光次を招き、江戸のほか駿府でも金座を開いて佐渡や石見、生野、甲斐などの鉱山から送られてくる金銀を使って慶長小判なども鋳造している。その他、外交面や寺社政策面では円光寺元佶・金地院崇伝・南光坊天海らの僧侶や儒学者林羅山らに加え、英国人の航海士ウイリアム・アダムス（三浦按針）や貿易家ヤン・ヨーステン（耶揚子）らを順次集めている。また天海は朝廷との交渉にもあたる一方、慶長十二年には比叡山探題執行を命ぜられて南光坊に住し、延暦寺の再興にもあたっている。その後、日光山貫主ともなっている。このように大御所政権は多様な人材を抱えていたのである。この中で大久保長安は年寄衆の一員としてこれらの人々とともに様々な政策に関与しているが、その一方で代官頭としての役割も依然として担っていた。この駿府年寄衆の中での長安の地位は、諸鉱山の盛況と幕府財政への貢献によって次第に上昇していった。慶長十六年三月、家康が豊臣秀頼と二条城で対面した時、秀頼は家康に従って来た者たちに金銀を下賜している。家康の側室於万方・阿茶方へは金三〇枚ずつ、本多正純・長安・板倉勝重へ金三〇枚ずつ、安藤直次・成瀬正成・永井直勝・村越直吉・米津正勝（親勝）らへ金二〇枚ずつ（『台徳院殿御実紀』第十五）と、長安は家康の側室や本多正純らと同格の金三〇枚を与えられており、同じ年寄衆の安藤直次・成瀬正成・村越直吉らの金二〇枚より多く与えられているのであり、本多正純に次ぐ地位にあったと思われる。

一、駿府城と名古屋城の築城

徳川家康の築城については、幕府が開かれて以降、江戸城をはじめ伏見城・二条城・駿府城・名古屋城・丹波篠山城など、多数みられる。幕府はこれらの築城にあたり豊臣系諸大名やその他の外様大名を中心に御手伝普請を賦課している。その一方、幕府支配下の山林からの建築用材としての木材調達は、幕府年寄衆の一員である大久保長安を中心に畿内各地の徳川系の触下の代官や奉行らを動員して行っている。また建築の実務は幕府の大工頭中井正清を中心に行っている。これら幕府初期の城郭建築の中で、長安が主として建築にあたったものは、駿府城と名古屋城、丹波篠山城であった。以下にこの三城について考察する。

（一）駿府城築城

慶長十一年（一六〇六）四月、駿府城主内藤信成を近江長浜に移し、築城奉行には三枝昌吉、山本重成ら五人が当たり、城下市街地の整備の奉行には彦坂光正、畔柳寿学が当たるなどして大御所家康の居城にふさわしい城郭と築城普請・改築工事および城下町建設などを行った。この越前・美濃・尾張・三河・遠江の諸大名への賦役による天下普請で駿府城を拡張する一方、駿府の町割りや外堀にあたる安倍川の洪水から町を守るための堤防工事（駿府御囲堤）などが行われた。しかし実際には大規模になったため、慶長十二年三月には先の五か国に加えて畿内・近江・美濃・伊勢・丹波・備中などの国にも五〇〇石に三人ずつの人夫の割当てを賦課して工事を遂行している。このような中で同十二年正月から本格的に建設は始められ、そのための材木の調達が行れている。この幕府あるいは大御所政権による幕領各地からの木材の調達については曽根勇二氏の詳細な研究（『秀吉・家康政権の政治経済構造』校倉書房）があるので、それを参考にしつつ以下に考察していく。

慶長十二年正月、大和の吉野北山の木材を調達するため、長安配下の大和代官でもある鈴木重春に対して調達を指示した。これを受けて鈴木は同年正月廿六日付で大工頭中井正清に対し、

（尚々書省略）

此中者不申通無音所存之外候、仍駿府　御作事ニ付而、吉野北山にて材木かわせ候へと江戸御奉行衆より被仰下候、雖然材木売買ね段之儀無案内之儀ニ候間、無心之儀ニ候へ共、貴様より御下代一人彼地へ被遣御指引被仰付可被下候、入目之儀者右之御下代次第相渡可申候、貴様を頼入かわせ候へ石見守も被申置候間如此候、恐々謹言

鈴　織部佐

重春（花押）

（慶長十二年）正月廿六日

中　大和様人々御中

（『大工頭中井家文書』）

と駿府城建設のために幕領大和国吉野北山の木材を買い付けることを江戸の年寄衆より命じられたので、中井正清の配下一人を買い付けのために吉野に送ることを伝え、これは長安よりも頼むようい われていることである、としている。

ついで慶長十二年二月十四日には、

以　上

急度申入候、仍吉野にて駿州　御用に被　仰付候材木かひ候儀、貴所もの立ちあわせよき木を見せ候て、かわせ其木かわらさる様ニこくい（極印）をいたせ出させ可申由　御意に候、恐々謹言

（慶長十二年）
未
二月十四日

成　小吉正成（花押）
安　彦兵直次（花押）
大石見守長安（花押）
本上野介正純（花押）

中井大和様まいる

（『大工頭中井家文書』）

と駿府の大御所政権の年寄衆の長安をはじめ本多正純・安藤直次・成瀬正成らから中井正清に対し、先の書状と同様に吉野の木材を買い入れて極印を致して出すように申し入れている。このように吉野の材木の調達は中井正清に委ねている。木曽の材木については長安は同年四月十六日付の山村良勝宛の覚（抜粋）でも、

其元ゟ甲州へ出候さわら板之義ニ付而、去時分以書状申入候つる、駿州より申来候ニゟ即申入候つる、然者其許へ被　仰付候さハら木、自然致遅々候ニ、右へうり板出候へハ、扨ハ御公方事を致油断売板者出候様ニ、たそ御耳へも立候へハ、大切の儀ニ御座候間、内々可有其御分別事

一御船も桑名迄参相まち候に、自然御材木遅候てハ、大切の事ニ御座候間、無由断様ニ可被仰付事

（山村文書「信濃史料」第二十巻、以下所収同じにつき省略）

と甲州からもさわら（椹）板を買い付けて油断なく駿河へ送ることを命じている。このほか長安配下の飯島五郎右衛門から五月十五日付、山村宛の書状の尚々書でも「御材木ノ事、夜昼共御かせき尤候、さわら木の事も桑名へ出し候やうニと御念入候て御尤ニ　御意ニ候つる、とかく今度の義ハ一ミち被入御情尤候」（山村文書）と信州木曽谷のさわら（椹）木など、昼夜を問わず木材を伐り出して木曽川を川下げし、桑名へ送ることを伝えている。さらに同十二年閏四

月廿日付、長安配下の四日市代官水谷九左衛門光勝から木曽代官山村良勝や美濃代官岡田義同のほか、稲葉方通・妻木家頼・遠山内記（利景か）・松平家乗といった美濃の大名や旗本ら、美濃衆合計六人宛の書状（抜粋）では、

敦賀口ゟ大わり杉板米津清右衛門尉殿御出し被成候、請取置可申候、右之御材木九長門殿駿府之御普請役ニ御届被成候由（中略）御材木之儀ハ何れも我々請取申候て、舟衆へ相渡し申候（下略）

（徳川林政史研究所所蔵文書『信濃史料』第二十巻）

と堺政所で近江代官でもある米津親勝が敦賀口から近江経由で伊勢桑名まで大割の杉板を送ってきたので美濃衆がそれを請け取って、その杉板を船衆の鳥羽藩主の九鬼長門嘉隆へ渡し、九鬼氏が海路、船で駿府へ送り、普請役の者に届けるというものである。この「敦賀口ゟ大わり杉板」とは出羽の諸大名たちから送り出された杉板のことと思われ、北国海運（日本海海運）によって越前敦賀に輸送されたものであろう。九鬼氏は天下普請に動員されたのだろう。この杉材の輸送は幕府水軍の小浜元隆もあたっていた。諸大名の杉板は豊臣政権時代から伏見城や淀城、その他の建築材用に課役として提出されていたもので、家康も駿府城建築にあたり出羽の諸大名にも課役として賦課したものであろう。

このように幕府は吉野や甲斐・信濃木曽谷・伊那、さらには出羽などから木材を調達している。そして同十二年七月に至り、駿府城の本丸御殿が完成して、家康は入城した（当代記）。この結果、家康に従った年寄衆は駿府城の周りにそれぞれ屋敷を構えた。参考のため慶長十年代家康が駿府に移って以降、駿府城の造営・修築等が行われ、それらの情報が寛永十五年（一六三八）頃までに蓄積された絵図である可能性が高いとされる『寛永十五年頃　駿河国駿府古絵図』（人文社刊）によれば、大久保長安の屋敷は駿府城南側の大手門の堀に面した追手町に構えていた。長安の屋敷の周りには、藤堂高虎・日向政成・三枝伊豆守らの屋敷があった。また長安の嫡子藤十郎や次男外記の屋敷は、城の東側の堀に面した鷹匠町の駿府町奉行所の隣にあった。さらに長安の家老的存在の戸田隆重の屋敷は、城の北側の堀より少し離れた所にあったようである。

（二）駿府城再建

しかしこの年の十二月二十二日、突如火災に見舞われた駿府城は焼け落ちたため、直ちに年寄衆たちは再建に着手した。築城奉行には江戸政権の年寄衆安藤重信（途中で青山重成に交代）が当たった。慶長十三年正月二日には、「信濃木曽、紀州熊野、伊豆山より大木伐出し運送す」（『静岡県材木史』）と木曽・熊野（吉野）や近場の伊豆山からも材木を調達している。材木調達の中心となった長安は直ちに各地の幕領の御山から木材の調達を指令しており、慶長十二年十二月廿八日付、長安より木曽代官山村良勝・苗木城主遠山友政宛の「覚」（抜粋）では、

一昨日も以飛脚申入候、木取之儀、早々彼山へ御出候而、松木の引物木取被成、壱本つゝも出来次第に手伝衆へ渡可申候、可被成其御心得候、今度者御急ニ候間、濃州一国之侍衆へわり付、手前切にいたさせ可被成由、被　仰出候間、もと切肝要候、（中略）何千本程可有御座哉、様子可被仰越候、（下略）

一今度駿府御城火事に付而、御木取候儀被　仰付候間、御両人共に可被入御情候（下略）

（山村文書）

と駿府城の火災のため、山村・遠山の二人に木取り（木材調達）のことを命じるので、急いで木曽の山に行って松木などを伐出し、一本ずつでもでき次第に美濃一国の手伝衆に割り付けて渡すこと、その数が何千本になるか様子を知らせること、などを伝えており、その慌てぶりが窺える。さらに翌十三年正月十三日付の、長安から同じく両名への「覚」（抜粋）でも、木曽の材木を代官衆に一刻も早く桑名へ届けさせ、四日市代官水谷光勝に渡すことを指示した後に、

一松板御用にて美濃中之大か（鋸）をよせ、近キ所にていた（板）にひかせ、是も桑名へ可出由　御諚候、各ゟ書状越申候間、無由断可被仰付候、先日下いな（伊那）衆なとハかる〳〵と御請被致被参候（下略）

一右之御木取并大かの作料万に米入候ハヽ、ミたけの代官・岐阜代官ニ被仰、御つかひ可被致候、大かなとの扶持かたハ相定り候間、自然御存も無之候ハヽ、伏見へ我等留守ニ鈴木織部・杉田九郎兵へ罷申候間、彼からへ御尋候て、其次第可被成事

（山村文書）

と木曽の松板の御用では美濃中の大鋸を呼び集め、近所で板にひかせてこれも桑名へ送ることが御諚であるので、各所

から指示の書状が来たら油断なく命ずること、これは先日下伊那衆もすぐに命を受けて参集していること、さらに木取りや大鋸の作料など何事にも米が入用なので、美濃御嵩（御嶽）の代官や岐阜の代官たちに命じて大鋸などの扶持方に米を使うこと、これがうまくいかない時には伏見の長安の留守を預かる鈴木重春・杉田忠次へ申し伝え、その指示に従うこと、としている。これは木曽の材木の調達の場合である。そしてこれらの材木を桑名から駿府へ海上輸送するため、慶長十三年正月、「駿府江材木為運送、諸国浦々舟船相改」（当代記）と諸国浦々で木材運送のための船改めを行っている。このほかにも、「江戸為使者安藤対馬守駿府江来る、江戸材木所々有之、駿府造作可費用之と云々」（当代記）と江戸より将軍秀忠の年寄衆安藤重信が江戸より駿府城造作用の木材を運んできている。さらに慶長十三年頃と推定される土佐藩山内家の記録（抜粋）では、

（慶長十二年）冬、駿府御城炎上、依之御用之御材木被仰付之、伊勢大湊より駿府江積廻ス廻船之義、四国御大名衆へ被仰付之、依之従御国、船大小十五艘、（慶長十三年）正月十九日出船仕旨、伊勢大湊御船奉行日向半兵衛殿・長野内蔵丞殿・水谷九左衛門殿江御書被遣之

（「御記録」「代々記」『山内家史料・第二代忠義公紀』第二巻所収）

と駿府城再建にあたり、再び天下普請となったのであろう四国の大名に木材の調達が命ぜられたため、土佐藩は吉野木材を伊勢の大湊から廻船で駿府へ輸送することになったが、大湊で伊勢の触下である長安配下の日向政成と長野友秀の両奉行および桑名・四日市代官水谷光勝の三人に書類を提出しているのである。なお土佐藩が用意した廻船は二〇〇石積五艘と三〇石積一〇艘の大小一五艘であり、慶長十三年正月、土佐を出航して大湊へ向かっている。このほかにも恐らく各地の幕領から多くの木材を調達したであろう。

このように各地から木材を調達して駿府城の再建にあたり、慶長十三年二月十四日には「駿府城屋形悉立」、三月三日には「駿府城内屋形何も瓦葺、但御座所は白鑞を以葺之」（当代記）と駿府城の屋形（御殿）ができあがり、瓦葺とされ、特に御座所は白鑞を以て葺いたという。そして三月十一日には家康が駿府城に移ったとされる。なお天守は慶長

十五年になって完成したという。

（三）名古屋城築城

慶長十七年（一六一二）五月十一日、家康は名古屋城の築城のため、「尾州那古屋御城御作事奉行衆之事」として、長安のほか小堀政一・村上吉正・長野友政・日向政成・水谷光勝・原田成氏・藤田忠次・寺西昌吉の九人（『大工頭中井家文書』）を任命し、その旨を大工頭中井正清に伝えた。その黒印状（抜粋）には、「上方より罷下候諸職人作料之儀ハ、上方にて被下候事」、「いしはいハ三河より参候よし」の二か条が見られ、上方から名古屋に行く諸職人の作料（手当）は上方で与える、石灰は三河から調達すること、とされている。なおこの九人の作事奉行の中では大久保長安が最高責任者であった。このメンバーは長安が木曽の山林支配の責任者、小堀は普請・作庭の名手であるとともに畿内幕領の代官でもあるので、上記の畿内諸職人の作料の手配をした。村上は丹波の触下であるので、丹波の木材の調達にあたった。長野と日向は伊勢の触下であり、大和吉野の木材の伊勢大湊などへの搬出と船積にあたった。水谷は桑名・四日市などの代官で、木曽の木材の船積などにあたっていた。原田・藤田・寺西の三人は尾張藩士で作事の尾張藩側の責任者であった。彼らはそれぞれの役割で選ばれたものと思われる。なお名古屋城の普請には、西国・北陸の有力な豊臣系大名二〇人が動員されている。

慶長十七年五月十九日付の長安から山村良勝の子、良安宛の「覚」（抜粋）では、

一名護（古）屋御普請ニ付而、丸木千本可有御進上候由尤候、小遠江・村三右・日半兵・長内蔵丞、右之衆へも貴殿事肝煎可給候由、又書状越候事

一なこやへ御越候而、中和刕可有相談候由尤候事

一さハら板子、成次第ニにしこり（錦織）迄出候様御尤候事

一御材木流候者、桑名・四日市場迄も、又あつた（熱田）の宮筋へも人を可有御遣候、是ハ去春中大水にて木材出

候者、何方にてもうけとめ可申由、御給人衆へも堅被　仰付候間、此以前ニ相替、なこや御材木ニ候条、心ひろく可被申越候
一水九左へ御渡候板子・御榑、万の近年之御勘定、能々究置可被申事
（山村文書）

と名古屋城普請につき丸木千本を進上した山村良安に対し、小堀・村上・日向・長野ら普請奉行衆へ指南を依頼したり、中井大和守正清が名古屋に来るので普請について相談すること、榿の板子ができ次第、木曽川の中流の錦織（美濃国）まで流すこと、木曽川の材木流しは河口近くの桑名や四日市、熱田の宮などに受取の人を派遣すること、これは去年春の木曽川の大水で木材が流出したので、川筋のどこでも受け止めることを流域の給人に対して強く命じていること、桑名・四日市代官水谷光勝へ渡す板子や榑木など、万事近年の勘定をよくよく究めおくよう申し付けていること、などを伝えている。

ついで名古屋城の普請のうち慶長十七年には天守（御殿主）の普請が中心に行われ、この普請について同年六月二十八日付、長安ら駿府年寄衆から中井正清に対して、

以上

急度申入候、
一御天主斗早々相立可申候事
一御天主立候後、御家をハ立可申候事
一御天主御家両方一度ニ候ハヽ、人足以下なにかニ付手まハし如何候間、懇に天主を立可申候由、御諚ニ候、恐々謹言

（慶長十七年）六月廿八日

竹山城守正信（花押）
村　茂　助直吉（花押）
成隼人正正成（花押）

安　帯　刀直次（花押）
大石見守長安（花押）
本上野介正純（花押）

中井大和守（正清）殿

（『大工頭中井家文書』）

と本丸の天守（御殿主）を建てた後に御殿を建てること、両方を一度に建てるので人足の手配をし、特に天守は家康の命で念を入れて建てること、としている。この作事の木材については同じく駿府年寄衆から七月十三日付で木曽の木材を搬出、駿府への輸送について、美濃の大名・旗本たちに不足なく、遅れることなく、油断なく行うことを伝えている（『大工頭中井家文書』）。さらに同日付で年寄衆から小堀政一以下の奉行に対して、

尚々御天主御材木なにやうの木不足候哉、御書付可給候、以上

急度申入候、仍御殿主の御材木皆々相調候哉、不足之御材木御座候者御書立候て可給候、牧助右・村権右六月中ニ御殿主之御材木御出し候由被申上候、御材木出候御手伝衆・同奉行衆へも書状越申候間、従其元可有御届候御家之御材木も何ほと相調申候哉、是又可被仰越候、先々御殿主如　御諚御急候て可有御立候、恐々謹言

（慶長十七年）七月十三日

竹山城守
成隼人正
大石見守
安　帯　刀
本上野介

小堀遠江守殿
長野内蔵丞殿
原右衛門尉殿

（『大工頭中井家文書』）

日向半兵衛殿
村上三右衛門尉殿
鈴木左馬助殿まいる

のように、作事奉行の小堀・長野友秀・日向政成・村上吉正・原田成氏に加え、大和における長安配下の家老格の代官鈴木重春の六人に宛てたものである。このうち鈴木重春は大和代官であるので、吉野の木材の調達と搬出にあたったものと思われる。文面は天守の木材がきちんと調達できたか、もし不足があれば書き立てること、牧長勝らから六月中にこの木材が調達できること、搬出に美濃の手伝衆や奉行衆に書状で伝えたこと、小堀らで各地の幕領の木材がどれほど調達できるのか駿府に伝えることを命じ、前々から伝えているように天守の入念な建築は家康の御諚であること、などを伝えている。天守は同年中に完成している。

（四）篠山城築城

このほか長安は丹波の亀山城や篠山城の築城にも関与しているが、中でも慶長十四年（一六〇九）に行われた篠山城の普請では、本多正純と大久保長安が担当・指揮したが、家康の不興を買って逼塞している。このことは『当代記』によれば、慶長十四年八月十六日の項に、

丹波国篠山の城、石垣普請出来之後、去六月従江戸上る普請奉行内藤金左衛門駿府へ来、大御所出行之時於庭上欲目見処、甚無興し給、是は城普請大御所仰出しよりも丈夫にしけるに依て、出来遅々の故也、彼両人可為改易欤と云々、彼奉行庭上迄呼出しけること、定而本多上野介・大久保石見守可為指南とて、暫言葉懸もなかりけり、

とあり、丹波篠山城の石垣普請において、同年六月に普請奉行内藤金左衛門忠清が江戸より駿府に来て大御所家康の出御の時に庭先で御目見得を願っていたが、家康は甚だ不興であった。これは篠山城の普請が石垣普請においては六月になって手伝いの大名が到着して着手したこと、また家康の指示よりも堅固に造り過ぎたために完成が遅かったことによ

るという。このため篠山城普請に指示を出していた本多正純と大久保長安が内藤を改易に処すべきか相談していたことに対し、そもそも本多と長安が普請を指南していたことによるものとして家康は怒り、両人に暫くの間、声を掛けなかったという。つまり本多と長安は逼塞したのである。その後、『朝野旧聞裒稿』（汲古書院）によれば、同年九月二十六日になって篠山城が一応の完成をみたためであろうか、両人は許されたという。この普請の問題は恐らく、本多正純と大久保長安との協力関係がうまくいってなかったことに原因が考えられるという。その証拠として慶長十年代後半頃と思われる、年欠十一月廿五日付、藤堂高虎から家臣の藤堂勘解由と吉田貞右衛門宛の書状（抜粋）によれば、

返々此文はこ（箱）大石州へねん入ぢきに渡候て返事とりこし候へく候、大事の状ニ候、上州へハさた中ましく候、以上

熊忠三郎遣候、此書状大石州へ勘解由直ニ上候て返事を取、則かけゆ（勘解由）たしかの者弐人ニもたせ可相越候、忠三郎ハ江戸へすぐニとをし可申候事

（長井文書『藤堂高虎の研究』）

と高虎から長安宛の書状を、長安に直接渡し、返事をもらってくること、この書状は大事なものなので、本多正純には決して伝えないことを、家老藤堂勘解由氏勝に念を入れて命じている。この内容から、長安と正純の関係がうまくいっていないことが窺えるのである（『大久保長安と八王子』八王子郷土資料館）。同時に後述のように、長安死去の四日前の慶長十八年五月二十一日に長安の遺書とも取れる「覚」を藤堂高虎に送っているが、長安が高虎を大変信頼していたことが窺える。

二、知行政策

慶長十二年以降駿府に移った家康の大御所政治が確立してくると知行割渡（知行書立または知行目録）を行ったのは慶長八年徳川幕府成立直後の畿内とその周辺諸国においては長安・板倉勝勝重、米津親勝の三人を中心とするものであったが、それに代わって長安を含む駿府年寄衆が発給の一部を家康の意をうけて担うようになるが、これは彼らがす

べての知行割渡（知行書立または知行目録）を行ったわけではなく、当然江戸の秀忠の将軍政治でも知行宛行および知行割渡（知行書立または知行目録）が行われたものと思われるが、慶長十年代では管見の限りでは知行割渡（知行書立または知行目録）の史料は少ないため詳細は不明である。それはともかく駿府政権において大御所家康の朱印状（知行宛行状）にもとづいて駿府年寄衆によって知行割渡（知行書立または知行目録）が行われている。

例えば壬子（慶長十七年）十月十六日付で石黒善十郎重玄に対し、長安・本多正純・成瀬正成・安藤直次の四人連署で知行目録を出している。

知行目録

濃州池田郷
一二百拾五石七斗三升四合　山年貢共　山ほら村
同国安八郡
一百三拾弐石七斗六升八合　野年貢共　見る村之内
一百五拾弐石九斗壱升八合　二木村之内
合五百石
右当子之物成ゟ可有御所務候、御朱印之儀は重而申請可進候、以上
壬子（慶長十七年）十月十六日
安藤帯刀（花押）
成瀬隼人（花押）
大久保石見守（花押）
本多上野介（花押）
石黒善十郎（重玄）殿参

（「士林泝洄」一『名古屋叢書続編』第十七巻）

これは美濃池田郡山原村・安八郡海松村および二木村之内で五〇〇石を割渡したもので、奥に「御朱印之儀者、重而申請候而可進候」ある。この石黒重玄に対して、家康の朱印状（知行宛行状）は同年十月廿八日付で、

美濃国池田郡山洞村山年貢共二百拾五石七斗三升余、安八郡海松村之内野年貢共百三拾弐石七斗六升余、二木村之内百五拾弐石九斗壱升余。合五百石之事

右宛行訖、全可領知者也

慶長十七年十月廿八日　　御朱印

石黒善十郎（重玄）とのへ

（「士林泝洄」一）

のようにこれまでと同様に知行目録発給から十二日後に出されているのである。

これに対し美濃上有知藩金森長光（長近の子）の家臣で、慶長十六年長光の改易後、家康に仕えた池田政長には同十七年十月晦日付で家康の知行宛行状が出されており、

美濃国武儀郡小屋那村参百石、同下有知村之内四百石、同極楽寺村之内参百石、合千石之事、右宛行訖、全可領知者也

慶長十七年十月晦日　　（家康御黒印）

池田図書頭（政長）とのへ

（『記録御用所本古文書』一五号文書）

と美濃武儀郡の内で一〇〇〇石が宛行れているが、池田政長と同様に家康の黒印状である。そしてこれをうけて同日に長安・本多・成瀬・安藤の四人連署で、

御知行目録　　濃州武儀郡内

一三百石　　おやな村

一四百石　　同　下うち村之内

一三百石　　同　極楽寺村之内

合千石

右当子之物成ゟ可有御所務候、御朱印重而申請可進候、以上

慶長十七年
十月晦日

安藤帯刀（花押）
成瀬隼人（花押）
大久保石見守（花押）
本多上野介（花押）

池田図書頭《政長》とのへ

（池田文書『新修徳川家康文書の研究』）

と美濃武儀郡小屋名村、下有知村および極楽寺村之内で一〇〇〇石の知行目録が出されている。このように家康の知行宛行状と年寄衆たちの知行割渡（知行目録）が同日付で出されている。しかし家康の知行宛行状は「御黒印」となっており、朱印状ではないものの朱印状と同じ役割を持っていたものと思われる。同様に池田政長と同じく金森長光の家臣で家康に仕えた肥田忠親へ宛て同年十月晦日に与えた知行宛行状もやはり「御黒印」となっている（『記録御用所本古文書』二二九二号）ので、写しとはいえ朱印状ではなかったと思われる。いずれにしろ池田氏・石黒氏の例にみるように家康の知行宛行状発給と駿府年寄衆の知行割渡（知行目録）が同じ日であることは、知行宛行状と知行割渡状が同時並行的に行われるという、のちの知行宛行の形態の萌芽が見られるものと思われる。

つぎに駿府の大御所政権における知行政策の最大のものは慶長十七年十二月廿五日に、新たに給人や寺社などに対し、知行や寺社領の御朱印状を出すにあたり、第1表にみるように庚子年（慶長五）以降、奉行衆連署や奉行（代官頭を含む）単独で与えられていた知行書立または知行目録や寺社領書立を持つ者は慥かな者に持たせて提出することを、駿府年寄衆の連署で各国ごとに触下を通して給人や寺社に一斉に伝達せしめている。これは前述のように、知行割渡（知行目録）が行われたものの、家康の知行宛行状（朱印状ないし黒印状）が出されていない場合が多かったための措置である。例えば年寄衆から長安配下の代官鈴木重春と杉田忠次に対して、

以上

急度申入候、仍去庚子（慶長五）年以来、奉行衆連判之以書出、御知行被致拝領候衆、只今　御朱印可被　成下

間、右連判之書出可指上旨　御意候　此砌　御朱印無御頂戴衆は御知行上可申候間、早々慥成者ニ為持被越候様ニ、大和国并美濃国中諸給人衆へ急度可被相触候、若又連判ニ而無之、一人之判形書出候共、可有御持参候、恐々謹言

（慶長十七年）十二月廿五日

成　隼人正
大　石見守
安　帯刀
本　上野介

鈴木左馬介殿
杉田九郎兵衛殿

右分、従駿府御奉行衆申来候条、則為御披見写進候、如被仰下、御朱印無御頂戴、御奉行衆以書出、御知行被成御拝領候衆、早々駿府へ可被遣候、或御朱印か或御奉行衆書出御座候か、此方へも被成写ヲ可有御越候、恐惶謹言

（慶長十八年）正月三日

杉田九郎兵衛忠次（花押）
鈴木左馬介重春（花押）

小里助右様（光親）

（「小里家譜」『岐阜県史』史料編近世二）

のように大和や美濃の給人衆や幕府の御抱衆へ触れることを伝達せしめており、ここでは大和と美濃は長安の触下の国であるため、長安の畿内における家老的代官の鈴木重春と杉田忠次に命じ、両人はそれを両国に伝達しているのである。伝達者は美濃の給人小里光親で、「小里家譜」によれば、彼は慶長十五年に長安配下の代官石原清左衛門一重を通して美濃国の土岐郡と恵那郡内一一か村、三五八〇石を与えられており、これは長安が単独で発給したものと同じである。従ってこの時の長安単独判形による知行書出を提出することになったものと思われる。このほか杉田と鈴木の伝達者には大和国の十津川郷士がいる（「十津川宝蔵館文書」十津川歴史民俗資料館所蔵）。十津川郷は関ヶ原合戦後、徳川

直轄領となって吉野郡の森林地帯が長安の支配下となり、慶長六年、彼らは長安とともに江戸に伺候し、家康より十津川郷総高一〇〇〇石の年貢を赦免された。前述のように十津川郷は吉野郡の森林地帯にあるが、木材の移出が困難であったため、一〇〇〇石の年貢米のかわりに北山郷から移出する材木を筏二五〇艘分の出役義務が賦課されていた。また十津川郷士は長安の指示により、大津から駿府城までの銀運送を勤めたので、褒美として扶持米五〇〇石を与えられたという。したがってこの扶持米支給の長安単独の書出を提出したものと思われる。さらに近江の触下米津親勝を通して近江の国中の給人に伝達せしめたもの（山岡後家宛・「書上古文書」一）もある。

また寺社に対しては、同じく米津親勝を通して近江の松尾寺（金剛輪寺）（『近江坂田郡志』上巻）、徳正寺（長浜市徳勝寺文書）、同じく近江の比牟礼八幡宮（比牟礼八幡神社文書『近江八幡市史』）、日野大明神（「綿向神社文書」東京大学史料編纂所影写本）などがある。日野大明神宛のものは、

尚々連判ニて無之、壱人之判形書出候共、可有御持参候、以上

急度申入候、仍去庚子（慶長五）年已来、奉行衆連判之以書出、御知行被致拝領候衆、只今　御朱印可被　成下間、右連判之書出可指上旨　御意候　此砌　御朱印無御頂戴衆者御知行上可申候間、早々慥成者ニ為持被越候様ニ、近江国中諸給人衆へ急度可被相触候、恐々謹言

（慶長十七年）
十二月廿五日

安　帯刀
大　石見守
成　隼人
本　上野介

米津清右衛門（親勝）殿

右之分駿府ゟ申来候間、写をいたし進候、少も御油断有間敷候、已上

（慶長十八年）
正月廿一日

米津清右衛門（黒印）

蒲生郡
日野大明神

（「綿向神社文書」東京大学史料編纂所影写本）

と文言は先の小里光親宛の史料とやや異なる点があるが、おおむね内容は一致している。前述の他の寺社も文言は一緒である。

さらに翌十八年には畿内とその周辺諸国以外の国々に対しても発しており、同年二月十四日付で本多正純と安藤直次から土佐藩山内氏に対して、

態申入候、仍先年御拝領被成候御領分之御朱印、可被進之旨、被出候間、此以前従奉行衆之書出并御領分郷付之帳を御添候而、慥成仁ニ早々御越可被成候、若奉行衆書出無之候ハヽ、其許御検地之帳面ニて高辻又郷付をも、懇御書出候て、御越可被成候、恐々謹言

（慶長十八年）二月十四日　本多上野介正純
安藤帯刀直次
（山内忠義）松平土佐守殿

（「御記録・御当家御判物頂戴」『山内家史料・第二代忠義公紀』第一編）

と山内家にも奉行衆の書出や郷村帳（郷帳）を慥かなる者に持たせて早々に駿府へ来ること、またもし奉行衆の書出がない場合には検地帳による高辻帳か御付帳を書出して提出することを伝えている。同様に福岡藩黒田家に対しても、「慶長十八年公義より御触有て、諸大名領知之高被書出候ハヽ御朱印被下旨也、依之長政公より御領知御検地之高辻并金吾中納言（小早川秀秋）殿領知之時之高、且又豊前国田河郡ニ而大涼院様御拝領被成候御知行目録写等、同年六月廿八日小河勘左衛門御使ニ而駿府迄被差上」（「黒田家御判持高控」）と、同様に長政への知行書立と長政の正室で家康養女の栄姫（大涼院、保科正直娘）の化粧料一〇〇〇石の知行書立を差し出している。家康はこの段階になって大名や旗本、扶持米取、寺社に至るまで、一斉に自分自身の領知朱印状を「御朱印改」として出すつもりでいたと思われる。しかし山内氏や黒田氏に対しては家康の朱印状は出されず、元和三年（一六一七）九月になって将軍秀忠の朱印状が出さ

れたという（曽根勇二前掲書）。

三、寺社政策

徳川氏の寺社支配に関する政策は、関東領国に入国した翌年の天正十九年（一五九一）から新たな領主として鎌倉の円覚寺や建長寺、鶴岡八幡宮など有力寺社をはじめ、香取神宮・鹿島神宮など関東の有力寺社の所領を一斉に安堵したり、禁制を出して政治的、経済的に彼らを懐柔している。この方法は江戸幕府成立以降でも取られ、全国の有力寺社に限らず、かなりの数の諸寺社に所領を安堵または寄進している。この場合、家康の朱印状が寺社に出され、それにもとづいて長安や伊奈忠次らの代官頭が実際の所領の割渡を行う形式が多かった。長安の寺社領に関する史料は武蔵など関東領国はもとより、関ヶ原合戦後および幕府成立後においては、遠江・信濃・美濃・大和・近江・佐渡・石見など、長安が支配に深く関わった広範な国々で多く出されている。慶長八年（一六〇三）九月には、遠江において家康の朱印状にもとづいて、長安と板倉勝重・小堀正次ら三人の連署として、

以上

態申越候、其地白羽大明神領并般若寺領何も御印被下候、此以前付来候寺社領之内ニて、御朱印之表可有御渡候、百姓共ニ石積ニて無相違候、尤存候、我等共不及折帋候へ共、貴所百姓一円ニ御渡有間敷由、彼衆被申候間、扨々申越候、恐々謹言

（慶長八年）
九月廿五日

板伊賀守勝重（花押）
大石見守長安（花押）
小新介正次（花押）

長谷川藤太郎（長盛）人々御中

（『静岡県史料』第四組）

と駿河国島田代官長谷川長盛に命じて、遠江の白羽大明神および般若寺に所領を割渡している。この長安・板倉・小堀

の三人による連署は他にも、遠江の全正寺・可睡斎・龍秀院・甘露寺のほか、綿向大明神（近江）・熱田神宮（尾張）などに出されている。また将軍家の菩提寺である江戸の増上寺に対しては慶長十五年十二月十五日付で、

御寺領目録

一高三百石　　　武州橘樹郡池辺村之内
一高弐百石　　　同　郡　諸岡村之内
一高百三拾壱石　同　郡　巣鴨村
一高三百六拾九石　同　郡　中里村之内
　合千石
右為御寺領相渡申候、重而御朱印相調進上可申候、以上

慶長十五年
　極月十五日
大久保石見守（花押）
青山図書助（花押）
安藤対馬守（花押）
土井大炊助（花押）
増上寺御納所

（『増上寺史料集』一）

と一〇〇〇石を、長安と江戸の将軍秀忠の年寄衆土井利勝・安藤重信・青山成重らとの連署で、寺領の割渡を行っている。これは増上寺が将軍家の菩提寺であるため、当然、江戸政権の年寄衆が連署しており、これに駿府年寄衆の長安が地方での知行割渡のために加判しているのである。

つぎに長安単独の寺社への発給は、長安が主として所管した信濃や美濃・大和・佐渡・石見などで出されている。慶長九年七月には信濃国で飯縄大明神に社領一〇〇石の村々を割渡している。同じく美濃国では可兒大寺（願興寺）に寺領一〇〇石余を割渡している。また大和国では多武峰神社に対して三〇〇〇石の割渡しを、配下の家老的代官鈴木重春

と杉田忠次に命じている。寺社への禁制は長安が触下である大和国では当麻寺・大神神社（大三輪神社）・東大寺、近江国の石馬寺などに出している。甲斐国では慶長十五年十一月に久遠寺に禁制を出している。佐渡や石見については、すでに第六章において、それぞれの国での寺社への所領割渡や寄進について触れているので省く。

ついで寺社間の争論に関しては、前述のように慶長九年十一月に大津にある天台宗鎮西派本山西教寺と山門（延暦寺）との人足争論の裁許において、長安・板倉・米津親勝と片桐且元の四人で連署している。その後、西教寺と山門（延暦寺）との争論では、慶長十一年九月にも西教寺の人足使用について争っており、これに対して同じ長安・板倉・米津と代官権田（権太）之親の四人で連署し、裁許を行っている。また慶長十七年三月には、三河の妙昌寺の境界争論に対して長安、本多以下九人の年寄衆および奉行衆によって裁許している（「妙昌寺文書」『豊田市史』第七巻）。さらに寺社の造営にも長安が関与する場合があった。慶長十四年十月には出雲大社の造営に関与しており、

以上

貴札本望候、仍於大社御神前御祈念之巻数并両種一荷被贈下令賞翫候、就大社御造営、片桐市正殿よりも御使者被遣候、我等にも奉行一人可遣由仰給候間、即進候、御造営程御座有間敷候条、可為御大慶候、猶御使者申入候、

恐々謹言

（慶長十四年）十月七日　長安（花押）

国造北島（広孝）殿御報

（北島文書『出雲国造家文書』）

と出雲大社の造営は豊臣秀頼の発願によるものであるが、幕府にも造営奉行を一人派遣するよう秀頼の奉行衆片桐且元から長安に依頼があったので、長安が幕府側の奉行として造営に関与したようである。

このように幕府成立期における全国的な寺社政策にも大久保長安は年寄衆として深く関わっている。特に東大寺や延暦寺・大神神社・久遠寺など有力な寺社に対しても裁許や禁制を出すほどであり、家康の信任を得てその力を存分に発揮しているのである。

このほか慶長十三年十一月十五日には、江戸城において浄土宗増上寺存応の弟子、郭然と法華宗僧日経との宗論が行われた折には、各宗派の僧のほか、江戸政権の大久保忠隣・土井利勝・安藤重信、駿府政権の本多正純・成瀬正成らとともに長安も列座している。この宗論の奉行は本多正純であった。

四、代官支配・年貢勘定

慶長十五年（一六一〇）七月になると家康は、「公料の代官等、賦税の会計を督責せらる」（当代記）と全国の幕領の代官に対し、年貢の会計を行うよう督責しているが、これをうけて同年九月には、「自江戸土井大炊助駿府被来、是より相上、上方御知行代官手前相改、将軍江向後可有領納由、自大御所曰に依て也」（当代記）と家康から江戸政権の年寄土井利勝が駿府に呼び出され、上方知行代官に年貢勘定目録を提出させ、その査定を行わせようとしている。これは翌十六年に「諸国多分江戸将軍納、但美濃・伊勢両国年は駿府へ納、駿・遠・尾三国ハ右兵衛主、常陸主分国也、於近江十三万石駿府へ同納」（当代記）と全国の幕領の支配を、美濃・伊勢二か国と近江のうち一三万石を駿府（大御所家康）政権の支配とし、尾張は徳川義直領、駿河と遠江は徳川頼宣領として、残りすべてを江戸（将軍）政権の支配下において、江戸政権（幕府）の財政基盤を確立させたといわれており、このような家康の措置は幕府財政の確立のための前提として、かつ豊臣氏との手切れに備えて上方の幕領の年貢量を掌握しておく必要から行われたものであった。この畿内幕領の各代官所の年貢勘定の提出について、その督責は先の家康の意向を受けて駿府年寄衆から畿内とその周辺諸国の幕領の各代官に対して行われたものと思われるが、なかなか提出されなかったためか、翌十六年三月頃からはたびたび年寄衆から督責が行われるようになった。これらの督責は例えば、宇治代官上林徳順（勝永）に対しては慶長十六年三月十一日付で、

（追書略）

急度申入候、仍御勘定ニ代官衆可有御下之由、度々申入候処ニ至于今日一人も不被罷下候、限沙汰之由　御諚ニ候

共、万油断ニてきつく不申付故と被思召被成御腹立候、重而急度御触、人を被付置、被罷下候を可有御見届候、必

御油断有間敷候、恐々謹言

（慶長十六年）
三月十一日

成　隼人正

安　帯刀

本　上野介

板　伊　賀　殿

米　清右衛門殿

右之旨　駿府ゟ申来候間、則写進之候、少も御油断有間敷候、以上

（慶長十六年）
三月十五日

米　清右（黒印）

板　伊賀（黒印）

上林徳順（勝永）

（「上林文書」東京大学史料編纂所影写本）

と駿府年寄衆のうち長安は加判していないが、本多・安藤・成瀬の三人連署で畿内とその周辺の諸国の触下や代官を統括していた板倉勝重と米津親勝に命じており、これをうけて板倉と米津はその写を添えて、上林徳順に命じているのである。同様に小堀政一に対しては、

先書ニも度々申入候御勘定御急之儀候間、重而申入候

一御代官衆于今不被罷下候間、何も不残自身急度被罷下候様ニ能々可被仰届候事

一伏見西丸にて之負、去年此地にて之負、御勘定之事

一中之年分御勘定之事

右之分何も可仕由、御諚候間、其断堅可被仰届候、恐々謹言

安　帯　刀

（慶長十六年）卯月廿二日

成　隼　人
大　石見守
本　上野介
村　茂　介

板倉伊賀守殿
米津清右衛門殿参

右之分重而被　仰下候間、則写候、早々可有御下候、御油断有間敷候、以上

（慶長十六年）五月朔日

板　伊賀（黒印）
米　清右（黒印）

小堀遠江（政一）殿

（『佐治重賢氏所蔵小堀政一関係文書』）

のように上林宛のものとは文言が異なるが、駿府年寄衆の本多・長安・安藤・成瀬・村越ら先の上林宛のものよりも多い年寄衆の連署によって板倉・米津へ命じ、これを受けて、板倉と米津はその写しを添えて代官の小堀政一に対して命じたものである。これは小堀が畿内とその周辺諸国の代官たちの上位にある有力代官で、小堀を通して各代官へ伝達せしめているのである。この布達の中で「伏見西丸にて之負」、すなわち後述のように畿内とその周辺幕領支配の拠点は慶長十二年、家康が駿府に移るまでは伏見にあったため、これは恐らく慶長五年以降、同十二年以前までの各代官所における年貢勘定のことと思われる。ついで四月二十五日にも年寄衆から板倉・米津宛に布達（抜粋）が出されており、その中では「未と申年（慶長十二・十三年）分の御改之御書付可被下候事」や「各下代にてハ御勘定不罷成候間、自身被参候様ニ可被仰触候事」、「此以前御勘定負帳も今度御極候事候間、何も委可被仰渡候事」などと慶長十二年と十三年の分の提出も命じ、さらに「御勘定御急候間、少も無由断様ニ可被仰渡候事」とし、最後に「何も御諚之通候間、堅可被仰触候」と結んでいることから、家康が早急に提出するよう命じていることが窺える（『佐治重賢氏所蔵小堀政一関

係文書』）。しかしこれでも全部が提出されなかったためか、四月二十七日付で再度、駿府年寄衆から板倉・米津を通して、小堀に対し、

うつし

急度申入候、仍此中も度々申入候御代官衆去年負帳ニ付被申候間、御詰米ニ成候を手前之蔵ニ有米并金銀ニ売、成吉・日下兵両人へ納候、仕分致三段、早々勘定可仕旨御座候間、諸代官衆夜通被参候様ニ可被仰付候、自然由断之人候者、致其書立指上可申由、御諚候、恐々謹言

（慶長十六年）
卯月廿七日

大　石見
村　茂介
成　隼人
安　帯刀
本　上野介

板　伊賀守殿
米　清右衛門殿

自駿府如此追々申来候間、能々御披見候間、早々仰下尤候、御由断有間敷候、以上

（慶長十六年）
五月二日

米　清右（黒印）
板　伊賀（黒印）

小堀遠江殿

（『佐治重賢氏所蔵小堀政一関係文書』）

と年寄衆から去年（慶長十五年）の年貢勘定帳作成にあたり、御蔵詰米として代官の蔵にある米を売り払ってその代金銀を伏見城の留守居である成瀬正一と日下部定好に納めること、この場合、三段に仕分けて早々に勘定を行い、夜通しで伏見に持参すること、それを怠る者は書付けて差し上げること、などが家康の御諚であるとしている。家康の強い意

向であることが伝わってくる。

このほか畿内とその周辺諸国だけではなく、慶長十六年五月十四日には駿府政権支配下の信濃の幕領代官衆に対しても、長安を含む駿府年寄衆から年貢勘定についての指示が出されており、

信州伊那郡寿永御代官所丑・寅御勘定之事、只今相極候間、様子具、下代ニ帳已下為持、早々参上可被申候、恐々謹言

（慶長十六年）
五月十四日

安　帯刀直次
成　隼人正成
村　茂介直吉
大　石見長安
本　上野正純

朝日十三郎（近次）殿

（日輪寺文書『信濃史料』第十九巻）

と信濃国伊那郡の丑、寅（慶長六、七年）の年貢勘定について、伊那郡代官の故朝日寿永（近路）（慶長八年死去）の息子、近次にこのたび査定するので、勘定帳に詳しく記載して、早々に下代に駿府まで持参させるよう命じている。このように先の上方の年貢勘定だけでなく、他の幕領代官についてもこの頃に年貢勘定を行っていたことが窺える。なお朝日寿永は伊那谷の山林の支配および榑木年貢の徴収にもあたっていたので、この年貢勘定には伊那谷の榑木年貢も含まれていたであろう。さらに慶長九年五月に石火矢師渡辺宗覚は家康から豊後国大分郡葛城村で知行一〇〇〇石を与えられているが、慶長十六年ないし十七年頃には駿府年寄衆の長安・本多正信・成瀬正成と駿府町奉行彦坂光正の連署によって、幕領豊後国大分郡生石村三〇〇石の代官に任命する旨を豊後国大分郡内の幕領一万五〇〇〇石を預かる府内藩主竹中重利（二万石）にその割譲を命じている。しかし宗覚はその後、病気になって辞退しているので、少しの間だけの代官であったようである（『譜牒余録』下巻）。

五、交通伝馬政策

徳川氏による体系的な交通伝馬制度の最初は、慶長六年（一六〇一）正月の東海道の各宿に対し、大久保長安や伊奈忠次・彦坂元正ら代官頭の三判証文による「御伝馬之定」等であり、ついで翌七年六月の東海道や中山道の各宿への長安・伊奈・板倉勝重・加藤正次の連署による「路地中駄賃之覚」等により、街道と宿場を整備したことである。慶長八年には長安がこれらの街道に一里塚を築いている。その後、慶長十六年（一六一一）二月二十六日には、後水尾天皇の即位による家康の上洛に伴い、これまで伝馬を担当してきた長安が中心になって駿府政権の年寄衆である本多正純・安藤直次・成瀬正成・村越直吉らとの連署で、東海道の各宿に対し伝馬駄賃の「定」を出しており、

定

一人馬のたちんハ定のことく取可申候、御上洛に付、少もおほくとらせ候ハゝ、所のきもいり可為越度事
一もとり馬のたちんハ、上下のものと馬ぬしとあいたい次第たるへし、荷番のものとかうしをさへ候儀有ましき事
一上下之衆、木せん人ハ壱人にひた三文、馬ハ一疋にひた六文たるへし、木銭取しうへに、つかひ道具かすましきなとゝ申ましき候事
付木銭にてハ宿をかすましく候、はたこならはかし候ハんなとゝ、わかまゝを申ましき事
右条々於相背者、以来聞出候共、可為曲事者也、仍如件
（慶長十六年）亥二月廿六日
村　茂助（黒印）
成　隼人（黒印）
安　帯刀（黒印）
大　石見守（黒印）
本　上野介（黒印）

（日坂村問屋清兵衛文書『静岡県史料』第四輯）

につさか《日坂》宿中

と三か条の伝馬駄賃・木賃宿の規定を出している。ただ、ここでは家康の上洛という重要な通行であるため、慶長六、七年の三判証文や代官頭・奉行による一連の伝馬関係法令とは異なり、長安を含めた駿府政権の年寄衆によって改めて出しているのである。内容は東海道では従来、伝馬駄賃がまちまちであったのを、距離に応じた三か条の伝馬駄賃定を出して公平な駄賃・宿の利用制度を定めている。これによれば、まず**第一条**で人馬の駄賃を「定」のように取り、公用上洛の時でも多く取ってはいけない、伝馬駄賃を規定の額以上取った時は、その宿場の肝煎を罰する、としている。第二条で戻り馬の駄賃は乗る人と馬主との相対で決めること、荷物番のものは隠したりしてはいけない。**第三条**で上下の通行者は、木賃（自炊）は一人あたり鐚銭三文、馬の利用は一疋あたり鐚銭六文とする、そして木賃を取ったからには宿泊者に炊飯道具などを貸し出さないなどということはしてはいけない、宿に対しては木賃のみの利用者には宿を貸さず、旅籠（食事付）でなければ宿を貸さないなどとしてはいけない、としている。これは家康の上洛を契機とする臨時的な条文であるが、内容的には伝馬駄賃・木賃宿など、新しい規定も含まれている。これをうけて同じく十六年七月には、「此月板倉伊賀守等奉はりて駅路に定制を出す」（『東照宮御事跡・諸法度載』）と長安・板倉勝重・米津親勝の三人によって東海道と中山道に対し、五か条の伝馬駄賃の「定」を出している。前出の同年二月の伝馬駄賃の「定」が、家康の上洛・通行のため、長安が駿府年寄衆として出したのに対し、今回は長安と板倉・米津の三人によって出している。中山道和田宿宛へのものは、

一和田よりながくぼ（長久保）まで駄賃荷物壱駄四拾貫目ニ候、ひた銭（鐚銭）弐拾六文、同下ノすは（下諏訪）
　ヘハ百文たるへし
　　付人足賃壱人ニついて馬之半分たるへき事
一馬番を定め、駄賃をつくる事一切停止たるへし、馬はやく出次第荷物つくへき事
一馬次之所にて遅々いたすニおゐてハ、右の荷つけて、すくにとおし、さきのたちんさためのことくに可出、日暮

となるにおひてハ、荷主ゟ馬方のはたこせん可出事
一帰馬に駄賃つくる事、荷主と馬方相たい次第たるへし、若難渋申者於有之者、其所の年寄曲事に可申付事
一とおり駄賃の事、上様被成　御上下時者、何方の馬もあらためすつけとおすへし、つねハ通馬可相留事
右条々、堅相定訖、若於違背之輩者、速可処厳科者也、仍如件

慶長拾六年七月　日

板倉伊賀守
米津清右衛門
大久保石見守

（『信濃史料』第二十一巻）

これは慶長七年六月の「路次中駄賃之覚」とは異なり、第一条では慶長七年では荷物四〇貫目で永楽八文と永楽表示であったが、同十六年では四〇貫目で鐚銭二六文と鐚銭表示となっている。これは慶長十三年、永楽銭が通用禁止令によって禁止され、今回は京銭とされており、京銭は鐚銭と同意義とされているのである。永楽銭と鐚銭の交換比率は、慶長七年時点では永楽銭一文に鐚銭六文であったが、その後、永楽銭一文に対し、鐚銭は四文の交換比率になっている。第二条では、仲間内で継立馬の順番を決めて勝手に駄賃を決めることを禁止するとともに、継立馬の用意ができている者から早く出して荷物を積むことを命じている。第三条では、馬継で遅延した時には荷積のまま通し、定めた駄賃のままとし、日暮れとなった時には荷主が馬方の旅籠銭を出すこととしている。第四条では、戻り馬の駄賃は荷主と馬方の相対で決めることとするが、どちらかが難渋を申しかけた時にはその宿場の年寄が罰することとしている。第五条で、通し馬の場合は通常は継立場で改めるのであるが、将軍の通行の時にはそのまま通すこと、などを定めている。いずれにせよこのような慶長十六年の伝馬関係の法令は慶長六、七年の段階よりも一層細かい規定になっており、徳川幕府が全国政権として新しい伝馬制度の確立を図っていることが窺える。ついで少し後の慶長十七年五月廿七日付の、先の長安ら三人から東海道の富士川渡船場宛と思われる渡船の「定」（抜粋）では、

一船渡之事、商人荷物壱駄に四拾貫目付、京銭十文可取之、乗懸も馬人共ニ十文也

附富士道者之船賃、右可為同前、参詣之歩者ハ、五文可取事
（『御当家令条』十九）

と渡船賃は、商人荷物は一駄に付四〇貫目、京銭一〇文となっているが、先の慶長七年六月十日の渡船駄賃定では、荷物一駄の荷重については記載がなく、渡船賃は一駄に付永楽銭三文なっている。前述のように、慶長十七年時点では永楽銭と鐚銭の交換比率は永楽銭一文に対して鐚銭が四文となっているので、これをふまえると永楽銭三文は京銭（鐚銭）では一二文になるところ、慶長十七年法令では京銭一〇文となっており、この間に何らかの変更があったのかもしれない。

このようにこれらの伝馬駄賃、渡船賃に関する諸法令は、慶長十六年の家康の上洛、通行を契機に慶長七年の伝馬駄賃、渡船賃の規定を見直したものであり、このような改訂も慶長六年以来、交通伝馬政策に関与してきた長安が、年寄衆に加わったのちにおいても中心となって行っているのである。

六、経済政策と貨幣政策

幕府は全国政権として経済政策を実施し、その第一段階として貨幣政策では慶長十三年（一六〇八）十二月に江戸年寄衆の安藤重信、土井利勝と代官頭伊奈忠次らが永楽銭の通用禁止令を出し、翌十四年に再度禁止するとともに、金一両＝銀五〇匁＝永楽銭一貫文＝京銭四貫文の交換比率を定めた。この前提として幕府は慶長小判と一分金、慶長通宝などを鋳造している。このうち小判に関しては京都の金銀細工師の後藤家から後藤庄三郎光次を招聘し、関ヶ原合戦後、江戸や京都などで小判や一分金の鋳造を開始した。さらに佐渡でも金座が置かれて小判が鋳造された。さらに甲斐でも慶長十三年正月に駿府年寄衆の長安と成瀬正成、それに幕府金座御用の後藤光次の三人連署で甲斐の金座役人松木五郎兵衛に対し、

以　上

急度申入候、仍其元之金子碁石にて、まね判多候間、のし金に江戸小判のことく可仕由御意ニ候、金二・三両の

しのへ右之分に致候て、可被懸御目尤候、恐々謹言

正月十一日　　後庄三光次（花押）

成瀬隼人正成（花押）

大石見長安（花押）

松木五郎兵衛《（真親）》殿

（松木家文書『甲府市史』第二巻、史料編近世Ⅰ）

のように甲州金（碁石金ほか）を江戸小判に「のしのへ」すなわち仕立て直して、それを見本として二・三両を大御所家康にお目に懸けるので進上することを伝えているので、甲斐にも金座が置かれていたようである。慶長通宝は慶長十一年に鋳造され、全国流通を意図したため、前述のように慶長十三年に永楽銭通用禁止令を出し、翌十四年には再度、永楽銭の通用を禁止するとともに、永楽銭と京銭（鐚銭）の交換比率を決めている。ここでの京銭は慶長通宝を指すと思われる。さらに幕府は金銀の貨幣鋳造をも独占的に行うため、慶長十四年五月には全国に対して銀子の灰吹と筋金吹分を勝手に行うことを禁止する旨、長安をはじめ駿府年寄衆、本多正純・成瀬正成・安藤直次・村越直吉の連署によって出しており、特に諸大名における「銀子灰吹并筋金吹分」および「つくり銀」（偽金）を禁止する旨、伝達している。これには今のところ、この米沢藩上杉氏と久保田藩佐竹氏（東京都千代田区　千秋文庫）へ宛てたものが判明しているが、全国の大名に命じたものと思われる。例えば米沢藩上杉宛のものにみるように、

以　上

態申入候、仍諸国銀子灰吹并筋金吹分之事、堅御法度御座候、其意趣ハ灰吹或筋金吹分候とて、つくり銀を致候により、右之通被仰出候条、御領分急度可被仰付候、若背　御法度吹もの於有之ハ、可被成御成敗旨、御諚候、恐々謹言

「慶十四」

五月三日　　大　石見守

村　茂助
成　隼人
安　帯刀
本　上野介
直江山城守殿（兼続）

（「上杉編年文書」『大日本史料』十二編之六）

と各領内での灰吹と筋金吹分を禁止し、それでも行ったものに対してはきちんと成敗することを命じている。しかし甲斐においては、同年七月廿八日付の駿府年寄衆から甲斐の支配にあたっている桜井ら四人の奉行宛の書状において、

急度申候、したかね・はいふきの儀、最前ハ一円御法度之由ニ候へ共、松木五郎兵衛壱人ニハ御ふかせ可有之候、為其申遣候、恐々謹言

（慶長十四年）七月廿八日

後　庄三郎光次（花押）
成　隼　人正成（花押）
安　帯　刀直次（花押）
村　茂　助直吉（花押）
大　石　見長安（花押）
本　上　野正純（花押）

桜井安芸殿
小田切大隅殿
大野主水殿
平岡岡右衛門殿

（松木家文書『甲府市史』第二巻、史料編近世一）

と五月三日に「一円御法度」として全国に出した金銀の灰吹きと筋金吹分を勝手に行うことを禁止したものの、七月に

なってこの法令の例外として、甲斐においては「したかね・はいふき（灰吹）」を桜井信忠・小田切茂富ら甲斐四奉行の二人と大野元貞・平岡千道ら二人の甲斐代官を通して、甲斐の灰吹師松木五郎兵衛浄成一人のみに対して許可する旨を周知させている。これは家康の命によるものといわれ、幕府発行の金銀貨幣の一部として甲州金の鋳造を松木に独占的に行わせ、かつ刻印権をも認めたものであった。西脇康氏によれば、これによって甲州金の地方貨幣としての存続が幕府によって容認されたものであるという（西脇康『甲州金の研究 —— 史料と現品の統合試論 ——』）。また慶長小判一〇両に対し、甲州金一二両の比率であったという。

慶長十六年には七月廿五日付で、長安・本多正純・成瀬正成・村越直吉ら駿府年寄衆から木曽代官山村良安・伊那代官千村良重に対する書状で、

尚々伊那之義ハいつものことく千平右ゟ可被申付候、以上

急度申入候、仍あな田はいふき銀、其外にせはいふき堅　御法度ニ候条、右之通貴所達御代官所中、其外伊奈（那）郡御蔵入并御給人方共ニ可被申付候、自今以後吹候ものハ不及申、つかい候もの、取候もの於有之候ハ可被搦捕上之旨御意候、恐々謹言

七月廿五日（景長十四年）

村　茂助判
成隼人正判
大石見守判
本上野介判

山七郎右衛門尉殿
千平右衛門尉殿

（「千村文書『信濃史料』第二十巻）

とあなた（田）灰吹銀やそのほか偽灰吹を行うことが御法度であるので、両代官所管内および伊那郡の給人たちに伝え、もし以後も灰吹きおよびそれを遣う者がいたらからめ捕ることを命じている。同様の禁止令は加賀藩でも慶長十六

年八月十四日付で、「あなた灰吹の銀子並にせ灰吹、堅御停止候条、若取扱いたし候者就有之は、則搦捕可指上旨、駿河御奉行衆より被仰越候条、自今以後、於分国中みだり之儀有之候者、可被処厳科旨被仰出候、（下略）」（「万治已前定書」『加賀藩史料』第弐編）と長安を含む駿府年寄衆からの禁止の仰出が来たのでその旨を領内に触れている。このことからこの法令は全国的に発せられたものと思われる。この背景には灰吹銀の製造や使用、さらに偽の灰吹銀の使用などを禁止することによって、幕府による通貨の独占・通用を確立し、経済の混乱を防ごうとする意図があったのである。ちなみに「あなた（穴田か）灰吹法」とは、地面に直径四〇センチメートルくらい、深さ三八センチメートルくらいの炉を切り、壁面を耐火性粘土と木炭を焼いた灰を塗り、炉の後ろに吹子を設けて粘土製の噴気管を通して造るものであるという。この炉の中央に松葉を燃やした灰を敷き詰めた坩堝を置いて、坩堝の上に銀を含んだ銅鉱石を設置、鉛を触媒として銀を抽出する方法のようである（太田虎一原著、柏村儀作校補『生野史』1　校補鉱業編）。

つぎに幕領年貢米の売却にあたっては、近世初期においては関東や江戸ではまだ市場が成立していないため、幕府をはじめ、諸大名も年貢米を畿内の大坂や京都・大津・堺・宇治など、前代からの経済的先進地域である大都市に依存せざるをえなかった。幕府も幕領年貢米の売却にはこれらの諸都市に住む畿内豪商に依存していたので、幕府は彼らを代官として召抱えたり、扶持米を与えてこれら諸都市での売却を依頼していたのである。畿内豪商の主な者には大坂の末吉氏・平野氏、京都の角倉氏・茶屋氏、堺の今井氏、大津の小野氏（十四屋）、宇治の上林氏などがおり、家康はもとより長安もこれら豪商と深い関係にあった。例えば慶長十七年（一六一二）三月、宇治の豪商上林徳順に対して、

尚々大豆うり祢段の事も右之米の右之相場にまへ〳〵のことく五わりましたるへく候、以上

戌亥両年米売祢段事、只今ゟ納候分ハ小判壱両ニ付、四石かい、銀壱匁ニ付六升つゝうり上可申由被仰出候、但米の払能所ハ致才覚右之祢段之内にもうり上候者、可為御奉公候、将又江戸御蔵入之分ハ去年伊丹喜之介・中山源三郎改、有米之分右之相場たるへく候、恐々謹言

彦　九兵衛（花押）

（慶長十七年）
壬子二月十三日

上林徳順

（五人略）
大　石見（花押）
土　大炊（花押）
板　伊賀（花押）
本　上野（花押）

（「上林文書」東京大学史料編纂所影写本）

と上林氏の支配地域からの戌亥（慶長十五、十六年）両年の年貢米の売値について、これまで上納した分は小判一両あたり四石、銀一匁あたり六升で売却することとしていたが、さらに米の払い値段のよいところでは代官の才覚をもって値段を付けて売却したならば御奉公になること、また江戸政権の蔵入分は去年、幕府勘定頭伊丹康勝らが決めた値段を相場として売却すること、大豆の売却値段は米の相場にこれまで通り五割増とすることなどを依頼している。このように宇治代官年貢に限らず、畿内先進地域における幕領年貢の売却は、畿内の豪商代官らに委ねているものの、売却値段については幕府が一定の基準を定めているのである。このため長安ら一〇人の駿府や江戸の年寄衆および奉行人が連署して出している。それだけ重要な事項であったためであろう。

七、化粧料割渡

近世における化粧料とは、将軍や大名などの娘を他の大名などに輿入れさせる折、またはその後において輿入れした女性の独自財産として与えたものである。したがってこの化粧料には夫は一切手を付けることができなかった。徳川将軍家、特に家康・秀忠・家光の三代においては、将軍の娘はもとより家臣たちの娘を将軍の養女として大名たちに輿入れさせた。前述のように、その折またはその後に化粧料が与えられたが、将軍の娘や養女の場合でも、必ずしも全ての女性に化粧料が与えられるとは限らなかった。また化粧料はその女性一代限りのもので、原則的には本人の死去後は幕府に返納された。さらに化粧料は幕領の内から代官を通して直接地方で与えられる場合と扶持米で与えられる場合とがあった。また慶長十年以降の大御所家康の時代には駿府年寄衆が化粧料の割渡に関与する場合もあった。

例えば池田輝政の嫡男、池田利隆の正室鶴姫（福照院）は譜代大名榊原康政の娘で、将軍秀忠の養女として慶長十年（一六〇五）に利隆に輿入している。同十四年に嫡子池田新太郎光政（家康外孫）を産んだ時に、家康の命により鶴姫に化粧料として備中小田郡内で一〇〇〇石が与えられている。慶長十四年三月十三日付、駿府の年寄衆の長安や本多正純・成瀬正成らと江戸の年寄衆の土井利勝の六人で、

以　上

態申入候、仍而松平武蔵守（利隆）殿被成御座候御姫様、於備中貴所御代官所御預り内、高千石之地方、当年之従春被進之候間、可有御渡候、恐々謹言

（慶長十四年）三月十三日

村越茂助直吉（花押）
成瀬隼人正正成（花押）
安藤帯刀直次（花押）
土井大炊助利勝（花押）
大久保石見守長安（花押）
本多上野介正純

小堀遠江守（政一）殿参

（藤田恒春編『小堀遠江守正一発給文書の研究』）

のような連署による書状をもって備中幕領の代官小堀政一に対し、その支配地内の小田郡の村々の中から一〇〇〇石分の所付と割渡を命じている。その領地は「寛永備中国絵図」（池田家文庫・岡山大学附属図書館所蔵）では、「松平新太郎母福照院」として備中国小田郡山口村九五二石余、高階村四七石余となっている。これは有力外様大名で池田輝政の長子利隆の正室（秀忠の養女）に対する化粧料付与であるため、駿府と江戸の年寄衆が連署しているのである。その

後、寛文十年（一六七〇）には合力米一〇〇〇俵に替えられている。この理由は不明であるが、同十二年、鶴姫が死去した時、合力米は幕府に返納されている。

さらに佐賀藩主鍋島勝茂の正室菊姫（茶々とも）（高源院）は譜代大名岡部長盛の娘で、家康の養女として慶長十年（一六〇五）五月、鍋島勝茂に嫁し、同年六月に家康から豊後国日田郡内で化粧料として一〇〇〇石を与えることが命じられている。この化粧料付与の経緯は、慶長十三年三月、長安は関与していないが駿府政権の年寄衆、本多正純・安藤直次・成瀬正成の三人から佐伯藩主毛利高政宛の書状によれば、

一書申候、仍鍋島信濃守殿へ御座被成候御姫様江被進候間、其方御代官所之内ニ而御知行千石、肥前ニむより（向寄）よき所を御渡可被成候、又去年未物成をも御副候而可有御渡候、恐惶謹言

（慶長十三年）
中三月十九日

成瀬隼人正　在判
安藤帯刀　在判
本多上野介　在判

毛利伊勢守殿（高政）

（「毛利高政発給知行付」『黒田家文書』第二巻）

と鍋島氏領がある「肥前ニむより（向寄）よき所」を選んで割り渡すように、豊後の幕領を預り地として支配していた毛利高政に命じている。しかし実際には、慶長十八年六月の鍋島勝茂から同じく年寄衆本多正純・安藤直次宛の書状によれば、

豊後国日田郡之内

一高四百三拾七石五斗六舛九合五杪（夕）　上野村
一高百三拾五石五斗六舛三合五杪（夕）　苗代島村
一高四百弐拾六石八斗六舛七合　桜竹村

高千斛

慶長十八年癸丑六月朔日　　　　　　　　鍋島信濃守
　本多上野介殿　　　　　　　　　　　　　勝茂
　安藤帯刀殿
（「鍋島勝茂公譜考補」『佐賀県近世史料』第一編）

と慶長十八年に至って正式に、豊後の毛利氏預り地のうち日田郡内上野村四三七石、苗代島村一三五石、桜竹村四二六石の三か村が付与された。しかし同日付の鍋島勝茂からの書状では、

　於豊後拝領仕女共知行目録
高千斛　　　　　　　　　　　　　　　日田郡之内
右去巳之年ヨリ未之年迠三年は、御切米ニ而被下候、申之年三月ヨリ御知行拝領仕候、毛利伊勢守方知行被差渡候墨付、相副致進上候、以上
慶長十八年癸丑六月朔日　　　　　　　　鍋島信濃守
　本多上野介殿　　　　　　　　　　　　　勝茂
　安藤帯刀殿
（「鍋島勝茂公譜考補」）

のように、実際には化粧料は慶長十年五月の婚姻直後から与えられていたようで、巳之年（慶長十年）から未之年（同十二年）までの三年間は切米で毎年一〇〇〇俵分を与えられていた。そして同十三年から前述のように、豊後日田郡内で知行地として地方で一〇〇〇石分を毛利高政を通して毎年、地方で与えられるようになっていたが、正式には慶長十八年に至って知行目録が出されたのである。この化粧料は寛文元年（一六六一）九月、高源院が死去すると幕府に返還・上知されている。

八、人身売買の禁止

日本では古代以来、人身売買は行われていたが、織豊時代ではスペインやポルトガルの商人たちが日本人を奴隷として国外に連行する人身売買に宣教師たちも関与していた。豊臣秀吉はこのような状況を憂慮し、天正十五年（一五八七）六月十九日、イエズス会の宣教師ガスパール・コエリエに対して、日本人を奴隷として売買することを即刻停止するよう命じている。同時に既に売られてしまった日本人を連れ戻すこと、それが無理ならば助けられる者たちだけでも買い戻すことを伝えている。さらに四か条の詰問書を突きつけ、同時にコエリエに対して追放令を出している。四か条の中では、四条目になぜポルトガル人は多くの日本人を買い、奴隷として国外へ連れ出すようなことをするのか、と糺している。このような状況の中、天正十八年四月、秀吉は小田原攻めに参加した関東の大名たちに対し、人身売買の全面的禁止を命じている。例えば天正十八年卯月二十九日付の真田昌幸宛（抜粋）のものでは、

次在々所々土民百姓共還住之儀被仰出候、其許堅可申触候、東国習ニ女童部をとらへ売買仕族候者、後日成共被聞召付次第、可被加御成敗候、若捕之置輩在之者、早々本在所へ可返置候、万端不可有由断候

（『豊臣秀吉文書集』四、三〇四四号）

のように東国の習いとして、女・童部（子供）をとらえて売買する者たちは、後日でも発覚次第、成敗を加えるとしている。その後も近世初期には、国内では人身売買がかなり行われていた。そのため徳川政権も全国政権としてこの取締にあたっている。特に京都などにおいては、京都の町人のうち女や子供が各地に人身売買によって売られていくことが多くあったようである。このため徳川政権としてもこれを禁止している。その人身売買の最初の禁止令が、大御所家康の命により慶長十六年四月、長安をはじめ本多正純・成瀬正成・安藤直次・村越直吉ら駿府年寄衆と京都所司代板倉勝重、堺政所米津親勝らの連署によって出されている。例えば朽木元綱に対し、

以上

急度申入候、仍女わらんへ売買、御法度ニ付、□□（停止）被申付、板伊州切手於無之ハ、一切不可通候、以上

村　茂助（黒印）

（四人略）

大　石見（黒印）

本　上野（黒印）

（慶長十六年）寅

卯月八日

江州くつ木谷口

朽木河内殿（元綱）

（「朽木家古文書」国立公文書館所蔵）

のように女、わらんへ（童）の売買は禁止されているので、京都所司代板倉勝重の切手のない女、子連れは朽木谷を通さないよう命じているのである。朽木元綱は京都から若狭小浜に抜ける若狭街道（俗称鯖街道）の要衝、朽木谷の領主であり、京都の女や童たちが若狭街道を通って若狭の小浜湊や越前の敦賀湊などから日本各地に売られていたのである。しかし禁止令が必ずしも守られていなかったため、元和二年（一六一六）にも板倉勝重から朽木氏に宛てて同様の文書が出されている。このように幕府は、人身売買を禁止したが、その一方で農村における年貢上納のための娘の身売りは認めるなどしていたため、多くの身売り女性による遊女奉公が広がったり、前借金に縛られて人身拘束を受け、労働や家事に従事する年季奉公制度が定着していった。

九、岡本大八事件

慶長十四年（一六〇九）二月、肥前日野江藩主有馬晴信の朱印船がマカオで、ポルトガル船デウス号の船員と取引を巡って騒擾事件を起こし、マカオの総司令ペアソがこれを鎮めたが、晴信側の水夫六〇人程（四八人とも）が死んだ。翌十五年五月、ペアソはこの事件の経緯を家康に報告するために長崎に来航したが、長崎奉行長谷川藤広はこれを取次がず、ペアソとの間に遺恨が残った。さらに晴信は先の事件を恨み、藤広の勧めで家康にペアソと商船デウス号の捕縛

を請願し、報復の許可を得た。その実行の監視役として藤広は、元家臣で本多正純の与力となっていた岡本大八を送った。同年十二月十二日、晴信はペアソの乗るデウス号を長崎港外で攻撃、ペアソを爆死させた（デウス号事件、グラサ号事件とも）。この経緯は藤広や大八を通じて家康に報告されていたが、晴信は龍造寺氏との戦いで領知の一部を奪われたことや、その後の朱印船貿易で家康の好む伽羅を手に入れて家康に献上したことなどにより、家康からの恩賞としてこの失地の回復を期待していた。しかしもともとこの伽羅の献上は、藤広が家康から命ぜられていたもので、藤広は晴信に先を越されて面目を失い、晴信を恨むこととなった。反面、藤広は晴信の先のデウス号攻撃を批判したため、晴信は藤広を恨み、殺害計画を大八に漏らしていたという。これを利用し、大八は晴信に失った領知、肥前国藤津・杵島・彼杵三郡を主人の本多正純に掛け合い、家康に取り次ぐことを申し出て、偽の朱印状まで作成して晴信から大金を詐取した。その後、晴信は恩賞の沙汰がないため、直接正純に掛け合ったので大八の偽計が発覚した。正純は大八を詰問したが否認し、晴信には贈賄の罪があるものの、晴信の子直純の室は家康の養女国姫（本多忠政娘・百合姫とも）であるので一存では断罪できず、裁決は家康に委ねられることとなった（『当代記』ほか）。家康は駿府町奉行彦坂光正に調査を命じ、慶長十七年二月、大八を江戸へ送り、晴信も江戸に召喚して三月十八日、大久保長安の江戸屋敷で両者を対決させ、尋問した。この尋問の経緯について、『台徳院殿御実紀』巻十八では、「（慶長十七年三月）十八日、先に獄に下されし岡本大八は。再び有馬修理大夫晴信が悪事を訴ふ。よて大八を引き出し、大久保石見守長安がもとに於て。晴信と対決せしむる所に晴信詞掘（屈）す」とある。さらに鍋島家文書によってみると、より詳しく記録されており、

秀忠公、同（慶長十七年三月）十七日、お見舞として駿府へ御着坐、同日家康公へ御対面アリテ、本多佐渡守・大久保石見守両人ヲ御前へ召出サレ、有馬（晴信）ト大八出入ノ事仰出サレ、秀忠公ヨリ御糺明ナサルヘキ由、家康公ノ御上意ニヨリ、翌十八日、大久保石見守殿宅ニ、江戸・駿府ノ御年寄衆集会有テ、再有馬ト大八対決サセラル、其時大八申ケルハ、有馬へ三郡拝領アルニ於テハ、長崎ノ儀ヲモ押領スヘシ、然レハ、左兵衛殿（長谷川藤継）ヲ人シレスニ闇討ニ討果スヘキ由、内談アリシ旨申出ル、修理（有馬）此時一言ノ返答ニ及ハサルニ付、此次

第言上アリシカハ、即日修理ヲ石州へ御預ケ、座敷牢ニ籠サセラル、此節石州ヨリ、若慮外ノ働等有之テ不可然ニ付、刀ヲ取ツメ牢ニ召置度旨石州へ相断ラレ、召置レケリ、（中略）此後、甲州ヘハ流サレケルナル（下略）

（「鍋島勝茂公譜考補」）

のように江戸・駿府の年寄衆立合の下、長安と本多正信とで両者に尋問した結果、晴信も藤広殺害計画を認めたため、これを家康に報告した。三月二十一日に大八は朱印状偽造の罪で駿府町中引き回しの上で火刑に処され、翌二十二日には晴信も、旧領回復奔策と長谷川藤広殺人企図の罪で長安にお預けとなり、座敷牢に入れられた。その後、長安の支配地である甲斐に流罪となり、慶長十七年五月七日、配所で自殺している。なお日野江藩も改易となったが、嫡子直純はこの一件に関与していないため、有馬家の家督と所領四万石の安堵が認められた。

この岡本大八は本多正純の与力であったので、有馬晴信は失地回復のため正純に取り入ろうと大八の誘いに乗ったのであるが、結果的に大八が断罪されると、正純も自分の部下がこのような大事件に関与し、しかも断罪されたため、彼の立場は大変悪くなったと思われる。しかも長安の詮議によって自分の立場が悪くなったと考え、恨みさえ持ったとしてもおかしくはなく、これが翌十八年四月の、長安死後の処断の一因になったとも考えられるのである。

以上のように慶長十年四月、家康は将軍職を秀忠に譲り、大御所となって西の丸に移った。そして側近として、のちの駿府政権の下で年寄衆となる長安をはじめ、本多正純・成瀬正成・安藤直次・村越直吉及び出頭人板倉勝重らが集められており、実質的にはこの段階から大御所政治が開始されていたと考えられる。特に前述のように慶長十年九月の幕領長崎の拡大と替地は、家康の指示によって行われたことは間違いなく、大御所政治が開始されている証左である。この一件に長安が参画していることは、長安が大御所家康政権の下で年寄衆に列していたことを示していよう。さらに人身売買の禁止法令や岡本大八事件の尋問などにおいては、年寄衆としての役割を十分発揮したものといえよう。その一方で駿府城の建設と再建、名古屋城・篠山城の建築などにおいては、全国各地の長安配下の代官や奉行などを駆使してその木材の調達、さらには知行地や寺社の所領の割渡、交通伝馬制度の改定、幕領年貢米の売却、化粧料付与などにおいても、長安がこれまで職務（代官）として行ってきた役割が発揮されたものであった。さらに付け加えるならば、長安は死去するまで佐渡・石見・伊豆・甲斐などの金銀山の支配・経営を行っていたわけで、これは代官としての役割を発揮していたものである。したがって家康は長安を年寄衆に加えると同時に、他の年寄衆とは異なる職務（代官）をも期待していたといえよう。

第十章　長安支配の幕領と年貢勘定の決算

大久保長安の広大な支配地の全体像と、それらにおける長安の年貢割付状や年貢勘定関係について、個別の国や地域で長安が出した史料はほとんど残されていない。しかし唯一残存しているものが、長安が中風になって死去する四日前の慶長十八年（一六一三）四月二十一日に、藤堂高虎に宛てた「覚」である。これは「覚」となっているが、内容的には後述の第一条にも書かれているように遺言状のようにもみえる。以下に条文に沿って考察すると、

覚

（一）一我等煩無由断養生仕御奉公可申上と存候へ共、又此比ハ少風を引相煩、手足に腫気指出申候、加様に御座候へハ、何時ふと相果可申も不存候間、存命の内に覚書を以申上候事事

（二）一石見銀山并地かた米売銀共寅卯辰巳午未六ケ年分御勘定者、酉年仕上御皆済被下候

（三）一同所申酉戌亥四ケ年分御勘定候、子年仕上、御皆済被下候事

（四）一同所子年よりハ江戸　将軍様へ被進候間、御運上江戸へ納申候、其内くさりにて残有之分ハ我等相果候共、彼地物主として指置候竹村丹後御勘定仕上可申候事

（五）一佐渡銀山之儀、辰年ゟ巳午未四ケ年分之御勘定ハ酉年仕上、御皆済被下候事

（六）一同所申酉両年分之御勘定ハ、銀山并地かた米売銀共に子年仕上、御皆済被下候事

（七）一戌年ゟ江戸　将軍様へ被進候間、御運上江戸へ納申候、残而くさりにて御座候分も我等何時相果候共、彼地物ぬしとして田辺十郎左衛門尉・宗岡弥右衛門御勘定仕上可申候事

（八）一御前より被成御借候金子、松平右衛門殿より三千枚、松風助四郎所より千枚、合四千枚に佐渡灰吹弐千八百貫目納申相済申候、是も佐州御勘定帳のおくにかきのせ御前へ上置申候事

(九)一伊豆銀山午未申三ケ年分御勘定仕上、御皆済被下候事

(十)一同所銀山酉戌亥三ケ年分之御勘定ハ、子年仕上、御皆済済被下候事

(十一)一同所子年よりこのかたハ、御運上納置申候、御勘定の儀ハ我等相果候共、彼為物主指置候和田河内・竹村九郎右衛門・河合作兵衛御勘定仕上可申事

(十二)一同所地かた御勘定の儀ハ年々仕上候、相残所ハ我等何時相果候共、為物主指置候河合作兵衛・竹村九郎右衛門尉勘定仕上可申候事

(十三)一和州・江州・濃州御代官所之儀ハ、酉年までハ御勘定仕上候、残所戌亥子年分ハ、為物主指置候鈴木左馬助・杉田九郎兵衛仕上可申候、只今も為御勘定壱人罷下、此地に相詰居申候事

(十四)一同所江戸　将軍様御蔵入分も右同断に御座候事

(十五)一甲州御蔵入之儀、酉年まてハ御勘定相済候、戌年ゟこのかた御勘定之儀ハ、我等何時相果候共、彼地之為物主指置候平岡々右衛門・岩波七郎右衛門尉仕上可申候事

(十六)一関東御代官所之儀ハ、年々御勘定相究仕上申候、是又相残所ハ我等何時相果候共、彼地為物主指置候田辺祥右衛門尉・大野八右衛門尉仕上可申候事
右所々御代官所、右之もの共為物主申付置候、我等ハ指図申計に御座候、惣別致法度ニ　御公方物少成共我等手前へつかひ不申候事

(十七)一先年御陣の時、もと判の金九拾七枚、松風助四郎手前ゟ請取申候、此金之者中野七蔵・富田伊豆・小宮山民部・青木弥三左衛門立合、将軍様こむろ(小諸)より上方へ御座候時、各陣扶持にわたり申候間、岡作兵衛松もと(松本)にて米をかい、木曽中方々にて御扶持に出申候、但拾枚分ハ青山播磨殿・内藤修理殿へ致御勘定候由候事

右外

（十八）一木曽谷中地かた并どいくれ（土居榑）御勘定の儀、代官山村父子、只今相究可申ため此地へ参居申候、急度
究させ候而、指上可申候、我等何時相果候共、材木壱本成共我等自分につかひ不申候、是又存命之うちに山村
父子にも被成御尋可被下候事

右大方覚候通、書立申上候、惣別少之儀もそれ〳〵に物主を申付、物主手前よりすくに御勘定為致候様ニ、常々
仕置候間、此書立に残候儀御座候共らち立可申候、
右通可然様に被仰上可被下候、以上

（慶長十八年）
丑卯月廿一日　　　　大久保石見守　判

藤泉州様参

（「紀伊国古文書」三九〇号文書、国文学研究資料館所蔵）

と全一八か条からなるものである。この「覚」によれば、長安の晩年の支配地は江戸・八王子・駿府などを拠点に、最終的には石見・佐渡・伊豆の金銀山のほか、武蔵・下総・上野・甲斐・越後・駿河・信濃・美濃・近江・大和など、およそ一三か国に及び、これらの国々に何らかの形で関与しており、これらの支配高は一説には一二〇万石に及んでいたともいわれる故に、「天下の総代官」（「木祖年代記」）といわれたのである。またこれら彼の支配する各地の幕領の年貢勘定（決算）については、それぞれの地域を支配する長安配下の「物主」（ものぬし＝勘定担当者）を決めて既に皆済したものと、長安死後の皆済分についてもそれぞれの「物主」が年貢勘定を行うことを命じてあるとしている。以下に各条ごとにみていく。

第一条では長安が中風に罹って手足に腫気が出ており、いつ死去するかもしれないので、存命中に覚書をしたためておく、としている。

第二条から第四条までは、石見の銀山と地方の年貢勘定についてのことで、第二条で米の売却銀とともに、寅（慶長七年）～未（十二年）の六か年分の年貢勘定を酉（慶長十四年）に皆済した、としている。第三条で同じく申（慶長十三年）～亥（十六年）の四か年分の年貢勘定を子（慶長十七年）に皆済した、としている。第四条で子（慶長十七年）

よりは佐渡の年貢は江戸の将軍秀忠に上納する、銀山の鏈（くさり＝鉱石）の残りの分は、長安が死去しても「物主」の竹村道清（石見銀山奉行）が勘定を仕上げる、としている。

第五条から第八条までは佐渡の銀（金）山と地方の年貢勘定についてことで、第五条では金山の辰（慶長九年）～未（十二年）の四か年分の年貢勘定を酉（慶長十四年）に皆済した、第六条では申酉（慶長十三、十四年）の二か年分の金山・地方ともに米売却銀の年貢勘定は子（慶長十七年）に皆済した、としている。第七条では戌（慶長十五年）より石見の年貢は江戸の将軍秀忠に上納する、金山の鏈の残り分は長安が死去しても「物主」の田辺十郎左衛門（宗政）と宗岡弥右衛門が勘定を仕上げる、としている。第八条では家康より拝借した金子は駿府勘定頭の松平正綱より三〇〇〇枚、御金奉行松風正広より一〇〇〇枚、合計四〇〇〇枚分の佐渡灰吹銀、二八〇〇貫目を以って上納済、これも佐渡勘定帳の奥に書き載せて家康へ上納した、としている。

第九条から第十二条は、伊豆の金山と地方の年貢勘定についてのことで、第九条では伊豆金山の午（慶長十一年）～申（十三年）の三か年分の年貢勘定を行い、皆済した、第十条で同じく酉（慶長十四年）～亥（十六年）の三か年分の年貢勘定は子（慶長十七年）に皆済した、第十一条で子（慶長十七年）からは上納する年貢勘定は長安が死去しても「物主」の和田恒成、竹村嘉理（伊豆金山奉行）と川井政忠（代官）が勘定を仕上げる、としている。第十二条で伊豆の地方の年貢勘定は毎年仕上げてきた、残りは長安が死去しても「物主」の同じく竹村嘉理と川井政忠が勘定を仕上げるとしている。

第十三条では大和・近江・美濃の各幕領代官所の酉（慶長十四年）までの年貢勘定は仕上げている、残りの戌（慶長十五年）～子（十七年）の三か年分の年貢勘定は長安が死去しても「物主」の鈴木重春（大和・近江代官）と杉田忠次（大和・美濃代官）が勘定を仕上げる、としている。

第十四条では江戸の将軍秀忠の蔵入地（幕領）分（近江ほか）も同様に行う、としている。

第十五条では甲斐の蔵入地（幕領）分は、酉（慶長十四年）までは年貢勘定を済ませている、戌（慶長十五年）分以降の勘定は長安が死去しても「物主」の平岡道成（甲斐代官）と岩波道能（同上）が勘定を仕上げる、としている。

第十六条では関東の各幕領代官所の年貢勘定は毎年仕上げている、残りは長安が死去しても「物主」の田辺庄右衛門（甲斐代官）と大野尊吉（桐生代官）が勘定を仕上げる、としている。

第十七条では関ヶ原合戦の時、もと判（大判か）九七枚を松風正広より請取った、これを中野重吉・富田伊豆・小宮山民部・青木吉定らの代官が立合、秀忠軍が信州小諸より関ヶ原へ向かう時に、各陣に扶持として分配するため、岡作兵衛が松本で米を購入し、木曽路を行軍中に各陣に渡した、このうち一〇枚分は関東惣奉行の青山忠成・内藤清成に勘定をして提出した、としている。

第十八条では信濃木曽谷の地方と土居榑木（どいくれき＝年貢用材木）の年貢勘定は山村良勝・良安父子（木曽代官）が決めるため、こちら（駿府か）に来ているので、急いで決めさせ差し上げる、長安が死去した後も材木一本たりとも自分で私的に使うことはなく、（もし疑念があるならば）存命中に山村父子に尋ねるように、としている。

以上、各支配地の年貢勘定の概要を書き立てている。少しなりともそれぞれの「物主」が勘定するように常々命じている。この書立以外に残したものがあれば、きちんと埒があくようにする、としている。

このようにかなり細かく年貢勘定について書き連ねており、大久保長安が金銀山や幕領をかなり広範に支配していたことを示している。同時に最後に、「材木壱本成共我等自分につかひ不申候、是又存命之うちに山村父子にも被成御尋可被下候事」としているように、晩年にはその巨大な権限と金額を扱っているが故に、家康や年寄衆から疑惑の目でみられていたふしが感じられる。このため長安は少しも私的には使っていないと強調しているのであり、この「覚」を、外様大名でありながら家康の信任が厚く、かつ前述のように長安とも親しい関係にあった藤堂高虎に送って、彼を通して家康に自分の潔白を伝えてもらうことを期待していたものと思われる。

なお従来幕領は『当代記』によれば、二元政権下の慶長十七年正月に、「従去年、諸国多分江戸将軍江被相納、但美濃伊勢両国は駿府江納、駿河遠江尾州是三ケ国は、右兵衛主常陸主分石也、於近江十三万石駿府へ同納」と駿府の家康の大御所政権と江戸の秀忠の将軍政治、尾張藩（徳川義直）、駿府藩（徳川頼宣）とで幕領の分割が行われた。駿府政権は美濃・伊勢二か国と近江のうち一三万石が駿府政権に、駿河・遠江・尾張の三か国は尾張が尾張藩徳川義直に、駿河・遠江二か国が駿府藩徳川頼宣に与えられ、そのほかの幕領はすべて江戸の将軍政権下におかれたとされているが、実際は少し異なっていたようである。すなわちこのことは第四条の、「一同所（石見銀山）子年よりハ江戸　将軍様へ被進候間、御運上江戸へ納申候」によれば、石見銀山の運上は子年（慶長十七年）から江戸将軍の方へ上納する、となっているが、実際には「去年」すなわち亥（慶長十六年）からである。なお石見・佐渡とも地方（年貢米など）の勘定については江戸将軍の文言がないが、これは両国の年貢米は両国の鉱山関係者（役人・労働者）の飯米とされていたので、記載がないのか、あるいは江戸に納めるものかは判明しない。

また第七条の「一（佐渡銀山）戌年ゟ江戸　将軍様へ被進候間、御運上江戸へ納申候」も、佐渡銀山の運上は戌年（慶長十五年）から江戸政権に上納するとなっている。これらから、石見・佐渡の金銀山の運上は、佐渡金山が慶長十五年から江戸将軍に上納する、とされている。これに対し、石見銀山は慶長十七年から江戸将軍の方へ運上を納めるというが、佐渡金山の運上は慶長十七年からの分割の前の慶長十六年からであるので、当然であるが石見銀山は同十七年から江戸将軍の方へ上納することとなったようである。さらに第十四条の「一同所（和州・江州・濃州御代官所）江戸将軍様御蔵入分も右同断に御座候事」では、大和・近江・美濃のうち幕領の年貢勘定は鈴木重春と杉田忠次が行うとされているが、美濃と近江のうち一三万石は駿府政権の支配下となっており、ここでの江戸将軍の方の蔵入地（幕領）とは、大和と近江のうち一三万石以外の幕領を指している。ただ、この三か国の年貢勘定について江戸蔵入地も長安の代官である鈴木・杉田が行うとしているのは、この「覚」が書かれた慶長十八年四月時点では、駿府・江戸両方に明確に分離されていなかったことを示しているものと思われる。

第十一章　長安「処断」の再評価

一、大久保長安の死去前後

（一）長安の病気

大久保長安は慶長十八年（一六一三）四月二十五日、六十九歳で死去しているが、『当代記』の慶長十七年（一六一二）七月二八日の項には、「子の刻より大久保石見守俄大中風相煩」とあり、前年の慶長十七年七月末頃に駿府で中風を発症したようである。その病気の様子を以下に時系列的に見ていくと、同年八月八日付の駿府の長安の下代内藤長兵衛、山田茂左衛門から、佐渡の留守居役岩下惣大夫宛の書状（抜粋）によれば、

一去月廿八日之夜半時分ゟ石見様中風御煩出、以外ニ御座候処ニ、従上様、烏犀圓御拝領御服用被成、其上御医者ニハ、与安法印を被為付置候故、此二・三日は大験御座候間、御心安可被思召候、江戸従将軍様御典薬驢庵法印被仰付、今七日ニ駿府へ御着、八日之朝ゟ右ノ驢庵之御薬御服用被成候、弥近日御本服被成候ハんと存事ニ御座候、重而可申入候、恐惶謹言

（慶長十七年）八月八日　内藤長兵衛（花押）

山田茂左衛門（花押）

岩惣太様披露

（「川上家文書」『佐渡相川の歴史』資料集三、以下所収同じにつき省略）

とあり、その内容は『当代記』に記すように、「去月廿八日」、すなわち七月二十八日の夜半時分から長安に中風が発症したことを裏付けている。長安の治療には家康の侍医板坂卜斎があたっていたが、発症を聞いた大御所家康は漢方薬の「烏犀圓」を下賜したので長安はこれを服用したという。また家康の侍医、片山宗哲（法印・名は与安）を差し遣わ

したので、二、三日で落ち着いたという。長安は自ら筆を執り、家康への礼状を書いて宗哲に託したとある。江戸の将軍秀忠も典薬頭の半井驢庵を駿府へ遣わし、八月七日に到着、早速薬を調合してそれを長安が服用したという。この段階で長安は小康を保っており、病床で自ら粥をすする程に回復していたという。したがって近日中に本服するだろうとある。これをみると、家康や秀忠が薬や侍医、典薬頭を遣わすなど、長安の病気を非常に心配しており、それだけ長安の存在が幕府にとって重要な位置にあったことが窺える。同時に家康や秀忠が自ら侍医を遣わした背景には、長安の病状の確認の意図があったと思われる。ついで八月十三日には駿府にいた金地院崇伝より京都の板倉勝重宛の書状で、「大石州中風少験之由ニ候、驢庵も従　将軍様被仰付候而、下府候」(『本光国師日記』)とあるので、病気が小康状態になったことが窺える。さらに同様の内容は、八月十九日付の長安の下代田辺庄介から岩下惣大夫宛の書状でも、「石見様御中風被成、大事に及び候ハんと御所様(家康)よりお茶ならびに御そしら(以下欠字)」(「川上家文書」)とあり、茶などが下賜されたようである。ついで八月二十一日付の下代「いし小二郎」から岩下惣大夫宛の書状でも、「石見様以外御煩被成候へ共、上様御薬など被進候テ、もはや大かたよく御座候、可御心安候」(「川上家文書」)とあり、再び家康から薬なども与えられ、長安が八月二十一日以前には病状も大分よくなっていることが窺える。同様に長安の家老で佐渡の惣支配にあたっている大久保山城よりの八月二十三日付、岩下惣大夫宛書状でも、「早本服被成候」(「川上家文書」)とあり、八月下旬には中風が治ったようである。事実この後、長安は政務に復帰したようで、駿府年寄衆と連署して十月十六日に石黒重玄宛(『士林泝洄』一)、十月晦日には池田政長宛(徳川義宣『新修徳川家康文書の研究』)に、それぞれ知行割渡(知行書立)を出したり、十月二十二日には石見銀山奉行竹村道清宛に慶長十五、十六年分の石見銀山銅勘定目録を出している(「紀伊国古文書」)。しかし閏十月二日付の長安より尾張藩附家老成瀬正成宛の書状では、「尚々病中故、乍自由印判仕候、可被成御免候」(「竹腰文書」関市富本町　村瀬俊二家文書)とあり、再び中風が出たので、本来ならば自分より格上の成瀬正成宛のこの書状では、長安は花押(書判)を書くべきところ、病気で手が不自由なので、印判で許してほしいと追書で書き添えているのである。このほか奈良の春日大社や甲府の尊躰寺など、長安の庇護をうけた寺社では大々的に長安の病気平癒を祈願している。さらに慶長十八年四月五日には駿府に来ていた豊国神社の神竜院梵舜が、長安を訪れた時の様子を「大石州へ罷（中略）戸田藤左衛門取次（中略）依煩無体面、申置也」（『梵舜日記』）と書いており、長安の病気は重くなっていたようで、梵舜は体面（面会）できなかった。このような経過をへて、慶長十八年四月二十一日、前述のように外様大名の藤堂高虎宛に「遺書」ともいえる「覚」（『紀伊国古文書』三九〇号文書）を送り、彼の支配下にある全国の幕領の年貢勘定や金銀山運上について、これまでの各支配所の決算と、彼が死去した後に支配と決算にあたる各物主を逐一書き上げている。その「覚」の末尾には、

右大方覚候通、書立申上候、惣別物主手前よりすくに御勘定為致候様ニ、常々仕置候間、此書立に残候儀御座候共らち立可申候、右通可然様に被仰上可被下候、以上

と各地の各物主に支配所の勘定はすぐに勘定をするように常々命じてある、またこの書状に漏れがあれば、すぐにけりを付けるので、高虎より家康宛にこのように申し上げてくれるよう、依頼しているのである、この書状は長安が死に臨んで、自分の支配所の年貢その他の決算をきちんとしておくことを、家康と親しい関係にある藤堂高虎から家康に伝えてほしい、としたものである。このことは長安の晩年には、長安が私腹を肥やしているような疑念が家康にあったことが窺え、それを察知した長安がその疑念を晴らそうとして、このような長文の「覚」を高虎に託したものと思われる。そのことは文中の各支配所の勘定とその物主を書き上げた箇所の末に、「右所々御代官所、右之もの共為物主申付置候、我等ハ指図申計に御座候、惣別致法度ニ　御公方物少成共我等手前へつかひ不申候事」と各支配所（金銀山・幕領代官所）には物主を置いて、自分は指図だけをして、勘定はすべて法度通りに行っている、したがって公方様（家康か）の物を少しなりとも決して自分のために使うことはなかった、としているのである。

このような「覚」を出してから四日後の四月二十五日、「（四月）廿五日、大久保石見守長安死去云々」（当代記）と大久保長安は六十九歳の生涯を終えている。病名は「中症（中風）ト雖モ、実ハ下疳ノ痼疾」（『武徳編年集成』）という。

（二）長安の死去直後

前年の中風を患っている時には、前述のように家康や秀忠らが非常に病気を気遣っている様子であったほか、彼の死去直後においても、長安が付家老であった越後福島藩主松平忠輝の舅である伊達政宗から、慶長十八年四月二十八日付で、長安の長男藤十郎、次男外記、三男成国の三人に、それぞれ弔問の見舞状が送られている。藤十郎と外記宛のものは、

以　上

急度猛申入候、石州不慮ニ被相果候由、無是非次第、参候而も申度候へ共、遠路之義候条、先遣使者候、御蒙昧察入候、委細此者可申候、恐惶謹言

（慶長十八年）卯月廿八日

大久保藤十郎様
同　外　記様　各通（「伊達政宗記録事蹟考記」『大日本史料』第十二編之五十三）

のように弔問の使者が送られている。また成国宛のものは、

急度以飛脚申候、石州不意之御仕合、可申様無御座候、藤十郎・外記殿へ、以使者申候へ共、貴殿へ者別而又申入候、御蒙昧察入候、恐惶謹言

（慶長十八年）卯月廿九日

青山権之助様

（「伊達政宗記録事蹟考記」）

のように弔問の使者を藤十郎と外記に送ったが、成国には別に使者を送るとしている。この成国への使者の派遣は、成国が幕府の年寄衆青山図書成重の養子であるため、政宗はわざわざ使者を送ったのであろう。しかし四男以下へは書状も使者も送られていない。

さらに家康の信任が厚かった増上寺の源誉上人が弔問の使僧を送っている。源誉から甲府の尊躰寺宛の書状には、

預使僧、遠路与申、殊雨中之砌、一入忝候、先日者石見殿就死去、使僧指越申之処、被入念取成之儀、是又令祝着候、委曲自正吟可被申越之間、不能詳候、恐々謹言

（慶長十八年）
五月十七日　　　　　　　　（異筆）「観智国師」
源　誉（花押）

尊躰寺

（尊躰寺文書『新編甲州古文書』一）

と長安死後、遺体が葬儀のため甲府に送られた時、甲府の尊躰寺が源誉上人の使僧を取り成したことが窺える。

（三）長安の隠匿追及

上記のように長安は慶長十八年四月二十五日、六十九歳で死去しているが、長安は危篤になった時、「金棺をつくり遺骸を納め甲州へ送り。国中の緇徒を集め。層義華麗に執行すべき旨遺言す。その事　大御所聞しめし御けしきよからず。その遺言用ゆべからずと命せらる」（「慶長年録」五、国立公文書館所蔵）と自身の遺骸を金棺に入れて一国中の僧侶を集め、盛大な葬儀を営むよう遺言しているが、家康はこのような遺言に対して藤十郎らにやめるよう命じたという。

このように長安の死去の直後から家康は長安への疑念を深め、長安の生前の仕事の詮議を始めており、死去直前の労り方とには大きな落差がある。五月六日には『駿府記』によれば、「大久保石見守長安死せしにより。その属吏をして長安が所管の諸国賦税を会計せしめられしに。長安が数年の贓罪あらはれ。国々に令してその贓貨を査検せしめらる」と家康は、長安が支配していた諸国の年貢勘定が近年滞っていたため、長安の属吏たちに長安が所管した諸国の賦税の会計を行わせたところ、長安の数年来の贓罪が発覚したので、改めて国々に贓貨を査検せしめたという。この一環として同日には、島田直時に甲府の長安陣屋の探索のため甲斐へ赴かせている。さらに『当代記』によれば、その後の長安をめぐる動向は、五月十七日、長安が支配していた幕領支配所の年貢勘定や金銀山の運上勘定をすることを命じたが、長安の子供たちが若輩できちんと処理できない旨を申し出たため、長安の子供たちに勘当（閉門）を申し渡し、各

大名にお預けとなったという。また『武徳編年集成』によれば、運上勘定のうち佐渡については嫡子藤十郎とその下代藤兵衛に命じたところ、佐渡は長安に賜ったもので、そのつもりで領有してきた旨を言上した。これに対して家康は大いに怒り、長安に与えた領地は関東で八〇〇〇石（一〇〇〇石とも）であり、そのほかに墨付（知行宛行状か）はないので、必ず勘定を遂げるべき旨を命じた。これに藤十郎は困惑したという。なお藤十郎の下代藤兵衛が、佐渡は長安に賜ったもので、そのつもりで領有してきたと言上したことは前述のように『当代記』の慶長八年八月の項に、「八月十日比、自佐渡　大久保十兵衛上る。銀子山繁昌之由悦玉ふ、佐渡国を十兵衛に被下、但銀山をのぞく」とあり、銀山（金山）を除く佐渡国を家康から与えられたとあることが根拠となるものであろうか。しかしこれに対して家康は、長安は関東で八〇〇〇石の領地を与えただけで、他には与えていないといっているのである。六月六日には、「去比従駿河京都江被遣板倉内膳、今九日立京都下、是は大久保石見金銀京都に預置之由就風聞、為可被改成けるか、慥成無證拠ありけれは空在京、茶壷七つ八つ改出持之下、そのほか石見守下代共預置銀百貫目余尋出持せ下」（当代記）と駿府から京都に板倉重昌（勝重子）を遣わし、長安が京都に預けていた茶釜七、八つ、長安が下代たちに預けていた銀百貫目余を持ち帰っている。また六月八日には京都の公家衆に対し、長安よりの預かり物の有無を書き上げるよう通達している（『時慶卿記』）。同様に六月五日には伊勢でも山田奉行日向政成・長野友政に対し、山田三方衆から、長安の家臣大久保山城の小判五〇〇両を預かっているので持参する旨、報告している。同じ六月には改めて甲斐に島田直時と日向政成を派遣し、甲斐国の仕置をさせている。さらに七月九日には、家康は彦坂光正に長安の下代たちを駿府の光正の屋敷に呼び集めさせ、金銀横領の廉で詮議するよう命じている。その詮議によれば、長安の隠匿金銀はおよそ五〇〇〇貫目余、その他、金銀で作った茶碗・天目・折敷・印籠・香合・茶釜・風炉などの諸道具類も数知れずで、これらを長安の駿府屋敷に納めていたという（当代記）。また「大久保家記別集二」（国立公文書館所蔵）によれば、金は七〇万両、そのほか銀銭は数知れずという。なお後述のように手代の詮議のうち、「正路に申上候分、十人計御免」とあり、十人ほどが罪を許されたという（「慶長年録」五）。

二、長安「処断」の検証と再評価

このように初期幕府にとって重要な人物だった大久保長安ではあったが、彼の死後は一変して、彼の子供たち全員が処断・切腹させられたり、その姻戚関係者までも「処断」されるという幕府初期の一大事件に発展しており、生前における徳川家康・秀忠からの寵愛ぶりとの落差は大きい。この理由については、側室への遺産分配を巡って争いが起こり、その際に夥しい金銀財宝の隠匿が発覚したという金銀財物の「不正隠匿」説や、長安の庇護者、大久保忠隣と本多正純との幕府政治の主導権をめぐる「権力闘争」説、西洋の製錬技術導入を通しての「キリシタン」説、有力外様大名たちと組み、長安が付家老であった松平忠輝を押し立てての「幕府転覆」説、岡本大八事件での本多正純の「遺恨」説、晩年の佐渡や石見の鉱山の産出高の減少による「経営政策転換」説などのほか、様々な説がこれまでいわれている。ここではこれらのうち主な説について検証し、長安「処断」の再評価を試みたい。

「不正隠匿」説や「権力闘争」説は後述するとして、まず「キリシタン」説であるが、長安が各鉱山における金銀精錬のために西洋の進んだアマルガム（水銀流し）法などの新技術をポルトガルから導入したことで、長安がキリシタンに接近し、関係が深かったのではなかったか、とするものである。長安の死後、屋敷の寝間の下にあった石櫃の中の、梨子地蒔絵の箱の中からキリシタンを広める趣旨の密書が数百通が出てきたため、家康は大いに驚いたという。これが翌年の、大久保忠隣がキリシタンに関係があるとの理由で改易になった遠因となっているという（『切支丹濫觴記』）。

ついで「幕府転覆」説であるが、先の石櫃の中から、ポルトガルに日本を攻めさせるための密書が出てきたことや、長安の隠匿財力を背景に、伊達政宗ら幕府に不満を募らせる外様大名たちが松平忠輝を担いで幕府を転覆させる計画があった、とするものである。しかしこれら二つの説は根拠に乏しく、恐らく推測の域を出ないであろう。むしろ次の二つの説の方が説得力があるように思われる。

まず「不正隠匿」説であるが、従来いわれている「不正隠匿」とは、長安が金銀山を独占的に支配していたため、「私腹を肥やす」ために金銀財物を「不正隠匿」していたというものであるが、長安の場合はむしろ「私腹を肥やす」との意味ばかりではなかった。江戸幕府初期において代官頭たちは、長安や伊奈忠次のように広大な幕領を支配したため、その下に多くの代官や下代を抱え、彼らを駆使してその支配にあたっているため、彼らは欠かせない存在であった。伊奈忠次の配下には少なくとも延べ二一〇人を数えることができる。長安の場合も、検地や土木治水、金銀山支配などで少なくとも延べ一五〇人以上を挙げることができる。しかしこれら代官や下代の多くは、長安の部下ないし家臣であるため、彼らの知行や扶持は幕府から必ずしも支給される訳ではなかった。また幕政初期では支配する幕領の年貢は代官頭や代官の請負制であったため、一定額の年貢米や金銀を幕府に上納すればよかった。このためそれ以外の年貢米または金銀の一部は代官頭や代官の収入となっていた。これを上記のように全部ではないが、広大な支配地を支配するために配下の代官や下代らの知行や扶持米に宛てたのであり、決して隠匿ではなく、むしろ当時においては当たり前のことであり、容認されていたところである。さらに新田開発成功後には、開発にあたった代官に対し、すべてではないが、新田年貢のうち十分の一が功績として与えられてもいた。しかし幕藩体制が次第に確立していき、幕府の職制が次第に整備されてくると、代官頭のようないろいろな分野にわたる強大な権限を一極集中させているような存在は不要となり、次第に官僚的代官の方向に向かっていった。さらに代官の年貢請負制的性格も否定され、代官所経費はのちには幕府から支給され、派遣された代官は禄高（石高または稟米・扶持米）を与えられたため、代官はただの財務官僚となっていき、配下にごく少数の手代・手付がいたものの、彼らには幕府から給与が別途支給されていた者もいた。また代官独自の検地や新田開発などを行うことも少なくなっていったため、代官は多くの部下を抱える必要はなくなった。つまり代官は極端にいえば民政を担うとともに、決められた年貢を集め、一定期日までに幕府に納入することだけでよくなり、幕府側は彼らから年貢を宰領する権限を奪っていったのである。したがって、このことが恐らく初期の代官頭などの強大な権限や年貢米、金銀の請負制（「不正蓄財」説）を否定する根拠とされ、長安を「悪人」のように仕立てた可能性があると思われる。このことは前述のように、慶長十八年四月二十一日付の藤堂高虎宛の一八か条におよぶ「覚」の中でも、「御公方物少成共我等手前へつかひ不申候事」（十六条）とか、木曽木材について「我等何時相果候共、材木壱本成共我等自分につかひ不申候」（十八条）のように、自分のために使うことはなかったと強調していることでも、いわゆる不正蓄財はなかったものと考えられる。

つぎに「権力闘争」説であるが、初期幕政における大久保長安の庇護者である大久保忠隣（将軍秀忠の年寄衆）と本多正純（大御所家康の年寄衆）との権力の主導権争いがあり、忠隣側の有力者であった長安をまず排除することによって、最終的に大久保忠隣を排除するという筋書きに則って、長安とその一族およびその姻戚関係者たちが排除されたとする説である。いわば大久保忠隣排除に「連座」する形で長安らが「処断」されたものと思われる。そして最終的には長安を失った大久保忠隣も「処断」された、とする。その一環として本多正純と大久保長安との確執が考えられる。それが前述の岡本大八事件である。岡本大八は本多正純の与力であったので、有馬晴信は旧領回復の目的で正純に取り入るために大八の誘いに乗ったのであるが、結果として大八が断罪されると、正純としても、自分の部下がこのような大事件に関与したうえに断罪されたため、その立場は大変悪くなったと思われる。このように長安の詮議によって自分の立場が悪くなったと考え、遺恨さえ持ったとしてもおかしくはなく、これが翌十八年の長安処断につながったと考えられる（「遺恨」説）。

最後に佐渡や石見の鉱山の産出高の減少による「経営政策転換」説であるが、長安が支配した佐渡や石見の鉱山は慶長十年代半ばから坑道が深くなり、出水と気絶えとによって産出高が減少していた。一方で経営の費用は増大していった。このため家康は長安による鉱山経営に限界を感じ、鉱山政策の転換を考え始めていたのではなかったか。このため長安を切り捨てたとも考えられる。そのことは長安の死後、子供の藤十郎や長安配下の者たちに支配を全面的に任せず、生野銀山の経営にあたっていた間宮直元に兼任させ、その指揮の下で長安配下で従来から金山経営にあたっていた田辺十郎左衛門（大久保山城より改名）とともに、上納鏈や運上を一年間免除するなど、改革にあたらせたことでも窺える。

　このように長安の「処断」の一件には、財物の「不正隠匿」説だけでなく、「経営政策転換」説や初期代官の年貢請負者的性格を考える必要がある。一方では初期幕政における大久保長安の庇護者である大久保忠隣（将軍秀忠の年寄衆筆頭）と本多正純（大御所家康の年寄衆）との権力の主導権争いがあり、これに駿府政権内部における長安対本多正純という対立も絡んで、これらの対立は抜き差しならぬ段階にまでなっていたので、徳川政権にとって大きな問題となっていた。特に豊臣氏との対決がせまっていた慶長十八年段階において、幕府財政の建て直しと強化が必須であったことと、徳川政権での内部分裂は致命的であるため、これらを解決するために大久保忠隣側にいた大久保長安が、大久保忠隣の追い落としの前提として、「処断」・「排除」され、その先には忠隣の失脚があったものと思われる。したがって「権力闘争」説も長安「処罰」の重要な要因であったと考えるべきである。さらにいうならば、武功派の譜代たちからみれば、長安のように軽い身分の者が目立った軍功もなく、経済的才覚によって家康に取り入り、側近として権力をふるったことも強い反対勢力を形成する原因であったと思われる。なお『慶長年録』では、家康は長安の振る舞いを知っていたものの、長安が有能なため捨て置いたが、死後、本多正信・正純らの讒言もあって罪を問うた、とある。

　このように近世初期において幕府を揺るがした長安事件ではあったが、後述のように近世後期になると、例えば寛政六年（一七九四）二月には、石見代官菅谷長昌がかつて長安の建立した大森の大安寺跡に長安を讃える紀功碑を建立している。これまで述べてきたように、長安については贓物・陰謀が発覚したとして一族もろとも「処断」されたことは、江戸時代を通して広く知られていたことである。にも拘わらず、このような長安を讃える紀功碑を建立することはきわめて難しかったと思われるが、この建立の背景には、石見銀山が近世後期には銀の産出量がかなり減少していたため、かつての長安の手腕を評価し、再び活況を祈願する動きが銀山内に、さらには幕府内にもみられるようになっていたことが背景にあったと思われる。したがって近世後期には長安の功績が評価されるようになっていたとも考えられるのである。

第十二章　長安一族と姻戚・家臣の処断

一、長安の姻戚関係

大久保長安関係系図によれば、大久保長安の初めの妻は、本願寺坊官下間頼龍の四女である。その母、つまり下間頼龍の妻は豊臣系大名の池田恒興の養女（織田信時の娘）で、池田輝政の姉である。その関係で頼龍の子重利は池田姓を賜い、池田重利と名乗って播磨国新宮で一万石の大名となっている。また後述のように、輝政の娘が長安の次男外記の妻となったといわれる（「池田岡山家譜」）。さらに輝政の娘は豊臣系有力外様大名伊達忠宗（仙台藩主）・森長一（川中島藩主）・浅野幸長（和歌山藩主）などの妻となっており、それらとの関係も深いものであったと思われる。下間頼龍の娘が死去すると、後妻として幕府の旗本大久保忠為の娘を迎えている。この後室は将軍秀忠の年寄衆大久保忠隣の従妹であり（『寛政譜』第十一）、長安自身が前述のように忠隣の庇護を受けて大久保姓を賜い、大久保長安と名乗ったことから、この婚姻によって更に忠隣との関係が深くなったといえる。なお藤十郎らはどちらの妻の子供か確かではないが、藤十郎の年齢から見て少なくとも藤十郎の母は下間頼龍の娘ではなかったろうか。また長安の後室大久保氏は長安の死後、旗本鵜殿長寛に再嫁している（『寛政譜』第十一）。

二、長安の子供たちの活動と姻戚関係

長安の子供で現在判明するのは七男・三女の十人であり、男子は長男藤十郎、次男外記、三男成国（権之助）、四男雲十郎（運十郎）、五男内膳、六男長清（右京）、七男僧安寿である。これらの子女たちは婚姻関係や養子縁組などを通して豊臣系大名や幕府旗本、幕府の有力者などとの関係を築いている。しかしこのうち男子七人は慶長十八年（一六一

大久保長安関係系図

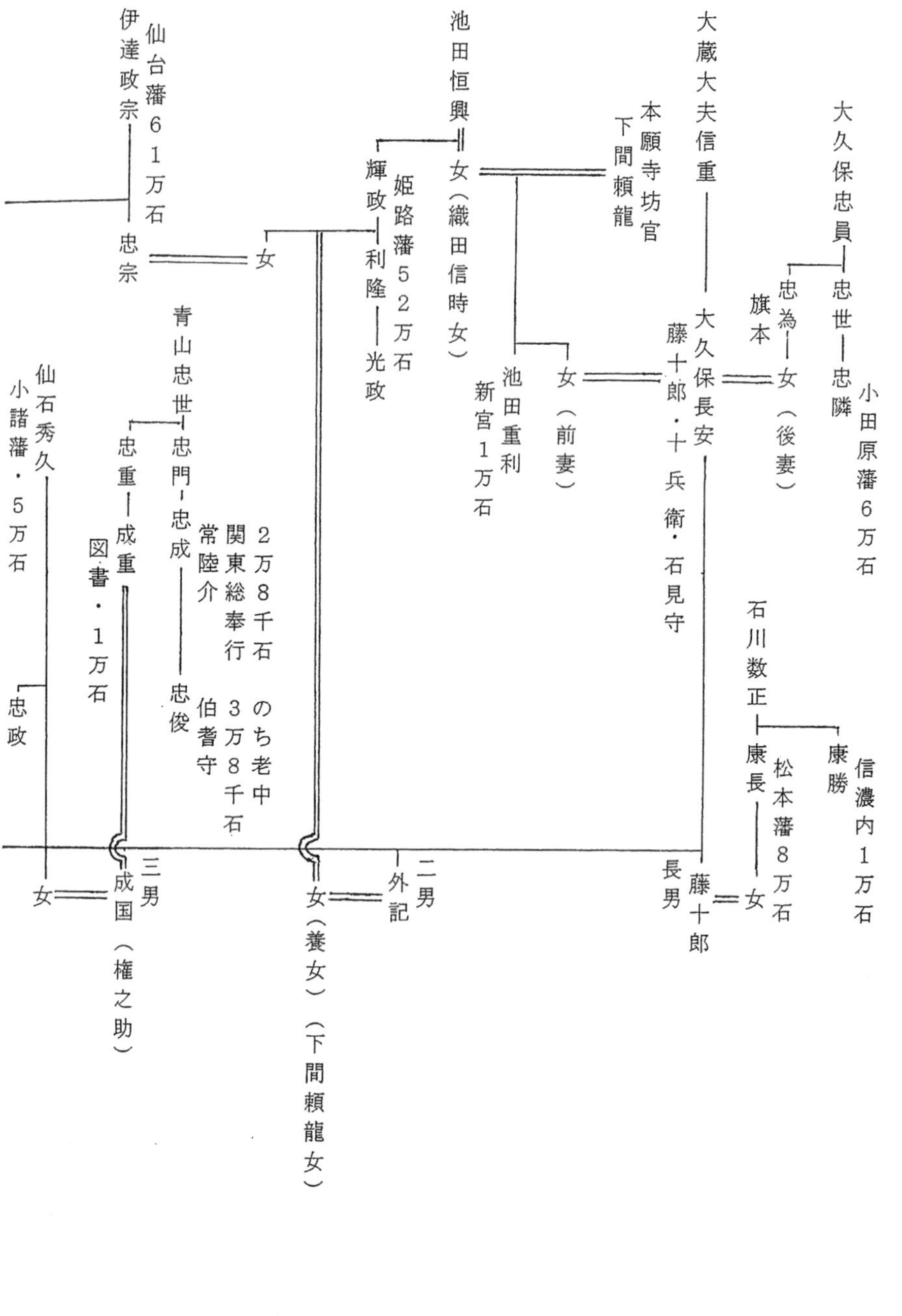
大久保忠員
小田原藩6万石
忠世
忠隣
旗本
忠為
女（後妻）
大蔵大夫信重
大久保長安
藤十郎・十兵衛・石見守
本願寺坊官
下間頼龍
池田恒興
女（織田信時女）
女（前妻）
池田重利
新宮1万石
姫路藩52万石
輝政
利隆
光政
仙台藩61万石
伊達政宗
忠宗
女
青山忠世
忠門
忠成
忠俊
2万8千石
関東総奉行
常陸介
のち老中
3万8千石
伯耆守
忠重
成重
図書・1万石
仙石秀久
小諸藩・5万石
忠政
石川数正
康勝
信濃内1万石
康長
松本藩8万石
女
長男
藤十郎
二男
外記
女（養女）（下間頼龍女）
三男
成国（権之助）
女

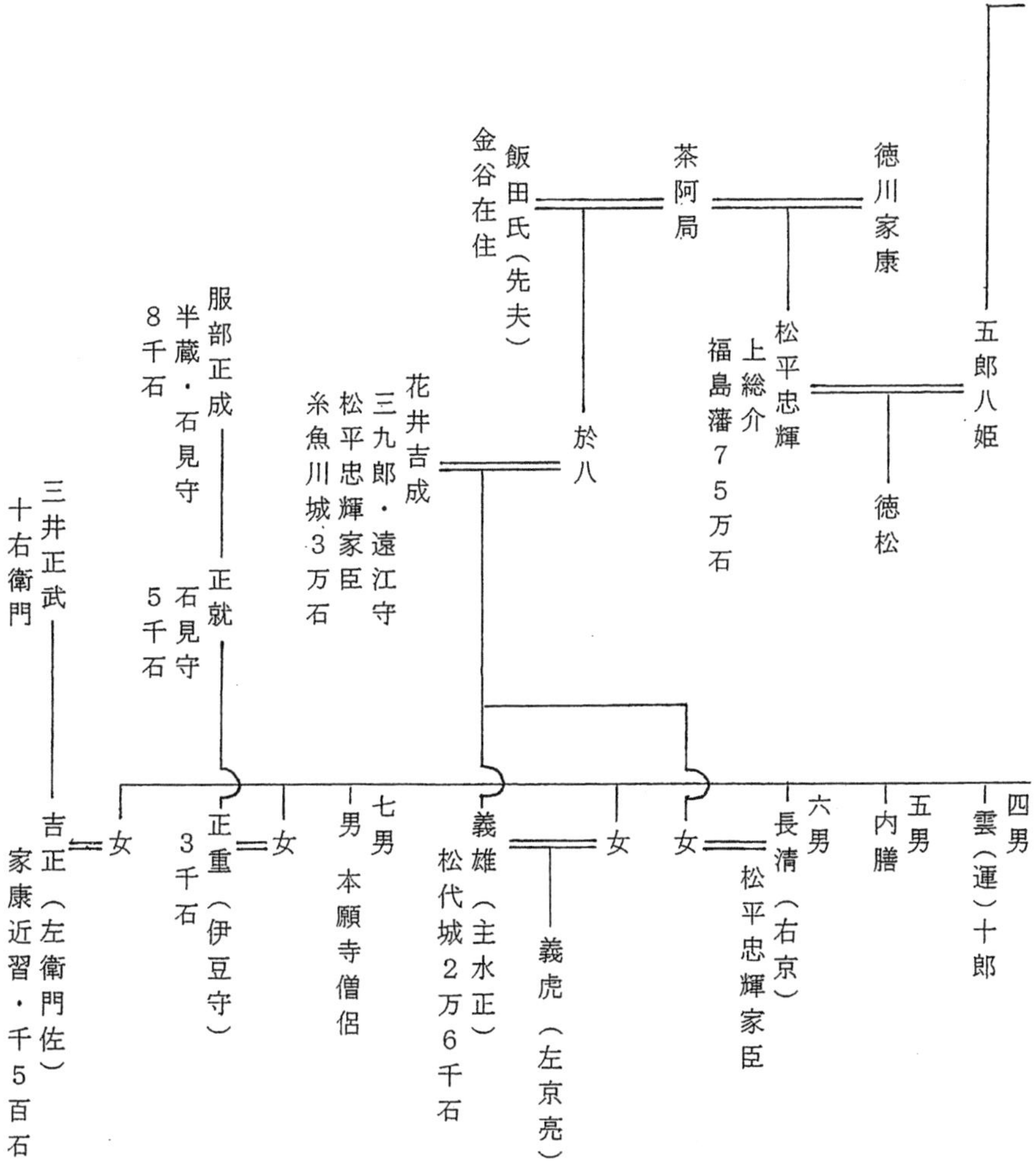
五郎八姫
徳松
徳川家康
茶阿局
松平忠輝
上総介
福島藩75万石
飯田氏(先夫)
金谷在住
於八
花井吉成
三九郎・遠江守
松平忠輝家臣
糸魚川城3万石
服部正成
半蔵・石見守
8千石
正就
石見守
5千石
三井正武
十右衛門
四男
雲(運)十郎
五男
内膳
六男
長清(右京)
女
松平忠輝家臣
女
義雄(主水正)
松代城2万6千石
義虎(左京亮)
七男
本願寺僧侶
女
正重(伊豆守)
3千石
女
吉正(左衛門佐)
家康近習・千5百石

三）五月十七日には長安死後の「処断」に連座し、「長子藤十郎は遠州掛川に。二子外記は同州横須賀松平式部大輔忠次に。三子青山権之助を相州小田原大久保相模守忠隣に。其外運十郎内膳右京等は各所にあづけられる」（「創業記」）と、諸大名に預けられた後、家康の厳しい処置により、同年七月九日、「大久保石見守息藤十郎□□、同弟外記□□、同弟権之佐□□、同弟雲十郎□□、同弟内膳□□、其外越後播磨居住之息男、以上七人切腹可申付之旨、件預り人之許被仰遣云々」（「駿府記」）とか、「大久保石見子共、方々に被預置かるか、懸川・横須賀両所に有之藤十郎并外記、今日殺害、其外之子共今日より被触何も生害」（「当代記」）とあり、全員預け先で切腹させられている。また妻たちはいずれも離縁させられて実家に返されており、女子たちには類が及ばなかったものと思われる。さらにこの長安および子供たちとの姻戚関係によって改易されたり、減封、逼塞などになった者、「処断」をまぬがれた者など様々であった。以下にその動向を見ていく。

①藤十郎

長男藤十郎は早くから父長安を助け、長安の片腕として活躍しており、史料的に確認されるのは、関ヶ原合戦直後の慶長五年十月三日、大和の大半が徳川領となった時、「中坊へ内府様ヨリ上使被相越了、大久保藤十郎ト云人也、是者奈良中以外騒動之間、警護ノ為也ト云々」（『中臣祐範記』第一）と家康は関ヶ原合戦後の大和の混乱に備えるためと、奈良の治安を確保するために長安の嫡子藤十郎を上使として派遣しており、藤十郎は長安配下の初鹿野加右衛門・藤田二右衛門らを率いて奈良椿井町の中坊屋敷に着任している。家康は長安の嫡男としての藤十郎の力量を認めたものと思われる。なおこの藤十郎について奈良の寺社は、「奈良所司代大久保藤十郎」とか「藤十郎若輩之仁無分別事尤候」（同上）と記している。いずれにしろ長安の代理としてこの頃から藤十郎が活躍しており、彼は長安の代理、さらには家康の上使として奈良の寺社勢力の懐柔や交渉にあたっているのである。この大和における藤十郎の支配がいつまで続いていたのかは正確には不明であるが、少なくとも翌六年まではその任にあったようである。また前述のように、江戸において長安の屋敷が江戸城の北側の現在の代官町あたりにあったが、その屋敷には大久保藤十郎の名前もみえるので、藤十郎は江戸でも長安とともに活動していたことが窺える。
その後、慶長十一年には上方に来た長安に対し、

石見様御上候、奈良町中ゟ御礼申上候、晒十五疋・同藤十郎様へ五疋ニて候、九月十一日ニ五町野御衆御伴申上候入用之仕きり代銀四百三匁五分、此代銭三十壱貫卅七文・同わきへノ樽代・小遣共八貫百五十三文、右二くち合三十九貫百九十文、御町ゟ出分ニ候、

町代

午（慶長十一年）十二月十五日

助三郎

（「聴中漫録」）

と奈良町五町の人々が奈良晒を贈っているほか、接待の諸費用を負担している。この史料は奈良町五町の人々が上方（伏見ないし京都か）にいる長安の下に奈良晒を贈るために伺候した時の記録であるが、長安とともに藤十郎も同道しており、奈良晒五疋を贈られている。ついで慶長十二年には家康が江戸から駿府に移り、駿府において大御所政治を本格的に始動したため、父の長安も年寄衆として家康の全国政権への諸政策に関与するようになり、長安も駿府に屋敷を構えて活動するようになった。これと連携して藤十郎も同じく駿府に自身の屋敷を構えて、長安の活動、なかでも各地の支配地に対する代官としての役割などを支え助けた。このことは慶長十二年四月十六日付の、長安から木曽代官山村良勝宛の書状（抜粋）に、「一駿州にも藤十郎・五郎右衛門居申候間、用所之儀候者、可被成其御心得事」（山村文書）とあり、慶長十二年には藤十郎と長安配下の飯島五郎右衛門とが駿府に常住していることが分かる。『当代記』によれば、慶長十四年十月二十二日の項に、「廿二日夜入て、於駿府大久保藤十郎石見男家焼亡」とあり、藤十郎の屋敷が火事で焼失しているが、藤十郎自身も前述のように駿府の鷹匠町に屋敷を持っていた。このような彼の仕事を、長安の家老格の代官戸田隆重や山田藤右衛門・飯島五郎右衛門らが助けて支配にあたっていたものと思われる。

さらに藤十郎の活動の様子をみると、前述の慶長十二年二月二十九日付の長安から角倉了以宛書状（抜粋）（大斐閣千光寺文書）によれば、

一我等伊豆かな山参候付而、今度駿府へ御供不申候間、今度御作候船之儀ハ、早々岩淵へ御下候て、上様御成の刻、御目に御懸尤候、藤十郎にも其段具可申付候（下略）

と、長安の計画した富士川通船に力を貸した京都の豪商角倉了以が造った船を、早々に富士川下流の駿河の岩淵河岸に下して、家康にお目に掛けたいが、長安は今、伊豆の金山（縄地金山か）にいるので、代わって駿府にいる藤十郎にこの手筈を詳しく申し付けてあるとしており、忙しい長安に代わって、藤十郎が差配にあたっていることが窺える。また同十二年四月十六日付、長安から木曽代官山村良勝宛の書状（「山村文書」）では、木曽の巣鷹を駿河（駿府）へ送るよう家康の指示があったと、駿府年寄衆の安藤直次より書状を受けているので、そのようにするように指示しているが、その折、駿府には藤十郎や飯島五郎右衛門がいるから、用事があれば彼らに伝えるよう書いている。これと関連して同年六月十二日付、飯島五郎右衛門から山村良勝宛の書状（「山村文書」）では、駿府城再建のための木曽の材木調達について、「御材木之儀、御油断無之由、尤之御事候、則藤十かたへ御書中之通、具ニ申聞候、以書状委被申入候」と油断なく行っていることを、藤十郎に書状で詳しく伝えてあるとしており、木曽の木材調達も長安に代わって行っていることが窺える。

このほか慶長十五年霜月晦日には、茶人大名古田織部の茶席に、

榊遠江殿・水隼人殿・大藤十郎殿・大外記殿・永信濃殿

一床に布袋、棚にくわん、羽はゝき、手水の内にいかやきの筒かけて柳・梅入、同間に伊賀焼の花瓶口の水さし、茶入せい高、かんたうの袋に入、地敷居に柄杓、引切にのせ置合、茶碗せと、水こほしめんつ。

一木具、汁ミそやき付て、このわた、ゆ味噌、引而、貝やき、かうの物、白鳥せんはいり、酒通りて、なます、菓子、卯郎餅、なし、に牛蒡。

（市野千鶴子校訂『古田織部茶書二』）

のように、藤十郎は榊原遠江守康勝・水野隼人正忠清・大河内外記正勝・永井信濃守尚政ら譜代大名や旗本らとともに招かれている。この前日の二十九日には織部の茶道の門人である父の長安が本多若狭守助芳・菅太郎左衛門や、長安の

家老の戸田隆重らとやはり古田織部の茶席に招かれており、父子ともに茶席に招かれるなど、藤十郎は茶道にも明るかったことが窺える。

さらに同十二年八月十五日付、藤十郎と本多正純ら駿府年寄衆との連署による書状（抜粋）では、

尚々、先度大久保藤十郎江申入候へ共、重而主計殿より申来候間、扨申入候、主計殿より御渡次第、早々御請取可有候

一筆申入候、仍甲州御城之儀、平岩主計殿より御渡次第御請取可有候、恐々謹言

（慶長十二年）
八月十五日

大久保藤十郎　判
安藤帯刀　判
成瀬隼人　判
竹越小伝次　判
本多上野介　判

小田切大隅守殿
桜井安芸守殿

（『記録御用所本古文書』一一〇二号）

と、内容は甲斐国主であった徳川義直が同年閏四月、尾張に転封となった後、甲府城代平岩主計頭親吉（尾張に従う）より、甲府城の請取を大久保藤十郎に申し入れていたが、この度重ねて申し入れてきたので、その請取を義直時代の甲斐国四奉行として政務にあたっていた小田切茂富と桜井信忠（尾張に従わない）に命じている。この命令を出したのは藤十郎のほか、本多正純・安藤直次・成瀬正成・竹越正信らの駿府年寄衆であり、藤十郎は父長安の代理として、駿府政権の一員として連署しているのであり、政治的にも活動していたことが窺える。このように藤十郎は代官として、また駿府政権の一員として、幕府初期において重要な役割を果たしていたのであるが、慶長十八年（一六一三）五月、長

安死後、長安の財物隠匿に連座し、遠江国掛川藩主松平定行に預けられ、七月九日に切腹させられている。年齢は一説に三十七歳あるいは三十九歳とも。彼の妻は松本藩主（八万石）石川康長（三長）の娘である。康長の父数正は徳川家康の三河時代、酒井忠次と並ぶ老臣であったが、天正十三年十一月、家康の下を去って秀吉に走り仕えた。翌年正月、和泉一国一〇万石を与えられ、同十八年小田原攻め後、信濃国松本城一〇万石に移った。康長は文禄二年（一五九三）に家督を継ぎ、八万石を領し、次弟康勝に一万五〇〇〇石、三弟康次に五〇〇〇石を分知した。藤十郎の妻は慶長十八年五月、長安事件により、藤十郎が掛川藩にお預けとなると、離縁させられて実家に戻っている。また康長自身も同年十月十九日、長安と結託して領地を隠匿したとして改易となり、豊後国に配流となる（『断家譜』第一では「依大久保石見守之罪也」とある）。弟康勝・康次も連座している。このように藤十郎の妻は豊臣政権下の有力大名石川氏であったが、後述のように他の兄弟と親戚関係にあった豊臣系大名たちが処罰されていないところから、このことも「連座」の遠因となっていたのではなかろうか。

②外記

次男外記ははじめ藤二郎といい、外記の支配拠点としていたところは不明であるが、長安の支配拠点の一部を預かっていたものと思われる。現在までのところ業績は不明である。慶長十八年五月、長安事件により、横須賀藩（松平忠次）にお預けとなり、同年七月九日に切腹させられている。年齢は一説には三十六歳とも。妻は父長安の先妻と同様、前述のように本願寺坊官下間頼龍の娘が岡山姫路藩主池田輝政の養女となり、嫁いだものであるという（「池田岡山家譜」）。なお『寛政譜』第五の池田輝政の項には、輝政の娘で長安の妻となった記述はみられないので、恐らく養女であろうか。輝政は豊臣政権下の有力大名であり、その後の徳川政権下でも徳川家康の娘督姫（良正院）を正室に迎え、播磨一国を領有する有力大名であった。しかし外記がお預けなると、離縁させられ、実家に戻ったものと思われる。池田輝政は長安の死去直前の正月二十五日に死去していたため、「連座」をまぬがれている（生きていても、家康の娘婿という立場にあるので「連座」したかは不明である）。なお『大久保家記別集二』によれば、外記は長安事件の追及が始まると、江戸に逃れて増上寺の源誉上人を頼み、助命を乞うて助けられ、子孫は増上寺大門先において僧衣を仕立てる家業を営み、坂本屋六右衛門と号したというが、これには疑問がある。

③成国

三男成国は、権之助（佐）といい、徳川秀忠の重臣青山図書助成重の養子となっている。青山氏は徳川譜代であり、『寛政譜』第十二によれば、成重は服部正信の子で青山忠重の家督を継ぎ、家康の近習となり、天正十二年（一五八四）から秀忠の傅役となって、以後、秀忠に従い慶長六年に二〇〇〇石を加増され、五〇〇〇石となった。同十年、秀忠が将軍になると、江戸政権に仕え、同十三年二月に五〇〇〇石を加増されて一万石となり、年寄衆として奉書加判を命ぜられている。従兄に秀忠の側近である関東総奉行の青山忠成がおり、その子の忠俊は秀忠側近から家光付となり、のち老中となっている。この家からはしばしば老中に就いている。この間、長安の権勢が強くなったので、長安の三男の成国を養子に迎えたものと思われる。しかし同十八年十月、「青山図書助成重は長安が子権之助某を養子としたる故これも御勘気を蒙る」（「駿府記」）と長安事件に連座して成重は将軍の勘気を蒙り、加増分七〇〇〇石を没収され、年寄衆の地位を追われて元の三〇〇〇石となり、下総国香取郡の領地に逼塞したという。成国は成重の庇護の下で秀忠に仕えたものと思われるが、慶長十八年五月、長安事件に連座して小田原藩主大久保忠隣に預けられ、同十八年七月九日、切腹させられた。年齢は一説には三十歳とも。妻は豊臣系大名の小諸藩仙石秀久の娘であるが、成国がお預けになると離縁させられ、実家に戻っている。なお仙石家は連座していない。

④雲十郎

四男雲十郎は運十郎ともいい、長安を助けて、長安の目代として京都屋敷を預かって在住し、石見銀山や大和国幕領経営の庶務を担当していたという。慶長十八年五月、長安事件に連座し、どこの大名かは不明であるが、お預けとなり、同年七月九日に切腹させられた。年齢は一説に二十九歳とも。妻は不明。

⑤内膳

五男内膳ははじめ藤五郎といい、長安を助けて長安の目代として甲府屋敷（代官所）を預かって在住し、甲斐国の幕領支配を担当したという。慶長十八年五月、長安事件に連座し、どこの大名かは不明であるが、お預けとなり、同年七月九日に切腹させられた。年齢は一説には二十六歳あるいは二十七歳とも。妻は不明。

⑥長清

六男長清は右京といい、父の長安が付家老として仕えていた信濃国川中島藩、のち越後国福島藩四五万石（六〇万石とも）となった松平忠輝に、十三歳で小姓として仕えたという（「諸家深秘録」六、国文学研究資料館所蔵）。松平忠輝は徳川家康の六男であり、母は家康の側室の茶阿局である。彼女は金谷の鋳物師花井氏の娘で、はじめ同地の鋳物師飯田氏に嫁し、娘の於八を産んだが、夫の死後、於八を連れて三河国吉良郷で鷹狩りに来た家康に拝謁し、家康の側室となり、忠輝を産んでいる（『徳川諸家系譜』第二）。その後、忠輝が大名になると、一族の花井吉成を忠輝の家臣とし、娘の於八を嫁がせて忠輝の義兄弟とし、有力家臣とした。吉成は忠輝より松平姓を許され、松平遠江守と名乗り、慶長十六年、忠輝が川中島領と越後一国の四五万石を与えられると、松代城代三万石に封ぜられた。このような縁で同じ忠輝の付家老である大久保長安の六男長清に、於八との間に生まれた娘を嫁がせたほか、長男でのちに信濃国松代城代（二万六〇〇〇石）の主水正義雄には後述のように長安の娘を迎え、長男左京亮義虎をもうけるなど、大久保長安とかなり深い姻戚関係を結んでいる（「諸家深秘録」六）。したがって長清も忠輝の有力家臣であったものと思われる。しかし長清は慶長十八年五月、長安事件に連座し、どこの大名かは不明であるが、お預けとなり、同年七月九日、切腹させられた。年齢は一説に二十三歳とも。妻の花井氏は同年離縁され、実家に帰されている。なお元和二年（一六一六）、松平忠輝が改易されると、松平吉成・花井義雄とも改易されている。

⑦安寿

七男は名前は正確に伝わっていないが、一説には藤七郎または安寿と称したようで、僧籍に入り、本願寺で僧の修行を行ったという。本願寺へ入寺したのは長安の前室下間氏の所縁であろうか。しかし慶長十八年五月、長安事件に連座し、どこの大名かは不明であるが、お預けとなり、僧侶であるにも拘わらず、家康は許さず、同十八年七月九日、切腹させられた。年齢は一説に十五歳とも。ここには家康の長安に対する強い憎しみが感じとれる。

⑧娘（美香とも）

家康の旗本服部半蔵正就の子、正重に嫁いでいる。祖父服部正成は天正十年（一五八二）六月、本能寺の変後、家康の伊賀越えを嚮導し、関東入国後に八〇〇〇石を給い、与力三〇騎、伊賀同心二〇〇人を支配する伊賀者たちの頭領となった。孫の正重は慶長元年（一五九六）、父正就の知行の内三〇〇〇石を分知され、家康に仕えて関ヶ原合戦に供奉した。家康に近侍したが、勘気を蒙り、長安に預けられる。慶長九年、長安の佐渡への渡島に従って金山同心となり、佐渡の制法を沙汰している。この頃に長安の娘を娶るか。長安事件では長安の娘婿であるが、『寛政譜』第十八によれば、慶長十八年七月九日、秀忠よりそのことあずかりし知らぬこととして、もとのごとく奉仕するよう奉書を賜うところ、正重は佐渡国にいることを憚り、その後、越後国出雲崎に至ってからこれを頂戴した。しかし、仰せを蒙る前に私に佐渡を出たことは曲事として、村上藩主村上義明に預けられ、のち赦されて村上藩に仕え、のち桑名藩（松平氏）に仕えたという。美香はこの時、離縁されたものと思われる。

⑨娘（楓とも）

家康の旗本三井左衛門佐吉正に嫁いでいる。吉正の父政武（吉盛）の妻（於牟須の方・正栄院）は正武戦死後、天正十五年に子の吉正とともに家康に仕え、大奥へ召置かれた（『徳川諸家系譜』第二）。吉正はのち一五〇〇石を知行し、関ヶ原合戦に供奉、慶長八年（一六〇三）御徒頭となる（『寛政譜』第九）。なお『武功雑記・十三』によれば、吉正は長安の娘婿として紹介され、ある時、長安に一万石賜うならば佐渡に行くと語り、このことを家康に申し上げたところ、「コワモノヨ」といわれ、長安と同道して佐渡へ渡ったが、退屈して早々に戻ったという。そして最前、預けられた御徒衆の後任の頭が未だ決まっていないので、再び自分がなったという。このことから、この話は慶長八年から間もない頃のものであろう。慶長十八年五月、藤十郎らが処断された時、連座をまぬかれているが、これは服部正重同様、長安事件にあずかり知らぬこととされたものであろうか。あるいは前述のように、母が家康の側室正栄院であったことも大きかったものと思われる。なお楓はこの時、離縁されたものと思われる。

⑩娘（名前不明）

三人目の娘は前述の長清の項で述べたように、越後国福島藩主松平忠輝の家老松平吉成の長男花井主水正義雄に嫁いで義虎をもうけている。長安事件では母が忠輝の異父姉の於八であるため、お咎めなしであった。なお長安事件の時に離縁されたかは不明である。

三、長安の連座者たち

大久保長安の「処断」に連座した者たちは、前述したように、長安の子供たちの姻戚関係者の中にもみられるが、長安配下の奉行や代官、下代たちのほか、さらに役職上、長安に関わった者たちもいる。これらも含めて長安事件に連座した者たちを分類して時系列的に挙げてみたい。

（一）長安配下の奉行や代官、下代

長安配下の奉行や代官、下代たちは「大久保石見守が下代共召集、於駿府ニ彦坂九兵衛所々被押籠、近年押領ノ金銀悉被改ノ条不残出献之」（「当代記」）と長安死後、家康の命で彦坂光正が彼らを駿府に集めて詮議を行い、彼らの押領した金銀を悉く改めて残らず出させたという。この詮議の結果、慶長十八年（一六一三）七月九日には長安配下の多くの下代たちが処断されたといわれるが、詮議の結果、「正路に申上候分、十人計御免」とされる者もいた。この十人については全員の氏名は不明であるが、断片的な史料から一部の者は判明している。

それにはまず大久保山城（宗政）がいる。彼は元は田辺十郎左衛門といい、長安は甲州時代に黒川金山などの経営にあたっていた宗政の父田辺十郎左衛門の下で働いていた。その後、宗政は佐渡に来て長安に仕え、地方支配にあたっ

た。そして長安から大久保姓を与えられ、大久保山城と名乗り、長安の下、佐渡での家老格の代官となった。長安事件では詮議を受けるも赦されて、元の田辺十郎左衛門に改め、以後、元和四年（一六一八）まで後任の佐渡金山奉行竹村嘉理・鎮目惟明代官らが着任するまで、生野代官間宮直元（兼任）とともに金山経営にあたった。石見銀山では竹村道清が、慶長十六年に石見に行き、長安に代わって銀山や地方支配の指揮をとっており、長安の慶長十八年の「覚」では、同十七年以降の銀山の地方の年貢勘定を道清が行うとしている。長安事件では詮議を受けたものの許されて、石見銀山奉行に任ぜられ、引き続き石見に残ることになった。このほか長安の佐渡や石見の代官であった宗岡弥右衛門と吉岡右近は長安事件では連座をまぬがれたが、その子孫達は佐渡や石見で地下人として存続しているところから、代官は罷免されたものの引き続き鉱山支配に関わっていたのである。父吉岡出雲は石見から宗岡佐渡とともに佐渡に渡海し、銀山方支配にあたったが、その子の右近は石見に残り、銀山方の支配にあたっていた。慶長十七年に出雲が死去すると右近が跡を継ぎ、引き続き石見の銀山方支配にあたっている。長安事件で罷免されることはなく、前述のように後任の銀山奉行竹村道清や杉田忠次の下で代官を勤め、その後は石見の地役人となっている。

宗岡弥右衛門は、父宗岡佐渡が石見から佐渡へ派遣された後、父に代わって石見銀山の銀山役人として吹屋の経営に関与したり、佐渡からの鉱石移入を担当するなど、銀山支配の中枢にあったという（仲野氏前掲論文）。その後、父佐渡が慶長十八年三月十六日に佐渡で死去すると、佐渡に渡ってその役職を継いだので、先の長安の藤堂高虎宛の「覚」では、佐渡金山の勘定を田辺十郎左衛門（宗政）と宗岡弥右衛門が担当することになっていた。しかし同年四月二十五日の長安の死去と、それに続く長安事件に遭い、代官を解任されているが、元和初年頃には奈良代官中坊秀政配下の大和代官としてその名が見られ、長安の旧支配地のうち一万三〇〇〇石を、同五年まで支配している（「大和国内惣高」）。さらに元和年間には近江国の代官としても名が見られ、同国内で四九〇〇石余を支配しているが、同八年、小堀が「近江郡代」となると転出している。その後、同九年閏八月二十日付の、弘前藩主津軽信枚より弥右衛門宛の同藩内の鉱山に関する二三か条におよぶ書状（長谷川成一「元和九年閏八月二十日の津軽信枚定書状について」『弘前大学國史研究』

一二〇号）によれば、同藩内の鉱山の再開発や運営を依頼されている。さらに同じ頃、秋田藩の院内銀山の開発にも間接的ながら関与したという（『梅津政景日記』『大日本古記録』第九巻）。なお宗岡佐渡の家督は石見にいる長男喜兵衛が継承し、石見銀山御用元締になっている（「宗岡氏由緒書」）。

ついで木曽代官山村良勝は長安と関係が深いとして詮議を受けたが、赦されてそのまま木曽代官を続けている。伊豆銀山奉行の川井（河合）政忠も詮議を受けたが、赦されてそのまま伊豆金山奉行を続けている。同じく伊豆代官竹村嘉理は川井（河合）政忠とともに長安の藤堂高虎宛の「覚」で、慶長十七年以降、伊豆の年貢勘定を行うとされていたが、長安事件では詮議を受けたが許されて、伏見において家康に御目見して直臣となり、引き続き伊豆代官になっている（のちに佐渡代官となる）。甲州代官平岡千道は大久保藤十郎に幕領の金銀を預けたことを不束の至りとして蔵米一〇〇〇俵を没収され、逼塞を命じられたが、なお内証二万石の幕領を預かり、尾張藩主徳川義直領内の仕置などを命じられた。その後、元和二年（一六一六）には甲府藩主となった徳川忠長の附属代官とされた。同じく甲州代官の岩波道能・石原守明・大野元貞・田辺忠村らも許されて、それぞれ独立の代官となり、岩波と石原は元和二年に甲府藩主となった徳川忠長の附属代官とされた。田辺は大野尊吉の後継として桐生代官となる。また長安の代官には、長安の畿内支配において活動した鈴木重春・杉田忠次・小野宗貞（近江代官）・岡田善同（美濃代官）らもいるが、彼らは長安事件後もそれぞれ代官職にあるので、許されたものと思われる。

さらに長安配下に近かった甲州出身の日向政成は慶長六年、甲斐が徳川領になると、甲斐「国奉行」長安の下で島田直時とともに甲府町奉行となっている。また慶長七年時点では伊勢・近江・甲斐の「郡代」を命ぜられている（『甲斐国志』）。慶長七年から八年にかけて長安の指示により富士川通船のための検分を行い、それを角倉了以に報告している。伊勢ではいつからかは不明であるが、慶長十四年頃には日向は長野友政とともに山田奉行として伊勢国の触下となっている。慶長十八年、長安事件の折には島田直時とともに甲斐の「国奉行」となっていることから、連座をまぬがれたものと思われる。

つぎに処罰を受けた者では、長安の家老格の代官山田藤右衛門や佐渡の小宮山民部が処断されており、その後、佐渡の役人になることはなかった。戸田藤左衛門隆重は駿府における長安の家老格の代官で、慶長十一年五月には長安から佐渡国加茂郡内で六〇〇石を与えられ、長安に代わって各地の支配地に指示を出していた。慶長十二年頃には伊豆金山の管理にもあたっていた。長安事件では「慶長十八丑年大久保ガ事ニ坐シテ禁獄セラル」（『甲斐国志』）と一時投獄されたが、のち赦されて浪人となった。その後、元和三年、駿府藩主徳川頼宣の家臣となり、同五年には頼宣に従って紀州に移っている（『南紀徳川史』第五冊）。

同じく長安の有力代官で石見出身で佐渡の金山方支配を担った岩下惣太夫も長安事件でその職を解かれて石見に戻ったようであり、元和六年八月五日付の「うけ取申ゆ屋役銀之事」（伊藤家文書）によれば、石見国の温泉津町の湯主伊藤休意から湯役銀二〇〇目を受け取っており、石見で地役人となっていたようである。つぎに代官蓑正長は、「正長大久保石見守長安に所縁あるにより坐して御勘気をうけ采地を収公され、のち赦免され猿楽の列に加えらるる」（『寛政譜』第十八）と長安事件で処断され浪人となったが、のち赦免されて大和の猿楽衆「宝生座」の一員となり、二五〇俵を与えられて御家人となった。玄孫の笠之助正高（岳父田中休愚）は元文四年（一七三九）、大岡忠相の代官となり、代々代官を勤めている。代官細田時包は父吉時が長安配下として佐渡で勘定奉行を勤めたが、慶長十五年、父の死後に長安配下の佐渡代官となり、長安処断の時に改易されて処士となっている。その子時房はのち館林藩徳川綱吉に仕え、綱吉の将軍就任後に幕臣となり、天和三年（一六八三）、代官となっている（『寛政譜』第十五）。なお吉時の次男重時は家光に仕えており、父の家督を継いで甲斐代官となり、処罰は受けていない（『寛政譜』第十五）。

長安の下代飯島光重は、「始仕大久保石見守、大久保没後徘徊京師、被人知名。与稲葉兵部同仕浅野但馬守長晟、有故共去芸州来尾州、敬公召出、為御使番、賜五百石」（『士林泝洄』三）と長安事件後に浪人となり、広島藩浅野長晟に仕え、その後、尾張藩徳川義直に仕えて使番として五〇〇石を与えられたという。このほか美濃における長安の代官和田恒成は、長安の慶長十八年の「覚」では伊豆金山の運上と勘定を竹村嘉理・川井政忠と行うとしているが、長安事件後は史料上見られなくなっているので、罷免されたものと思われる。さらに長安配下の八王子代官の一人、青柳信正は長安の実施した下総や上総・美濃・石見での検地にあたったが、長安処断後、史料や記録類に見られないので、やはり罷免されたものと思われる。

最後に米津親勝（正勝・春茂とも）・春勝は兄弟で、兄親勝は長安の配下に近い関係であり、堺政所（のち堺奉行）および近江の触下であった。前述のように慶長九年以降は長安、板倉勝重（京都所司代）らとともに畿内および周辺諸国における幕領支配の中心として活動しているが、慶長十九年二月二十二日にいたって長安に連座して罷免され、阿波に流されて切腹させられた（『断家譜』第一）。同時に弟の春勝も連座したが、のち赦された。

（二）連座した大名・旗本・その他

〔1〕服部正重は家康の近臣服部半蔵正成の次男で、三〇〇〇石の旗本であったが、長安の娘（美香）を娶っていた。慶長十八年七月九日、正重は長安の娘婿であるにも拘わらず、幕府よりお咎めなしとされたが、前述のように規則を破ったためその後改易となった（『寛政譜』第十八）。

〔2〕青山成重は前述のように秀忠の傅役であり、秀忠が将軍となるとその年寄衆となる。長安の三男成国を養子に迎えていたため、成国処断の後、慶長十八年八月、実子の成次とともに秀忠の勘気を蒙り、知行一万石のうち七〇〇〇石を減知されて三〇〇〇石となり、知行地に逼塞する（『寛政譜』第十二）。

〔3〕弓気多昌吉（一〇〇〇石）・久貝正俊（一五〇〇石）・鵜殿兵庫（一一〇〇石）らは旗本であり、慶長十八年十月十三日、勘気を蒙った。理由は彼らは慶長十四年に伯耆国米子城主中村忠一が無嗣断絶で改易・所領没収となると、上使として向かい、その没収した城中の諸道具類をどのようにするか江戸へ伺いを立てたところ、丁度長安が石見国へ下る時分であったので長安に渡したが、このことが家康の機嫌をそこねたため、越度のはからいであるとして、長安事件に連座して同日勘気を蒙ったものである。のち三人はいずれも赦される（『当代記』・『寛政譜』第十七・十六・第十

二）。谷（のち内田）全阿弥正次の子内田六右衛門俊次（五〇〇石）も連座して改易されている（『台徳院殿御実紀』巻廿三）。なお『寛政譜』第十六では、慶長十九年二月、請わずして大久保忠隣の所領小田原に赴いたことにより御気色を蒙りて松平成重に召し預けられた、とする。

〔4〕石川康長は松本城主（八万石）で、慶長十八年十月十九日に改易された。理由は前述のように康長の娘が長安の嫡男藤十郎の妻であったことが直接の原因であるが、同時に「康長が女を大久保石見守長安が子藤十郎某に定婚し。そののちなみをもて長安と心を合せて。としごろ隠田せし事あらはれて。かく罪蒙りしなり」（『台徳院殿御実紀』巻廿四）、あるいは「近年大久保石見守を語らい、知行あい隠すの由にて改易」（「当代記」）、「近年大久保石見守と懇切にて、隠田数多これあるにつき、配流」（「慶長年録」五、国立公文書館所蔵）などと、長安と結んで新田を開発しながら領地として申し出をしなかったことなどのほかに、幕府の許しを得ずして分不相応な城地の造成、民家や寺院の破壊、人々を酷使したこと、家老同士の対立など家中の不取締のことなど、多数の罪状が挙げられている。これにより配流となり、佐伯藩毛利高政に預けられた。しかし一方で恐らく康長の父石川数正が徳川氏を裏切って豊臣秀吉に走ったことも遠因となっているものと思われる。この石川康長の次男の康勝は信濃国内で一万五〇〇〇石を、三男の康次は信濃国内で五〇〇〇石をそれぞれ分知されて大名や旗本となっていたが、『駿府記』慶長十八年十月二十五日の項に、「石川肥後守、同弟半三郎、兄玄蕃儀に付被没収」とあり、慶長十八年十月二十五日、康長に連座して康勝・康次ともに改易され、配流となり、父康長と同様に佐伯藩毛利高政に預けられた。

〔5〕富田信高は富田一白（長家）の長子で伊予宇和島藩主（一〇万石）、慶長十八年十月二十四日、改易される。理由は慶長十年、信高室の弟・坂崎直盛（津和野藩主）が室の甥宇喜多左門が直盛の婢と密通したため、信高は家臣に婢を切らせたので、左門はその家臣を切って信高の下へ出奔した。信高は左門を匿ったが、同十三年に宇和島に移った時、左門は県（延岡）藩主高橋元種の下に身を寄せた。信高室は左門に手紙を送ったが、その手紙を左門の従者が盗み、直盛の下に持って行ったため、直盛は慶長十八年十月、この手紙を将軍秀忠に提出して訴えた。このことは『駿府

記』でも慶長十八年十月八日の項に、「今日富田信濃守□□、坂崎出羽守□□訴申故、両御所様出御南殿、直裁許令聴給、富田非之由被仰出云々」とあり、これをうけて家康・秀忠の裁定で、十月二十四日、信高室の罪が咎められて信高は改易され、陸奥磐城平藩鳥居忠政に預けられて蟄居した。この改易についても『駿府記』十月二四日の項に、「富田信濃守□□知行被没収、其身奥州岩城鳥井左京亮□□被召預」とある。この事件が改易の表面的な理由であるが、これは口実で実際は長安に連座したものであった。

〔6〕高橋元種は日向県（延岡）藩主（五万石）で、富田信高と坂崎直盛との対立に巻き込まれ、出奔した直盛の甥、宇喜多左門を匿ったことが理由で、慶長十八年十月二十四日、改易となった。身柄は長男左京種十とともに陸奥棚倉藩主立花宗茂に預けられた。これについて『駿府記』慶長十八年十月二十四日の項に、前出富田信濃守の記述に続いて、「立花左近□□高橋者、富田依為一味也云々」と立花宗茂に預けられた高橋（元種）は富田信濃守信高の一味という。

〔7〕佐々孫介・佐々内記はそれぞれどのような人物で、両人がどのような関係であるか、一切不明であるが、『駿府記』慶長十八年十月二十五日の項に、「佐々孫介、同内記所領被召放、依富田事也云々」とあり、富田信高に連座して改易されている。

〔8〕武田信道（顕了道快）は信玄の子海野龍宝（武田信親）の子で武田信玄の孫である。天正十年（一五八二）、武田氏滅亡後、甲府の長延寺の実了の養子となり、慶長八年、長延寺二世となる。慶長十八年、長安の庇護を受けていたため長安の死後連座し、笠間藩松平（戸田）康長に預けられた。この時、信道と子の信正（教了）が長延寺の山門楼閣上に保管していた武田家伝来の甲冑・軍配・馬印・軍旗などが幕府に没収され、これらが長安決起の時の道具とみなされてしまい、謀反共犯の冤罪を蒙り、子の信正や係累の者まで含めて九人が伊豆大島に配流となる（『甲斐国志』）。信正は寛文三年（一六六三）に赦されて江戸に戻り、その子信興は元禄十三年（一七〇〇）、幕府に召出されて高家（五〇〇石）となる（『寛政譜』第三）。なお龍宝の弟信清（信玄六男）は上杉景勝に仕えていたが、長安事件に際して信道が嫌疑をかけられた時に、信清も幕府に呼び出され、同じく嫌疑をかけられて詮議を受けたが、許されて米沢に帰され

ている（『上杉家御年譜』）。

〔9〕大久保忠隣は将軍秀忠政権の重臣として小田原藩主（六万五〇〇〇石）であり、長安の最大の庇護者であった。慶長十九年正月十九日には大坂の陣を前にして、同十七年に出されていた幕領に対するキリシタン禁止令をうけ、キリシタンの討伐のために京都に赴いて伴天連寺の破却、キリシタンの捕縛などを行っていた折に、板倉勝重を通して改易の命が下り、彦根藩井伊直勝に預けられて蟄居させられた。忠隣の一族も連座し、まず「其子右京亮教隆、主膳正幸信等を召して。士籍を削らるる旨本多佐渡守正信仰を伝ふ」（「台徳院殿御実紀」巻廿五）と忠隣の子教隆（忠勝）（三〇〇〇石）・幸信（忠長）（二〇〇〇石）と忠尚、さらに忠隣の弟忠永らも連座して処断された。ただ大久保家の累代の功績により、忠隣の嫡孫忠職に武蔵騎西二万石を与え、封地に蟄居させたほか、忠隣の次男石川忠総ははじめ連座して駿府で蟄居を命ぜられたが、すでに石川家（大垣藩五万石）を継いでいるので罪を問われず、のち赦された。一族では忠隣の従弟長重（三〇〇石）および忠知（三〇〇石）は武蔵入間郡谷貫村に蟄居、忠隣の又従兄忠辰・忠政・半助忠尚らも勘気を蒙むるが、のち赦されている。また忠隣の養女（設楽貞清の娘）の婿森川重俊（三〇〇〇石）と同じく忠隣の養女（村越直吉の娘）の婿日下部正冬は、忠隣の嫡男忠常の病気見舞いのために無届で小田原に行ったことを咎められ、重俊は館林藩榊原康勝に、正冬は高崎藩酒井家次に預けられたが、重俊はのちに赦されている。この二人は名目は無届の見舞いであるが、いずれも忠隣の養女の婿であることも連座の原因であろう。

このように多くの連座者を出した忠隣改易の理由はいくつか挙げられているが、主なものはまず「慶長年録」五（国立公文書館所蔵）によれば、武田信吉の家老だった馬場八左衛門は藩内の抗争によって慶長九年に改易となり、忠隣に預けられた。その後、馬場は慶長十八年十二月に相模中原で鷹狩りをしていた家康に駕籠訴して目安を上申し、長安事件に関連して忠隣が謀叛を企んでいたと密告した。これを受けた本多正信が家康に報告したことにより、忠隣は弁明も入れられず改易されたという。また『駿府記』によれば、慶長十九年正月十九日の項に、「召本多佐渡守仰曰、今度大久保相模守与山口但馬守結婚姻、不得上意、依之相模守子右京主膳御追放、安藤対馬守被遣於小田原、城廓請取、相模守従者可追放之由被仰出云々」と、ここでは慶長十八年正月の忠隣改易以前の、忠隣の養女と山口重信との無断婚姻による山口重政の改易にふれているが、この事件と、翌十九年正月の忠隣の改易により秀忠の使者安藤重信が小田原城を受け取る事件とを連動させて記述しているだけで、十九年の正月の忠隣改易については詳しくふれていない。さらに『当代記』の慶長十九年二月二日の項には、

大久保相模守罪科已綷定て、今日江州江自京都下、是自駿府依下知なり、小田原領五万石被召上、抑此人は普代相伝、殊十三の年より家康公江御奉行（公）自愛成し、今年六十三、今かゝる仕合如何と人皆成す不審思、旧冬十二月三日、大御所立江戸給、於路次馬場伊左衛門尉と云々不肖者、上目安殊両度なり、専相模守匠謀叛之由言上、誠無跡形虚言成けるを信し給事、偏相模守尽つれ時節歟

と忠隣が、駿府の家康の下知で小田原五万石（実際は六万五〇〇〇石）を改易されたのを、譜代の人物なのにどうしてと人々は不審に思ったという。これは馬場伊（八か）左衛門が家康の江戸からの路次中で目安を二度にわたり差し上げて忠隣の謀叛を言上したことによるとするが、これは事実無根であると信じられているとしている。このような背景には、忠隣と対立していた本多正信・正純が岡本大八事件による窮地の挽回のために家康に讒言をした可能性が考えられる。

忠隣事件によって忠隣と姻戚関係（忠隣の孫婿）にあった者たちも連座している。まず館山藩主里見忠義（一八万石余）は正室が忠隣の嫡子忠常の娘であったので、「大久保忠隣縁座伯州江配流」と忠隣に連座して改易され、伯耆に流された（『断家譜』第三）。同様に大垣藩主石川忠総（五万石）は前述のように忠隣の次男であるが、忠隣に連座して駿府で蟄居を命ぜられた。しかし既に家を出て石川家の家督を継いでいること、また大坂の陣で戦功を挙げたとの理由で、のちに赦されている。旗本堀利重（八〇〇〇石）は利重の正室の母（本多康重正室）が忠隣の正室の姉であることにより連座して改易となり、宇都宮藩奥平家昌に預けられたが、これものちに赦される。

〔10〕佐野政綱は富田信高の弟（富田一白の五男）の信吉のことで、下野佐野藩主佐野房綱の養子となり、政綱と改

名して家督（三万九〇〇〇石）を継ぐ。慶長十九年三月、江戸で火災が起きた時、佐野から江戸に急行して消火にあたった。しかしこのことは逆に無断参府として幕府に咎められた。これは豊臣家に縁の深い大名が、江戸の変事にすぐに参着できる近いところにいることが危険視されたと思われる。同時に先に改易された兄富田信高の改易に連座したことと、「その身もまたよかざる始末あるにより、御勘気を蒙」（『寛政譜』第十四）って、同じく長安事件に連座、同年正月に改易された小田原藩主大久保忠隣と親戚関係でもあったことなどにも絡んで、同十九年七月二十七日改易され、小笠原秀政に預けられて信濃国松本に蟄居する（『寛政譜』第十四）。佐野政綱については『駿府記』慶長十八年十一月九日の項に、「佐野修理太夫御目見、是者富田信濃守弟、雖蒙御気色、無誤旨達上聞如此云々」と政綱は富田信高の弟であり、この度のことで家康のご機嫌を損ねたが、彼の取った行動が間違ってなかったことが家康にも伝わっているとされた。しかし同書の翌十九年七月二十七日の項では、「佐野修理太夫知行改易之由被仰出云々　舎兄富田信濃守依御勘気也云々」と兄信高に連座して改易されているのである。

このほか『駿府記』慶長十八年六月廿二日の項によれば、「於京都、座頭検校誰々六七輩、可在不座之旨被仰付、於惣検校、是者大久保石見依致出入也」と長安事件に連座して座頭・検校ら六七人が出仕を停止されたという。そして同年八月六日になって、「惣検校以下六拾余人参府、是者大久保石見守所出入之儀御立腹、為御詫言、参府」と惣検校以下六拾余人が参府して家康に詫びを入れたという。これは惣検校の円都に命じて、長安と親しかった高山丹一ら瞽者（盲人）たちを不座となし、処罰しているが、前述のように八月六日、これを謝罪するために京都から駿府に参府、松平正綱と後藤光次が家康に取り成して九月十六日には赦されている。

以上のように大久保長安事件に連座して処断された者たちは、長安に直接関連して処断された者のほか、富田信高や大久保忠隣に関連して処断された者たちまでもいたのである。

処断された者たちの総人数は、一部赦免された者もいるが、長安の配下の代官や下代たちの人数が不明であるので、正確にはつかめないものの、相当な人数にのぼるものと思われる。しかし長安の一族や配下の代官や下代たちを除いて考えると、長安事件に関連して処断された大名は、大久保忠隣まで含めれば七人、旗本は少なくとも八人、それに検校や座頭六十七人、不明二人となる。このように大久保長安の処断は多くの大名までも巻きこんだ慶長期、すなわち徳川幕府創成期における幕政内部における一大事件であったのである。

四、近世後期における諸記録および紀功碑と長安の評価

大久保長安はこれまで述べてきたように、近世初期においては生前の諸悪が暴かれて処断され、七人の子供たちは全員切腹を命じられ、大久保家は断絶させられている。近世初期の長安への評価は過酷であり、その例として近世初期に諸大名や旗本たちが幕府へ提出し、幕府によって編纂された公式な系図である『寛永諸家系図伝』（寛永十八～二十年）によって、長安およびその子供たちについてみると、前述のように長安の後室は大久保忠為の娘であるが、同書の大久保忠為の子供の中に記載はみられない（『寛永諸家系図伝』第九）。長安の三男成国は譜代大名の青山成重の養子となっているが、同書の青山系図の中には成重や成国の名前は記載されていない（同上書、第九）。また成国の室は大名仙石秀久の娘であるが、これまた仙石系図の秀久の子供の中に記載されていない（同上書、第三）。長安の娘（楓とも）は旗本三井吉正に嫁いだが、同書三井系図の中の吉正の項にはこのことは記載されていない（同上書、第七）。

このように近世初期の幕府の公式編纂系図である『寛永諸家系図伝』の中には、各家とも幕府を憚ってか、長安一族に関する記述は一切記載されていないのである。長安の「処断」から間もない寛永段階である故に当然のこととも考えられる。

しかし近世後期の諸記録には、大久保石見守の名前が随所に見られるようになる。また石見銀山のように長安の紀功碑まで建立されるようになっている。このことは近世後期においては最早必ずしも過酷な評価ばかりではなく、むしろ彼の功績が評価されるところもあったためである。このように長安が評価された記録について以下に見ていく。

（一）寛政六年の大久保長安紀功碑

江戸時代では平時や凶作時などにおいて農政に尽くして農民から慕われて頌徳碑や顕彰碑などが建立された代官も多く存在した。石見銀山においても藤原雄高氏によれば、代官井戸平左衛門正明は享保年間末期の享保大飢饉において銀山領の農民に対し、お囲米の放出、年貢免除・減免、薩摩芋の導入・栽培奨励などを行って農民の救済にあたった。特に薩摩芋は飢饉時の非常食として井戸正明が薩摩より種芋を取り寄せて銀山領に栽培を普及させた。その後出雲や隠岐、伯耆など周辺諸国にも普及していったという。これにより井戸は「芋代官」として多くの農民に慕われ、彼の功績を称える頌徳碑や顕彰碑などは五〇〇基に上るという（「代官井戸平左衛門の事跡と顕彰」島根県教育庁文化財課世界遺産室編『石見銀山の社会と経済』所収）。このように石見銀山においては領民に善政をしいた代官は農民から慕われて、のちに頌徳碑や顕彰碑を建立されているのに対し、同じ大森代官の菅谷長昌は寛政六年（一七九四）二月、大森町（大田市）の大安寺跡にある石見銀山開発に関わった大久保長安の逆修塔を再建するともに、その脇にある長安の功績を称える紀功碑「石見守大久保公碑」（口絵参照）を撰文した（書は地元の儒者佐和華谷）。この撰文（抜粋）によると、

公諱長安初名信安、和州人也、本姓未詳、微時時以雑技仕甲武田氏、武田氏亡、客事大久保相模侯忠隣、忠隣叔父忠佐奇其才、命冒姓大久保称十兵衛（中略）、慶長五年庚子、遺公及彦阪刑部監石州銀山、既而率州人勝任者誰某至佐州鑿金山有功、総管諸道金銀山之事、九年丙辰叙従五位石見守、先是賜采邑於石見、更封武州滝山入二万石、或曰三万、為関東典農巡察佐石及伊豆陸奥等金銀山司其事如故、十八年乙丑四月二十五日病卒於滝山、子男十二人各争嗣国除、初公至石州也、（中略）（極楽寺）上人融誉与府胥吏相謀欲立碑紀、其略請昌作文、而公功績不遑擲史籍而精覈焉、乃書土人所伝勒之石爾（中略）、庚子歳、自公初監臨起鑿坑之穫生銀、其衆不億、銀山於斯為盛（中略）、而公首言天下金銀山之事遂有成功、不亦大英乎

寛政六年甲寅春二月　東都　菅谷長昌撰　　本州　佐和□拝書

（『石見銀山〔安養寺・大安寺跡・大龍寺跡・奉行代官墓所外〕』）

と長安の出身、すなわち武田家臣から家康に仕え、大久保姓を忠隣から与えられたことや、慶長五年（一六〇〇）から石見銀山の支配と銀の生産を盛んにしたこと、このほか佐渡・伊豆などの金銀山を支配したことなど、長安の功績を列記して称えている。慶長九年の石見守叙任（実際は慶長八年）や石見・武蔵などで二万石ないし三万石の采邑を与えられたとしていることなど、疑問や誤りの箇所もあるが、このように同じ幕府の代官が処断された人物について詳細に撰文し、特に石見銀山の開発に成功して盛んにした功績について記述している点は注目に値する。江戸時代においては、本来ならば罪人を顕彰する碑を建立することなどは、いくら石見銀山開発の功績が高く評価されていたとしても、実際にはきわめて困難であったであろうが、村上直氏もいわれるように、近世後期の段階で石見銀山は衰退しており、関係する人々にとって鉱山の盛況に関連した長安の手腕を再評価し、長安時代のような銀山の活気と盛況を祈願する在地の人々の動きがその背景をなしていたものと見ることができるのである（村上直『代官頭大久保長安の研究』）。また仲野義文氏によれば、菅谷長昌が赴任した寛政二年（一七九〇）の年間産銀量は約六四貫（約二四〇キログラム）であり、かなり減少していたのを、長昌は増産に努め、翌三年こそ約六一貫（約二二九キログラム）であったが、同四年には一〇一貫（約三七九キログラム）、同五年には一二四貫（約四五八キログラム）、同六年には約一二二貫（約四五四キログラム）（仲野義文『銀山社会の解明』）と倍増させているのである。さらにこのような功績を挙げた菅谷は、さらに増産すべく民衆を鼓舞するために大久保長安の時代の盛況を目標として、寛政六年に長安の紀功碑を建立したのではないか、とみている。この寛政六年は奇しくも長安が開発したという「大久保山」（大久保間歩）（口絵参照）を、幕府が出資して再開発しようとした年であり、先の紀功碑の建立と関係があるものと思われる、としている（仲野義文「石見銀山における大久保長安の業績とその影響」『大久保長安に迫る』所収、揺籃社）。これらのことから、菅谷長昌が長安の紀功碑を建立した背景には、民衆への鼓舞とともに、銀の増産に成功したという菅谷の自信もあったのではないかと思われる。さらに長安の二百回忌にあたる文化九年（一八一二）には、温泉津の恵珖寺に逆修塔が再建されている。さらに文久二年（一八六二）には、長安の二百五十回忌の法要も執行されているが、この時には法要の資金集めのために代官所の役人がかなり関与していたようで、山師だけでなく周辺の農村からも寄付金を募り、大安寺を大規模に修復したり、代官が参詣するなどしていたという（仲野氏前掲論文）。佐渡においても安政三年（一八五六）に長安の功績を称え、大安寺にある長安の逆修塔の修理・再建が行われたという。この建立は、長安取立の先祖をもつ佐渡の地役人七三人の寄進によっているという（村上氏前掲書）。

このように近世後期になると、鉱山の再度の発展を願うとはいえ、幕府によって処断された長安を慕って、顕彰したり、法要を営むなど、幕府への憚りもなく長安の功績が見直されているのである。

（二）『武蔵名勝図会』の記載

先に第二章の八王子陣屋の項で引用した、文政三年（一八二〇）の八王子千人同心組頭植田孟縉の著書『武蔵名勝図会』（慶友社）にある、「石見堤」の項の最後尾の部分を加えた全文を紹介する。

八王子城陥りし後に、城下町の亡民を今の八王子町へ引移されし後も、洪水またも島之坊宿辺より市中に流れ入らんとせしかば、石見守下知を伝えて、由井領・小宮領・日野領の村々へ課せしめて町囲いの長堤を築けり、新地と千人町の堺なる地蔵堂の脇より千人町裏通り、馬場地の南付の土手へつづき、宗格院脇より島の坊の限りへ出て、本郷多賀神社の裏通りより、同村田圃の辺まで、上は坤の方より艮の方へ凡そ長さ十四・五町、敷三間、高さ七尺ばかりなり。石見守の功を以て築営せり。村民水害を避けければ、土人称して石見堤という（傍線筆者）

とあり、傍線部分の「石見守の功を以て築営せり、村民水害を避けければ、土人称して石見土手という」と長安と関わりが深い千人同心の身分の者が、身びいきもないではないが、長安の功績として構築され、それによって村民が水害を避けることができたとして「石見土手」と称し、構築から二〇〇年以上たった文政三年現在でも長安を称賛しているのである。ここには長安が家康によって処断されたことへの憚りも一切見られず、称賛しているのであり、幕府自体もそのことを咎める状況ではなかったと思われる。

(三)『新編武蔵風土記稿』の記述

文政十三年(一八三〇)に編纂が完成したとされる地誌『新編武蔵風土記稿』は、武蔵国内の村々を郡別にして状況を書き上げているものであるが、このうち多摩郡内の村々では「大久保石見守」の名前がしばしば見られる。まず『新編武蔵風土記稿』第五巻の多摩郡八王子陣屋の項によれば、「大久保石見守惣奉行として、小門宿に住し、町中に番屋をかまへ、籠獄を置て非違をいましめけり、茲に当所は新宿にて、町人もわづかに居をなし始なれば、近郷の落武者或野武士の類多くあつまり住むけるにぞ。ややもすれば騒乱に及しゆへ、命ありて関東の御代官を多く此辺に居住せしめられ、長安是を指揮せり」とある。また同じく八王子台町の浅間神社も長安が勧請し、社殿を建立したという。さらに同書第六巻、多摩郡大久野村・山神社の項(抜粋)では、「慶長九年台徳院殿の命によりて、大久保石見守御代官として御再興あり」と長安が再興したことを伝えている。同様に多摩郡御嶽村の項(抜粋)でも、「慶長十年大久保石見守に仰せて、本社以下の御再建あり」とあり、家康や秀忠の命令で御嶽神社の再建にあたっていたことを伝えている。また同書第四巻の多摩郡石川村の項(抜粋)には、「御入国の後崇源院殿の御化粧料にて、大久保石見守長安預り奉り、貢税は酒井讃岐守忠勝へ納めしとぞ」とあり、石川村が崇源院(秀忠正室お江与)の化粧料とされ、長安がその支配と年貢の徴収にあたり、年貢は酒井忠勝に納めたという。これは崇源院の夫、秀忠がまだ将軍になっていない段階のことと思われるが、長安がその化粧料の管理にあたっていたということは史料的には確認できていないが、注目すべき記述ではある。このほか、同書第九巻の高麗郡栗坪村の項(抜粋)では、「御入国以来御料所にて、大久保石見守が支配せし時、慶長二年高麗本郷にありける陣屋を当村に移し、又本郷の内高麗町の民戸もそこばく移り来て、隣村梅原村の辺まで軒をつらねて、居をなすこと二町余なりしかば、彼の本郷にありし時の名を以て、ここを高麗町と唱へ、月ごとに四八日の市日となして賑ひし」と慶長二年に長安が高麗本郷の陣屋を栗坪村に移し、本郷の民戸も次第にこちらに移り来たりて、隣村梅原村の辺りまで家々が軒をつらねて二町余に及んだという。さらに長安はここに毎月四日と八日の市日を決めたので、人々が集まってきて賑わったというものである。ここでも長安の得意とする町立・市立が行われ、賑わったことを伝えている。

このように文政十三年（一八三〇）に幕府の大学頭林述斎や間宮士信らにより昌平坂学問所の事業として行われ、編纂が完成した『新編武蔵風土記稿』という地誌にも、長安の事蹟が伝承として記述されていることは、編纂責任者の林述斎や間宮士信らは当然大久保長安の事件は承知しているはずであるが、この段階で長安への批判は薄らいでおり、彼らがありのままの伝承、場合によっては長安の功績を称える記述をしても差し支えない社会状況にあったことを示している。

（四）『寛政重修諸家譜』の記載

寛政十年（一七九八）ころに編纂された『寛政重修諸家譜』（以下、『寛政譜』）は、近世初期から寛政頃までの大名や旗本に対して、それぞれの家譜を提出させて幕府が編纂したものであり、文化九年（一八一二）に完成した。この中で、先に述べた長安に連座した者たちの記録の中にも、「大久保石見守」の名前が散見する。例えば『寛政譜』第二（板倉氏家譜）の板倉勝重の項に、慶長十六年四月には禁裏の四方の築地塀の構築が行われており、その普請において「諸大名をしてわかちて禁中の四方に、厚さ八尺の築地を造らしめたれしとき、米津清右衛門清勝・大久保石見守長安とゝもにその事を奉行し、勝重これを惣裁す」と長安と米津とともに奉行したとの記述がある。また長安の娘（美香とも）は家康の腹心であった服部半蔵正成の孫、服部正重（旗本三〇〇〇石）に嫁いでおり、『寛政譜』第十八（服部氏家譜）の服部正重の項に、「台命をうけたまはりて大久保石見守長安とゝもにかはる〴〵佐渡国の制法を沙汰す。（中略）妻は大久保石見守長安が女」と記載している。

同じく長安の娘（楓とも）は三井正武の妻で正武戦死後、家康の側室となった於牟須の方（正栄院）の子で、家康の近習である三井吉正（旗本一五〇〇石）に嫁いでおり、『寛政譜』第九（三井氏家譜）の吉正の項に、「妻は大久保石見守長安が女」とある。前述の『寛永諸家系図伝』第七の吉正の項には記載されていない。

長安の妻は前室が下間頼龍の娘で、後室は大久保忠為の娘であるが、それぞれ『寛政譜』第四（池田氏家譜）の下間頼龍の娘の項に、「女子　大久保石見守長安が妻」とあり、『寛政譜』第十一（大久保氏家譜）の大久保忠為の娘の項には、「女子　大久保石見守に嫁し、長安死してのちまた鵜殿藤助長寛が妻となる」とある。前述の『寛永諸家系図伝』第九の忠為の項には記載されていない。

以上のように、近世後期の幕府の編纂になる『寛政重修諸家譜』や『新編武蔵風土記稿』などの記録に大久保長安の名前が記載されている。『寛政重修諸家譜』の編纂責任者の若年寄堀田正敦や『新編武蔵風土記稿』の編纂責任者林述斎や間宮士信らが長安の処断を知らないはずがない。しかしこれらの編纂では、長安との婚姻関係・町立・村落形成・寺社建設・諸政策などについての功績を功績として事実を記述する姿勢が取られるようになったのである。また前述のように、石見代官菅谷長昌の撰文になる大久保長安紀功碑の建立なども、幕府の代官が近世初期に処断された人物の碑を建立するなど、本来ならば幕府を憚れば考えられないことである。

これらのことから考えると、近世後期の段階では、幕府の各地の鉱山は産出高が大幅に減少しており、その回復が重要な課題であった。このような状況の中で近世初期に鉱山の開発・産出高の増大を実現した長安の業績を再評価して、その手腕の実態を記述することにより、再び盛況になることを祈願する代官や在地の動きを背景にして編纂または撰文されたものと思われる。さらに長安の処断に対する認識が薄くなったか、あるいは忘れられていたことがあるかもしれない。

むすびに

以上論述してきたことをまとめると、大久保長安は武田氏に仕えた猿楽師大蔵庄左衛門の家に生まれて家を継いでいたが、兄の新之丞とともに武士として武田氏に仕えることになり、武田蔵前衆（代官）の一員となった。武田氏の甲斐時代での活躍については不明な点が多いが、天正十年（一五八二）三月、武田氏滅亡後は徳川氏に仕えた。徳川氏の五か国領有時代においては、徳川領としての甲斐において他の武田蔵前衆出身の者たちとともに民政・土木治水・鉱山経営などの代官として活動していた。長安の活動が史料的に初めて確認できるのは、天正十五年、甲斐に領地を持つ徳川家臣（給人）たちに対して地頭役を、また甲斐の寺社に対して代官役を、それぞれ徴収する手形を同じ蔵前衆の者たちと連署して出していることである。さらに天正十七年から十八年初めにかけての徳川領国の惣検地、いわゆる五か国惣検地においては、全体の検地を統括する伊奈忠次の下で、甲斐の検地で蔵前衆とともに参加している。これらの活動を通して長安は、次第に代官として頭角を顕した。天正十八年（一五九〇）八月、家康が関東に入国すると、関東領国の地方支配のために多くの代官たちが動員されたが、この中で三河出身の代官を統率する伊奈忠次、甲斐出身の代官たちを統率する大久保長安、旧今川系代官を統率する彦坂元正と長谷川長綱の四人が代官頭として、家康の側近本多正信の指揮の下で多くの代官を統率しつつ、合議によって関東領国の農政・検地・土木治水、その他の地方支配にあたった。また代官頭たちは領内の主要地に拠点の陣屋を構えたが、長安は武蔵多摩郡八王子を新たに町立をして陣屋を置いた。このように関東入国を契機として長安はその地位を高め、代官頭として伊奈忠次らと肩を並べる地位にまで上昇したのであり、この段階でおおむね甲州系代官を統率している。関東入国後の喫緊の課題は、北条攻めにおいて荒廃した関東農村の復興と生産高の掌握、さらに家臣団への知行地の付与であった。まず生産高の掌握は領国の惣検地の実施であった。入国直後の天正十八年八月以降、一部地域において実施されているが、本格的には翌十九年から二十年にかけてであった。検地にあたって長安は、武蔵では多摩・入間・高麗郡などでも担当しているが、下総・上総両国はもっぱら長安が中心となって実施している。これらの検地結果を受けて家臣団に知行地を付与したり、領内の寺社に対しても代官頭の四人連署によって所領割渡（知行書立または知行目録）を出している。その一方で、長安は前述のようにもっぱら下総・上総において五か国領有時代以来の奉行、原田種雄とともに知行割渡（知行書立または知行目録）を出している。その後、代官頭たちは関東領国の河川の洪水対策として土木治水を行う一方、新田開発や町立などにも力を注いでおり、長安は支配の拠点とする八王子宿のすぐ傍を流れる浅川・南浅川の洪水を防ぐため、甲州流の土木治水技術をもって石見土手を構築したほか、武蔵の青梅新町や上野の桐生新町の町立も行っている。また八王子では武田旧臣を中心として、のちの千人同心を組織して在住させ、彼らを統率して甲州街道の小仏峠を守備させ、甲斐への押さえとしている。

慶長五年（一六〇〇）の関ヶ原合戦では長安は、徳川秀忠の中山道軍の進軍を円滑化するため、木曽谷の旧領主木曽氏の旧臣や東濃の旧領主たちに旧領安堵と新規知行宛行などを約束して糾合し、豊臣系の諸大名・領主を攻め滅ぼして支配下に置いている。家康は東軍の勝利により西軍将士の領地を改易ないし減封して没収し、それを東軍将士に配分する一方、最大の功労者である家康自身も約一四五万石近くを得ている。これにより徳川氏の領国は従来の関東に加え、徳川氏の旧領五か国のほか、佐渡・石見などの金銀山のある国も含め、おおむね一三の国と地域に広がった。これは六八か国の約五分の一にあたる国と地域であり、石高では約四〇〇万石に及んでいる。このような広大な国と地域に徳川氏の政治的影響力が及んだわけである。この中で長安の支配地域は従来の関東領国における支配地のほかに、新たに甲斐・信濃・美濃・大和・石見・佐渡などに及び、特に石見は関ヶ原合戦直後から長安が支配にあたり、石見銀山を経営した。佐渡は慶長八年から一島全体を直接支配し、特に佐渡金山の経営にあたった。その結果、両所の金銀の産出量は飛躍的に増大し、幕府の財政を大いに潤した。また信濃の木曽谷・伊那谷、大和吉野などの山林地帯も支配し、江戸・駿府・名古屋・篠山などの城郭や城下町、さらに京都御所などの建築に運用している。その一方で関東や東海地域など、領国内の直轄領の支配においては、家康は長安・伊奈忠次・彦坂元正の三人の代官頭による三判証文によって行うことを命じている。これにより徳川家臣への知行割渡（知行書立または知行目録）や寺社への所領割渡などにおいて、三判証文が多数出されている。

このほか家康は京都・伏見・奈良・郡山・大津・岐阜・堺など、畿内の政治的・経済的・文化的に先進的な主要都市を掌握した。これらの結果、新領国には徳川氏の一門や家臣たちを新たに大名として配置する一方、多くの直轄領も配置した。また主要都市には京都所司代をおき、初め奥平信昌が任ぜられ、慶長六年三月奥平信昌転出後、家康は加藤正次に板倉勝重・米津親勝を加えた三人を京都奉行に任命、同年九月より板倉勝重が就任している。さらに奈良奉行（大久保長安）、大津奉行（大久保長安）、堺政所（米津親勝）などの役職を置いてそれぞれ支配にあたらせた。しかし政治的には関ヶ原合戦後から慶長八年二月の家康の征夷大将軍叙任までの間は、豊臣秀吉の子、秀頼が、関ヶ原合戦後に二二〇万石余から六五万石の大名になったとはいえ、依然大坂城を拠点に秀頼を中心とする豊臣公儀が継続されていた。この豊臣公儀の実質的な執政は五大老の筆頭であった徳川家康を中心に行われており、伏見城において政務を執っていた。特に豊臣公儀の膝元である畿内とその周辺諸国においては、豊臣系大名や領主、寺社などへの知行宛行や寺社への所領宛行では、慶長八年の家康の将軍叙任までは長安と彦坂元正・加藤正次の徳川系奉行三人を中心としつつ、豊臣秀頼の奉行片桐且元と小出秀政らも加わって執行されていた。もちろん絶えず片桐や小出が加判するわけでなく、状況に応じてどちらか一方が連署することもあった。なお彦坂は慶長六年六月、逼塞させられており、代わって板倉勝重が加わっている。彼らによる知行割渡（知行書立または知行目録）はこれら畿内とその周辺諸国だけでなく、備中や豊後など西国筋などにおいても行われた。特に豊後にあった豊臣氏蔵入地の多くが没収され、それが諸大名に分与されている。しかしいずれにしろ立場上、家康の領知朱印状が出されることはなかった。

また家康が伏見において政務を執るようになると、江戸と伏見との往来が頻繁になったため、慶長六年正月には江戸と京都間の東海道の街道整備や宿場・伝馬継立など、交通伝馬政策を先の三判證文によって実施、翌七年にも東海道や中山道の伝馬駄賃定を出し、さらに同九年には東海道の一里塚も築いている。

慶長八年（一六〇三）二月、徳川家康は伏見城において征夷大将軍に叙任され、これによって徳川幕府が成立し、これまでの豊臣公儀に代わって全国政権となった。これにより幕府は平戸やのちに長崎を通しての外交・交易の権限や、諸大名への知行宛行を通しての統括権や諸役賦課権などを掌握した。また、これまでの大名徳川氏の私的直轄領（蔵入地）は公的な幕府の直轄領（公儀御料）となり、そこからの収入も含め外交、交易、交通伝馬・街道の整備、諸河川の土木治水、救恤、その他の全国政権としての諸政策の遂行に活用された。したがってその公儀御料を管轄する代官たちは、これまでの徳川私領の代官から公儀の代官となり全国に展開する公儀御料の支配にあたった。この段階での代官頭は長安と伊奈忠次が中心であり、その下で諸代官を統括していた。またこれ以降、非領国地域であった畿内とその周辺諸国に触下が配置されると、長安は大和と美濃の触下とされ、この二か国も含め、畿内と周辺諸国において板倉を中心に長安と米津親勝らとともに様々な訴訟に対して裁許を行っている。また長安は慶長八年二月に川中島藩主（一二万石）となった松平忠輝の付家老とされ、同十五年閏二月、忠輝が越後も加封されて福島藩主となった後も引き続きその職にあった。以後、松平忠輝領内における農村支配や宿駅、継立の整備など、交通伝馬政策をも行っている。

慶長十年（一六〇五）四月、家康は将軍職を秀忠に譲り、自らは大御所となって江戸城西丸に居住して大御所政治を開始した。家康の下には本多正純や長安ら年寄衆や、三浦按針など外国人の外交顧問、茶屋清次らの豪商、代官たちが順次従い、将軍秀忠が関東を中心に領国支配と幕府職制の整備などを行う一方、大御所家康は徳川政権の全国政権としての基盤整備のため、諸大名、特に西国の豊臣系諸大名の統制、さらに大坂城の豊臣秀頼の西国諸大名への影響力を弱め、畿内とその周辺諸国への徳川幕府による支配権を強めていった。ここに二元政権が成立するが、同十二年には家康は駿府城に移った。従来、駿府に移るまでの大御所家康の政策については不明な点が多かったが、慶長十年九月には長崎新町の発展により、それに隣接している大村藩領の五か村を替地によって幕領長崎町に組み込んでいる。この大村藩宛の替地證文は長安・板倉勝重・本多正純ら五人の連署によって出されており、慶長十年家康が大御所となった直後から、いわゆる大御所の政治は活動していた可能性がある。その後、家康が駿府に移ると、江戸にいた年寄衆らもこれに従って移り、これ以後、本格的に二元政治がスタートした。駿府政権の下で長安は、まず居城たる駿府城の築城において木曽谷・伊那谷などから木材を調達しているが、同年十二月に駿府城は焼失したので、直ちに再建にあたり、再び木材の調達にあたっている。このほか年寄衆として名古屋城や篠山城の築城、さらには知行割渡（知行書立または知行目録）、寺社への所領割渡（寺社領書立）、幕領の年貢勘定の管理、灰吹銀・筋金吹分の統制など、様々な政策を本多正純らの駿府年寄衆とともに実施している。慶長十二年以降は大堰川や富士川・天竜川などの河川通運を角倉了以と協力しつつ試み、内陸の諸物資の江戸や大坂などへの輸送体制を確立した。

最後に、慶長十八年（一六一三）四月の長安死去後の「処断」をめぐっては、従来の長安に対する評価について再検討を行った。長安「処断」の最大の原因とされる財物の「不正隠匿」説や「権力闘争」説のほか、様々な説について考証し、長安「処断」の再評価を試みた結果、「キリシタン」説や「幕府転覆」説などは、歴史的根拠にやや乏しく、有力な説とはいい難い。これに対し、「不正隠匿」説や「権力闘争」説は、どちらか一方の説だけでなく、むしろ両者が関連し、起きたものと思われる。すなわち「権力闘争」説は、本多正純と長安の庇護者大久保忠隣との権力闘争により、忠隣を追い落とすための前提として、かつ岡本大八事件により不利な立場になった本多側の巻き返しのために長安の「処断」があったと位置づけられる。また「不正隠匿」説も、従来いわれてきたような、単に長安がその支配する鉱山から産出する金銀や広大な諸国幕領からの年貢米金などを「自分の私腹を肥やす」ために隠匿したのではなく、むしろ幕政初期における代官頭の広大な支配地と、その支配のあり方との関わりで見ていかねばならない。長安の死去直前の慶長十八年段階では、江戸や八王子、駿府などを拠点に、前述のように石見・佐渡・伊豆の鉱山のほか、武蔵・下総・上総・上野・甲斐・越後・駿河・信濃・美濃・近江・大和など、一説には一二〇万石ともいわれる広大な地域を支配しており、その支配のために嫡子藤十郎以下、彼の子供たちのほか、配下に多数の代官や下代たちを抱え、彼らを駆使して支配にあたっていたのである。彼らは一部の代官を除けば長安の部下ないし家臣であるため、彼らの知行や扶持は幕府から支給されることはなかった。この背景には、幕政初期では支配地の年貢や産出金銀は代官頭らの請負制であったため、一定額の年貢や産出金銀を幕府に上納すればよく、それ以外の分は代官頭の「収入」となっていた。このためこの「収入」のうち、すべてではないが、大半を彼らの配下の者への知行や扶持に宛てたのである。このような「収入」がなければ、代官頭は支配所の運営経費はもとより、多数の代官や下代を抱えることはできなかったのであり、このような「収入」は容認されていたものと思われる。ちなみに代官頭伊奈忠次では、延べ人数で二一〇人が確認でき（拙編著『伊奈忠次文書集成』）、長安では少なくとものべ一五〇人が確認できる。これに加え、新田開発では開発成功後には、開発にあたった代官頭や代官に対し、すべてではないが、新田年貢の十分の一が功績として与えられていたこともおおきな「収入」であった。このような年貢請負体制であったため、これらの「収入」が「不正隠匿」とみなされたとも考えられる。さらにこのような長安の「不正隠匿」説は後世の幕府代官の年貢収取体制と大きく異なり、認められるべきものではなかったため、後世に作り上げられた説とも考えられる。さらに譜代の武功派たちによる、長安のように新参で、軽い身分から戦功もなく、経済的才能で家康に重用され、大きな権力をふるう地位（年寄衆）にまで成り上がった者への強い反対勢力としての動きもあったものと思われる。ついで長安事件によって長安の子供たちおよびその姻戚関係にあった者たちの動向についても考察し、特に姻戚関係にあった大名や幕臣たちの中にも、長安事件および大久保忠隣改易などに「連座」して「処断」された者と免れた者とがあったことを明らかにした。このような大久保長安の「処断」および長安一族とその姻戚関係者の「処断」は、いわば大久保長安を含む大久保忠隣閥の一掃を目的としたものであったともみられよう。

このような大久保長安の「処断」および大久保忠隣の改易は、間近に迫った豊臣系勢力との対決、そしてそれを排除するために徳川公儀による政権内部の一本化を目指したものであり、この結果、大坂の陣の勝利により豊臣恩顧の諸大名を完全に屈服させて徳川公儀体制の確立を図るものであった。この経緯についてもう少し詳しく見るならば、徳川政権の内部においても、大御所（家康）政権と将軍（秀忠）政権におけるそれぞれの第一の実力者、本多正信・正純と、将軍政権の第一の実力者大久保忠隣との対立は、豊臣系勢力との対決を前にして、解消しなければならない重大な問題であった。それだけ両者の対立は切迫していたため、家康の決断で大久保忠隣を排除することで乗り切ろうとしたのである。このために大久保長安の処断は単に長安のみの排除に留まらず、忠隣をも含め、いわば大久保閥の排除にまで到達したのである。さらに考察するならば、大坂の陣、そして元和二年（一六一六）の家康の死去により、家康を中心とする大御所政権、すなわち譜代門閥の分家や庶流、さらに有能な新参の者たちによって構成されていた政権は、家康の在世中においてすでに、のちに御三家になる尾張藩徳川義直や駿府藩徳川頼宣に駿府年寄衆の中から成瀬正成・安藤直次・水野重仲らが付家老として転出して、徐々に解体の方向にあった。松平忠輝の附家老であった大久保長安の排除もその一環ととらえることもでき、家康の死去をもって二元政治は解体し、江戸の将軍政治に一本化して、徳川公儀政権の確立・強化を図ったのである。

近世初期にはこれまで論述してきた長安への評価は過酷であり、近世初期に幕府によって編纂された諸大名や旗本の公式な系図である『寛永諸家系図伝』では、長安の後室大久保氏や長安の三男成国（青山成重の養子）および成国の室仙石氏、旗本三井吉正に嫁いだ長安の娘（楓とも）らは、それぞれの系図に一切記載されていない。長安の「処断」から間もない寛永段階では当然のこととも考えられる。

しかし近世後期の諸記録には、大久保石見守の名前が随所に見られるようになる。例えば近世後期の幕府の編纂になる『寛政重修諸家譜』や『新編武蔵風土記稿』などの記録に大久保長安の名前が記載されているほか、寛政六年（一七九四）、石見代官菅谷長昌の撰文になる大久保長安紀功碑の建立をみても、幕府の代官が近世初期に処断された人物の撰文の碑を造るなど考えられないことである。これらのことから考えると、近世後期の段階では長安の処断に対する認識が薄くなったか、あるいはなくなり、むしろ長安の業績に沿って事実を記述することに重点が置かれて編纂または撰文されたものと思われ、長安の業績を見直して長安の時代の盛況を再び取り戻そうと目指したことをも指摘しておきたい。

（了）

大久保長安の花押と印判

大久保長安の花押と印判については拙著『江戸幕府代官頭文書集成』を編纂した時点での約一八〇〇点余の文書のうちから花押や印判の形態が判明するものについて分析したところでは、花押は二種類、印判は五種類判明した。この傾向はその後、あらたに収集した二〇〇点余の文書においてもほぼこの範囲内であった。以下にその花押と印判について見ていく。

一　花押

大久保長安の花押は現在までのところ二種類が判明している。

Ⅰ型の初見は天正十七年（一五九九）十二月六日付の伊奈忠次との連署による甲斐薬王院宛寺領証文で、最終は慶長十二年（一六〇七）二月十五日付の中井正清宛駿府城普請書状である。この型は大久保長安の初期から慶長十二年六月前後の駿府において年寄（か加判）衆として活躍し始める段階頃まで使用されていたものと思われる。

Ⅱ型は基本的にはⅠ型と同じであるが、地の部分の横棒の左端の斜めのはらいが丸まって言る。この初見は慶長十二年六月九日付の吉岡右近宛、石見銀

山仕置「覚」で、最終は慶長十七年（一六一二）十二月晦日付の小堀政一宛の備中仕置についての書状である。以降、慶長十八年四月廿五日大久保長安が死去するまでは使用例は現在までのところ見られない。

その理由は後述するように、この頃大久保長安は中風に罹っており、花押が書けなくなって、もっぱら印判を用いているため、これ以後花押のものは見られなくなっているのである。

二　印判

大久保長安の印判は現在までのところ五種類が判明している。

A型（印文・道）の初見は天正十八年（一五九〇）正月廿八日付折井次昌と米倉忠継宛知行書立で、最終は慶長十七年十月晦日付池田政長宛知行書立である。この型はかなり長い期間使用されている。

B型（印文・鎮）の初見は文禄三年（一五九四）十二月二日付寺領替地証文、最終は慶長七年（一六〇二）六月九日付美濃関の兼常宛鍛冶年貢申付状である。文禄四年十二月廿六日付の代官頭四人の連署による泉沢寺等へ宛てた寺社領証文もこの印判である。

C型（印文不明）は慶長二年（一五九七）六月十二日付伝馬手形と同三年二月廿二日付高木広正宛知行書立の二点だけに見られる。

D型（印文不明）は慶長十六年（一六一一）だけに見られるものであり、それも主に同年九月三日付の越後から信濃にかけての宿々へ伝馬定書に使用されている。

E型（印文不明）は大久保長安の最後に使用された印判で、現存文書は慶長十七年閏十月二日付成瀬正成宛および同月十一日付竹腰正信宛のいずれも知行割渡し書状の二点だけであり、いずれも大久保長安より成瀬ら尾張藩付家老に宛てた尾張藩領の割渡しに関するものであるが、このとき大久保長安は中風を煩っていたため花押が書けず、印判を押して出したものである。

（拙著『江戸幕府代官頭文書集成』より）

主要引用著書・論文および参考文献

（但し個人所蔵および県市町村史類は省略する）

青梅市郷土博物館編『仁君開村記』（『青梅市史史料集』第四七号）（青梅市教育委員会、一九九八年）
石川準吉『生野銀山と生野代官』（日本工業新聞社、一九五九年）
和泉清司『徳川幕府成立過程の基礎的研究』（文献出版、一九九五年）
和泉清司『江戸幕府代官頭文書集成』（文献出版、一九九九年）
『出雲国造文書』（清文堂出版、一九六八年）
市野千鶴子校訂『古田織部茶書　二』（思文閣出版、一九八四年）
石見銀山歴史文献調査報告書Ⅱ『近世初期石見銀山史料』（島根県教育委員会、二〇〇六年）所収「阿部家文書のうち宗岡家旧蔵文書」
同右15『石見銀山附役人阿部・河島・宗岡家文書目録』（島根県教育委員会、二〇二〇年）所収「史料写真近世前期石見銀山奉行・代官等関係文書」（阿部家文書）
石見銀山遺跡石造物調査報告書3『石見銀山』（安養寺・大安寺跡・大龍寺跡・奉行代官墓所外）』（島根県教育委員会・大田氏教育委員会、二〇〇三年）
植田孟縉『武蔵名勝図会』（慶友社、一九六七年）
太田虎一原著、柏村儀作校補『生野史1・3』（生野町、一九七七年）
荻野三七彦・斎藤俊六編『新編甲州古文書』（角川書店、一九六六年）
大宮守友『近世の畿内と奈良奉行』（清文堂出版、二〇〇九年）
『岡方文書』第一輯第一巻（神戸市教育委員会、一九七九年）
笠谷和比古『関ヶ原合戦と近世の国制』（思文閣出版、二〇〇〇年）
勝海舟『吹塵録』（原書房、一九六八年）
「川上家文書」『佐渡相川の歴史』資料集三（相川町、一九七三年）
春日大社編・中臣祐範記研究会校訂『中臣祐範記』第一（八木書店、二〇一五年）

監修神崎彰利・下山治久編『記録御用所本 古文書』全二巻（東京堂出版　二〇〇一年）
「紀伊国古文書」（国文学研究資料館所蔵）。なお本史料の中の慶長十八年四月廿一日付、大久保長安の「覚」（三九〇号文書）の
詳細については大野瑞男「大久保長安の遺書」（『日本歴史』四七二号、一九八七年）を参照されたい
「慶長年録」（国立公文書館所蔵）
「御当家令条」（『近世法制史料叢書』二）（創文社、一九五九年）
小葉田淳『日本鉱山史の研究』（岩波書店、一九六八年）
佐治家文書研究会編『佐治重賢氏所蔵小堀政一関係文書』（思文閣出版、一九九六年）
『佐渡年代記』（臨川書店、一九七四年）
塩野適斎編輯・鈴木龍二編『桑都日記』続編巻之四（鈴木竜二記念刊行会、一九七三年）
増補続史料大成一九『家忠日記』（臨川書店、一九八一年）
『静岡県史料』全五巻（静岡県、一九三二年）
『信濃史料』（信濃史料刊行会、一九五一〜六九年）
塩野適斎編輯・鈴木竜二編『桑都日記』続編巻之四（鈴木竜二記念刊行会、一九七三年）
『士林泝洄』（『名古屋叢書続編』第十七巻、一九八三年）
杉山博・萩原龍男編『新編武州古文書』上巻（角川書店、一九七五年）
鈴木泰「江戸時代の浅川治水と八王子のまちづくり」（『水資源・環境研究』二七巻二号、二〇一四年）
鈴木将典「『五十分一役』の再検討」（『戦国史研究』五一号、二〇〇五年）
曽根勇二「片桐且元と大久保長安系の代官ついて――『初期徳川政権』の実態把握――」（『日本歴史』五〇号、一九九〇年）
曽根勇二『近世国家の形成と戦争体制』（校倉書房、二〇〇四年）
『増上寺史料集』（増上寺史料編纂所、一九七九年）
『大日本租税志』中篇（思文閣出版、一九七一年）
高木昭作「慶長期の国奉行制について」（『歴史学研究』三四一号、一九七六年）
高橋正彦編『大工頭中井家文書』（慶応義塾大学出版会　一九八三年）

田中圭一『佐渡金銀山の史的研究』刀水書房、一九八六年）
谷口　央「家康の上洛と徳川権力 ── 五十分一役の理解を通じて ── 」（『日本史研究』四七九号、二〇〇七年）
田原　昇「近世伊那谷における榑木成村支配の様相―千村平右衛門預所を事例として」（『徳川林政史研究所研究紀要』三八号、二〇〇四年）
『聴中漫録』（奈良県立図書館所蔵）
『朝野旧聞裒藁』（汲古書院、一九八二年、国立公文書館所蔵）
『当代記・駿府記』（続群書類従完成会、一九九五年）
徳川義宣『新修徳川家康文書の研究』（吉川弘文館、一九八三年）
徳川義宣『新修徳川家康文書の研究』第二輯（吉川黎明会、二〇〇六年）
徳川義親『尾張藩石高考』（徳川林政史研究所、一九五九年）
所　三男「大久保石見守長安と信濃」（『地方史研究論叢』一九五四年）
『日本林業史の研究』（吉川弘文館、一九八〇年）
「戸田藤左衛門所蔵文書写」〔『紀伊国古文書』所収（国文学研究資料館所蔵）〕。なお本史料の紹介は大野瑞男「大久保長安の新史料 ── 『戸田藤左衛門所蔵文書写』について」（『東洋大学文学部紀要』四一、一九八八年）を参照されたい
内閣文庫影印叢刊『譜牒余録　後編』巻三十一（内閣文庫、一九七三年、国立公文書館所蔵）
仲野義文『銀山社会の解明 ── 近世石見銀山の経営と社会 ── 』（清文堂出版、二〇〇九年）
仲野義文「近世前期における石見銀山役人宗岡氏の動向と活躍について」（島根県教育庁文化財課世界遺産室編、二〇一七年）
中村孝也『新訂徳川家康文書の研究』中巻（日本学術振興会、一九八〇年）
中村孝也『新訂徳川家康文書の研究』下巻之一（吉川弘文館、二〇一七年）
『鍋島勝茂公譜考補』第一編第一巻（佐賀県立図書館、一九九四年）
『南紀徳川史』第六冊（名著出版、一九七一年）
西脇　康『甲州金の研究 ── 史料と現品の統合史論 ── 』（日本史史料刊行会、二〇一六年）
「能楽緒家系譜」（『能楽全書』第二巻、東京創元社、一九八一年）

『花房家史料集』一（岡山市教育委員会、一九九〇年）
樋口豊治『市民のための八王子の歴史』（有峰書店新社、一九九八年）
藤井讓治『徳川将軍家領知宛行制の研究』（思文閣出版、二〇〇八年）
藤井讓治編『近世前期政治的主要人物の居所と行動』（京都大学人文科学研究所、一九九四年）
藤田恒春『小堀遠江守正一発給文書の研究』（東京堂出版、二〇一二年）
『東海道保土ケ谷宿資料集』（横浜市歴史博物館、二〇一一年）
『細川家記』五（『綿考輯録』）（汲古書院、一九八八年）
本光寺文書（島原市本光寺所蔵）、この文書は近世初期の松平家忠を輩出した島原藩深溝松平家文書である
木村高敦『武徳編年集成』巻四（名著出版、一九七六年）
古谷紘子「徳川政権の成立と金銀山 ― 鉱山間における移動と交流から ― 」（『弘前大学國史研究』一一三号、二〇〇二年）
『松井家先祖由来記』（『八代市史』近世史料編Ⅷ、一九九九年）
村上　直『論集　代官頭大久保長安の研究』（揺籃社、二〇一三年）には村上氏の多数の論文のうち15点が所収されているが、
このうち本書で参考としたものは、「大久保石見守長安と甲斐」、「近世初期佐渡鉱山の支配形態」、「大久保長安の研究覚書」、「近世初期石見銀山の支配と経営 ― 大久保長安時代を中心に ― 」などである。このほか「大久保長安の蓄財」（『日本歴史』一三〇号、一九五九年）、「初期代官彦坂と大久保の失脚について」（『日本歴史』一五六号、一九七一年）も参考にした。
村上直・田中圭一・江面竜雄編『江戸幕府石見銀山史料』（雄山閣出版、一九七八年）
村上直編『江戸幕府八王子千人同心 増補改訂』（雄山閣出版、一九九三年）
『大久保長安に迫る』（揺籃社、二〇一三年）
『森家先代実録』（『岡山県史』二五巻、津山藩史料』岡山県一九八一年）
森山恒雄『豊臣氏九州蔵入地の研究』（吉川弘文館、一九八三年）
『山内家史料・第二代忠義公記』第一編（山内家史料刊行委員会編、一九八〇年）
横浜市歴史博物館他編『東海道保土ヶ谷宿資料集』（同上、二〇一一年）

大久保長安年譜

年号	月	長安の事蹟
天文十四（一五四五）		武田氏に仕える猿楽師大蔵庄左衛門家新蔵信重の次男として生まれる。その後信重の後を継ぐが、蔵前衆として仕え、兄とともに土屋氏の　姓を賜い土屋藤十郎と名乗る
天正十（一五八二）	三	武田氏滅亡後、日下部定好を介して徳川家康に仕え代官となる。家康の仮の舘を造営し家康の御感に叶ったという
天正十五（一五八七）	この年	旧武田蔵前衆とともに甲斐の各地で徳川家臣の地頭役、寺社の代官役を徴収する
天正十七（一五八九）	十二	伊奈忠次と連署で甲斐の薬王寺に本坊・脇坊の配当を前々の如く安堵する
	この年	五か国惣検地の実施にあたり、伊奈忠次を補佐して甲斐の検地にあたる
天正十八（一五九〇）	二	五か国惣検地を受け、甲斐の寺社領の安堵状を伝達する
	三	甲斐で肌吉紙漉役の郷士に定書を成瀬正一・日下部定好と連署して与える
	七	小田原の北条氏攻めに伊奈忠次・彦坂元正らと小荷駄奉行を勤める
	八	**徳川家康の関東に入国する。**家康に従い長安・伊奈忠次・彦坂元正・長谷川長綱が代官頭として諸代官を統括し地方支配にあたる
	十一	下総で家臣へ仮の知行書立を原田種雄とともに出す。原田種雄と下総生実の大巌寺に一八貫三〇〇文の寺領証文出す
天正十九（一五九一）	正	八王子千人同心頭（はじめ小人頭）九人に同心五〇〇人の給与についてまず一人扶持づつ与えると伝える
	四	八王子の町立を行い、小門宿に陣屋を設け、千人同心を統括し小仏峠を守備する。また八王子高尾山薬王院に制札を出す
	七	下総・上総の惣検地をうけ、徳川家臣らに両国で正式な知行書立を原田種雄とともに出す。千人同心頭に武蔵多摩群で知行地を与える
	十一	配下の代官吉田佐太郎らに下総香取海の開発を行わせる（のちの水郷十六島）
	十二	原田種雄ともにと松平家忠に下総上代郷周辺で五〇〇〇石の知行書立を出す。また下総で寺社領の書立を出す。香取神宮の大祢宜より神領の千石夫につき家康への取成しを依頼される
	この年	武蔵・下総・上総等の検地を実施する。八王子町を洪水から守るため、浅川と南浅川の土木治水を行い、**石見土手**を築く
天正二十	三	伊奈・彦坂と連署で松平家忠に上総・下総の内でさらに五〇〇〇石の知行書立を出す（合計一万石）。また伊奈と武川衆に武蔵の内で三一四

（文禄元） （一五九二）	 七 十二 この年	○石の知行書立を出す。また香取海の新田開発も引続き行う 原田とともに香取神宮に神領一〇〇〇石を与える旨伝達する 松平家忠に朝鮮出兵の軍船用舟板提出と造船普請のため上総小多喜に来る事を伝える 秀吉の朝鮮出兵令により、家康に従い肥前名護屋へ詰める
文禄二 （一五九三）	八 十二 この年	八王子千人同心に上総で知行替地を伊奈と実施する 本多正信と連署で座光寺為時に三八石余を加増し一〇〇〇石とする。市川真親に関東の金山開発の条目を出す 肥前名護屋より戻る。八王子宿成立する
文禄三 （一五九四）	十二	伊奈・彦坂と松平家忠に上総から下総への替地三〇〇〇石の手形を出す。配下の代官吉田佐太郎らをして武蔵久良岐郡長田郷へ年貢受取状を出す。伊奈と武蔵入間郡西戸郷山本坊に新田開発手形を出す
文禄四 （一五九五）	四 十二	家康の命により伊奈・彦坂らと京都聚楽第で豊臣秀吉に答礼の饗応にあたる 代官頭四人の連署で武蔵橘樹郡で山王社・仙沢寺・大善寺等へ寺社領を安堵する
文禄五 （慶長元） （一五九六）	五 十 十一	小笠原長房に武蔵三田領内で三五〇石の知行書立を出す 江戸から小田原迄の各宿に石切人夫用の伝馬を準備させる 代官頭連署で代官長谷川長盛に代官得分五〇石を与える
慶長二 （一五九七）	六	伊豆三島から江戸迄の各宿に鉛輸送用の伝馬の準備を命ずる
慶長三 （一五九八）	二 四 八 この年	代官頭連署で高木一族に美濃で一八〇〇石の知行書立を出す。配下の代官大野尊吉をして上野桐生領の検地と桐生新町の町立を行わしむる 桐生鳳仙寺に配下の代官岩波道能・平岡道成をして寺領安堵を行う **豊臣秀吉死去（六三才）** 武蔵・上野に永高制の検地を実施する
慶長四 （一五九九）	閏三	代官頭連署で久志本常範に三〇〇石の知行書立を出す。同じく下総佐倉牧牧士に帯刀御免状を出す

慶長五（一六〇〇）	七	家康、上杉氏討伐の軍令を下す。石田三成ら上方で挙兵する。本多正信・大久保忠隣らと木曽義利および木曽衆の知行を安堵する。家康の命により近江信楽の多羅尾氏一族の知行地内紛について和睦させる
	八	中山道進軍の徳川秀忠軍の先鋒として信濃の木曽衆および東濃の井野衆を味方に付ける
	九	**家康、関ヶ原合戦に勝利する**
	十	山村良候を木曽代官に任命する。大和郡山城の番城となり郷中掟を出す。**東大寺**・**大神神社**等に所領を安堵を伝える
	十一	尾張熱田神宮に所領安堵証文を出す
	十二	彦坂元正と石見銀山接収のため大森に赴く。これ以後**石見銀山**の支配にあたる。**三判証文**で遠江中泉の府八幡社神領を安堵する（三判証文の初見）
	この年	家康から直轄領の支配および寺社領の書立等を長安・伊奈・彦坂の**三判証文**にて行うよう命ぜられる。甲斐の「**国奉行**」、大和・美濃の触下、および奈良奉行・大津奉行・岐阜代官等になる
慶長六（一六〇一）	正	**三判証文**で遠江・三河の寺社に所領を一斉に安堵または寄進をする。同じく今切渡船場の新船建造を安堵する。また東海道各宿に**伝馬定書**・**伝馬手形**を出す。彦坂・加藤正次と**片桐且元**・**貞隆**や**木曽衆**に知行書立を出す。また**延暦寺**・**石山寺**に寺領書立を出す
	二	**三判証文**で本多忠勝に桑名藩領の知行書立を出す
	三	彦坂・加藤と**伊達政宗**に在京賄料として近江で五〇〇〇石の知行書立を出す。同じく**木下家定**・**戸田尊次**に知行書立を出す
	四	彦坂・加藤と備中**吉備津神社**に神領書立を出す。片桐・彦坂・加藤と**中川秀成**に知行書立を出す
	五	近江**芦浦観音寺**に**琵琶湖湖上舟運奉行職**を安堵する
	六	**彦坂元正**逼塞する
	七	琵琶湖舟運につき**大津百艘船**に掟を出す。片桐・板倉・加藤と**谷衛友**に知行書立を出し片桐と**豊国大明神**・**大山崎八幡社**に神領書立を出す
	八	**石見銀山奉行**となる
	九	甲斐の惣検地を実施する。また甲斐四奉行と**信濃善光寺**に一〇〇〇石の寺領書立を出す
	十	木曽代官山村良候に**信濃国仕置覚**を出す
	十一	甲府にて湯治する
慶長七（一六〇二）	正	伊奈忠次・長谷川長綱と奥州道の宇都宮町および真岡台町等に地子免除状を出し、伝馬役を賦課する
	六	東海道・中山道の各宿に伊奈・板倉・加藤らと**伝馬定書**・**路次中駄賃定**を出す。本多正純と正倉院修理のため奈良に赴き、正倉院の**蘭奢待**を検分する
	七	石見の吉岡隼人に代官所支配手形を出す
	八	片桐と兵庫湊の屋敷地子帳を作成する
	十	石見の吉岡らに**銀山仕置覚**を出す。八王子町の火災により長安の屋敷が消失、再建のため**高乗寺**に代官大野尊吉らをして木材の調達を依頼する
	十一	木曽代官山村良候の跡職を良勝に与える

年	月	事項
慶長八（一六〇三）	正	甲斐国主徳川義直の下で、引き続き甲斐の「**国奉行**」となる
	二	**家康、征夷大将軍に叙任され、江戸幕府開く**。松平忠輝、信濃**川中島**に封ぜられ**長安は付家老**となり、川中島藩領内の寺社に一斉に所領証文を出す。松平忠輝、長安に家老衆の不届を詫びる
	三	**江戸城の普請と町造りを開始する**
	七	小堀政一と備中**吉備津神社**に禁制を出す
	八	板倉・伊奈らと大和山辺郡三昧田村に溜池争論の差紙を出す
	九	佐渡代官田中清六ら罷免され、**長安が佐渡奉行として石見銀山とともに直接支配する**
	十一	信濃伊那郡の代官千村良重に遠江幕領支配の仕置覚を出す
	十二	川中島藩内に郷村覚書を出し、信濃松代に赴く。**善光寺**造営手形を大勧進・大本願に出す
	この年	**長安、従五位下・石見守に叙任される**。また**所務奉行**となる。富士川通船定書を鰍沢・黒沢の城米問屋に出す
慶長九（一六〇四）	二	一里塚構築を奉行し、東海道・中山道に**一里塚**を築く（八月説もあり）
	三	武川衆・津金衆に加増の知行書立を出す。甲斐恵林寺に禁制を出す。片桐且元より生駒一正宛の讃岐の**豊臣蔵入地**の一部に長安が関与する
	四	佐渡金山に赴く、産出金銀輸送用の船二隻を廻漕する
	七	**信濃飯縄大明神**に一〇〇石の神領証文を出す
	八	板倉と**近江伊香郡内**での**水論の裁許**を行う。これ以降長安・板倉・米津の三人により畿内と周辺国における争論・裁許・知行書立・山城地等を行う。伊那郡代官千村良重に家康・秀忠へ柿献上を依頼する
	九	石見に赴き**石見銀山仕置覚**を吉岡右近に出し、また石見の惣検地を実施する。**石見国絵図・郷帳**の作成を命ずる
	十一	片桐・板倉らと**近江西教寺**の争論を裁許する
	十二	本多正純と相談して、松平忠輝担当の京都宿所作事のことを板倉勝重に指示する
慶長十（一六〇五）	四	**家康、将軍職を秀忠に譲り大御所となる**。その側近の年寄衆として長安も加わる
	九	家康の年寄衆と長崎新町に接する大村藩の村を幕領（長崎町）に加え、大村藩に替地を与える（大御所政権の初め）
	十	石見銀山に滞在し、地方支配の役職分担を定める。また**温泉津**に地子銭を免除する。山村良勝木曽代官を継ぐ
	十一	**出雲大社**造営の条目を出す
	十二	**美濃愚渓寺・可児大寺**等に寺領証文を出す
	この年	**武蔵御嶽神社再興の普請奉行**を勤める。また佐渡で金銀輸送のため大船四艘を建造し、佐渡へ回漕したり、**相川に大安寺や大山祇神社を造営**する。
慶長十一（一六〇六）	正	本多正純と角倉了以に**大堰川通船**運用につき代官権田正親と相談せしめる。彦坂元正に代わり伊豆金山支配にあたる。これより長安は佐渡・石見・伊豆・甲斐の鉱山を支配する。
	二	本多正純と江戸城普請につき大工頭中井正清に江戸下向を指示する。諏訪下社に灯籠を寄進する
	三	伊奈と**伊達政宗**に江戸賄料を常陸で一万石与える

	九	片桐・板倉と伏見に上り、家康の命により豊国社の鳥目及び石灯籠を寄進する。板倉・米津らと近江西教寺と延暦寺の人足争論を裁許する
	十一	本多正信の命により江戸城作事用の石灰を上成木村からの輸送を指示する
	十二	京都の辻に伊豆金山の労働者を募集する高札を立てる
	この年	武蔵、六所宮の社殿造営の普請奉行を勤める
慶長十二（一六〇七）	二	駿府年寄衆と大工頭**中井正清**に駿府城築城用の木材を大和吉野で調達する事を指示する。同じく江戸城普請のため大鋸の調達と中井正清の下向を指示する。伊豆金山の経営を家老格代官の**戸田隆重**に指示する。**角倉了以**に千曲川通船のため船の検分を依頼する。**富士川**の開削により通船する
	四	甲斐・駿河・伊豆の**仕置覚**を木曽代官山村良勝に出す
	閏四	甲斐国守**徳川義直**の**尾張転封**により再び甲斐を支配する
	五	佐渡金山の産出量減少回復のために佐渡へ渡る
	六	**石見銀山仕置覚**を吉岡右近に出す（十一月にかけて随時出す）
	十二	**駿府城焼失**により再建用の木曽木材の調達を山村良勝に命ずる
慶長十三（一六〇八）	正	中井正清の駿府到着により再建用の木曽木材調達を督励する。**駿府城再建**に西国大名二〇家を動員する
	二	**伊豆金山仕置覚**を駿府の家老戸田隆重に出す
	三	大御所家康の**駿府城再建**なる
	四	佐渡金山を視察し家康に報告する
	七	越前三国の守田弥五左衛門船・敦賀の道川三郎左衛門の佐渡出入を許可する
	十二	江戸城での浄土宗と日蓮宗の宗論に奉行として列座する
	この年	木曽代官山村良勝の跡職を良安に与える
慶長十四（一六〇九）	二	**名古屋城築城**について小堀政一に書を送る。**木曽川の美濃側の堤**を美濃代官**岡田義同**に普請させる
	三	駿府年寄衆と**池田利隆の正室**（秀忠養女・榊原氏）**に化粧料一〇〇〇石**を備中国内で与える事を**小堀政一**に命ずる
	五	駿府年寄衆と全国一円で**銀子灰吹・筋金吹分による「つくり銀」の鋳造を禁止**する。駿府年寄衆として美濃の真桑瓜の駿府・江戸へ献上のため人足の準備を東海道の新居宿・赤坂宿に命ずる
	七	江戸で将軍秀忠に謁見する。家康の命で例外的に甲州金の吹分を**松木五郎兵衛**に認める。美濃の惣検地を実施する（翌年まで）。**長安、霍乱気により横山（八王子）で療養する大和当麻寺に禁制**を出す
	八	大和の**当麻寺**等に禁制を出す
	九	丹波**篠山城築城遅延**により**本多正純**とともに**家康の機嫌を損ね蟄居**する。**出雲大社造営**実施に関与する
	十	大御所家康より本多正純とともに蟄居を赦される。**駿府の大久保藤十郎の屋敷焼失**。**近江石馬寺に制札**を出す
	十一	**信濃水内郡飯山八幡社**に神領を寄進する。相模土井山の金鉱山を点検する

慶長十五（一六一〇）	二	信濃川中島藩主松平忠輝、越後を加増され、越後福島に居城を移す。
	三	**伊奈忠次と甲斐山梨郡八幡社の神職跡職許可状**発給を甲斐代官岩波道能らへ伝える**（代官頭連署の最後）**
	四	駿府年寄衆と**諸国代官に対し年貢勘定目録提出の伝達**を板倉・米津に命ずる
	六	**代官頭伊奈備前守忠次死去、六一才**
	七	信濃川中島での新田開発を許可する
	八	美濃国惣検地を受け代官和田良和らに**美濃国内の寺社領を安堵**させ、かつ村々に**石盛定**を出させる。中山道の美濃**細久手に新町**を立てる
	九	信濃更級郡八幡社に灯籠を寄進する。信濃水内郡柏原村の新田開発を行わせる
	十	**琉球国尚寧王・島津家久一行の中山道福島宿での宿泊・接待の件で木曽代官山村良安をねぎらう**。**名古屋城築城用の木材調達**を山村良安に命ず。**金地院崇伝**より家康への寺領二〇〇石の朱印状発給の取成を依頼される。美濃南宮寺に禁制を出す。家康より堀直寄へ信濃飯山周辺で四万石の宛行を命ぜられる
	十一	江戸で**古田織部の茶会に嫡子藤十郎と参列**する
	十二	江戸年寄衆と**増上寺**に武蔵橘樹郡で一〇〇〇石の寺領書立を出す
慶長十六（一六一一）	正	木曽代官山村良勝に江戸城普請用木材の調達を命ずる
	二	家康の上洛に伴い、駿府年寄衆と東海道の各宿に人馬駄賃定を出し、自らも家康に従い上洛する
	三	大坂城での家康の**豊臣秀頼謁見に列座**し、秀頼から**金子三〇枚**を賜う
	四	板倉勝重・米津正勝と琵琶湖の堅田漁師及び茨川漁師の**漁場争論を裁許**する。**禁裏造営奉行**として諸大名に命じ、禁裏の四方に築地塀を造らせる
	六	奈良に赴き、春日大社、東大寺に参詣する
	七	板倉・米津と東海道・中山道へ**道中駄賃定**を出す。山村良安・千村良重にあなた灰吹銀およびにせ灰吹を禁止する旨伝える。加賀藩も領内に同様の禁止令を出す。**山城の検地**を実施する
	八	松平忠輝の越後加増により仕置のため下諏訪・松本・飛騨高山等を巡視する。**信濃長沼新町を町立**する
	九	忠輝家老衆と**信濃・越後の往還道の各宿に伝馬定書**を出す。**越後国内の寺社に寺社領証文**を出す
	十	本多正純と家康の**鷹狩り**に供奉し、江戸で秀忠から御茶・鶴の料理を賜り、五日後には家康から賜る
	十二	越後・甲斐・武蔵等の幕領を巡視する
	この年	幕府支配国の年貢のうち多くは江戸将軍に納入するが、美濃・伊勢両国と近江内一三万石は駿府の大御所に納入する。尾張は徳川義直に、駿河・遠江は徳川頼宣に納入する（幕府支配国の分割）
慶長十七（一六一二）	二	駿府年寄衆と**名古屋城普請用木材の目録**の提出を中井正清に督促する
	三	**岡本大八事件**を江戸の長安屋敷で審理し、家康に報告する。大八は処刑、有馬晴信は長安に預けられ甲斐に配流。駿府と江戸の年寄衆達と**宇治代官所の年貢米の売却を代官上林徳順に依頼**する
	四	金地院崇伝・円光寺元佶と大和多武峰社領三〇〇〇石の配分手形を出す
	五	**名古屋城の作事奉行**となる。板倉・米津と**東海道の渡船定書**を出す

年	月	事項
	六	駿府年寄衆と中井正清に名古屋城天守用材の調達を命ずる
	七	駿府年寄衆と小堀政一らに名古屋城天守用材の調達を指示する。駿府年寄衆と美濃の大名・旗本及び代官に天守用木材の輸送を命ずる 東大寺の争論について金地院崇伝に相談する。**伊豆仕置覚**を出す **長安、中風を煩い病床に伏す（廿八日）**
	八	**長安の病気は　平癒したものと思われる（下旬）**
	十	**家康より病床の長安に対し烏犀圓を賜う。この頃政務に復帰し**、竹村道清宛に前々年・前年の**石見銀山の銅勘定目録**を送る。また池田政長に知行書立を出す
	閏十	**佐渡金山の経営について指示する**。江戸行きを中止し甲斐へ赴く
	十二	年寄衆と領知朱印状の発給にあたり、近江・美濃・大和の諸給人・寺社に関ヶ原合戦以降の代官・奉行人発給の知行・寺社の書立の駿府持参を命ず。**家康、長安の病気について本多正純と内談するか**
	この年	**佐渡相川繁栄し京・大坂より歌舞伎・遊女群集し、諸国より商客金堀が群集する**
慶長十八（一六一三）	正	長安駿府において折々登城する。配下の高室昌成をして**青梅の新田開発と町立**を吉野織部之助に協力する事を周辺村々に命ずる
	四	**長安**、藤堂高虎宛に一八か条の支配下の幕領や鉱山、森林等の年貢勘定についての遺言状ともいうべき「**覚**」を送る（廿一日） **長安死去（廿五日）、六九才。**伊達政宗から遺子藤十郎・外記・青山図書に弔問書状が出される。**家康、長安の死後、彼の生前の不正調査を命ずる。**
	五	家康の命により島田直時、各地の長安の居宅を没収する。堺政所**米津親勝**は摂津国芥川村民から部下が賄賂を受けて殺人犯を逃がしたとして訴えられ、改易される
	六	家康、**板倉重昌を長安の金銀臓物の隠匿調査のため京都に派遣**する
	七	**長安の遺子藤十郎以下七人死罪となる。彦坂光正、長安配下の代官・下代を集め吟味する**
	十	**松本藩主石川康長**、長安と組んで新田を開発するも申告せずとして改易され、弟二人も改易される。県（延岡）藩主高橋元種・宇和島藩主富田信高、浜田藩主坂崎直盛との争いにからみ改易される
	十二	**馬場八左衛門**は大久保忠隣が長安と組んで謀叛の疑いありと目安を本多正信に上げる。正純これを家康に讒言する
	この年	長安事件に連座して長安配下の奉行・代官・下代たちは彦坂光正の詮議を受け、多くが処断される。また堺政所米津親勝が改易される
慶長十九（一六一四）	正	**長安の庇護者で小田原藩主の大久保忠隣、京都にキリシタン追放のため出張中に改易となる**

参考史料　藤井讓治編『近世前期政治的主要人物の居所と行動』（京都大学人文科学研究所、一九九四年）所収の「大久保長安」（柚田善雄執筆）、和泉清司編著『江戸幕府代官頭文書集成』（文献出版、二〇〇〇年）ほか

あとがき

本書『定本　大久保石見守長安』は筆者にとって単著・単編著を合わせ、ちょうど一〇冊目の本となるものである。この筆者単独での一〇冊という数字は筆者が研究者として出発した時に一つの目標としたものであり、八十路を前にしてようやく達成することができた。つぎにこれらを列記すると、

『伊奈忠次文書集成』（文献出版・一九七五年）
『徳川幕府成立過程の基礎的研究』（文献出版・一九九五年）
『近世における経済と経済思想』（岩田書院・一九九八年）
『江戸幕府代官頭文書集成』（文献出版・一九九九年）
『幕府の地域支配と代官』（同成社・二〇〇一年）
『近世前期郷村高と領主の基礎的研究――正保の郷帳・国絵図の分析を中心に――』（岩田書院・二〇〇三年）
『近世前期郷村高と領主の国別データ――正保の郷帳・国絵図の分析を中心に――』上下巻（岩田書院・二〇〇九年）
『徳川幕府領の形成と展開』（同成社・二〇一一年）
『江戸幕府代官頭　伊奈備前守忠次』（埼玉新聞社・二〇一九年）
『定本　大久保石見守長安』（揺籃社、二〇二四年）

これらは『近世における経済と経済思想』を除けば、いずれも徳川幕府の成立期における幕府領の形成と代官頭および代官の支配形態、ないしは近世全体を通しての幕府領の地域別形成と分布、およびそれらの支配にあたる代官の支配形態について論述したものである。このように生涯の研究テーマは徳川幕府の成立過程（五か国時代および関東領有時代も含む）における徳川氏蔵入地およびのちの幕府直轄領（幕領）と代官頭や代官との関係についての研究が中心

となっている。これらの研究の基礎となった史料集が伊奈忠次発給の文書および関連文書をまとめた『伊奈忠次文書集成』やそれを基礎にして伊奈忠次・大久保長安・彦坂元正・長谷川長綱ら四人の代官頭の発給文書および関連文書を日本中の県市町村史を博捜、収集したり、さらには日本中を駆け廻って現存史料を収集したりしてまとめた『江戸幕府代官頭文書集成』である。特に後者の代官頭たちの発給文書は従来関東地区を中心に収集されて、それらを基に論述される傾向にあったが、筆者は全国的視野に立って関東のみならず、奥州では現在の福島県南部における彦坂元正文書、東海地方における伊奈忠次の発給文書、畿内とその周辺諸国における大久保長安の発給文書、さらに佐渡や石見など金銀山地域における大久保長安の発給文書など、また九州島原における天正十八・十九年に関東における伊奈忠次の発給文書（島原市　本光寺所蔵の深溝松平家文書）、大村家資料（大村市歴史資料館所蔵）の中にあった慶長十年九月の大村藩領の一部と幕領を幕府直轄都市長崎に組み込むために替地する大久保長安ら大御所家康年寄衆の連署文書との出会いなど思いもかけぬ地域で代官頭文書が発見されるなど、その時の興奮は今も心に残っている。

これら全国各地で収集した文書が基になって徳川幕府成立期における全国的な視野で幕領の形成・分布と代官頭や代官によるその支配過程をまとめた学位論文『徳川幕府成立過程の基礎的研究』に結実させることができたのである。同時にそれを少し時代を下げて一七世紀中頃の正保年間に幕府が全国的に諸大名や代官らに対して一国単位で国絵図と郷帳の作成と上納を命じているが、この時に作成された各国の郷帳（いわゆる正保郷帳）を中心に収集し、郷帳の残されていないところは国絵図ごとに記載されている村々を一村づつすべて村名・石高等を拾い上げて郷帳形式にに復元したり、郷帳や国絵図も残されていない国では正保年間前後の知行帳や裁許絵図などを収集して日本国六八か国のうち六七か国（下総は除く）において不完全な国もあったが、一応国郡別に一村ごとの石高と支配領主（幕領代官を含む）、村柄などを記載した『近世前期郷村高と領主の国別データ』を作成・印刷本にすることができた。このデータは一七世紀中頃の全国のデータであり、これと筆者の恩師明治大学木村礎教授が校訂編纂された『旧領旧高取調帳』（幕末期から明治初年頃の全国の国郡村別の石高と支配主を記載したデータ）とを利用して、近世前期と近世末期の石高と支配領主のありようとを比較検討できるようになり、徳川幕府時代における国郡村別の石高と支配領主の変遷を比較研究するという基礎的研究に少しでも裨益できればと思っている。

つぎに今回の『定本　大久保石見守長安』は「定本」と謳い、やや口はばったい表現をとったが、従来の大久保長安についての研究は佐渡や石見の金銀山の研究が中心であったり、関東における検地、土木治水、町立など、さらには東海道や中山道における交通伝馬政策等に重点をおいて論述されることが多かった。また慶長十八年四月長安の死去後、いわゆる「不正蓄財」説などによって「悪玉」とされた本人はもとより、その子供たちも皆処断されたことにより長安の家系は断絶させられたとされる。しかし前述のように長安の発給文書を全国的に収集したことにより、新しい視点が開けた。すなわち徳川家康が慶長十年に将軍職を秀忠に譲り、それ以降家康は大御所として活動し、特に慶長十二年以降は駿府を中心に譜代の年寄衆や角倉了以・素庵父子、茶屋四郎次郎、三浦按針、金地院崇伝など多様な人材をそろえていたが、その一員として長安も年寄衆に加えられ家康を援けていたのである。したがってこの長安の駿府年寄衆としての活躍（主として畿内とその周辺諸国における活躍が多いが）について解明することに重点をおいて考察したものである。さらに長安が「処断」されたことに対しては諸説が上げられているが、これらの諸説を逐一検証し、いわゆる「処断」の再評価を試みた。さらに近世後期になると佐渡や石見の金銀山においては産出量の減少、衰退を背景として、長安の活躍によって産出量が増加し、初期幕府の財政を大いに潤したことを偲んで、長安の顕彰碑の建立や法恩忌の実施などにより功績を称える機運が高まっていたこともその背景を探りつつ考察した。

したがって本書は大久保長安の甲斐の武田家臣時代から五か国時代、関東領有時代、そして関ヶ原合戦をへて徳川幕府成立以降、駿府大御所時代まで時代を追ってテーマ別に長安の動向と功績について全国各地での幅広い活動を通して明らかしており、大久保長安の全体像をまとめ上げたものである。本書によって大久保長安の功績の全体像をぜひ考えていただければ幸いである。読者諸氏のご批判、ご教示等ぜひいただきたいと願っている。

最後に本書の執筆にあたり多くの方々のご協力をいただき感謝申し上げる次第であるが、中でも石見銀山で新発見の宗岡家旧蔵文書（写真版）のご提供をいただいた石見銀山資料館館長仲野義文氏、関ケ原合戦以降の大和における長安の支配形態について、貴重なご教示いただいた大宮守友氏、八王子の新町開発に貴重なご教示をいただいた鈴木泰氏には特に感謝申し上げる次第である。そして出版事業が厳しい中、出版を快諾くださった揺籃社の山崎領太郎氏に対しても深く感謝申し上げる次第である。

二〇二四年二月

和　泉　清　司

著者略歴　和泉清司（いずみ　せいじ）

1944年　東京都生まれ
東京学芸大学教育学部卒業、明治大学大学院博士課程単位習得、明治大学文学部非常勤講師、旭川大学女子短期大学部助教授をへて高崎経済大学教授、現在同大名誉教授、史学博士

著　書
伊奈忠次文書集成（文献出版、1975年）
徳川幕府成立過程の基礎的研究（文献出版、1995年）
江戸幕府代官頭文書集成（文献出版、1999年）
近世前期郷村高と領主の基礎的研究（岩田書院、2003年）
徳川幕府領の形成と展開（同成社、2011年）
江戸幕府代官頭伊奈備前守忠次（埼玉新聞社、2019年）ほか

定本《ていほん》　大久保《おおくぼ》石見守《いわみのかみ》長安《ながやす》
——江戸幕府創成期《えどばくふそうせいき》を支《ささ》えた総代官《そうだいかん》・年寄衆《としよりしゅう》の功績《こうせき》——

2024年２月20日　印刷
2024年２月25日　発行
著　者　和　泉　清　司
発　行　揺　　籃　　社
〒192-0056 東京都八王子市追分町10-4-101
㈱清水工房内　電話 042-620-2615　FAX 042-620-2616
URL　https://www.simizukobo.com/
E-mail　info@simizukobo.com

ISBN978-4-89708-507-4 C0021　乱丁本はお取り替えします。